사유와 문명

사유와 문명

A.I. 시대에 사라져가는 전통 문명의 정신을 되새겨본다

—

1판 1쇄 2023년 10월 19일 발행

지은이 지기영
편집 김영석, 김동현
기획 도서출판카논
디자인 김동현
펴낸곳 도서출판카논
ISBN 979-11-93353-01-1 03100
가격 38,000원

비즈니스 및 작가 문의. canonpublisher@gmail.com

思惟

·

文明

사유와 문명

A.I. 시대에
사라져가는
전통 문명의 정신을
되새겨본다

저자. 지기영

CANON

목차

1편. 사유에 대하여

2편. 불교는 어떤 종교인가

3편. 자연과 중국문명

4편. 근대 서양문명 - 인간을 주체로 세우다

5편. 어떻게 살아야하나?

머리글

내가 어렸을 때 우리 집에 제법 큰 도자기 화로(火爐)가 있었는데, 윗부분은 짙은 청색(靑色)이고 흘러내리듯 그 색이 차츰 엷어지면서 아랫부분은 엷은 하늘색으로, 우아하고 멋진 모습이었다. 저녁에는 거기다가 밤이나 고구마를 구워 먹으면서 정담(情談)을 나누곤 하였다.

그 멋진 화로는 6.25 전쟁 중에 없어졌지만, 남았어도 지금은 쓸모없는 것이 되어 광(壙) 한구석에 잊힌 채 먼지에 묻혀 있을 것이다. 그 화로가 사유니 문명이니 하는 이 글을 쓰면서 계속 마음에서 떠나지 않았다.

우리는 지금 21세기를 완전히 새로운 시대의 개시(開始)로서 예견(豫見)하고, 이제까지의 세상과는 비교될 수 없는 편리하고 그래서 좋은 세상이 될 것이라고 믿는다. 그 믿음의 근거는 과학기술의 발전이다.

그러나 현대 인간은 과학기술을 무기(武器)로 자연의 지배자가 되어 폭군의 전제성(專制性)을 유감없이 발휘하며 자연을 무참히 파괴시키고 있다. 그건 좋은 세상이 아니니다.

과학기술은 지능의 산물이고, 지능은 정(情)과 함께 사랑과 정의 같은 덕목을 우리들 사유로부터 배제시킨다. 그것이 지능이 자기 본분을 지키는 것이다. 그러나 우리는 자연 그리고 인간들과의 관계 맺음 안에서 산다. 그리고 정은 그 관계 맺음의 원천이며 사회 공동체를 묶어주는 끈이다.

박경리 선생은 『토지』에서 '정이란 생명의 응어리로 천지만물, 생명의 움직이는 근본이요 생명을 이루게 하는 힘이다.'라고 한다. 정의 힘, 깊이는 그 부정적 측면인 한(恨)에서 여실히 드러난다.

정(情)이 배제된다는 것은 그 생명의 응어리로부터 분출하는 힘, 기(氣)가 약해진다는 즉 인간이 무기력해진다는 것이다. 우리는 그런 무기력한 모습을 현대인에게서 본다. 현대인은 TV와 스마트폰 그 외에도 생활의 편리함을 제공하는 것들에 의해 길들여지면서 세상에 순응하며 산다. 그저 돈(화폐) 생각할 때만 활력을 찾는다. 또한 사회공동체가 필요로 하는 사랑과 정의 같은 덕목이 배제되면서 그 덕목이 요구하는 공동체나 타인에 대한 헌신적인 사랑 역시 추구되지 않는다. 오직 돈만을 추구한다.

그러나 공동체나 타인에 대한 헌신적인 사랑과 그에 대한 의지(意志)는 인간 존엄성의 근거이다. 앙드레 말로(Andre Malraux)는 이를 '인간의 조건(條件)'이라고까지 한다.

현대문명은 지능이 만들어 가고 있다. 그것은 전통 문명을 무너트리고 있다는 것과 같다.

우리들의 전통 문명은 지능, 정감, 의지가 어우러진 정신의 산물이다. 그 정신이 마음으로 읽힐 때 그 마음 안에서는 만물이 생동하고, 영혼으로 읽히면 그 불꽃으로 자신을 태워 삶을 승화시킨다.

헤르만 헤세는 전통 문명이 무너지고 있는 현상을 다음과 같이 말한다. '우리가 문화라고 부르던 것, 우리가 정신, 영혼, 아름다움, 성(聖)스러움이라고 불렀던 것은 이미 오래 전에 사멸한 한갓 허깨비에 불과하며, 단지 바보들이나 아직도 그런 것들이 살아있고 실재한다고 여기는 것일까?' (황야의 이리 中)

인간이 지능으로만 기능한다는 것은 인간이 인간이기를 포기하는 것과 같다. 21세기 즉 새로운 시대에 세계는 Computer라는 인공지능이 대중사회의 획일성을 통제하는 곳이 되어가고 있다. 그것은 정 없는 세상이 된다는 의미이기도 하다. 인간의 향기(香氣)가 사라진다.

하이데거의 말을 따르면 세계라는 극장의 무대장치는 한 동안 옛날 그대로일지 모르지만 거기서 행해지는 연극은 이미 다른 것이다.

이 글은 그 사라져가는 전통 문명을 기리며, 기리기 위해 쓴 것이다. 그리고 한편으로는 생각 없는 낙관론에 빠져 너무 쉽게, 제멋대로, 그냥 넘어가는 '생각하기'에 대해 항의(抗議)하는 뜻을 담았다. 또 하나 한문(漢文), 우리말의 70%는 한문에 근거를 두고 있다. 한글만으로는 그 뜻이 명확하게 전달되지 못한다. 그래서 한문을 많이 병기(倂記)했다.

이 글의 주요한 관점, 내용들은 김형효 교수의 '하이데거와 마음의 철학', '하이데거와 화엄사상'에 따른 것이다. 그리고 불교에 대해서는 마츠모도 시로의 '티베트 불교철학', 총카파의 '도차제론'을,

중국문화는 졸고(拙稿) '동서양정치사상사', 도가에 대해서는 김형효의 '사유하는 도덕경'을 따랐고, 서양철학은 하이데거의 '니체와 니힐리즘'을 기조(基調)로 하였다.

이 책의 장(章)은 독립적이어서 어느 장부터 읽어도 무관하다. 2편 '불교는 어떤 종교인가?'는 단행본으로 발간된 바 있다.

이 글이 출판되는 데는 청진옥 '또라이들'이 있어 가능했다. 감사한다.

글쓴이 이력(履歷)

—

지기영

- **1942년 서울 출생**
- **연세대학교 사회과학대학 (행정학과 / 학사)**
- **고려대학교 대학원 (정치외교학과 / 석사)**

대학원 졸업 후에 미국 유학을 준비하였으나 통일혁명당 사건에 연루(連累), 출국이 금지되어 포기하고 장사 길로 나섰다. 사업 시작 3, 4년째 부도를 내고 한 보름간 교도소를 다녀왔으나 그 후 1년이 지나지 않아 돈도 제법 벌었고 룸살롱을 제집 드나들듯 한 생활을 한 7, 8년쯤 하였다. 그 후 모르는 업종에 투자하여 고전하다가 그동안 공장 땅값이 많이 올라 그것을 팔아 은행 빚을 갚고 회사를 정리한 게 53세였든 것 같다.

그리고 바로 '이제까지의 삶을 전생(前生)으로 하고…….'라는 글을 남기고 인도로 배낭여행을 떠났다. 6개월간 작은 배낭 하나 짊어지고 인도를 떠돌았는데 마지막 20여일은 인도 북부 히말라야 산 중에 있는 티베트 절 라마유루 곰파(僧卍寺)에서 하루 종일 티베트식 경배(敬拜)인 오체투지(五體投地)를 하며 보냈다. 그것을 나는 불심(佛心)에서가 아니라 다만 마음이 청정(淸淨)해지기만을 바라면서 했다.

그 후 3, 4년 동안에 세 차례, 한번에 3, 4개월 동안 배낭여행을 하였는데 티베트를 중심으로 육로(陸路)로 히말라야산맥을 오르락

내리락하면서 네팔, 인도 파키스탄 등을 떠돌았다. 나는 머물지 않아 소유로부터 벗어난 방랑생활이 좋았다.

50대 말 한 2년쯤 시청에서 하는 공공근로사업에 나가 길에서 보도블록을 깔았고 하천에서는 예초기를 메고 제초작업을 하였다. 그리고 60대 초중반부터 10년간 아파트 경비를 하였다.

경비는 하루에 길어야 한시간에서 두시간 정도 경비실 밖에서 일할뿐 나머지 시간은 경비실에 앉아있어야 했다. 내게 경비실은 하루 종일 클래식 음악이 흘러나오는 훌륭한 독서실이었다. 더구나 다른 곳에는 나갈 수도 없기에 책을 읽고 쓰기에 더할 수 없이 좋은 조건을 갖춘 곳이었다. 그 10년 동안에 '동서양정치사상사 1, 2, 3' 세권을 출간했다(법영사). 분량으로는 합해서 1,300페이지쯤이었다.

그리고 70대 중반에 들어 혼자 살게 되어 세 달간 몽골로 배낭여행을 다녀온 후, 2년 가까이 주문진에서 지냈다. 이때 마쓰모토 시로의 '티베트 불교철학'과 함께 총카파의 '도차제론(道次第論)'의 번역본을 읽었는데 미진(未盡)함이 있어 티베트어 공부를 하게 되었다.

혼자 살기를 그치게 된 것은 5,6년 전쯤 집 사람이 폐암수술을 했기 때문이었다. 지금은 간병(看病), 보다는 그냥 청소하고 설거지하고 장보러 다니면서 살고 있다. 배낭지고 길 떠날 기회를 엿보면서 말이다.

덧붙이자면 이런 게 무슨 놈의 이력이라고, 속사정 뻔히 알면서도 should, must를 들먹이며 쓰라고 강요한 영석이, 옆에서 부추긴 현종이, 녀석들이 원망스럽다.

1편. 사유에 대하여

'깊은 사색'의 가난은 결코 계산될 수 없는 '쓸모없음'의 빛 속에서 빛나는 그런 보물(寶物)의 부유(富裕)함에 대한 약속이다.
- 하이데거

Love knowledge with a love coeval with life, It will comfort you adorn you and never quit you. It will open to you the kingdom of thoughts and all the boundless reigns of conceptions as an asylum against cruelty and injustice.
- 고등학교 영어 교과서

1부. 형이상학

1부 형이상학

1장. 형이상학(形而上學)

형이상학은 우주 자연의 근원에 대한 이해이고 해석이다. 이 이해, 해석으로부터 자연과 인간관계가 규정되고 그로써 우리들은 삶을 근원적으로 이해할 수 있게 된다. 우리들 삶은 자연 안에서 인간을 포함한 타존재자와 관계를 맺으며 사는 것 이외의 것이 아니다.

형이상학은 모든 존재자의 근거, 존재자를 있게 하는 '그 무엇', 즉 궁극적 실재의 본질을 규명하고자 하는 학문으로 이는 학문 세계의 최고의 지위에 있고 인간 사유로는 그 궁극에 위치한다. 형이상학을 사유할 수 있는 능력은 인간의 자연 소질素質이다.

하이데거에 따르면 형이상학은 존재자를 있게 하는 그 무엇인 존재存在와 구체적 사물로 실재하는 존재자存在者 이 둘의 구별을 전제로 한다. 이 구별은 달리 말하면 하나이며 근원적인 변화하지 않는 진실의 실재實在와 다수多數이고 변화하는 기만적欺瞞的인 현상의 구분이다.

존재와 존재자의 구별은 자연을 산, 강, 나무와 새 등과 구별한다는 것이다. 자연은 산이고 산도 자연인데 이 둘을 구별한다는 것이다. 자연은 이들과 떨어져서 별개로 존재하는 것이 아니고 이들도 자연과 하나이다. 그렇다고 둘의 의미가 같은 것도 아니다. 자연이 산을 대신할 수도, 산이 자연을 대신할 수도 없다. 자연은 이것들 모두를 껴안은 채 이들 안에 숨어있다.

그리고 그는 이어서 '형이상학의 존재와 존재자의 구별은 모든 존재하는 것들에 대한 차이로서의 명명命名과 경험 그리고 개념파악을 가능케 하는 근거' 라고 한다.

'차이로서 명명'은 산과 강, 까마귀와 까치, 사과와 배처럼 그 이름은 자신을 나타내는 것이지만 동시에 산이 강과, 까마귀와 까치와 서로 다르다는 것을 알린다. 명명은 그것들을 인식하게 하는 근거이다.

구별은 인식작용의 전제이자 근거이다. '하나' 안에서는 사유는 잠잔다. 그러니까 존재와 존재자를 구별하고 존재·존재자라고 이름 붙이는 것은 그것들을 인식, 사유하기 위한 것이다.

이를 하이데거는 인간은 오직 그렇게 구별하는 것(인식, 이해)에 의해서만 존재의 빛 안에서 존재자와 관계할 수 있다고 한다. 즉 존재가 존재자에게 빛을 주어 존재자로 드러나게 한다. 그러므로 '존재의 빛'은 '사유의 빛'이라 해도 틀리지 않다.

그는 이 구별을 존재와 존재자 간의 중재仲裁라고도 표현한다, 여기서 중재란 존재자가 존재자이도록 존재를 시여施輿하는 존재와 시여 받아 존재를 발현시키는, 즉 존재자 사이의 관계를 이해·설정하여 관계토록 한다는 의미이다.

이러한 존재와 존재자의 관계는 시여하는 존재가 시여 받은 존재자보다 일방적으로 우월한 것이 아니라 존재 역시 존재자에 의지하지 않으면 자신을 발현할 수 없는 쌍방적 관계이다.

자기 초월적인 존재(자연성)의 현시現示는 존재자(자연적 존재)를 통하여서만 이루어진다. 새, 꽃과 나무 등은 자연(존재)에 의해 자신들의 의미와 존재를 부여받는다. 하지만 역으로 자연은 새, 꽃과 나무 등(존재자)을 통해서만 자신을 드러낼 수 있다.

존재와 존재자의 관계에서의 선후先后는 우리가 존재와 존재자를 이해, 파악하는 시간적 순서에서 보면 존재자는 존재에 앞서지만, 그러나 존재가 현성하고 존재자가 존재하게 되는 관점에서 보면 존재는 존재자에 앞선다(a priori).

시간상으로 'A priori'는 공간상으로는 초월超越과 통한다. 따라서 존재에 대한 인식과 앎은 존재자physis를 초월한 meta 형이상학meta-physis이어야 한다.

존재와 존재자를 구별하는 형이상학적 사유는 서구문명에

서뿐만 아니라 불교와 중국문화에서도 이루어졌다. 이러한 근거에서 칸트가 이를 인간의 자연소질이라 한 것이다.

형이상학은 중국문화에서는 주역周易의 계사繫辭에 최초로 '형이상자形而上者는 도道라 하고 형이하자形而下者는 기器' 라고 하는 문구에서 보이지만 그 구체적 내용은 도덕경道德經에 나타난다.

노자는 '도덕경道德經' 제 1장에서 우주자연의 본질을 규명하고 있다.

노자사상에서 자연은 가장 오래된 그리고 가장 포괄적이다. 노자는 이 자연으로부터 유무가 동시에 나왔다有無同出고 하여 우주자연의 근원적 형식을 유/무라 하였고, 이 유有로부터 유물有物(존재자)이 생기게 되었다고 한다. 유/무는 우주자연의 진실(사실성)을 가장 압축해서 표현한 근원적 개념이다.

여기서의 유/무는 형이상학의 존재(우주자연의 근원)차원의 개념으로, 유무동출에서의 유/무는 있다/없다가 아니다. 이를 하이데거는 유有를 존재의 빛Liechtung des Seins 그리고 무無를 존재의 감추어진 상태Schlier des Seins라고 표현한다. 이는 존재Sein(자연)의 양면성을 말하는 것으로 달의 밝은 면과 어두운 면 같은 것이다.

불교에서는 존재를 공空, 존재자를 색色이라고 하는데, 이를 참 진리를 의미하는 승의勝義와 세속世俗으로 표현하기도 한다. 이는 자연을 본성과 현상으로 구분한 것으로 불교에서는 본성 즉 승의의 관점에서는 인·법人·法 모두에 자성自性이 없기에 이를 공空이라 하고, 현상現象 즉 세속의 관점에서는 지각知覺가능한 대상임으로 색色이라 하였다.

그리고 이 둘의 관계를 공즉시색空卽是色 색즉시공色卽是空이라 하는데, 이는 자연은 산이고 산도 자연으로 이들은 같기도 하고 다르기도 한 즉 불일이불이不一而不二라는 것이다. 불교는 이러한 존재와 존재자의 관계에 대한 이해가 사유의 근간이다.

2장. 존재와 유/무

존재存在(자연)란 무엇인가? 존재(자연)는 '있음' 자체이다. 하이데거는 존재를 우리들 일상적 어법語法을 통해 설명하고 있다.[1)]

존재存在-(Sein)는 말 그대로 '-이 있다', '-이다'(ist)이고, 우리는 훨씬 자주 그리고 끊임없이 '이다'라는 말을 사용하면서 존재를 말하고 있다. 그러나 '있다', '이다'는 너무나 단순하고 막연(어떤 분명한 의미를 갖지 않기에)해서 더 이상 파악될 수 없는 공허空虛함으로 여겨진다. 그러나 그 단순함에는 모든 현상을 담고 있는 풍요로움이 함께한다.

예를 들면 '거기에는 높은 산이 있다.', '강물이 흐르고 있다.', '이것은 네 책이다.', '학생이 교실에 있다.', '나는 당신을 사랑하고 있다.' 등에서 볼 수 있듯이 모든 현상을 포용하고 있다. 이처럼 존재는 단순하고 막연하여 공허하기까지 하지만 동시에 풍요로운 것이다.

다른 관점에서 보면 '이다', '있다'라는 말은 단지 많이 사용하는 것에 그치지 않고 모든 말을 지탱支撑한다. 즉 '이다' 없이는 말이 성립하지 않는다. '산이 -', '강물이 흐르고-', '학생이 교실에-'로서는 말이 성립할 수 없다. 이러한 관점은 존재자를 성립시키는 존재의 성격을 보여 준다.

존재는 모든 존재자에게서 보여 지는 가장 일반적인 것이며, 평범한 것이다. 그러나 동시에 유일唯一한 것이다. 이와는 달리 어떤 탁월한 존재자라도 모든 존재자에게는 항상 그와 동류同類의 것이 대립해 있다.[2)]

1 존재는 그 본질상 사유(思惟)할 수는 있으나 인식할 수는 없다. 즉 무엇이라고 규정(規定)할 수 있는 대상이 아니다. 우리가 그것을 규정하려 하는 순간 그것은 손에서 모래알이 빠져나가듯 우리로부터 사라져버린다.

여기서 존재에 대해 말하지만 그것은 그 주위를 맴돌며, 다만 그 드러난 성격을 비유(比喩)로서 설명하는 것뿐이다.

2 하이데거는 존재를 '가장 공허한 것이면서 가장 풍요로운 것이고, 가장 일반적인 것이면서 유일무이한 것이며 가장 이해하기 쉬운 것이면서 동시에 모든 개념 파악에 저항하는 것이며, 가장 망각된 것이면서 가장 상기(想起)시키는 것이며, 가장 자주 말해지면서 가장 침묵하는 것이다.'라고 한다.

2.1. 유/무, 현성/은적

도덕경道德經에서는 자연을 근거로 유/무, 유물이라는 말로 우주 근원을 설명하는데 이를 하이데거 철학에서는 유/무는 존재로 그리고 유물有物을 존재자라 표현한다. 그는 존재로서 존재자 전체를 지시하기도 하는데 이때 존재는 자연의 의미이다.

하이데거의 존재存在는 자연의 유/무 이중성을 한 단위로 표현한 것이다. 그는 존재는 현성現成(유)과 은적隱迹(무)의 이중성을 마치 동전의 양면처럼 함의含意하고 있다고 하여, 존재의 본질을 드러나 있으면서도 자신을 숨기는 것으로 본다.

여기서 무/유, 유/유물, 또는 존재/존재자라고 하여 이 대립을 어떤 흐름의 양 언덕에 서 있는 것처럼 생각하기 쉽지만 그것은 전혀 오해이다. 존재와 존재자는 하나도 아니고 둘도 아닌不一而不二 관계에 있다. 존재는 현성과 은적의 양가성兩價性을 동거시키고 있는 차연差延의 관계가 그 본질이다.

유/무는 그 각각이 개별적인 실체처럼 독립적인 이원적 대칭구조를 형성하고 있는 것이 아니라 함께 본질의 생기生起로서, 밤과 낮같이 늘 오고가는 그런 왕래往來의 의미로 이해되어야 한다.

또한 존재의 은적無의 의미를 포도주에서 신맛을 제거하

는 것처럼, 그렇게 소멸로서 이해해서는 안 된다. 존재의 은적, 퇴거, 감춤은 사실상 존재의 현시顯示의 전제 조건처럼 그렇게 항상 근거로서 존재하고 있기 때문이다.

자연은 나비와 새, 풀과 들꽃, 산, 강 등과 떨어져서 별개로 존재하는 것이 아니다. 자연은 그것들 모두를 껴안은 채 그들 안에 숨어있다. 존재의 은적隱迹은 그런 뜻이다.

불교에서 말하는 법성法性은 만법萬法(萬物)의 본성 즉 칸트가 모른다고 한 그 물성物性과 같은 말이다. 또한 그것은 하이데거의 존재이고 노자의 유/무가 동거하는 자연성이다.

화엄경에서 말하는 이일사다理一事多는 자연이라는 진여眞如의 이理가 사물事들을 통해 여러 가지 모습과 동작으로 자신을 나타낸다는 의미이다. 여기서 이理 역시 법성이다.

원효대사元曉大師는 '여여如如한 법은 동일성의 일치도 아니고, 모순의 대립도 아니며, 동일성과 차이성이 각각 자가성自家性의 실체가 아니라 서로 상대방의 그림자이므로 동/이同/異가 상입상즉相入相卽으로 무애할 수밖에 없다.'라 하였다.

그러나 은적·퇴거는 무無에 대한 존재론적 형식적 이해이지 무의 본성에 대한 것은 아니다.

무無의 본성이나 본체는 사실상 존재하지 않기 때문에 무

無만으로는 무를 이해하지 못한다. 무는 유 없이는 본질을 드러낼 수 없다. 침묵도 '말하기'가 있어야만 침묵의 의미가 이해된다.

무는 '유로부터의 초탈超脫'과 같은 것이라 할 수 있다. 무심無心이라 했을 때 거기에는 마음이 없다는 것이 아니라 일상적 현실에 얽매인 마음이 그로부터 초탈한 상태이다. 현실적 집착에서 벗어난 마음은 허무한 마음이 아니라 해방된 마음이며 초탈한 마음이다.

이러한 맥락에서 하이데거는 무를 유의 탈근거脫根據라고 한다, 탈근거에는 근거인 그 '어떤 것'이 분명히 없다. 그가 탈근거라고 했을 때 이는 근거를 벗어난, 근거로부터의 초탈을 의미한다. '탈' 자字 없이 그냥 무는 유의 근거라고 한다면 무로부터 유가 생기生起한다는 의미로 읽힐 수도 있다. 그러나 무는 무일 뿐 그것으로부터 무엇인가가 생기한다는 것은 있을 수 없다.

노자는 무의 본성을 무욕無慾으로 보았는데 한 주석자註釋者는 무욕無慾한 상태를 허심虛心의 마음 또는 청결한 마음 상태로 비유한다. 그리고 티 없이 빈 마음이 세상을 여여如如하게 비춘다.

또한 무와 유의 관계라는 관점에서 보면 무는 유를 한계지음으로써 유有 스스로가 편해질 수 있도록 한다. 반면에 무는 유가 없으면 혼침昏沈의 공허空虛에 빠진다. 무는 유에 의

지해서 그 의미를 갖는다.

이처럼 무는 그냥 '없는 것'이 아니라 그윽하고 신비한 공능功能을 갖는다. 무는 모든 것을 비우게 하는 그런 무화無化로서 유를 초탈超脫한 상태로 이끌어 세상을 여여如如하게 볼 수 있게 한다. 불교에서 공空은 유의 모든 모순과 갈등을 껴안아 사라지게 한다.

3장. 형이상학은 직관(直觀)의 학문이다.

고대 그리스 철학자 프로타고라스Protagoras는 인간의 인식 작용은 자신의 인지認知범위 내에 현성現成되는 것의 영역 안에 제한되어 있기에 궁극적 진리에 대해서는 이해, 설명할 수 없다고 한다. 즉 형이상학적 존재는 현성되는 것의 영역 너머에 있기에 인식할 수 없다는 것이다. 그래서 칸트는 물자체物自體는 모른다고 하였다.

아리스토텔레스에 의하면 참된 앎에는 논증적demonstrative인 것과 직관적인intuitive인 것 둘이 있는데 논증적 지식은 원인causes에 관한 지식이다. 이것은 삼단논법三段論法에 의해 논증될 수 있는 명제로 구성되어 있다.

한편 직관적 지식은 사물의 본질적 성질, 나눌 수없는 형상을 파악하는 데 있다. 이 직관적 지식은 모든 학문의 근거이다. 왜냐하면 직관적 지식은 모든 논증의 가장 원초적인 기본전제(제일 원인)를 파악하는 것이기 때문이다.

모든 논리에 의한 증명은 주어진 전제前提에서 출발할 수밖에 없다. 그러나 전제로부터 결론을 도출하려는 증명 자체는 결론이 진리임을 근원적으로 보여 줄 수 없고, 단지 그 전제들이 참인 한에서 그 결론이 참일 수밖에 없다는 것을 보여줄 뿐이다. 따라서 모든 올바른 지식은 그 기본 전제가 진리임을 근거로 획득할 수밖에 없다.

그런데 기본 전제가 진리인 경우는 그 원인이 본질과 동일할 때, 즉 직접적일 때뿐이다. 그리고 그것을 파악할 수 있는 것은 직관直觀뿐이다.

아리스토텔레스는 이 기본전제(제일 원리)는 궁극적 사물의 본질로 이는 직관적으로 파악할 수 있다고 한다, 이보다 앞서 플라톤은 감각에 의한 경험 자체는 보편적 본질을 파악할 수 없으며 오로지 '정신적 눈'으로만 이데아를 볼 수 있다고 하였는데 이 정신적 눈은 직관과 다르지 않다.[3)]

직관은 논증될 수 없다. 그러나 직관은 철학자나 시인詩人의 삶에 있어서와 마찬가지로 과학자의 삶에도 중요한 역할을 한다. 위대한 수학자인 가우스K. F. Gause는 '나는 결과를 얻어냈다. 그러나 그것을 어떻게 얻었는지를 나는 알 수 없다.'고 하였다.

3 '정신적 눈'은 불교에서의 개안(開眼)과도 같다. 개안은 돈오(頓悟) 즉 순간적으로 오는 깨달음의 의미를 담고 있다.

직관은 사유의 수평적 흐름을 수직적 힘으로 끊어 수평적 사유에서 찾지 못했던 문제의 답을 단숨에 얻으면서 사유를 격상格上시킨다. 이러한 직관은 우리의 의지 영역에 속해 있지 않다. 즉 수의적隨意的이지 않다. 그렇다고 하여 우연하게 다가오는 것도 아니다.

직관은 습관적인 사고와 고정관념에서 벗어나 긴급함이라든가 유용성에 대한 염려 따위로부터 초연해진 삶의 결과라 할 수 있다. 그러한 삶은 진솔眞率한 시인詩人의 모습이기도 하고 더 나아가 선禪에 가깝다.

그러나 우리는 일상생활에서도 직관을 경험 한다. 오랜 동안 참구參究하고 깊이 사유하였으나 깨닫지 못했던 것을 어느 한순간에 퍼뜩 그 의미가 확연確然하게 다가온다. 직관은 그렇게 이성을 눈뜨게 한다. 그러나 그 역시 우연히 온 것이 아니라 오랜 사유라는 과정, 전제가 있었기에 가능한 것이다.

3.1. 형이상학은 역사, 시대를 규정한다.

근원적으로 존재는 그것의 고유한 본질 상 그 자신으로부터 규정되어야 하며, 우리가 그것을 어떻게 파악하고 지각하느냐에 따라서 규정되어서는 안 된다. 그런데도 인간은 항상 자신의 이성의 자연적 본성에 따라 이를 추구한다. 형이상학은 그것(존재)을 추구하는 학문이다.

그런데 하이데거는 형이상학은 인간이 존재자로서 존재

자 전체에 대해 갖는 관계에 대한 하나의 역사적 결단決斷을 포함한다고 한다. 이 결단에는 형이상학이 독단獨斷일 수 있다는 의미가 포함된다. 존재자 전체 곧 존재는 논증할 수 없고 규정되지 않기에 그에 대한 이해는 개인의 해석으로 독단이라 할 수 있다.

그러나 존재에 대한 사유(형이상학)가 비록 그것이 결단 혹은 독단이라 해도 그 사유는 인간 이성의 최고의 경지에서 이루어지는 근원적인 것이기에 이를 부정적으로만 이해할 필요는 없다. 그것은 이성의 제한성을 뜻할 뿐 오히려 자유로운 사유의 표징이기도 하다.

플라톤은 존재를 이데아idea로, 기독교에서는 창조주로, 칸트는 물자체物自體(ding an sich) 그리고 니체는 권력에의 의지意志라고 하여 서로 다르게 정의하였다. 그것은 형이상학이 하나의 독단이고 결단임을 보여준다.

그러나 형이상학의 결단은 역사적 결단으로 그 시대의 성격을 규정한다. 이를 하이데거가 형이상학은 인간이 존재자로서 존재자 전체에 대해 갖는 관계에 대한 하나의 역사적 결단을 포함한다고 한다.

플라톤은 이데아로 그리스인들의 존재, 사유를 드러냈고 중세는 기독교 신神에 의해 지배되었다. 그리고 니체의 권력에의 의지는 아직까지도 우리들 삶의 성격을 규정하고 있다. 그리고 하이데거는 이 결단에 따른 역사의 진행을 역운歷運이라고 한다.

4장. 서구 형이상학의 성격

서구 형이상학의 특성은 그것이 형이상학이라는 것 자체 즉 학문學問이라는데 있다. 중국철학에서 또 불교에서도 우주 실체의 본성에 대해 사유하였으나 학문으로 세우지는 않았다.

플라톤 이전의 고대 그리스 철학자들은 전체를 간이簡易하고 깊게 그리고 넓게 사유했고 그래서 윤리학, 논리학, 자연학 등으로 쪼개지지 않았다. 서양에서 학문세계를 정립시킨 것은 플라톤과 아리스토텔레스에 의해서였다.

형이상학은 모든 논증의 가장 원초적인 기본전제(제일 원인)를 파악하는 것이기 때문에 모든 학문의 원칙·근거이다. 학문으로서의 형이상학은 플라톤이 존재를 이데아idea로 해석하면서 시작되었고 서구철학의 역사는 플라톤 이래 니체에 이르기까지의 형이상학의 역사이다.

동양철학과 서양철학을 가르는 근원은 형이상학의 '존재'에 대한 이해·해석이다.

즉 존재存在를 표출된 것 즉 유有로만 이해하는가 아니면 은적隱迹 즉 무無를 함께 사유하는가의 차이에 있다. 동양철학에서는 존재(자연)를 유와 무로 나누고 이를 상관관계로서 이해하지만, 서양철학에서 무無는 부정否定의 의미 밖에 갖지 않는다. 이러한 차이는 화면畵面을 꽉 채운 서양화와 동양화의 여백餘白이 상징적象徵的으로 보여준다.

플라톤 이전의 고대 그리스시대 자연주의철학에서는 비록 부수적附隨的으로나마 무를 사유하였다. 자연주의철학자인 그들이 자연현상에서 유/무의 양면성 즉 현성(나타남)과 은적(사라짐)을 보고 그 순환 과정을 사유하였다는 것은 너무나 당연한 일이다. 그리고 이러한 자연관에 근거하여 헤라클레이토스는 '존재는 스스로 숨기를 좋아한다.'라거나 '자기 은적은 나타남의 운동의 가장 깊숙한 본질이다.'라고 하여 무無의 본질을 이해하고 있었다.

파르메니데스는 유有는 절대적인 것이고 비유非有는 존재하지 않으며 또한 생각 할 수도 없다고 하였으나, 이는 역설적逆說的으로 그가 비유 즉 무를 사유했다는 것을 보여준다. 다만 그는 무를 사유의 대상에서 제외시킴으로써, 다시 말해 사유를 존재자(대상)에 한정시킴으로써 서양철학을 대상적 사유의 길로 이끌었다.

하이데거에 따르면 그리스인들은 존재存在를 '자신으로부터 피어나면서 그리고 열려진 장場 안으로 자신을 그 본질에서 개현開顯하는 것'으로서 파악했다. 여기서의 존재는 유/무 중에 유有의 의미로 이해한 것이다.

그리스인들이 이러한 존재存在에 대한 이해는 '중용中庸'에서 천명天命을 일컬어 성이라 한다天命謂之性 했을 때의 그 성性의 의미를 그대로 표현했다고 할 만큼 유사하다. 여기서 천명은 자연의 일함으로 자연이 스스로를 드러냄을 의미한다. 그리고 성은 유有의 본질이다.

플라톤은 이데아 중의 이데아인 아카톤을 존재의 빛으로서 존재자存在者의 나타남을 가능케 해준다고 해석했는데 거기에는 존재存在의 감춤은 무시될 소지所持를 이미 잉태하고 있었다. 그러나 그리스 시대의 형이상학은 아직 무를 수용할 여지餘地가 있었다.

4.1. 존재에 대한 이해에 있어서의 고대와 근세의 차이

그리스 형이상학은 기독교 신학에 의해 대체代替 변용變容되었고, 그 변용된 성격은 데카르트 이래의 근대 형이상학 전체를 계속해서 지배하고 있다.

아리스토텔레스의 경우 존재는 늘 표출表出된 것有物(존재자)으로 이해되고 있다. 그러나 아리스토텔레스에게 '표출'은 한편으로는 우리 감각기관으로부터 파악되어 분명히 지각知覺된 것으로서의 의미와 다른 한편 존재(자연)가 스스로 자신을 현시現示한 것으로서의 표출 즉 자연성自然性으로서의 의미가 공존해 있었다.

그러나 데카르트 이래 근대 서양철학에서의 존재는 자신으로부터 피어나면서 개현하는 것으로서의 의미는 사라지고, 아예 인간의 감각에 의해 포착된 표출만으로 좁혀졌다. 즉 존재는 인간의 의식에 명백히 표출된 것으로만 제한되어 존재를 대상성對象性으로서 이해하게 된다.

그것은 기독교의 영향이다. 기독교의 형상을 가진 인격신人格神은 그리스 형이상학의 존재 즉 모든 존재자의 근원인 존재의 형상적形相的 표출表出이다. 데카르트는 존재를 신神과 같은 형상形相이 있는 것으로 보아, 존재를 표출된 것만으로 이해하고 해석한 것이다.

그리고 '신은 죽었다!'라고 선언한 니체의 경우 존재를 인간의 의지意志라 함으로써, 신이 아니라 인간이 모든 존재자의 근거라는 의식이 표면에 등장하게 된다.

서구 형이상학에서의 존재의 의미는 그리스시대에 자신으로부터 피어나면서 개현開顯하는 것으로 이해한 것으로부터 근대 서구철학에서는 인간 의식에 의해 표상表象된 것으로 바뀌었다. 이는 인간의 의식이 모든 존재자의 근거 즉 존재자가 존재자이게 하는 근거라는 것이다.

결론적으로 서양철학사는 존재의 이해에서 존재의 나타나는 현현顯現의 측면만을 귀중하게 여기고 은적隱迹을 배제하여 왔기 때문에 존재자에 집착하는 현상을 초래하였다. 이를 하이데거는 존재 망각妄覺으로 그리고 서양철학사를 존재 망각妄覺의 역사로 이해한다.

이제 존재자의 근원에 대해서는 양자역학量子力學과 우주물리학에 그리고 일반철학은 심리학에 의해 대체되어 가고 있다. 그것은 서양 형이상학이 존재의 의미를 유/무의 상관관계로서가 아니라 유有 즉 존재자에 집중한 결과이다.

2부. 논리에 대하여

2부 논리(論理)에 대하여

1장. 논리의 성격

논리학은 아리스토텔레스 이래로 서양 문명을 지탱해주는 힘이다. 천문학적 지식, 심오하고 철학적 지혜 등은 중국 문명에도 존재했지만 그 지식, 지혜는 경험적인 것으로 논리적 기초를 결여하고 있다.

논리에 합당하다는 의미의 합리성合理性은 삶의 여러 가지 생활 조건을 정립하고 성장시키는데 가장 효율적이고 필수적인 요건이다. 그러한 면에서 서양 문명은 탁월하다.

일반적으로 논리論理는 대상을 이해하거나 말하는데 있어 필수적으로 따라가야 할 길이다. 그 길을 잃으면 사유思惟는 지리멸렬支離滅裂해진다. 따라서 어떤 사상思想이라도 논리가 일관되지 않으면 사람들은 그 사상을 이해할 수 없다.

논리학에서는 1. 동일율同一律 2. 모순율矛盾律 3. 배중율排中律 4. 근거율根據律이라는 4개의 사유원칙을 제시하고 있다. 이 사유원칙은 귀납·연역의 추리推理과정에서 따라야 할 준칙準則이다. 이들 네 가지 사유의 원칙들은 그 나름대로 '올바른 사유'를 위한 최종적이고 최고의 보증이자 요청이다.

그러나 어떤 명제命題가 네 가지의 논리법칙에 합당하다는 이유로 그것이 곧 진리라고 주장하는 것에는 이의異意가 있을 수 있다. 이들 네 가지의 사유원칙을 가지고는 그저 올바른 사유란 이러저러하다는 올바른 사유에 대한 조건을 제시할 뿐, 진정한 의미의 올바른 사유 자체가 어떤 것인지는 알 수 없다. 그렇기 때문에 때로 '생각하기'라는 놀이의 규칙으로 폄하貶下되기도 한다.

이 논리 법칙에 대해 클라우스 하인리히Klaus Heinrich는 그의 '논리학에로의 종교철학적 입문'에서 아래와 같이 말한다.

'이러한 정식定式(논리 법칙)들은 무엇과 대립하고 있는가? 이것들은 무엇을 방어하고 있는가? 왜 그 반대는 허용될 수 없는가? 왜 제삼자第三者 내지 제삼의 것이 배제排除되어야 하며, 만일 그래야만 한다면, 이 배제된 제삼의 것이란 무엇인가?'

'왜 모순이 피避해져야 하며, 만일 피하지 못했다고 한다면 무엇이 일어났단 말인가? 왜 여기서 동일성이 고수固守되어야 하며 만일 동일성을 고수할 수 없었다면 어떻단 말인가? 왜 나는 여기서 근거가 한 특정한 형식으로 나타난다는 점에 의존하고 있으며, 만일 근거가 나타나지 않았다면 어떻단 말인가?' 이는 논리 법칙과 진실 사이의 괴리乖離를 말한 것이다.

뿐만 아니라 설령 논리적으로 올바른 사유가 진실이라 하여도 그것이 결정決定의 궁극적인 원리로서 원용援用될 수 있는 경우는 그전에 그 사유思惟는 사유 가능한 모든 것 그리고 사유되어져야 하고 사유에게 과제로써 부과되어 있는 모든 것들을 빠짐없이 포괄하고 있다는 것이 확실할 때뿐이다. 그러나 그런 사유는 현실적으로 성립이 불가능하다.

1.1. 논리학(論理學)의 구성과 목적

논리학에서는 존재하는 것이 대상화 되고 이를 다시 판단하기에 적합한 언어로 주형鑄型된다. 논리적 언어, 합리적 언어는 그 본질상 대상을 개념화, 정의定義할 것을 요구한다. 이때 정의는 대상을 파악하여 그 의미를 고정시킴을 의미한다.

이런 사고思考방식에서는 형이상학적 의미의 존재存在를 대상화하여 범주론적 사실, 객관적 사물처럼 이해하려고 한다. 그러나 존재는 존재자(사실, 사물)가 아니다.

하이데거는 이러한 사고방식의 결과에 대해 '현상들이 추상화 되고 고정됨으로써, 결과적으로 마음대로 처분할 수 없는 존재의 진리에 대하여 이를 엇 놓여 위장僞裝시킴으로써 개념철학概念哲學의 억압에 점점 빠져들게 된다.'고 했다.

논리학의 일차적 목적은 인과율因果律의 적합성을 보증하는 데 있다.

서양철학에서는 아리스토텔레스 이후 인간과 물질의 관계를 이른바 질료인·형식인·목적인 그리고 조성인造成因이라는 4개의 원인으로 해석해 왔다.

이런 개념들에 따른 인과율因果律은 대상에 대해 목적과 수단, 원인과 결과의 관계를 포착하려는 것일 뿐 진리를 찾으려는 것이 아니다. 사실 아리스토텔레스는 그것을 인정하고 있다.

또 하나, 논리적 사유의 목적은 자연과학처럼 현실 즉 경험의 세계를 지탱支撑하는 역할에 있다. 따라서 논리적인 사유는 사물, 사태를 개념으로 파악하며 정돈해야 하는 원리, 목적에 종속從屬되어 있다. 그러나 이는 사물, 사태를 왜곡歪曲할 가능성이 있다.

예를 들면 법정法廷에서 결정적인 증거가 그 취득 과정에서의 절차상 하자瑕疵 때문에 판결判決의 준거準據로서의 자격을 잃고 제외除外되었다면, 그에 따른 판결은 법리法理의 면에서는 옳지만 그 사건, 사실 자체(진실)에 대한 올바른 판결이라고는 할 수는 없다.

표면상으로든 사실상으로든, 이러한 논리적 사유에 의해 눈앞에 발견된 질서란 절대적으로 타당한 것이라고는 할 수 없다. 그것은 현실 자체로부터가 아니라 주어진, 발생한 사태를 개념으로 파악하여 정돈하려는 이성理性의 앞선-정립에 따른 질서이다.

따라서 그것은 논리에 의해 설립된 가정假定의 세계 속에서만 타당할 뿐이다. 그러나 생기生起로서의 현실 자체는 그렇게 정립, 고정된 질서로서가 아니라 유동적流動的인 흐름으로 존재한다.

그러함에도 불구하고 인간은 그의 주변에 있는 사실들을 논리에 의해 확정된 정의定義에 따라 개념화 즉 의미를 고정시킴으로써, 세상을 고정固定된 세계라는 관점에서 이해한다. 이런 관점은 결과적으로 자기 자신까지도 끊임없는 변화, 소멸에도 흔들림 없는 하나의 확고한 자아自我로서 고찰하게 한다.

고정된 세계라는 의식과 확고한 자아라는 의식 중 어느 것이 앞선 것인가는 알기 어렵다.

2장. 논리적 사유의 한계

우리는 형이상학을 포함한 모든 앎(知識, 智慧) 모든 것이 논증의 대상, 혹은 논증되어야만 한다고 생각해서는 안 된다. 우리는 논증되지 않지만 진실로서 다가오는 많은 경우들과 만난다.

니체는 '권력에의 의지'에서

'논리학은 참된 것을 인식하기 위한 명법(命法)이 아니고 우리들이 참되다고 생각하는 하나의 세계를 정립하고 준비하기 위한 것이다. 논리학은 권력에의 의지의 도구(道具)이다.' 라고 말하고 있다.

인간은 동요動搖하는 현실에 마주하여 최종적인 확실성, 안전성을 얻으려 열망熱望한다. 이에 맞추어 지성知性은 자신의 인식이 안전성을 갖도록 어떤 사태에 대한 경험을 논리적인 과정을 거쳐 현상現象으로 정의한다. 그리고 그 정의에 어긋난 현상들은 그것이 비논리적인 것이라는 이유로 사태 자체로부터 배제排除하려고 한다.

이렇게 되면 논리적 보편타당성이 사태 자체, 진실에 앞서 사물의 주인처럼 행세하게 된다. 그러나 이런 식의 논리적 사유의 결과물로써의 현상은 논리 준칙準則이라는 여과濾過 장치에서 여과시킬 수 있는 것만을 여과시켜 이루어낸 것이다. 사실 논리의 숨은 목적은 사물이나 사실로부터 합리성合理性만을 걸러내는 그물망網으로써의 역할에 있다.

합리合理란 논리의 규칙에 적합하다는 것일 뿐 그것이 과학 이외의 모든 분야에서 '참'에 대한 보증이라고 할 수는 없다. 그것은 반복反復을 전제로 한 고정된 세계 곧 과학의 세계에 대하여는 객관성과 안전성을 확보해줄 수 있다. 그 최고의 형태는 수학數學으로 그 진리는 과학의 세계에서는 확고부동하다.

논리에서의 연역演繹은 반복을 전제로 한다. 그러나 끊임없이 변화, 생성하는 세계에 있어 반복은 없다. 지금 내가 쉬고 있는 이 숨은 이전의 숨도 이후의 숨도 아니다. 나는 항상 새로운 숨을 쉬도 있다. 반복은 논리論理라는 망판용網版用 스크린에 나타난 것일 뿐이다.

논리論理 규칙에 따른 귀납적 혹은 연역적 추리推理로는 생성을 거듭하는 세상에 대해 그 흐름 전체를 조망眺望하고 포괄包括하기에는 부족하다.

칸트는 세계 현상 전체를 양量, 질質, 관계關係 그리고 양태樣態의 네 범주範疇로 분류하고 양과 질(물리적 세계)은 분량分量과 도량度量으로 나탤 수 있기에 수학적 논리의 대상이지만, 관계와 양태는 다른 요인들과 시공간상의 결합에 따른 것이기에 이를 역학적力學的인 것이라고 한다.

역학적이란 그 대상이 유동적流動的이란 의미이고 이는 고정된 형식논리에 의해 정의定義될 수 없다는 의미이다. 칸트는 이를 유추類推라고 하였다.

이처럼 논리적 사유는 현상의 네 범주 모두를 충족시키지는 못하기에 근원적으로 한계가 있다. 따라서 논리는 현상을 왜곡시킬 가능성이 있다.

2.1. 논리와 무의식(無意識)

논리적 인식은 근원적으로 제한된 것으로 인간의 삶을 궁극적, 전체적으로 해석하는 데는 부족하다. 논리적 지성, 인식 능력은 전체적으로 의식 세계에 귀속된다. 그러나 의식 세계는 무의식의 세계에 비하면 빙산氷山의 표출된 부분에 불과하다. 따라서 논리적 인식은 보다 근원적으로 제한된 것임이 드러난다. 무의식에는 형식논리가 적용될 근거가 없다.

프로이트에 따르면 의식세계는 보다 더 클 뿐 아니라 우리는 삶에 있어 본질적인 무의식의 절대적 영향 아래 있다. 무의식에는 현재, 과거를 포괄한 모든 역사 문화적 전통에 근거한 집단 무의식 그리고 개인의 세상살이에서의 경험, 의식 하나하나가 모두 축적되어 있다. 그것은 의식意識이라기보다는 감성感性·기분에 가깝다.

인간은 감성적인 존재다.[4] 영국의 공리주의자인 벤담은 인간은 두 주인을 모시고 사는데 그 이름이 하나는 '좋아함'이고 다른 하나는 '싫어함'이라고 한다. 이 '좋다'와 '싫다'라는 감성은 인간 무의식의 가장 깊은 곳에서 그리고 가장 오랜 동안 모든 행위의 근원으로 남아있다. 현대의학에서 밝힌 바에 따르면 이를 관장하는 뇌세포는 '죽지 않는다.'고 할 만큼 삶의 마지막에 가서야 그 작용이 멈춘다고 한다.

4 아무리 훌륭한 지적 자산(知的資産)이라도 그것이 인간 내면에 감성으로 갈무리되지 않는 한 그 지적 자산은 그것을 소유한 인간의 성품과는 무관한 장식품일 뿐이다.

근원적으로 논리학의 기초인 개념概念은 단가적인 일의성一意性을 지녀야하는데, 자연의 사실성은 이중적 차연差緣의 성격을 갖기에 반反개념적이다. 따라서 논리학은 자연의 사실성인 진실眞實에 접근하기에는 적당치 않다.

루소의 일반의사一般意思는 다수多數의 의사도 아닐 뿐 아니라 인민 전체의 의사도 아니다. 그렇다면 그런 일반의사는 어떻게 형성되는가? 루소는 그에 대한 분명한 논리적 대응을 하지 않았지만 이러한 초논리적超論理的 일반의사는 프랑스 대혁명에 있어 인민의 엄청난 힘을 분출하는 영감靈感으로 작용하였다. 그 영감을 불러일으킨 진실의 빛은 논리의 벽壁 너머로부터 방사放射된 것이다.

루소는 독일에서 칸트, 헤르더, 괴테와 실러에 깊은 영향을 끼쳤다. 칸트는 루소의 영향력에 의해 자신의 사상에 일어난 변화에 대해 다음과 같이 말하고 있다.

> '나는 성격상 지적(知的)탐구자이다. 나는 진보의 단계마다 만족을 느끼면서도 지식을 향한 매우 강렬한 열망과 지식의 진보를 이루지 않고서 배길 수 없는 간절한 갈망(渴望)을 느낀다. 이 모든 것이 인류의 영광에 이바지할 것이라고 믿었던 때가 있다. 그리고 나는 무지(無知)한 하층민(下層民)을 경멸했다.
>
> 그런데 루소가 나를 바로 잡아주었다. 오만(傲慢)

> 한 우월감이 사라졌다. 나는 인류를 존경하는 법을 배우고 있으며, 만일 이 반성(反省)이 다른 모든 직업에 가치가 있다고, 즉 인류의 권리(權利)를 재확립할 수 있다고 믿지 않으면 나는 나 자신을 평범한 일꾼보다 훨씬 쓸모없는 자로 보아야 한다.' (서양철학사-프랭크 틸리)

소박한 삶을 산 칸트는 책상 위에 루소의 초상화 액자 하나만을 놓아두었다고 한다.

논리적 사고는 사유에 있어 형식적 규칙을 우선적으로 고려한다. 그런 사고에 의해 형성된 지식知識은 '깨달음에의 길'에는 오히려 방해가 된다.

3장. 중국 문명과 불교의 인식방법

3.1. 중국의 인식방법

서양철학은 아리스토텔레스 이래로 대상적·논리적 사고로부터 벗어난 적이 없다. 이러한 서양의 논리학에 따른 대상적 사유의 전통을 갖지 않은 중국 문화에서는 사물을 인식하는 방법에서 그들과 차이를 보인다.

중국인에게 자연自然은 말 그대로 '스스로 그러함'이기에 따로 궁극적 실체란 무엇인가를 묻는 일은 없었다. 그들에게는 궁극적 실체로서의 순수 존재(실재)같은 사변적思辨的 가설물假設物에 대한 논의가 근본적으로 차단遮斷되어, 그러한 논의가 필수적으로 요구하는 논리論理로부터 자유로워질 수 있었다. 대신에 경험적 지혜의 축적에 따른 정언적定言的 그리고 초논리적 사유가 일반적 성향이었다.

불교를 중국에 전파하는데 가장 큰 영향을 준 최고의 역경사易經師인 구마라집은

> '중국인은 글이 간소(簡素)한 것을 좋아 한다.'(대지도론)라고 하였다.

이는 중국인들이 어떤 사실, 사물을 논리라는 형식을 통해 설명하는 것을 좋아하지 않음을 말한 것이다.

중국 문명에서는 논리가 경시輕視되는 경향이 있었는데 그 주요한 원인의 하나는 사실을 중시하는 경험주의 철학에 따른 것이고 다른 하나는 그들 고유의 표의문자表意文字다.

그들은 경험적 지혜를 존중했고, 사물의 실제 본성은 경험에 의해 포착捕捉가능하다고 믿었다. 따라서 논리로 인한 사실의 왜곡歪曲이나 공허한 가상假像을 경계하였다. 그들의 삶은 현실적이고 실제적이다.

그러나 중국 문명이 과학의 기초인 대상에 대한 논리적 사유를 하지 않았기 때문에 과학이 발전하지 않았다고 말할

수는 없다. 우리들의 잘못된 상식常識과는 달리 조셉 니담은 그의 저서 '중국의 과학과 문명'에서 근세 전기前期까지는 중국의 과학은 서양보다 발전했었다고 말한다.[5)]

그는 그 책에서 현재 우리 생활의 기초를 이루는 기술의 반半 이상이 중국의 과학기술에 의해 발견된 것들이라는 사실을 많은 예를 들어 밝히고 있다. 그것들은 논리가 아니라 경험의 축적에 의한 성과였다.

중국의 표의表意문자는 논리 과정을 거쳐서 설명되는 명제나 상태를 하나의 글자에 응축凝縮하여 표기標記한 것으로, 강희자전康熙字典에 수록蒐錄된 문자는 약 4만 9천 개에 달한다고 한다. 그들은 어떤 상태를 설명하기 위해 따로 논리의 도움 없이 글자 두 세 개로 그것을 표현할 수 있었다.

또한 한자漢字는 그 글자 하나하나가 자신만의 뜻을 갖고 있기에 명사名詞, 동사動詞 같은 품사品詞의 개념이 없다. 어떤 글자의 품사品詞로써의 역할은 고정된 것이 아니라 한 문장文章에서 다른 글자와의 관계와 위치 그리고 적은 수의 조사助詞의 도움으로 결정된다. 더구나 한문漢文에서는 띄어쓰기를 하지 않는다. 이러한 한자漢字의 특성은 형식논리에는 부적합하다.

5 선박의 건조(建造), 항해술(航海術)에는 여러 가지 기술이 복합(複合)되어 있다. 명(明)나라 때 정화(鄭和)는 1405년부터 1430년까지 대규모의 선단을 이끌고 인도, 아랍지역을 거쳐 아프리카까지 일곱 차례에 걸쳐 185,000Km의 거리를 순항(巡航)한 바 있다. 그것은 콜럼버스보다 시기적으로 앞섰을 뿐 아니라 그 규모는 비교가 되지 않을 만큼 컸다.

중국의 인식론에 해당하는 유추類推는 논리적 인식에 대비되는 추리推理로, 이는 어떤 기본명제, 가정으로부터 논리적 절차를 밟아 결론을 이끌어 내는 연역적演繹的 추리도 아니고 개개의 구체적 사실이나 원리에서 일반적인 명제를 도출하는 귀납적歸納的 추리도 아니다.

유추는 두 개의 사물, 사건이 어떤 성질을 같이 하고 있음을 경험할 때 그 경험에 근거하여 한 쪽에서 볼 수 있는 성질은 다른 쪽에도 존재할 것이라고 추정推定하는 것이다.

유추에서는 사실성에 대한 어떤 조작이나 변양變樣도 없이 하나의 사실, 사건을 다른 사실 곁에 두어 그 사실들이 갖는 상징성象徵性들의 비교로 어떤 의미를 드러내고자 한다. 오월동주吳越同舟, 연목구어緣木求魚같은 소위 사자성어四字成語들이 그런 예例이다.

유추의 결과로 확보할 수 있는 것은 개념, 정의定義가 아니라 개연성蓋然性이다. 개연성은 뜻이 명확하지는 못하지만 고정되지 않기 때문에 다양하고 풍부한 해석이 가능하다. 그러한 유추의 특성은 논쟁論爭에서 화해적和解的일 수 있다.

유추는 개념화槪念化에 따른 명증성을 잃은 대신에 연역, 귀납적 추리推理과정에서 사상捨象되는 사물·사태의 사실성을 보존·유지할 수 있어 그 본질을 훼손毁損시키지 않는 장점을 갖는다.

그러한 유추에서는 경험하고 있는 몇 개의 사물, 사실로부터 귀납적으로 추정推定된 동질同質·동양同様에 대해 보편성이라는 옷을 입혀 그로부터 다른 현상을 연역적으로 해석할 수 있는 가정假定으로까지 고양高揚시키지 않는다.

그들은 논리적 가정假定에 현혹眩惑되지 않으며 대지大地를 밟고 서 있다.

그러한 사실적 경험은 깨달음의 터를 마련해준다. 깨달음은 가상적假想的인 공간에서가 아니라, 인간이 현실적으로 거주하는 마을村의 시원성始原性을 터득하는 것이다.

3.2. 불교(佛教)의 인명학(因明學-논리학)

인간의 이성은 본성적으로 사물을 대할 때 무조건적이고 궁극적인 토대土臺를 추구하고자 하는 경향을 갖고 있다. 즉 모든 현상의 근본적 토대이며 모든 사물을 산출해 낼 수 있는 무한하고 편재遍在하는 원인체原因體를 발견하고자 한다. 그것이 형이상학의 시초始初이다.

인도철학은 근본적으로 사물의 궁극적인 토대를 인정하거나 부정하는 다양한 사상체계 간의 논쟁論爭과정에서 필연적으로 논리를 중시하는 사유형식이 성립하였고 불교는 그러한 사유풍토에 근거하고 있다.

불교에서는 존재와 존재자(空/色, 본성/현상)의 관계를 공즉시색空卽是色 색즉시공色卽是空, 즉 불일이불이不一而不二로 이해한다. 이는 택일적擇一的인 분별적 사고가 아니라는 의미에서 비합리적, 비논리적이라 할 수 있다. 그러나 역설적으로 불교에서는 인명학因明學(논리학)이 매우 발달하였다.

왜냐하면 '있음'을 증명하기는 쉬워도 '없음'을 증명하기는 어렵듯이 비합리가 합리·논리를 극복하기 위해서는 논리를 그 한계, 극단으로까지 밀고나가야 했기 때문이다.

불교의 논리학인 인명학因明學은 그 범주가 방대尨大하며 논리 역시 심오深奧하고 치밀하다. 부파部派불교의 아비달마 논장이나 대승불교의 유식학唯識學은 우주론과 심리, 의식학意識學을 아우르는 논리학이다. 불교의 인명학은 그 양量이나 깊이에 있어 서양의 논리학이나 심리학은 그에 비교할 수 없다고 해도 지나치지 않다.

불교 논리학의 특징은 숙고深思熟考한 내용을 가정假定으로 세워 그로부터 연역演繹하지 않고, 범주에 따라 나열羅列한다. 불교에서 말하는 5온五蘊, 12처處, 18계界에서 108번뇌煩惱에 이르기까지, 그 밝히고자 하는 내용은 상위上位의 가정으로부터 유출되는 것이 아니라 그 동일 범주의 내용을 수평적으로 나열한 것이다.

불교철학에서의 논리적 인식방법은 현량現量(지각), 비량比量(추리), 비유량比喩量 그리고 성언량聖言量 네 가지이다. 양量은 인식 방법이다. 불교에서는 깨달은 분인 성인聖人의 말씀, 가르침을 절대적으로 신뢰하기에 성언聖言을 명제命題로

하여 그에 따르는 것도 인식 방법의 하나로 받아들인다.

그러나 불교에서는 논리 하나만으로는 그 명제를 안전하게 증명하기에는 부족하다고 생각한다. 불교 인명학에서는 논리의 결과로써 설립한 명제命題가 사실성을 왜곡歪曲할 수 있다는 우려憂慮에서, 그들의 논증식論證式은 논리와 비유比喩가 결합, 보증되었을 때 그 명제가 정당한 것으로 인정한다. 비유는 사실을 사실 그대로 놓아 둔 채로 그것의 상징만을 취取한다.

불교의 논증식論證式은

> 1. '사람과 눈 등은 자성(自性)이 없다.
> 연(緣)에 따라 존재하기 때문에
> 거울 속에 있는 영상처럼...'
>
> 2. '색처(色處)는 스스로부터 생기는 일은 없다.
> 이미 존재하고 있기 때문에.
> 현재 나타난 병(甁)과 같이'

여기서 1구는 명제고, 2구는 논증이고 3구는 비유比喩다. 비유의 필요성은 의사醫師가 환자에 대해 정밀한 과학적 검사를 하고도 반드시 환자를 직접 대면해서 그 상태를 검사 결과와 비교 확인해야만 하는 것과 같다. 왜냐하면 그 검사 결과보다도 더욱 본질적인 검사 외적인 어떤 요인要因들을 보지 못할 수도 있기 때문이다.

이러한 불교 인명학에서는 가정을 세우지 않는다. 가정은 어떤 명제를 진리라고 믿는 것에 근거한다. 그러나 아리스토텔레스도 말했다시피 궁극적인 진리(아리스토텔레스의 '제일 원인')는 대상에 대한 논리적 인식을 통해서 얻어지는 것이 아니라 오히려 직관에 의지한다. 직관은 논증적이지 않기에 논리적 언어체계에 귀속되지 않는다.

그럼에도 불구하고 불교의 인명학에서는 논리를 진실에 이르는 길로써 이해하여 사유思惟과정에서 엄격하게 적용한다. 달라이 라마의 티베트 망명정부가 있는 다람살라의 불교 대학에서는 거의 모든 교과 과정을 인명학에 배당하고 있다. 그러나 논리에 종속되어 모든 결론을 형식논리에 맡기는 것이 아님은 그 논증식에서 본 바와 같다.

사실 불교철학에서는 '논리에 의한, 논리로부터의 해탈' 즉 논리를 궁극적인 한계에까지 추구함으로써 직관直觀과의 만남을 추구한다. 논리를 궁극적인 한계에까지 추구하기 위해서는 인명학이 그리고 논리의 한계를 극복하기 위해서는 수행(육바라밀)이 요구된다.

그렇게 하여 취득한 것은 이미 지식이 아니라 지혜(반야)이다. 불교의 반야般若는 공空(존재)을 증득證得할 수 있는 직관이다.

3부. 사유의 구분

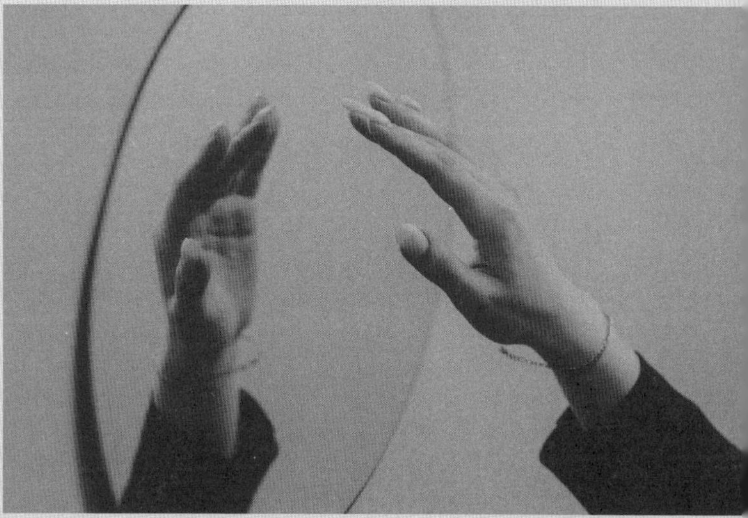

3부 사유의 구분

대상적 사유, 범주론적 사실, 그리고 세계와
상관론적 사유. 실존론적 사실. 그리고 세상
이 세 쌍의 관계는 대립적이 아니라 상호보완적이다.

1장. 대상적(對象的) 사유와 상관론적(相關論的) 사유

사유思惟에는 대상적 사유와 상관론적 사유라 할 수 있는 두 개의 길이 있다. 과학 즉 극대極大를 탐구하는 우주물리학과 극미極微의 세계를 탐구하는 양자 물리학이 대상적 사유의 표징標徵이라면, 불교의 연기론緣起論은 상관론적 사유의 대표적 예라 할 수 있다.

진리의 관점에서 보았을 때 대상적 사유는 수학적 진리 같은 하나의 진리(1+1=2에서 2만 진리이다)에 근거한 반면에 상관론적 사유는 그런 하나의 진리를 해체解體하고, 인간(존재자)이 존재(진리)속에서 존재(진리)와 더불어 사유하는 순환론적인 성향을 갖는다.

이를 현실적 관점에서 보면 상관론적 사유에서는 인간은

자신의 삶의 길에서 만나는 존재자에게 영향력을 행사하지만 또한 그 존재자로부터 어떤 경향과 기분을 띠는 습기習氣를 받고, 그 습기를 받아 다시 새롭게 사유, 행동하는 그런 순환의 형식을 취하고 있다.

대상적 사유에서는 주체(인간)와 객체(길에서 만나는 존재자)가 엄격히 구분된다. 이런 사유는 주체가 객체를 심문審問 또는 신문訊問하는 식의 사유로 첫째 묻는 자가 질문을 받는 자보다 반드시 상위上位에 서있는 취조적取調的인 사유이고, 둘째 가부可否를 결정해야 하는 판단적인 사유다. 그리고 셋째 묻는 주체는 물음을 받는 객체에 대하여 전혀 영향을 받지 않는 일방적인 사유다.

그러한 사유는 분별分別하여 헤아리는 사량식思量識으로 이는 과학적 사유라 할 수 있다.

그러나 철학哲學은 그런 사량식이 아니다. 이에 대해 김형효 교수는

> '진리(존재)를 추구하는 철학적 사유는 삶을 살아가며 그것(삶의 진실)에 대해 묻는 도상(途上)에 선 사유이며, 물음의 대상과 교응(交應)하는 사유이기에, 묻는 자가 물어진 것에 다가가는 즉 귀를 기울이는 사유이고 물어진 것. 존재(자연)로부터 응답이 메아리처럼 되돌아오는 것에 영향을 받는 사유이다. 이를 상관적 사유라고 불러도 좋다.'고 한다.

상관적 사유에서 본 세상은 처음부터 이중성二重性으로 쪼개져 있다. 시작이나 시원始原을 의미하는 한자漢子의 초初라는 글자의 풀이는 옷衣과 칼刀의 합성어로 옷을 재단하기 위해 칼로 옷감을 나눈다는 뜻으로 세상이 처음부터 이중성으로 쪼개져 있다는 뜻이다.

그러나 그것은 대상적 사유에서의 주객主客의 관계 같은 이원성二元性을 의미하는 것은 아니다. 다만 상관적 사유에서 본 세상의 본질은 상관적 차이로서 나누어진 상태로 병존竝存하며 존재하고 있다는 의미이다.

1.1. 인식론(認識論)의 관점

모든 존재자에게는 항상 그와 동류同類의 것이 대립해 있다. 대상적 사유에서는 대립해 있는 각각의 존재자는 독립적이고 단절되어 있다. 그리고 인식론에서는 대립된 둘 중에 하나만을 진실로 인정한다.

대/소大/小, 상/하上/下, 생/멸生/滅 등에서 둘 중의 하나 즉 대는 소가 부정否定된 것이고 상, 생 역시 상대 개념이 부정된 것이다. 대는 소의 부정을 통해 대의 본질이 드러난 것이라 보고 이로써 대의 의미가 규정된다. 이와 같은 것을 헤겔은 반성적 사유라 하였다.

6 친밀과 긴장은 차연을 차연이게 하는 두 경향성이다. 친밀감이 하나로 되려는 내향성이라면 긴장감은 배타적인 외향성이라 할 수 있다. 물리학에서 정상파(定常波-standing wave)는 파를 파괴하려는 분산력(分散力)과 그 파를 유지하려는 역(逆)작용력의 균형 위에서 성립된다. 동양철학에서의 음양(陰陽)관계도 그러하다.

그러나 상관론적 사유에서는 이와는 정반대이다. 대/소, 상/하, 생/멸 등 각각은 대대적待對的 상관관계를 맺는 타자와 동시에 마주 서 있음으로써만 자기의 의미를 갖게 된다. 큰 것이 있어 그와 비교하여야 비로소 작은 것이 작다는 것을 알 수 있다. 작은 것 혼자서는 '작은 것'이 될 수 없다. 소는 대가 없으면 소라고 인식할 수 없다. 따라서 소는 대의 소이고 대는 소의 대이다.

그 차이는 분명 서로 다름이지만 완전한 단절된 이원성二元性이 아닌 상대에게 자기의 것을 연장시키고 있는 이중성二重性이다. 불교에서는 이를 불일이불이不一而不二라고 한다.

하이데거는 이를 차연差延이라는 단어로 표현한다. 차연은 하나의 문門이 두 세계를 나누기도 하고 합치기도 하는 이중성의 의미로, 이와 같은 부즉불리不卽不離의 둘 사이를 중재仲裁시켜 세상과 사물의 친밀성이 현현토록 해준다. 높은 곳과 낮은 곳의 차이는 물이 흐르도록 해 준다.

차연은 차이와 동거同居의 이중주二重奏를 연주하는 것과 같다. 동거하기에 그것은 세상을 지배하려는 의지의 포기이며, 또한 세상의 얽혀있는 상관관계를 기쁘게 그리고 편하게 있는 그대로 존중해주겠다는 마음이다.

그러나 차연에서의 동거를 친밀감으로만 이해해서는 안된다. 사자와 사슴은 동거하지만 그 동거는 긴장감이 팽팽하게 유지되는 관계이다.[6)]

마음(세상)의 깨달음은 서로 다른 것差異들이 동거하면서 투쟁하는 이중성의 긴장緊張이 없으면 불가능하다. 선善도 악의 도전으로 깨어나고, 성聖스러움은 세속적인 것의 압박으로 오히려 자기의 자리를 지킨다. 진정한 사유는 차이 속에서 동거의 관계가 일어날 때 생기生起한다.

자연의 아름다움은 우리에게 서로 차이 나는 것들이 그대로 차이의 순수성을 유지하면서 그 차이 속에서 상호 조영照映하는 차연差延의 진실을 보여 준다. 아름다움은 진실의 광채光彩이다.

1.2. 인과론(因果論)의 관점

대상적 사유에서의 인과론은 이 세상이 하나의 궁극적 원인으로부터 출발하여 결과적으로 다양한 사실들이 유출되거나 생산되는 이치를 말한다. 여기서는 원인으로서의 일자성一者性에서 결과로서의 다양성多樣性이 수직적 위계질서를 형성하면서 존재의 등급을 결정하고 있다.

제일第一 원인으로서의 일자一者는 자기가 자기 원인이 되는 현존現存이고, 결과로서의 다양한 존재자는 원인에 의존·종속되어야 하는 하위下位의 파생물에 불과하다.

따라서 대상적 사유에서의 인과론은 원인과 결과가 분명하게 구별되어 원인이 결코 결과가 될 수 없고, 결과 역시 원인이 될 수 없는 일직선적인 하강下降의 유출流出로 이해된다.

그러나 상관론적 사유에서의 인과론은 원인과 결과가 없는 것은 아니지만 그것이 고정된 의미를 지니는 것이 아니라, 쌍방통행의 가역적可逆的인 관계로 나타난다. 상관론적 사유에는 주체와 객체, 원인과 결과간의 경계境界가 불분명하다.

불교에서 말하는 인과응보因果應報는 원인이 결과를 낳는다는 일방적인 의미가 아니라, 그 결과가 다시 원인으로 작용하는, 즉 원인과 결과가 순환관계라는 의미를 함께 포함하고 있다. 거기에서의 상관성들은 비가역적非可逆的 인과율이 아니라 상호적이고 수평적인 가역적 인과관계를 수용한다.

상관론적 사유에서의 만물萬物은 자가성自家性을 가진 독자적인 존재가 아니라, 다만 다른 것들과의 연계성 속에서 그 차이로서만 존재의미를 갖는다.[7] 다시 말해 상관론적 사유에서의 사물. 존재자는 자가성自家性이 없고 다만 연기적緣起的인 타자와의 사귐, 관계에서 자신을 반영한다.

하이데거는 이를 다음과 같이 말하고 있다.

> '대지(大地)는 하늘의 대지로서만 대지일 뿐이며, 하늘은 그 아래 대지에로 눈짓하는 가운데 존재

7 명명(命名)은 그 차이를 나타내며 이때 이름은 기호이다. 그리고 기호의 존재 양식은 도로(道路)의 표시판처럼 자기 아닌 다른 것을 지시하기 위한 것 즉 연계성이다. 따라서 만물은 기호(記號)의 묶음과 같다.

> 한다. 이를 '무한의 관계'라고 부른다. 왜냐하면 끝과 측면들, 말하자면 관계의 방위(方位)들은 혼자 잘려서 고립된 채, 즉 일면적으로 서 있는 것이 아니라, 오히려 일면성과 유한성으로부터 벗어나 무한(無限)하게 관계 속에 상호 귀속되어 있으며, 이 관계가 자신의 중심으로부터 그것들을 속속들이 관통(貫通)하면서 함께 붙잡아 견지하고 있기 때문이다. 각 존재자들은 각각이 타자의 방위(方位)들이 반영되어있는 무한한 관계 속에 있다.'

여기서 대지大地란 볼 수 있는 것, 들을 수 있는 것, 느낄 수 있는 것 등으로서 우리를 떠받혀주고 우리를 에워싸고 기쁘게 해주고 안심시켜 주고 있는 모든 것, 즉 감각적인 것을, 하늘은 우리가 받아들이고 있는 그러나 감각기관으로서 받아들이는 것이 아닌 모든 것, 비감각적인 것, 의미, 정신 등을 의미한다.

상관적 차이라는 개념은 만물이 서로 차연差延의 그물망網을 형성하고 있음을 알리고 있다. 차연의 그물망이란 불교에서 말하는 모든 사물이 함께 어울려 공존하며 중중무진重重無盡하게 서로 비추는 인드라망網의 구조와 같다. 인드라망은 샹들리에 등燈처럼 밝게 빛나는 유리구슬들이 상대를 비추며 또 상대로부터 비춤을 받아 하나의 밝은 세상을 형성한다.

세상, 삼라만상森羅萬象은 모든 것이 서로 자신을 주는 보시

普施의 상관성으로서 이루어져 있다. 즉 연기緣起의 무한한 관계에 서 있다.

차연差延의 그물망이라는 관점에서 본 하나의 꽃은 그 꽃과 인연을 맺어 왔던 태양과 땅의 역사를 비쳐주고, 물과 다른 것들의 공생의 수준을 알려준다. 꽃은 그 모든 것을 자기 자신 안에 간직하고 현현顯現시킨다.

하이데거는 이를 항아리의 예를 들어

> '항아리에서 물로, 물에서 샘물로, 샘물에서 바윗돌로, 바윗돌에서 다시 대지의 잠으로, 대지의 잠에서 하늘의 빗물과 이슬로, 빗물과 이슬에서 그것을 먹고 자란 포도송이로, 포도송이에서 다시 포도주로, 포도주에서 다시 하늘의 태양과 대지의 자양(慈養)의 결혼식으로 이어진다.'고 한다.

대승적大乘的 관점에서는 세상을 하나가 울면 다른 것도 따라 우는 거대한 공명共鳴의 울림, 그런 유동성의 흐름으로 본다. 모든 생기生起는 단독적인 돌출突出이 아니라 관계의 파장波長을 일으키면서 일어난다.

대상적 사유는 우리에게 정보情報를 주지만, 상관론적 사유는 우리를 진실로 이끈다.

2장. 범주론적(範疇論的) 사실, 실존론적(實存論的) 사실

하이데거는 우리 앞에 놓여있는 사실을 실존론적 사실과 범주론적 사실로 구분한다. 이를 사유 방법과 연관시켰을 때 상관론적 사유는 실존론적 사실을 그리고 대상적 사유는 범주론적 사실을 낳는다고 볼 수 있다. 또한 세계는 범주론적 사실 그리고 세상은 실존론적 사실로 구분된다.

인간이 '-에 거주하고 있음'은 실존론적 사실 그리고 컵이 더 큰 공간에 '놓여 있음'은 범주론적 사실이다. 실존론적 사실은 철학의 문제지만 범주론적 사실은 과학을 요구한다.

사르트르는 홀어머니와 함께 사는 청년의 레지스탕스 참여參與 문제에 대해 이는 실존론적 선택이기에 정답이 없다고 한다. 철학이 그러하듯 실존론적 선택에는 옳고 그름이 없다. 그러나 범주론적 사실에는 정답 그것도 하나의 정답만 있다.

하이데거에 따르면 실존론적 사실은 인간이 이 세상에 존재하고 있다는 원초적 진실에 대응하는 구체적 현실이고, 범주론적 사실은 '그 다음'에 그것(실존론적 사실)을 객관화나 대상화해야 할 필요(이용가능성)에 의해 요청되는 자료에 지나지 않는다.

바꿔 말하면 범주론적인 사실은 실존론적인 사실에서 '실존'의 의미가 사상捨象되어 실존의 본래성인 연기緣起의 상관관계가 소멸, 그 사실이 독자적인 것으로 부각된 것이다.

범주론적 사실은 주관의 입장에서 객관을 헤아리는 계산적計算的 사유와 같이 간다. 이때 변화는 나의 존재와는 무관한 하나의 객관적인 변화에 불과하다.

반면에 실존론적 사실은 존재자가 우리에게 현시되어 있는데, 그 현시된 내용이 단순히 객관적인 데이터data로서 헤아려지는 것이 아니라 마음에 어떤 감전感傳이나 기분의 정감을 불러일으키는, 마음에 생기生起하는 사실이다.

2.1. 실존론적 사실과 마음

모든 실존론적인 사실은 원초적으로 마음 상태와 연관되어 있다. 인간은 존재자에 대해 그 이용가능성을 인지認知하기 이전에 그것에 대한 좋고 싫음好惡의 평가를 먼저 한다.

실존론적인 사실은 근원적으로 마음의 상태에 근거해 있음으로 기분적氣分的이다. 사실 범주론적 사실이 객관적이고, 중성적中性的이기를 흉내 내어도 호好/오惡라는 기분의 평가로부터 완전히 자유로울 수는 없다.

마음이 없다면 만물은 단순한 범주론적 사실로서 남게 되어 자기 존재의 의미를 현시現示하지 못하게 된다. 왜냐하면 모든 존재자는 그 존재를 이해하는 마음 안에서만 존재의 이름을 향유享有하기 때문이다. 들녘에 핀 이름 모를 꽃도 시인詩人이 보내는 마음의 눈길에서 꽃이 된다.

따라서 불교에서는 만물萬物이라는 말 대신에 이를 만법萬法이라고 한다. 만물(세계)은 인간의 마음이 있든 없든 존재할 수 있는 '터'로서의 중립적 실체를, 만법(세상)은 인간의 마음과 만물이 만나서 존재론적 의미를 부여 받은 마음의 현상화를 가리킨다. 그러므로 인간이 우주에 등장하지 않더라도 만물은 있을 수 있겠으나 만법은 아니다.

2.2. 범주론적 사실과 과학

과학은 범주론적 사실을 대상으로 한다.

우리는 과학에 대해 두 가지 환상幻想을 가지고 있는데 그 하나는 과학이 여타의 경험에 비하여 객관적으로 그래서 실재적인 것을 실재적인 것으로 잘 파악하고 있다는 믿음과 다른 하나는 과학이 실재를 분석하더라도 그 실재에 상처를 입지 않고 여전히 사물로서 건재健在한다는 믿음이다.

그러나 대상을 질質과 량量으로 분석하는 과학의 사물을 대하는 방식은 결과적으로 그 사물의 자연성을 잃게 한다.[8] 바위는 무겁고 자신의 무게를 명백히 알린다. 그러나 만약 우리가 저울 위에 올려 그 무게를 중량重量의 수치로

8 칸트는 범주(範疇)를 양(量), 질(質), 관계(關係) 그리고 양태(樣態)의 네 종류로 분류하였다. 범주란 모든 존재자의 존재 방식을 그 성격의 동질성에 따라 분류한 것이다. 그것은 한 사물, 사태에 대한 분류가 아니라 모든 존재하는 것들에 해당된다. 과학은 이 네 범주 중에 양과 질에만 관여(關與), 다른 말로 하면 존재자로부터 양과 질만을 추상(抽象)한 것이다. 하이데거는 과학적 사고(思考)가 추상적임을 거듭해서 언급(言及)하고 있다.

환원시키면, 정확한 바위의 수량화 즉 범주론적 사실에 대한 지식에 이를 수는 있겠지만 그 바위가 주는 무게감은 날아간다.

색채色彩도 지적知的인 척도에 맞추어 진동폭振動幅의 수치로 해부한다면 그 색채는 죽고 만다. 색채는 빛나고 또 빛나기를 원한다.

바위나 색채는 존재(자연)의 순수한 발현發現으로서의 존재자(사물)이다. 이를 성철性徹스님은

'산(山)은 산이요 물은 물이다.'라고 하셨다.

산은 과학적으로 분석, 수치화數値化된 산이 아니고 관념으로의 산도 아니다. 산은 우리에게 다가와 자신의 존재를 현시現示하는 그래서 그것을 보고 느끼게 하는 산이다.

그러나 과학은 이런 소박素朴한 생각에 대하여 거리를 취하고 자연의 본성에 저항抵抗하는 성질을 갖고 있다. 그렇게 하여 과학은 인간을 자연으로부터 멀어지게 한다.

과학은 표상表象의 과잉성過剩性으로 사물들의 존재를 편하게 하지 못하고 언제나 사물들을 시달리게 하여, 사물들이 우리에게 가까이 오지 못하도록 방해한다. 그래서 자기 존재(본성)의 펼침으로서의 존재자 즉 존재자의 본래성을 보시하지 못하게 된다.

존재는 언제나 이러한 과학적·논리적 접근接近으로부터는 자신을 숨긴다. 존재자(사물)는 존재의 자기 표출·현시顯示이다. 그것은 우리의 사고가 임의적으로 추상화하는, 인간 사고의 추리에 따른 결정물이 아니다.

그래서 '산은 산이요. 물은 물이다.'라 하신 것이다. 이는 존재에 대한 관념적 해석의 거부拒否로 관념으로부터의 해탈을 이룬 성철스님이기에, 어쩌면 그분만이 하실 수 있는 선禪의 경지이다.

범주론적 사실은 마음을 잃은 사유에서 비롯된 것이다. 그러나 마음에 없으면 당사자當事者에게 그것은 사실이 아니다. 유식학의 관점에서는 자연, 존재자의 외경外境은 마음의 내식內識인 소연所緣의 경계에 다름이 아니다. 외경 즉 사물은 인간의 의식에 나타난 경계, 어떤 모습에 지나지 않는다는 의미이다.

3장. 세계와 세상 - 세계는 하나지만 세상은 수없이 많다

세상은 사람들이 사는 넓은 의미의 세계라는 뜻이지만, 거기에는 우리의 마음을 바깥으로 표현하고 있는 현상現象의 뜻이 더 강하다.

세계는 객관적 대상들의 합계로서 고정固定되어 우리 앞에 놓여있다, 세계는 물리적 실재로서의 존재자들을 객관적인 대상으로서 대하기 때문에 범주론적이고 정태적靜態的이다. 이와는 달리 세상은 그 대상이 마음과 갈라지지 않는 실존론적인 동태형動態型이다.

세상에 존재함이라 했을 때 그것은 그릇 속에 물이 담겨 있듯이 그렇게 고착固着된 방식이 아니라, 마음에 따라 시시각각 달라지는 유동성流動性 즉 흐름이다.

세상은 세계에 선행先行 내지 그 근거이다. 우리가 그 안에 살고 있는 세계를 의식하고 대상對象으로 개념화槪念化하기 이전에도, 그래서 그것을 범주들의 도움으로 개념 파악하기 이전에도, 우리는 어떤 방식으로건 언제나 그리고 이미 세계의 현실적 존재들과 행동 관계를 맺고 있다.

세계는 대상적 사유 그리고 세상은 상관론적 사유에 따른 것으로 볼 수 있다. 따라서 세상을 이해하기 위해서는 세상을 대상화해서 내 앞에 세워놓고 심문해서는 안 된다. 세상은 묻고, 물어진 것이 서로 교응交應하는 상관론적 사유를 요구한다.

대상적 사유에 따른 판단判斷으로서의 진리는 세상처럼 넓고, 또 세상과 늘 함께하는 그런 마음의 진리를 깨닫기에는 너무나 좁다. 바꿔 말하면 이지적理智的 수준의 파지把持는 단순히 범주론적 의미에서의 사물의 개념을 파악하는 능력일 뿐, 실존의 생생한 흐름을 이해理解하여 세상을 해석하는 능력에 이르지 못한다.

우리는 세계가 아니라 세상에 살고 있다. 세상은 세상에 거주하고 있는 인간의 자기존재의 표현이다.

하이데거는 이를

> '세상은 우리가 운명적으로 탄생과 죽음 사이에 있으면서 승리와 패배의 양극(兩極)의 드라마에 울고 웃으면서, 그런 와중(渦中)에 우리의 마음이 생기(生起)하는 모든 현상세계에 대해 느리고/빠름, 넓고/좁음, 멀고/가까움 같은 의미를 부여하고 이해하면서 얻게 되는 모든 존재자의 현시(現示)이다.'라고 한다.

이러한 세상은 관념론적觀念論的인 유형類型의 철학에서 인간이 주관으로서 자신의 법칙을 부과하는 대상으로서의 세계가 아니며, 또한 그런 주관이 자신의 법칙을 입법자立法者의 권위를 가지고 정립해 나간 주관의 시녀侍女로서의 세계도 아니다.

인간의 마음과 객관적 세계는 각각이 독립된 주객主客이 아니라 하나가 없으면 다른 하나도 성립할 수 없는 상관관계를 갖는다. 그것이 상관론적 사유의 전형典型인 불교에서 모든 존재자를 만물萬物이라 하지 않고 만법萬法이라고 한 이유이다.

세계에서는 모든 존재자는 나와 별개로 독립된 실체로서의 대상 즉 만물이지만, 세상에서는 그것들이 나와의 관계성 안에서 존재하기에 만법이다.

인간과 세상은 상호간에 소, 닭 쳐다보듯이 그런 무심한 관계가 아니다. 세상에 존재함은 인간 마음의 생기生起와 다르지 않다. 세상화世上化라고 하는 것은 마음의 자기 엮음의 흐름과 다르지 않다.

인간의 마음이 배제되면 자연세계의 사실성도 인식이 불가능해 진다. 불교 유식학唯識學에서는 견분見分으로서의 연려심緣慮心(인연을 맺고자하는 마음)의 반연攀緣(인연에 끌림)이 없으면 상분相分으로서의 세상이 성립하지 못한다고 한다.

인간의 마음이 초월超越(여기서 초월은 실존철학에서 말하는 탈존脫存이다)하면서 향하고 있는 곳을 우리는 세상이라 부른다. 이러한 세상은 동시에 마음이 밖으로 향하여 외부와 관계를 갖고자 하는 관심의 통일적인 구조를 형성한다.

그러나 그 통일적 구조는 세상 속에 살면서 겪은 모든 체험들의 후천적인 집합을 의미하는 것이 아니다. 오히려 세상은 인간의 모든 경험적인 지각知覺을 가능케 해주는 따라서 모든 존재자들이 그들의 의미와 구조와 존재를 획득하는 존재론적 기반이다.

인간은 세상으로부터 인간 자신을 포함한 존재자들의 의미를 획득하기에 세상은 선험적이다.

하이데거는 이를

> '세상은 인간의 모든 경험적인 지각을 가능케 해주는 선험적(先驗的)인 관심의 통일성이다.' 라고 한다.

그러나 세상이 선험적이라 해서 인간의 삶이 그것에 한정된다는 의미는 아니다. 동시에 인간은 세상을 새롭게 구성해 나간다. 인간은 이미 존재하는 세상에 던져진 존재이지만 사유하는 능력을 가진 자유로운 존재이기에 그 세상을 바꿀 수 있도록 기도企圖하는 자유를 갖는다.

세상에 존재함은 인간 마음의 생기生起와 다르지 않다. 오히려 인간의 마음이 세상世上을 생기케 한다. 어느 시인의 말처럼 길에 핀 한 송이 이름 모를 들꽃에 마음을 열어 그 꽃과의 만남이 이루어지고 거기에 하나의 세상이 정립된다.

세상은 기실 인간(마음)의 자기 모습의 재현이다. 불교에서는 세상을 견분見分에 비추어진 상분相分이라고 한다.

4부. 무엇을 사유해야 하는가

4部 무엇을 사유해야 하는가 - 인간은 어떤 존재인가

소크라테스는 '너 자신을 알라!'고 했는데 그 '너' 뒤에는 인간이 있다. 그러므로 자신을 알기 위해서 우리는 인간 존재의 의미를 구성하는 실존, 마음, 언어, 죽음 같은 것들에 대해 사유해야 한다.

1장. 실존

인간은 어떤 존재인가? 인간은 자신의 의지와는 무관하게 이 세상에 '던져진 존재'이다. 그러나 또한 순간순간 자신의 삶을 기획企劃하고 선택하며 자신을 앞으로 던질 수 있는 기투企投, 그런 능력과 자유를 함께 갖고 태어난 '가능존재'이기도 하다.

인간을 실존實存이라 했을 그 실존은 어떤 갖추어진 틀 같은 형식적 존재가 아니라 '던져진 존재'로서 무수한 변양變樣을 수용해야 하고 또 할 수 있는 존재라는 것이다.

인간의 본질은 현전現前에 놓여있는 불변적인 존재가 아니라 연출演出해야 할 가능존재라는 특성에 있다. 인간이 가능존재라는 것은 동시에 자유로운 존재라는 것을 뜻한다.

그 자유가 '던져져 있음'이라는 운명의 제약 속에 있다하더라도, 인간이 무엇을 어느 방향에서 얼마큼 깊고 넓게 그리고 어떻게 현시現示할 것인가 하는 것은 늘 그 자신, 자유의 소관所管이다. 그러한 인간 존재는 스스로 선택하기도 하고, 극복하거나 상실喪失하기도 한다.

사르트르Sartre는 '실존주의는 휴머니즘이다.'에서 '실존은 본질에 선행한다.'라 하여 인간본질과 실존을 분리된 것으로 이해하지만, 현존재로서의 인간의 본질은 그의 실존 안에 있다.

실존의 근원적 모습 즉 본질은 한 곳에 갇혀 사는 것이 아니라 존재하려는 가능성의 실현을 위해 자신을 바깥으로 내보내는 탈출에 있다. 이런 의미에서 실존은 곧 탈존脫存이다. '인간의 본질은 그의 실존 안에 있다.'는 곧 인간의 본질이 탈존이라는 것이다.

이러한 탈출을 이끄는 것이 자신을 벗어나서 바깥세상과 인연을 걸고 싶어 하는 관심關心이고, 불교 유식학에서의 능연能緣이나 연려심緣慮心이다. 바깥으로 향하는 능연적인 현행現行 즉 탈존脫存이 없이는 마음은 영원히 캄캄한 어둠 속에 갇혀있을 수밖에 없다.

보다 근원적으로, 존재론적으로 이해하자면 존재存在(자

연)가 존재자로서 자신을 현시하는 것은 존재자로서의 가능성을 품수稟受한 존재의 자기 초월적인 운동이라 할 수 있다. 이때 초월은 자기 펼침 즉 발현發現으로 존재가 존재자로 자기 모습을 밖으로 드러낸다는 것으로 그런 의미에서 탈존이라 할 수 있다.

'중용'에서 말하는 천명위지성天命謂之性(자연의 일함을 성이라고 한다)에서의 성性은 곧 자연의 자기 발현 즉 자기 초월적인 운동과 같은 의미이다.

그러나 실존주의Existentialism철학에서 인간을 실존, 탈존이라고 했을 때 그것은 근원적인 존재의 자기 초월, 존재의 발현으로서의 존재자라는 의미를 말하려는 것이 아니다. 그것은 '던져진 존재' 그 상태에 머무는 다른 생명체와는 달리 자신의 삶을 기투企投, 선택할 수 있는 '가능 존재'라는 의미이다. 그 '가능'은 인간의 의지意志작용에 의해 가능한 것이 된다.

다른 생명체에게 탈존 즉 자기초월, 발현은 자기 생명의 유지·보존에 한정되지만, 인간에게 있어 탈존의 성격은 그에 반反하는 자기희생犧牲까지도 감수하는 선택을 할 수 있는 자유 의지, 즉 인간이 자유로운 존재라는 것이다.

그런 의미에서의 탈존은 인간 존재에 국한局限된다고 할 수 있다. 이것이 인간이 대상으로 취급, 존재하는 것에 항의하는 실존주의 철학, 이념의 근거이다. 하이데거는 이

탈존을 일상적 삶과 연계시켰을 때 관심關心-Sorgen이라는 용어를 쓰고 있다.

2장. 자기성과 자아성

존재가 바깥으로 지향, 자신을 현시現示하는 것은 인간은 물론 새, 꽃과 나무 등 개별적 존재자의 개체적個體的 운동, 개체화個體化와 다르지 않다. 개체화의 가능 근거가 곧 존재의 초월적인 현시이다.

인간으로서의 개체화는 곧 각자성各自性을 의미한다. 각자各自라고 했을 때 그 각각의 자기自己는 존재의 초월적인 현시現示일 뿐, 실체로서의 자아도 아니고, 타인을 배제한 순수한 독립적인 자아도 아니다. 각자성은 자기성自己性-Selbesheit의 발현으로 한 인간으로서의 고유성固有性을 말할 뿐이다.

자기성은 존재자연가 자신의 본질을 현현하는 자연성의 현시이기 때문에 나와 너 그리고 우리 모두가 서로 자유롭게 왕래할 수 있는 근원이다. 이때 자기성은 법성法性과 동일한 의미를 갖는다.

자기성은 자아상自我相처럼 경직되고 뻣뻣한 것이 아니다, 자아自我와 구별되는 자기自己는 유식학唯識學에서 말하는 능연能緣의 주체라는 의미로, 단지 행동을 일으키는 행위자의 주체일 뿐이다.

자아라는 개념은 존재자(인간)의 본래적 의미인 자연성의 현시가 아니라 인간의 의식意識의 소산所産이다. 의식이 자아의 준거準據이다. 인간 존재는 자의식自意識에 속박된 자아에 의해 지탱支撑되는 것이 아니라, 자기성에 의해 떠받쳐지고 있다.

인간의 의식은 세상 모든 지식知識의 근거이지만, 또한 자아를 꾸며내는 자의식의 온상溫床이기도 하다. 그리고 의식에 의해 형성된 자아는 데카르트철학의 주객主客이라는 관계 정립定立에 따라 객체를 지배하는 주체主體로서의 자아가 된다.

이런 자아自我라는 관념은 의식에 의해 형성된 울타리, 철책이다. 이 관념, 의식이라는 울타리는 삶의 본질인 생생한 경험들을 우리로부터 차단시켜 딱딱하게 굳은 사유思惟에 묶이게 한다.

하이데거는 이에 대해

> '만일 의식(意識)의 산물인 이 자아가 생기(生起)에 자리를 비워주면 그 순간 우리는 춤사위 속에서 움직이게 된다.'고 한다.

자아는 늘 자신이 매우 중요한 '어떤 것'What이기를 소망한다. 그러나 나는 '어떤 것'이 아닐 때에만 전혀 속박되거나 제한되어 있지 않는 해방일 수 있다. 이때 나에게 영향력을 행사할 수 있는 어떤 내부와 외부도 존재하지 않기 때문에 나는 자유이다.

칸트는 보편적 오성悟性에 따른 의식일반意識一般은 객관성을 확보하기 위한 방도方道이며 그러한 보편적 의식일반의 자아는 심리적 이기적 자아와는 구분되어야 한다고 말한다. 그러나 그 자아 역시 의식의 산물이라는 점에서는 다르지 않다.

깨달음은 자아自我의식에서 벗어나 자신을 자기성과 일치시키는 것이다.

우리는 깨달은 분들이 극히 드물다는 것을 안다. 역으로 우리 거의 모두는 자아自我에 이끌리며 살고 있다. 다만 우리가 할 수 있는 것은 그놈의 자아가 너무 나대지 않도록 스스로를 단속하는 것뿐이다. 누구 앞에서나 어느 상황에서나 겸손해지는 것만이 그래도 우리를 자기성에 가까워지게 하는 길이다.

불교에서는 이를 하심下心이라고 하는데 불교 수행修行의 일차적 목표는 이 자아라는 아상我相을 버리는데 있다.

3장. 마음 - 마음이 곧 인간이다

마음은 있는가? 마음은 범주론적 사실이 아니라 실존론적 사실로서 이해되어야 한다. 마음에 운명이 쌓이고 또 결단의 모든 가능성이 마음으로부터 도출導出되므로, 인간의 그러한 마음은 존재한다. 왜냐하면 그 마음이 세상 안에서 만나는 존재자를 세상과 연관된 존재자로서 읽는 연원淵源이기 때문이다.

그러나 마음은 우리가 '있는 것'이라고 여기면 이미 없다.

> 어느 날 제자가 스승인 선사(禪師)를 찾아가 자기 마음이 산란해져 괴롭다고 하자, 선사는 그러면 네 마음을 내게 내놓아 보라고 했고, 그때 제자는 깨달음을 얻었다.

의식은 천변만화千變萬化하는 현상 세계를 따라 분주히 움직이지만 마음은 깊고 고요한 본성(존재)의 자기 현성現成이다. 제자를 괴롭힌 것은 의식이었고 그가 깨달은 것은 마음이다.

3.1. 의식과 마음

마음은 주관에 의해 객관을 정립하려는 의식意識의 주체가 아니다. 식識이라고 했을 때 그것은 마음心에 나타난 현상에 대한 심 자신의 자각自覺이요, 의식이다. 그런 의미에서 마음은 의식이 아니라 의식의 근거이다.

김형효 교수는

> '마음은 존재의 의미, 진리를 발현하는 능동태(能動態)로서 진리의 생기(生起)와 같고 동시에 진리가 이미 발현되어 있는 수동태(受動態)이기도 하다. 우리의 마음 안에 진리가 존재한다. 아니면 우리는 진리를 알 수 없다.'고 한다.

의식은 끊임없는 생각의 소용돌이에 휩쓸려있다. 그런 의식은 마음의 빈터를 여백餘白으로 남겨 놓지 않는다. 마음이 자기의 것(의식)으로 가득 차있으면 자연의 침묵 소리는 들리지 않는다.

3.2. 세상과 마음

시인詩人이 한 송이 들꽃에 마음을 주어 그 의미를 현시하듯 인간의 마음이 없다면 존재하는 모든 것은 자신의 의미를 현시顯示하지 못한다. 이처럼 존재자는 존재를 이해하는 마음 안에서만 그 존재의 의미를 향유享有한다. 그러므로 마음이 모든 존재자의 의미 현시인 세상의 연원淵源이다.

인간의 마음인 관심關心은 가능 존재로서의 자신을 연출하기 위해 늘 자기 밖의 것(세상)과 관계를 맺고자한다. 이렇게 마음은 자신을 세상과 연결시켜주는 끈이며 세상을 가능케 하는 연원이다.

마음이 세상의 연원이라고 해서 마음을 관념론觀念論의 영역에서 이해해서는 안 된다. 헤겔식의 관념론은 세계를 의식意識의 지배하에 두려는 목표를 갖고 주관에 의해 객관 세계를 고정된 것으로 정립한다. 이렇게 세계를 장악掌握한 인간 이성은 대상(자연)을 심문하듯이 사유한다.

현대는 우리가 살아가는 세상을 해석하는 진원지震源地가 마음이 아니라 '고정된 세계(과학적 세계)'가 됨으로써 세계 현상이 하나의 굳건한 사물, 대상 가능한 것으로 변(해석)하게 된다. 세계 현상에 대한 그러한 이해는 인간 자신에게는 굳건한 자아의식으로 나타난다.

이 모든 것은 우리가 마음을 밝게 알지 못한데 원인이 있다. 마음이 어둠에 갇힌 탓이다.

우리는 마음으로 산다. -One lives one's inner-mind.-

4장. 존재 이해(存在理解) - 존재 이해는 인간만의 탁월한 특성이다

인간은 돌, 나무, 독수리처럼 존재자 전체(존재·자연)에 귀속歸屬되어 있다. 그러나 인간은 이들과는 본질적으로 다른 존재 구성을 내보이고 있다.

인간은 단순히 존재(진리, 법성)에 귀속되어있을 뿐 아니라, 인간의 마음에는 존재가 이미 시원적始原的으로 존재한다. 존재 이해란 인간의 마음에 있어 온 그 존재의 본질을 자각하는 것이다.

불교에서는 세상의 사상事象(모습)은 이미 인간, 인류의 마음속에 늘 있어 왔던 법성(존재)의 자기 현시顯示자체라고 한다. 이는 마음이 세상의 연원이라는 것과 함께 인간이 세상과 법성法性(존재, 진리)을 이해, 자각하는 존재 이해 능력을 타고났다는 것을 의미한다.

칸트가 형이상학을 사유할 수 있는 것은 인간의 본성이라고 한 것도, 중국의 양명학陽明學에서 인간이 양지良知를 타고났다고 한 것도 이를 의미한다.

인간의 존재를 이해하는 능력은 다른 생명체들에게는 없는 죽음에 대한 이해를 가져온다. 죽음은 인간에게만 있다. 모든 생명체에 죽음이 다 있지만 그것은 다만 '숨이 끊어진다.'는 의미밖에는 없다. 인간만이 죽음이 보여주는 생명의 한계성을 알고, 죽음을 죽음으로서 이해할 수 있다. 다시 말해 인간만이 존재의 현현生成과 은적消滅을 이해한다.

죽음은 절대이다. 자신이 죽음에로 향하고 있는 존재자라는 것을 마음에 깊이 새김으로써 인간은 '깨달음'의 길로 나아갈 가능성을 갖게 된다. 인간은 그 길을 안다. 그러나 모두라 할 만큼 대부분의 인간은 그것을 피상적皮相的으로 이해할 뿐 증득證得하지 못한다.

깨달음은 인간을 인간으로 존재하게 하는 근원으로서의 자연의 본성法性에 대한 이해를 말한다. 이는 이미 자신의 마음속에 늘 있어 왔던 법성(존재)을 돼 돌아봄과 같다. 그것은 사유하기를 멈추고 자연, 마음의 은밀한 말 건넴에 귀를 기울여 들음으로써만 가능하다. 대승불교에서는 이를 지·관止·觀을 닦는다 하고, 선종禪宗에서는 참선參禪이라 한다.

불교에서는 '깨달음'을 자성自性과 여래성如來性(法性)의 일치라고 한다. 그러기 위해서는 마음이 존재(법성)를 향하여 열려있어야 한다. 그런데 인간의 자의식自意識이 이를 가로막고 서 있다.

인간을 제외한 자의식自意識이 없는 중생衆生들은 스스로 부처임을 모르지만 이미 부처가 된 화신化身들인데, 인간은 스스로 부처임을 알지만 아직도 부처가 되지 못한 중생이다.

5장. 언어(言語) - '말'의 기원(起源)은 신비로 남아 있다

언어 능력은 인간의 또 하나의 빼어난 특성이다. 말은 인간이 생각하는 것이나 감정적으로 느끼는 바를 표현하는 것이며, 인간은 말을 통하여 현실적인 것이나 비현실적인 것을 표상하고 제시한다.

노자老子는 '도덕경'에서 유명有名은 만물의 어머니라 했다.

만물은 이름을 갖게 됨으로써 비로소 사물이 된다. 말이 사물에 명명命名(이름을 지어 붙임)하지 않으면 그 사물은 존재하나 인식할 수 없다. 말의 명명이 존재하지 않으면 그 보물寶物과 같은 사물이 의미를 갖지 못한다.

영화映畵 '미라클 워커Miracle Worker'에서 설리번 선생(안 반크로포드)이 헬렌 켈러에게 가르치려 했던 것도 이것이었다. 설리번 선생은 헬렌 켈러를 물 펌프로 데려가 물을 틀어 올리고 손을 끌어당겨 물의 감촉을 느끼도록 하면서 'water, water'하고 외친다. 그리고 독백하듯 말한다. '네가 이름을 알면 세상의 의미를 이해하게 될 텐데…….'

말은 존재자들을 부르거나 명명命名하여 서로를 구별케 한다. 만물은 이름으로서 자기를 차이差異로서 들어내며 세상을 차연差延의 관계로 만든다. 말이 없다면 인식이 불가능하며, 세상은 혼돈混沌-Chaos이라는 암흑暗黑상태에 불과하게 된다. 혼돈된 상태 즉 차이가 없는 동일성同一性안에서는 사유思惟가 잠잔다.

인간은 언어를 통해 사유한다. 사유가 언어에 의해 주형鑄型된다. 언어가 없다면 사유 역시 불가능하다. 말하는 법을 배우는 것은 곧 사유하는 법을 배우는 것이다. 말은 우리의 생각을 외부로 전하는 도구道具 이상의 사유의 본질적 구성構成이다.

말은 실존實存의 현시現示와 같고, 그 현시 속에 마음 상태가 깃들어 있다. 언어가 없으면 마음도 없고, 마음이 없으면 언어도 없다. 나는 내가 말하는 것으로서 존재한다.

인간이 존재를 이해한다고 했을 때도 그것은 '말'로서 이해한다는 의미이다. 존재를 이해한다는 것은 그 존재의 본질이 인간의 마음에 나타난다는 것이다. 그리고 존재(법성)는 자신의 '말 건넴'이라는 방식을 통하여 인간의 마음에 그 본질을 현현顯現하고 존속시킨다.

다시 말해 법성은 말을 통해 마음에게 자신의 본질을 알린다. 법성과 마음의 관계가 말로서 이어진다. 말은 존재와 존재자 사이를 중개仲介하는 역할을 한다. 유식학에서는 마음이 모든 것과 인연을 맺게 되는 능력을 명언종자名言種子라고 한다.

사유思惟를 깨달음의 시詩, 선시禪詩를 짓는 수준에서 보면 말은 인간의 주관적 느낌을 표현하는 것이 아니라, 마음에 비쳐진 법성의 말이라는 깊이를 갖게 된다.

왕유王維의 시詩에는

> '빈산에 인적이 없는데 들리느니 말소리 뿐'
> 空山不見人 但聞人語響

이라는 구절이 있는데 이때 '들리는 말'은 법성의 말이다. 빈산의 정적靜寂 속에서 한가로이 앉아있는 시인詩人의 마음에 자연의 법성이 말을 건네고 있다.

인도를 방랑하면서 엘로라 석굴 앞에 앉아서 인도대륙의 평원에 지는 낙조落照를 말없이 홀로 보고 있으면 자연은 미소微笑지으며 침묵의 소리로 말을 건넨다. 미소는 열린 침묵으로 자신을 현시한다.

말은 또한 공동 존재의 방식을 띤다. 인간의 마음은 늘 그리고 이미 세상으로 향하는, 스스로를 밖으로 내보내는 관심 자체이므로 인간의 삶은 타인과의 공동존재 방식 안에 있다. 따라서 '말하기'는 곧 '더불어 말하기'로 공동존재의 담화성談話性이 곧 말로서 표현된다.

다시 말해 인간의 마음은 순수한 내면성內面性이 아니고 밖을 향한 관심 자체이기에 필연적으로 더불어 말하기가 될 수밖에 없다. 그리고 '더불어 말하기'가 공동존재로서의 인간들 사이를 연계시켜 주는 것이기에 담화성談話性은 말로서 존재하는 인간의 본래성으로 통한다.

인간은 하나의 '말하는 자'이고 이것의 그의 특성이고 동시에 그의 번뇌煩惱이다.

'말하기'는 다른 인간을 포함한 다른 존재자들과의 관계를 맺게 하고 그래서 욕망과 번뇌의 물결이 밀려온다. 인간에게 말하기가 없었다면 '사귐이 없는 존재자'가 되어서, 번뇌도 기쁨도 없이 살아가게 될 것이다.

말의 의미가 타락하고 전락顚落하면 인간의 존재도 역시 타락한다. 말과 인간은 공동운명의 사슬로 엮어져 있다. 이러한 말의 기원基源은 신비로 남아 있다.

6장. 불안(不安)

하이데거는 불안과 공포를 구별한다. 불안의 원인은 자기 내적內的인 반면에 공포恐怖의 원인은 자기 외적外的인 것이다. 불안은 인간의 존재 이해 능력에 따른 인간 실존의 특성이다. 따라서 동물에게는 불안이란 것은 없고 대신 공포만 있다.

인간이 불안을 느끼도록 하는 그 '어떤 것'은 세계 안에 있는 그 무엇이 아니라, 세계 안에 있는 인간을 포함한 모든 존재자가 도대체 중요하지 않다는, 허무虛無에 대한 자각 즉 '세상에 존재하고 있음' 자체이다.

반면에 공포恐怖는 위협의 정체가 우리의 능력 바깥에서 점차로 나에게 접근하고 있다고 여기는 순간에 생긴다. 불안의 원인이 '세상에 존재하고 있음' 자체인데 비해 공포는 지시指示 가능한 어떤 무서운 것에 대한 심리적 반응이다.

공포는 집착執着과 연관되어 있다. 그리고 집착은 외부 세계와 자기 자신을 동일시하는데 원인이 있다. 그러나 불안不安은 자신이 죽음이라는 종말終末로 향하여 아무런 목적도 없이 던져진 유한有限한 존재라는 것을 사유함 즉 존재론적 자각自覺에서 비롯된다.

그런데 불안이 주는 존재론적 자각自覺은 그에 따른 회심回心의 순간을 맞게 할 수도 있다. 이때 불안은 죽은 개념이 아니고 살아 움직이는 실존론적 사건으로서 그에게 덮쳐와 마음의 지평地平에 (범주론적)지식知識의 개념으로서는 전혀 불가능한, 어떤 의문疑問의 파문波紋을 일으키며 그 회심이 다가오게 된다.

그리고 인간은 일상성을 버리라는 어떤 결단의 요구 앞에 서게 된다. 그 결단은 자기 본래성으로 회귀回歸하려는 결단이고 이를 하이데거는 선구적先驅的 결단이라고 한다. 그것은 새로 태어남이다.[9)]

불안이 주는 유한한 존재로서의 자각自覺은 자신을 지탱하던 상식적인 믿음을 일시에 총체적으로 무너트린다. 그리고 그때 그곳에서 일상적日常的인 친숙함이 깨지고, 세상 사람의 일상화된 견해로부터 나 자신을 분리시키는 단독화

9 선구적 결단은 불교에서는 출가(出家) 즉 스님이 되는 것으로 나타난다. 이는 새로 태어남이다. 스님의 나이는 태어난 해가 아니라 출가한 해로부터 센다. 어느 사람의 말을 빌리자면 '진정한 탄생지는 우리들이 최초로 자기 자신에게 이지적(理智的) 시선을 던진 곳이다.'라 말할 수 있겠다.

單獨化(무덤에는 혼자 간다) 즉 스스로 고독한 존재가 된다.

그 자각을 통해 일상적 삶에서 자기의 안전을 보장해주던 사회적 통념通念의 막幕이 찢겨 나간다. 그리하여 망막한 황야荒野로 내몰린 고독한 존재가 되어 작은 배낭 하나를 짊어지고 흰 구름 가는 길을 따라 홀로 떠돈다. 그 모습은 처절凄切하기까지 하다.

그래서 엘리엇T. S. Elliot은 그의 장시長詩 황무지荒蕪地에서 긴 겨울잠에서 깨어나라고 생명生命을 재촉하는 봄에 대해 '4월은 잔인한 달이다.'라고 읊고 있다.

선구적先驅的 결단은 존재(자연의 본성)를 깨닫게 되는 계기契機로서 미래를 향한 행위이다. 그러나 역설적으로 이는 이미 잠재潛在해 왔던 마음의 본래성을 깨닫는 행위이다. 그것은 과거(마음에 있어 온 본성)와 미래(선구적 결단)가 다르지 않음을 체득體得하는 것과 같다.

이를 도덕경에서는 '옛날의 도를 잡아서 지금의 유(존재)를 받아들이면 옛날의 시작을 알 수 있다. 이것을 일컬어 도의 본질이라고 한다(執古之道 以御今之有 能知古始 是謂道紀).'라고 표현하였다. 도 닦음은 선구적 결단에 따른 행위와 크게 다르지 않다.

그렇게 되면 마음은 존재자(소나무)를 어떤 이용 가능한 기구나 사물木材로 보지 않고 자연(존재)이 발현되어 있음으로 볼 수 있다. 그것은 진리(자연)의 본질을 보는 것으로 이러한 마음은 평안平安의 감정을 낳는다.

선구적 결단은 죽음에로 향하는 자유를 가져오며, 돌발적 사건들에 대해서도 해맑음을 유지 할 수 있게 해준다. 그것은 사변思辨에 의해 구성되는 가상假想의 세계 또는 범주론적 세계와는 무관하다. 즉 실존하는 한에서만 가능하다.

7장. 죽음

죽음은 신비神秘인가? 아무도 죽음을 모른다. 그 모르는 죽음이 우리에게 확실히 다가온다. 인간은 죽음에로 향하는 존재로서 죽음은 가장 확실한 가능성으로, 인간존재를 구성하고 있는 근원적인 것이다. 삶 안으로 들어오는 모든 것은 이미 죽기 시작했고, 죽음을 향해 가고 있다. 삶은 동시에 죽음이다.

7.1. 죽음에의 선택

인간이 일상적인 일에만 몰입되어 있는 '지금'이라는 시간이 증발蒸發하게 되면 그의 미래가 죽음 이외의 다른 것이 아님이 드러난다. 그 죽음 앞에서는 이를 감수甘受하거나 도피逃避하는 두 가지 가능성 밖에 없다.

죽음으로부터의 도피는 죽음이 면전面前에 서 있다는 사실

을 외면外面하고 그 절박切迫함으로부터 도피하는 것이다. 영원한 천국天國에의 기대가 그런 것이다.[10)]

아니더라도 일상적으로 우리는 죽음을 누구나에게 오는 역逆으로 아무에게도 고유固有하게 속하지 않는 일상적 사건으로 이해한다. 김 아무개가 죽었는데 그의 죽음은 그의 고유 것이 아니라 그냥 죽음이라는 카테고리 중의 하나일 뿐이다. 나도 그 '아무개'다. 이때 나에게 '내 죽음'은 없다. 이는 죽음을 자각하지 않는 소극적 의미의 도피이다.

그것은 죽음을 실존론적 사실이 아니라 범주론적 사실로 받아들인다는 것으로 범주론적 사실은 감동이 없는 죽은 개념이다. 거기서는 죽음이 다만 '숨이 끊어진다.'는 의미 밖에는 없다.

한편 죽음을 감수함이란 죽음을 자연의 사실성(현성現成과 은적隱迹)으로 깨닫고 받아들이는 것이다. 그것은 인간의 존재 이해 능력에 따른 것이다. 다시 말해 죽음의 감수는 인간이 자신의 유한성 즉 탄생과 죽음사이의 '사이 존재' 임을 깨닫는 데에 근거한다.

그것을 깨닫게 되면 자신의 행동 기준, 근거가 세론世論이 아니라 자신의 죽음이 된다. 즉 자신을 죽음 앞에 세움으

10 동일한 시간의 무한한 연장을 의미하는 영원(永遠)은 진정한 의미의 영원이 아니다. 영원은 수평적으로 흐르는 시간을 수직적으로 끊어냄이다. 불교의 해탈이 그러한 것이다.

로써 일상성日常性(세론)이 아니라 '내가 내일 죽는다면 지금 어떤 일을 할 것인가?' 즉 본래성이 행동 기준이 된다.

이렇게 행위의 근거가 자아가 아니라 자기성自己性이 됨으로써 공동체나 타인에 대한 헌신적獻身的인 사랑과 그에 대한 의지意志가 가능하게 된다. 그것이 인간의 존엄성尊嚴性이고 인간이 인간답게 사는 것이다. 그것은 또한 세론(세상)을 넘어선 자유이기도 하다.

인간 삶의 의미는 그가 죽게 되어있다는 유한한 존재자로서의 자각自覺에서 꽃핀다. 그렇게 하여 우리는 죽음을 감수甘受, 기꺼이 받아들이게 된다.

사실 우리는 꽃은 '꽃이 진다.'는 꽃의 한시성限時性 때문에 꽃의 출현을 기쁘게 마중하게 된다. 그 꽃의 아름다움은 '꽃이 진다.'라는 은닉隱匿의 신비神秘가 없으면 느껴질 수 없다. 그래서 죽음은 신비이다.

7.2. 죽음과 소유 - 무덤에는 빈손으로 간다(空手來 空手去)

소녀의 수줍음처럼, 죽음은 생生의 곁에 말없이 엷은 면사포面紗布로 가리어져 은닉된 채 있으면서, 그 현성現成된 것(삶)의 깊이를 느끼도록 해준다. 그렇게 하여 우리의 삶은 쉽게 때가 타는 소유所有로 전락하지 않을 수 있다.

죽음無에 대한 이해가 없다면 삶은 존재론적存在論的으로 이해되지 않고, 다만 소유론적所有論的으로만 이해될 뿐이다.

무를 모르는 유有(존재)는 소유所有의 유로 전락하여 자신의 현시인 유물(존재자)을 무한한 소유의 대상으로만 여겨(소나무를 소나무로보지 않고 목재木材로만 여겨), 인간 자신을 포함한 유물(존재자)은 무의미의 나락奈落으로 떨어진다.

하이데거는 인간의 마음이 소유의 엄청난 인력(引力) 앞에서 유有(존재)가 소유의 유로 전락하지 않기 위해, 무無와 공空의 의미를 체득하기를 역설한다. 공(무)은 모든 모순矛盾을 껴안고 사라지게 한다. 그 모순에는 자기自己와 자아自我 간의 모순 역시 포함되며 그렇게 하여 자아에 대한 집착으로부터 벗어나게 한다.

인간 삶의 유한성無이 그렇게 파악되면 그것은 실존에게 제공되는 쾌적함, 경박함, 책임회피 등 무한한 다양성들로부터 그를 낚아채어, 인간을 삶의 단순성單純性, 무소유無所有의 세상으로 데려간다.

인간이 죽음을 죽음으로 감수하고 하나의 좋은 죽음이 되기 위해서는, 세상을 아끼며 살아야 한다. 아낀다는 것은 이 세상에 있는 것을 그 본질에서 편안하게 존재하도록 종용慫慂하는 것이다.

누군가는 죽음에 대해 '세상은 존재자를 사라지게 하여 세상의 고요의 의미를 일깨워준다. 일몰日沒의 장엄함은 세상의 고요가 무엇인가를 그리고 그것을 통해 마음의 진정眞正이 무엇인가를 느끼게 한다.'고 하였다.

5부. 사유의 궁극적 목표

5부 사유의 궁극적 목표

1장. 삶의 근거를 찾는 노력

삶의 근거에 대한 물음은 형이상학의 존재자를 존재자이게 하는 '존재'를 묻는 것과 같다.

인간이 자기의 본질적 가능성 속에 존재하기 위해서는, 다시 말해 떠맡겨진 운명運命에 묶이지 않고 가능성으로서의 자신을 펼치는 자유로운 삶을 살기 위하여서는 먼저 자기 존재를 규정하는 근거根據가 무엇이며, 어떻게 그 근거들이 근거일 수 있는가를 자각自覺해야 한다.

기원전 6세기 그리스 사유思惟에서 '이 세상에 근거 없이 존재하는 것은 없다.'라는 원리가 등장하였고, 그런 원리가 17세기 라이프니츠Leibniz에 의해 근거율根據律이라는 하나의 논리 법칙으로 등장하였다.

그는 근거율로서의 이유가 성립할 수 있으려면, 첫째 그 존재 이유가 객관적으로 드러나 확실하게 알 수 있는 인과적인 충분充分함이라는 조건과, 둘째 그 존재 이유를 완전무결한 존재의 권능權能으로부터 위임받아야만 하는 두 가지 조건을 갖추어야 한다고 한다.

이처럼 라이프니츠의 근거율은 사물들의 궁극적 이유로서 완전무결한 존재 즉 신神의 존재를 전제한다. 따라서 신神의 존재 증명은 모든 존재하는 것의 근거를 밝히기 위해서는 필수적인 것으로 르네상스, 특히 아리스토텔레스의 영향을 받은 토마스 아퀴나스Thomas Aquinas 1224-1274로부터 시작하여 근대 서양철학에서는 그것이 주요한 화두話頭였다.

라이프니츠는 신의 존재를 다음과 같이 증명한다.

> '세계 안의 모든 것은 우연적인 것이요 자체적으로 있는 것은 아니다. 우연적인 것은 원인이 있을 것이고, 그 원인 역시 우연적인 것이라면 이 우연적인 원인의 원인 즉 제일 원인이 있어야 한다. 그리고 신은 그 궁극적 원인으로서 절대적 필연적인 존재자이다.'라고 한다.[11]

이는 신神의 존재를 무조건적인 신앙이 아니라 이성理性에 의해 증명하려는 노력이었다. 그것은 르네상스 이래의 과학 발전에 따른 생활 전반에 걸친 합리성의 요구와 이성에 대한 자신감 때문이었다.

데카르트가 '나는 생각한다. 그러므로 존재한다.'고 하였

11 이는 한국 기독교 일반 신도들이 가지고 있는 신의 존재에 대한 의문(疑問)의 답이다. 이에 대해 칸트는 현상세계에만 적용되는 인과법칙의 필연성을 현상세계를 넘어서는 자기 원인(신, 제일 원인)에까지 확대시키는 것은 부당하다고 한다.

을 때 그것은 데카르트 자신의 의도意圖와는 무관하게 인간 존재의 근거가 신神의 권능 대신에 사유하고 표상하는 인간 자신에게 있음을 말한 것이 되었다. 그것은 인간 이성에 대한 자신감의 표출이었다.

이러한 자신감自信感은 인간 이성에 의해 포착 가능한 수학적 진리에 근거한 것이었다. 그들은 수학적 진리가 갖는 객관성은 신에 의지하지 않고서도 세계를 해석할 수 있다고 믿는다. 사실 라이프니츠는 신神의 본질과 그의 창조 행위를 이성적理性的인 것으로 간주한다.

근세에는 수학적 진리가 신이 창조한 세계의 신비를 풀 수 있는 가능하고 유일한 열쇠로 등장하였다. 그러나 수학은 드러난 현상세계를 이해, 해석하는 것이지. 그것이 모든 존재자의 존재이유도, 근거일 수도 없다.

존재자의 근거에 대한 앎은 수학이나 논리학에 의해 얻어질 수 있는 것이 아니다. 수학이나 논리학은 과학기술의 공고화鞏固化에 기여하는 지식을 낳지만 근거의 앎에는 오히려 방해가 된다. 그것은 직관의 영역이다.

지식知識은 더해가야 하지만 지혜智慧는 덜어가야 그 본원에 이를 수 있다.

1.1. 이유(理由)와 왜냐하면(근거)

라이프니츠는 근거율을 라틴어로 번역하면서 '이유의 원

리原理'라고 하였는데, 원리란 타자의 이유를 자신 속에 함의含意하고 있기에 결국 그가 말한 근거율(이유의 원리)은 '이유의 이유'이다. 그러나 근거와 이유는 다르다.

안겔루스 실레지우스Angelus Silesius 1624-1677는 그의 시詩에서 다음과 같이 말한다.

> '장미는 무엇 때문에의 이유 없이 존재한다. 장미는 핀다. 왜냐하면 그것이 피기 때문이다. 장미는 자기 자신에도 신경 쓰지 않고, 사람들이 그를 보는지 보지 않는지 묻지 않는다.'

이는 장미꽃이 피는 데는 무엇 때문에의 이유는 없지만 '왜냐하면'은 있다고 한 것이다.

'이유'는 이유를 탐색하기 위해 자신 밖의 어떤 것과의 관계를 세워 거기에서 답을 찾고자 하지만, '왜냐하면'에는 이유와 함께 그에 관하여 대답하고 또 지시하는 내용을 포함하고 있다. '왜냐하면' 속에는 존재함과 그 이유가 동거하고 있다.

괴테Goethe 1749-1832는 말한다.

> 언제? 어떻게? 어디서? 신(神)들도 말없이 지내고 있네. '왜냐하면'에 너 자신을 맡기지 무엇 때문에의 이유를 묻지 말기를.

장미꽃이 핀다는 사실 자체가 그 꽃이 피는 이유다. 다시 말해 장미의 존재가 그 자체에 이유를 정초定礎하고 자신의 본질을 현현시키고 있다.

한 떨기 장미꽃은 자기 스스로의 운동에 의해 피어나는 자기 출현이다.[12] 장미가 피는 데는 따로 이유 같은 것은 없다. 모든 존재는 '…하는 동안의 존속存續'이 그 존재의 본질이며, 그 본질이 바로 존재의 근거가 되고, 그 근거가 존재의 '왜냐하면'으로 표현된다.

그러므로 '왜냐하면'은 이미 존재와 존재의 근거를 아울러 동거시키고 있다. 즉 이유에 대한 답을 이미 함의含意하고 있다.

1.2. 근거로서의 자연(존재)

모든 존재자는 존재(자연)에 근거한다. 자연의 현상은 태양과 별의 뜨고 짐, 꽃의 피고 짐이며, 이러한 현상으로 인간들에게 자신의 비밀스러움에 대해 말 건넴을 하고 있다.

존재(자연)는 존재자에게 그 존재자의 고유固有함이 요구하는 형태로 본질을 현현시키면서 존재자를 이유 있게 하는 근거이다.

12 헤르만 헤세는 '나무의 우듬지(나무의 꼭대기 줄기)에서는 세계가 속삭이고 뿌리는 무한성에 들어가 있다. 다만 그들은 거기에 빠져들어 자신을 잃지 않고 있는 힘을 다해 오로지 한 가지만을 추구한다. 자기의 본연 안에 깃든 본연의 법칙을 실현하는 일, 즉 자신의 형태를 만들어 가는 것, 자신을 표현하는 것에만 힘쓴다.' 라고 한다.

화엄학華嚴學에서 말하는 '탁사현법託事顯法'은 사물(존재자)에 의탁하여 법성(존재)을 드러낸다는 의미이다. 그것에는 법성(존재)의 본질이 자신을 드러내지 않을 수 없는 현현顯現의 불가항력성不可抗力性이라는 의미 역시 포함되어 있다.

자연은 자신 본질인 현현과 은적을 오고갈 뿐 사람을 위하여, 또는 사람의 관심을 끌기 위해 의도적으로 하지 않는다. 꽃들에겐 인간의 헤아림에 따라서가 아니라, 꽃들의 고유함이 요구하는 꽃으로서의 형태가 주어진다.

꽃을 포함한 모든 존재자는 자신의 뜻대로의 삶을 사는 것이 아니라 존재(법성)로부터 시여施輿받은 자신의 가장 높은 방식으로의 삶을 펼쳐나간다. 그리고 어떤 사람이 이에 대해 충분히 이해한다면 그는 이제 존재·법성이라는 모든 존재자의 근거를 깨달은 것이다.

근거의 앎, 깨달음은 논리적 사변思辨, 수평적 사유思惟로는 다다를 수 없는 직관直觀의 세계이다. 도道를 닦음, 참선參禪은 그 직관에 이르려는 노력이다.

2장. 도(道)와 선(禪)

도와 선 사이에는 분명한 경계가 없다. 달마의 혈맥론血脈論에도

'명경(明鏡)에 묻은 먼지를 계속 문질러 닦는 것은 도(道)를 닦고 선(禪)을 닦는 것…….'

이라고 하여 도와 선을 구별하지 않고 있다. 다만 도가 우리의 일상日常의 삶 자체에 서 있다면, 선은 불교 유심론唯心論 가까이에 자리하고 있다.

도는 중국문화 고유의 생활철학에 그 뿌리를 두고 있으며 선은 인도 불교에서의 선정禪定·止과 반야般若·觀를 하나로 통합한 즉 불교의 중국화中國化에 따른 것이다.

도와 선은 과학적, 추상적 사고思考인 사량思量하기를 거부拒否할뿐 아니라 사유 자체를 멈추려 한다. 도와 선이 지향하는 경지境地는 그 멈춤이 의식, 의지적意志的인 것이 아니라 사유가 그 궁극에 이르러 스스로 멈추어지는 거기이다. 즉 사유, 관념으로부터의 해탈이다. 거기서는 사유하는 것이 아니라 마음을 비우고 자연의 비밀스러운 말을 귀 기울여 들을 뿐이다.

2.1. 도(道)

도는 그것이 목적지이고 동시에 그에 이르는 길의 의미를 함께 함유하고 있다. 그러한 도는 존재(자연)가 그러하듯 만물을 생기시키지만道生之 매우 평이平易하다.(大道甚夷)

도道는 깨달음을 지향하며 숙고熟考하는 인간에게 스스로 말 걸어오는 언어의 한 원초적 낱말이다. 도道란 이성, 정신, 로고스 등이 그것들 자신의 본질 측면에서 말하고 싶어 하는바 그것, (법성일수도, 존재 자체일수도 있는) 그것을 체득體得하는 것이다.

중용中庸에서는 도란 본성에 따르는 것率性謂之道라고 한다. 여기서 본성은 곧 법성이고 '따르는率'은 단순한 피동성被動性이 아니라 자신이 그와 하나가 된다는 의미이다. 그러한 도道는

> '현묘하고 현묘하며
> 온갖 묘리가 출몰하는 문이다.'
> 玄之又玄 衆妙之門 - 道德經

2.1.1. 도와 여백

도道를 닦는 것은 마음에 자유스러운 무애无涯의 공간을 설립하기 위함이다.

'도덕경道德經'에서는

> 도(道)는 보려 해도 보이지 않고(視之不見)
> 들으려 해도 들리지 않는다(聽止不門)고 한다.

그리고 이를 유무의 경계가 뚜렷치 않다는 의미의 홀황惚恍이라 하였는데 이 홀황은 무애와 크게 다르지 않다.

무애와 여백餘白은 같은 것의 다른 이름이다. 마음이 피안

彼岸에 머물러있는 부재不在함의 신비神秘를 듣기 위하여서는 마음에 여백을 갖는 것만이 유일한 길이다. 다른 말로 하면 '존재-법성'의 현전現前이 가능하려면 마치 숲속의 빈 공간처럼 마음이 비어있어야 한다.

여백, '빈터'는 인간이 의식의 주체이기를 포기抛棄할 때 나타난다. 거기에 도는 부르지 않아도 스스로 온다不召而自來.

마음이 '나는 생각한다.'의 주관으로 의식意識되어지는 한, 그 마음에는 결코 존재(본성)가 현현하지 않는다. 의식은 무엇을 사유하는 이성理性의 영역이지만, 마음은 그런 의식의 근거로서 존재-법성이 자신을 나타내 보이는 곳이다.

인간과 자연은 법성을 공유共有하고 있다. 인간은 법성을 간직하고 보호하는 사명을 가진 목자牧者로서 존재하고 있다. 여기서 목자牧者의 의미는 자신뿐 아니라 모든 존재자가 자신의 본성을 잃지 않도록 돌보아야 한다는 것이다. 왜냐하면 인간만이 존재(법성)를 이해하는 능력이 있기 때문이다.

이를 하이데거는 '존재의 지킴이가 되어야 한다.'고 한다.

2.1.2. 도는 삶 자체이다

도는 현실 자체이다. 도道의 경지는 지성知性이 미리 설정한 추상적 삶의 공간, 관념의 세계가 아니다. 세상은 실제實際이고, 관념은 허상虛想이다. 축구장 밖에는 축구가 없다. 도는 생각이 아니라 세상의 실제를 있는 그대로 체득體得하는 것이다.

도는 삶 자체이다. 우리의 삶은 살아 움직이는 생성 과정으로 우리는 언제나 어떤 한 순간에 살고 있다. 바로 직전에 쉰 숨息과 지금의 숨은 다르다. 그래서 그것(도, 삶)을 개념화槪念化하여 지배하려고 하거나, 손아귀에 넣으려고 시도하면 할수록 그것은 더욱더 완강하게 우리로부터 빠져나간다.

존재(자연)는 결코 개념화를 통해 앞질러 정의定義된 그런 것이 아니다. 존재는 항상 열려있으며 확정 불가능하고 따라서 표상表象 불가능한 것이다. 도道는 열려있는 존재(자연)에 '귀 기울임', 자연에 자신을 '내맡김' 그리고 존재가 말 걸어오기를 '기다리는 마음'으로서만 그에 이를 수 있다. 불가佛家에서는 깨달음을 소식消息을 들었다고 한다.

인간은 자신의 존재 가장 깊숙한 곳에서 울려오는 법성의 부름에 귀 기울일 준비가 되어 있는 그만큼 존재하는 모든 것에 대해 열려지게 되고 그렇게 하여 자기 자신과 세상(존재하는 모든 것)을 전혀 새롭게 경험하게 되며 이를 통해 자신은 세상과 전혀 다른 관계에 서게 된다.

도道는 삶의 길을 가면서 거기에 도달하는 것이다. 그 길은 인간이 이 세상에 거주하면서 이 세상을 여여如如하게 읽는 깨달음과 직결直結되어 있다.

하이데거는 '고향 마을은 구체적으로 탄생과 죽음이 교차적交叉的으로 만4나는 곳이고 우리가 가장 자연스럽게 그리고 막힘없이 자유스럽게 숨 쉴 수 있는 곳이다.'라고 한다. 그 마을이 곧 도이다.

깨달음은 인간이 현실적으로 거주하는 고향故鄕의 이러한 시원적始原的 사실을 터득하는 것이다. 그렇게 하여 마음은 가장 자연스럽고 자유로운 상태에 이른다.

도道는 삶의 방식으로는 죽음을 마음에 껴안고 가난함에 자신을 맡기는 것이다. 가난함에 자신을 맡기는 것은 '… 없이 지내도 좋은 것'과 통한다. 그리고 그것에 대한 주의注意는 인간의 삶을 전혀 다른 영역의 뚜렷한 단순성으로 이끌어 간다. 거기는 무소유無所有라는 하나의 왕국王國이 정립될 수 있는 곳이다.

2.2. 선(禪)

인도 불교에서 지관止觀의 관계는 관이 우선적이고 지는 관을 돕는 지위라 할 수 있다.

그러나 선禪에서는 지止가 우선이다. 선은 마음을 비워 관觀이 가질 수도 있는 주관성主觀性 내지는 지적知的 인상印象을 버리고자 한다. 간화선懇話禪의 화두話頭는 '부처는 똥 막대기다.'처럼 철저하게 비논리, 비지성적이다.

선禪은 마음을 밝고 올바른 자리에 세우는 것이다. 마음이 역광逆光의 위치에 서있으면 현시되어있는 진리를 보지 못하게 된다.

불교의 유식학唯識學에서 인간의 본래성은 자성自性과 여래성如來性의 일치를 의미한다. 여래성如來性은 시작이 없는 시작부터 이미 마음에 있어 온 빛, 진리의 빛이다. 선禪은 그런 진리의 빛 안에 서는 것이다.

진리는 마음에 본래부터 이미 현시되어 있다. 아니면 우리는 진리를 알 수 없다. 진리를 깨닫는다는 것은 이미 마음에 현시되어 있는 것을 보는 것 즉 마음의 본래성으로 되돌아가는 것이다. 본래성으로의 이행移行은 자유로의 해방이다. 선禪이 그런 것이다.

선禪은 지성知性, 사유에 의해 정립된 범주·개념들을 넘어 이러한 것들에 앞서 놓여있는 현실성에 대한 최고의 긍정이다.

성철性徹스님은 말씀하신다.

'산(山)은 산이요 물은 물이다.'

이러한 어떤 개념적 정의定義도 거부하는 말씀에는 현실 그대로가 긍정되어 있다.

선禪은 세상살이로부터 벗어나는 것이 아니라 깨어있는

삶이다. 깨어있음이란 은폐된 새로운 것을 찾는 것이 아니라 모든 것이 거기에 드러나 있음을 아는, 즉 자연의 사실성에 대한 명징明澄한 인식이다. 그것은 지성知性, 범주(개념)의 배타적 사용으로부터의 해방에 따른 것이다.

대부大夫가 말하였다.

> '병(甁)속에 거위 새끼 한 마리를 넣어 다 자랄 때까지 키웠다면 죽이거나 병을 깨지 않고 어떻게 거위를 꺼낼 수 있습니까? 남천(南泉)은 손뼉을 세게 치면서 대부! 하고 외쳤다. 대부는 소스라치게 놀라면서 '예. 선생님'하고 말했다. 남천은 '보게 거위가 밖에 나와 있지 않나.'

여기서 병은 의식이 만들어 놓은 울타리, 관념이다. 병은 있지도 않았던 것이다.

김형효 교수는 그의 저서著書 '하이데거와 화엄사상'에서 왕유王維(당나라의 시인)의 선시禪詩를 소개, 설명해주고 있다. 선시는 선의 경지를 보여주는 좋은 예例이다.

> 빈산에 사람 보이지 않고 들리느니 말소리뿐
> 空山不見人 但聞人語響
> 지는 햇살 깊은 숲에 들어와 다시 푸른 이끼 위에 비치고 있네.
> 返景入沈林 復照靑苔上

첫 마디는 비어있음의 공간에, 둘째 마디는 어떤 것이 소리의 존재로서 등장하고 셋째 마디에서는 낙조落照의 지는 햇살이 깊은 숲속으로 들어와서 숲속의 빈터를 반음영半吟詠, 반명암半明暗의 상태로 나타나게 하면서 넷째 마디에서는 거기에 숨어 있던 이끼를 이끼로서 존재케 한다.

이 시는 유와 무, 나타남과 숨음, 빛의 비침과 어둠의 깊이, 고요와 움직임 등이 각각 지니고 있는 이중적 관계를 하나의 동거성同居性으로서 반半투명의 상태에서 동시에 등장시키는 법성의 본질을 잘 그리고 있다.

여기에는 감정의 주관성이 없다. 마음이 거울이 되고 사물은 거울에 비친 흔적이 되면서 심/물心/物이 애매하게 엮이어 이사무애理事无涯의 경지를 보여주고 있다.

화엄경에서 말하는 이사무애理事无涯의 의미는 이理 즉 존재, 법성과 사事 즉 현시現示된 존재자가 서로 떨어져 있으면서 동시에 서로 가까이하고 있는 그런 묘한 무애无涯의 관계에 있음을 가리킨다. 은닉隱匿된 법성은 현시된 사물들과 다르지만 또한 서로 의지하고 있다.

선禪은 현시된 사물들을 있는 그대로 마음에 비추는 거울과 같아 무상지상無想之想, 무념지념無念之念의 경지로 이끈다. 무無의 본성은 초탈超脫이고 자유이다. 선禪의 경지에서 마음은 무애无涯의 자유를 즐기고, 무심無心하게 논다.

2편. 불교는 어떤 종교인가

이 얘기는 죽음의 신(神)
이담 야마탄가에 대한 설화(說話)이다.

"내려오는 전설에 따르면 은둔자 한 사람이 일생 동안 홀로 동굴에서 명상을 하며 살았다. 그가 막 온전한 깨달음을 얻으려는 시기에 몇 명의 도적들이 소를 훔쳐서 그 동굴로 들어왔다. 그들은 그곳에 은둔자가 있음을 알지 못했고 훔친 소의 머리를 잘라 죽였다. 나중에 그들은 거기서 자신들의 소행을 본 목격자가 있음을 알았고 그 은둔자 역시 머리를 잘랐다. 하지만 그들은 그 은둔자가 일생동안 명상을 해서 초자연적 힘을 얻었음을 미리 알지 못했다.

그들이 은둔자의 머리를 쳐다보고 있는 동안 은둔자의 몸이 일어나 황소의 머리와 결합되었다. 그리하여 무서운 야마탄가의 형상이 탄생하게 된 것이다. 그 은둔자는 자신의 지고한 목표에 도달하지 못한 원한으로 마음에 무서운 분노가 가득 차게 되었다. 그는 도적들의 머리를 잘라 그들의 머리를 화환처럼 어서 목에 걸었다. 그리고 죽음을 가져다주는 악마처럼 세상을 돌아다녔다. 그러다가 문수보살을 만나 감화되어 죽음의 신 '야마탄가'가 된 것이다."

소의 머리를 하고 목에 해골을 주렁주렁 매단 야마탄가의 모습은 티베트 사원의 탕가에서 흔히 볼 수 있다. 그런데 티베트인들은 이 죽음의 신 야마탄가를 관세음보살의 화신(化身)이라 한다.

야마탄가는 죽은 자를 심판할 때 악한 마음을 가진 인간 앞에 진실의 거울을 들이대어 그 잘못을 알게 하고 그에게 고통을 준다. 그러나 야마탄카는 이 고통을 통하여 그 영혼을 정화시킴으로써 결국에는 그를 해탈의 길로 인도한다.

티베트인들에게 일상생활과 종교는 하나이다.

또한 선과 악, 밝음과 어둠의 세력 역시 공존한다. 그들은 어둠의 세력을 달래어 마음의 한 공간에 그것을 허락하고 필요한 부분으로 인정하는 것이 오히려 그들의 지배를 벗어나는 길이라고 믿는다.

그리하여 그들의 내면 세계는 선과 악 사이의 갈등을 넘어 마음의 평안을 얻고 웃음을 잃지 않는 밝은 삶을 살아간다. 그들에게 우리가 사는 세상의 모습은 '대립하는 둘'이 아닌 하나이다. 그들은 혹 '하나(同)도 아니지만 둘(異)도 아닌(不一而不二)' 화엄(華嚴)세계의 원융무애(圓融无涯)한 경지를 살아가고 있는 것이 아닌가하는 생각이 스쳐간다.

-흰 구름 떠도는 길-

1부. 불교철학의 토양

1부 불교철학의 토양(土壤)

1장. 인간과 종교

인간의 이성은 본성적으로 사물을 대할 때 무조건적이고 궁극적인 토대를 추구하고자 하는 경향성을 갖고 있다. 즉 모든 현상의 근본적 토대이며 모든 사물을 산출해 낼 수 있는 무한하고 편재遍在하는 원인체를 발견하고자 한다. 그리고 이러한 우주 근원에 대해 사유할 수 있는 것은 인간 이성의 자연 소질素質이다.

우리는 외부세계를 감각기관, 대상, 그리고 마음의 지각知覺작용 이 세 가지 요소가 결합했을 때 경험할 수 있다. 그리고 순진하게도 자신이 사물을 지각하는 방식과 사물이 존재하는 방식이 동일하다고 믿는다. 이런 믿음에 대한 회의懷疑가 생길 때 존재와 그 생성에 대한 올바른 그리고 확실한 답을 요구하게 된다. 사유思惟는 본질상 회의이다.

종교는 이러한 요구에 따른 우주 생성에 대한 나름대로의 근원적 이해를 자신들의 교리教理로서 설정한다. 그것은 현존하는 세계, 존재자에 대한 현상적現象的 이해가 아니라 그 근거에 대한 답을 제공한다.

세계종교의 대표적인 두 근원지는 이스라엘의 예루살렘과 인도의 바라나시다. 예루살렘에서는 기독교와 이슬람교가 그리고 바라나시에서는 힌두교와 불교가 탄생하였다.

사회적 관점에서 이들 종교의 교리체계가 세워진 근거와 과정에는 근본적 차이가 있다. 이스라엘은 노예 상태의 작은 민족으로 아직 국가를 형성하지 못한 상태였던 반면에 인도는 거대한 제국으로 지적知的으로 자유롭고도 왕성한 시기를 누리고 있었다.

1.1. 기독교

기독교의 교리敎理는 세계의 근원 내지 궁극적 실체에 대해 지적知的으로 추구하는 대신 선지자先知者들을 통해 전달되는 신神의 계시啓示에 의존하였다.

기독교의 특징은 유일신唯一神을 배경으로 한 신본주의神本主義라 할 수 있다.

1.1.1. 유일신

기독교는 유태민족이 자신들의 노예 상태로부터의 구원救援이라는 절대적 요청에 근거한 민족 신화神話로부터 출발하였다. 그들은 인류 보편에 편재遍在한 신神이 아니라 자신들만을 위한 민족신民族神 즉 특별한 유일신을 필요로 하였다고 설정하였다.

예수는 유태인들의 민족신을 민족을 넘어 인류人類전체에

로 확장하였다. 그러나 유태인들 신앙은 신앙의 대가代價로 유태민족을 노예 상태로부터 구원해 줄 것이라는 신과 유태민족 간의 특별한 약속에 근거한 것이다. 따라서 예수의 인류의 선언은 유태인들에게는 민족의 염원을 져버리는 것으로 이해되어 유태 제사장들을 분노케 하였고 이는 제자 유다 배신의 주요한 원인이었다.

기독교는 예수의 인류애 선언으로 민족의 범위를 넘어 인류전체에로 확장, 유대교로부터 분리, 독립하였다. 그러나 기독교의 신은 자신을 믿지 않는 사람들은 현세에서 아무리 좋은 일을 해도 천국에 들 수는 없다고 한다. 즉 그들을 구원으로부터 배제시킨다. 그렇게 함으로써 기독교는 비록 인류애를 선언하기는 했으나 그들 즉 그 신을 믿는 사람들만의 종교라 할 수밖에 없다.

이는 유일성唯一性을 주장하는 신이 갖는 배타적 성격에 따른 것이다. 그들은 다신론多神論은 물론 무신론無神論도 용납하지 않는다. 또한 이 배타성은 신앙에 충실하려는 한 종교문제에 있어 결코 관용적일 수 없다. 그것은 다른 종교다신교에서는 볼 수없는 종교전쟁, 마녀사냥 같은 역사적 현실로 나타났다.

1.1.2. 신본주의

신본주의는 원죄사상과 깊이 연관되어 있다. 원죄는 기독교 교리의 핵심개념으로 신앙의 목표인 구원과는 동전의 양면 관계에 있다.

유태인들은 자신들의 노예 상태, 더 나아가 인간 삶의 모든 고통의 원인을 인간 원죄에서 찾았다. 사회과학적 관점에서 보면 원죄는 유태인(Jew-막스 베버는 노예를 지칭하는 단어였다고 한다)들이 오랜 동안 노예로서의 삶을 강요받았던 원인에 대한 유일한 답이다. 그들은 자신들의 노예 상태에 대한 근원을 달리 이해할 수 없었다.

그리고 자신들의 능력으로는 노예 상태에서 벗어날 수 없다는 뿌리 깊은 현실적 절망감이 유태인들 신본주의의 원인이 되었다. 그것은 교리체계 이전의 문제이다.

교리적으로는 기독교에서 원죄의 원인은 인간이 신의 지시를 거역하고 선악과善惡果를 따 먹었다는 것이고 따라서 원죄는 신에게 저지른 죄다. 그러므로 그 죄를 사赦함 받고 구원을 얻으려면 인간 자신이 아니라 필연적으로 신에 의한 구원救援이 요구된다. 이것이 바로 신본주의 교리의 근원이 되었다.

기독교 성경聖經에서 말하는 선악과는 분별, 의식을 가능케 하는 이성理性에 다름 아니다. 이러한 원죄 개념은 인간의 특성인 이성에 대해 부정적이라는 점에서 인간성에 대한 불신으로 기독교가 신본주의神本主義임을 보여준다.

신본주의 즉 인간성, 인간능력을 부정하는 기독교에서 가장 강조하는 것은 인내와 기다림이다. 그들은 고통이나 가난, 노예상태와 같은 삶의 고난들을 구원을 약속한 신에 대한 믿음의 시험으로 인식해 인간의 본성적·윤리적 한계를 넘어서까지 참아가며 기다렸다. 이는 성서聖書에서는 욥기記 그리고 현실적으로는 유태민족의 아브라함 이래 인고忍苦의 4,000년 역사가 말해주고 있다.

신본주의는 인간성에 대한 불신이다. 거기에서는 순수한 인간애나 타인의 의사意思나 믿음에 대한 존중 같은 것은 부차적인 문제이다. 그들에게 인간행위의 일차적인 목적은 구원을 약속한 신을 기쁘게 하는 데 있다. 따라서 인간의 이성적 혹은 타인과의 공존을 전제한 윤리적인 행위는 긍정적으로 인정되지 못하였다.

불교에서도 인간의 삶이 고苦라고 하지만 그 원인은 무지無知이고 보살로서의 삶을 그 해답으로 제시한다. 순자荀子 역시 성악설性惡說을 주장하지만 그것은 교육의 의미를 강조하는 그리고 교육에 의해 극복될 수 있다는 오히려 인성의 긍정이다. 이들에게는 인간성에 대한 믿음이 있다.

2장. 인도 철학의 성격

인도 철학은 바라문적이라고 할 만큼 인도철학의 성격과 지배적인 동기들이 철학사상가와 제관祭官들 양자에 의해 형성되었다.

인도에서는 최상위 계급인 바라문에 의해 세계의 근원 내지 궁극적 실체에 대한 지적 추구가 이루어졌고, 범신론汎神論에 가까운 다신多神 내지는 무신無神의 주장이 대세였다. 그들은 자유로운 상태에서 서로 간의 교리教理다툼을 통해 지적으로 발전하였다.

우파니사드의 철인哲人들은 절대적 삶을 발견하기 위해서는 신앙적 행위가 아니라 우주의 영원하고 절대적인 실재 자체를 아는 지혜가 필요하다는 것을 깨닫고 있었다.

인도철학의 배후에 깔려있는 지배적 관심사는 인간이 고통스럽고 유한하고 속박된 삶을 초월하여 절대적이고 영원한 자유를 어떻게 얻을 수 있는가에 있다. 즉 어떤 것이 좋은 삶인가?라는 철학적 문제로써 이는 종교적 색채를 지니고 있다.

그러나 그것은 기독교처럼 초월적인 신神에 의해 주어지는 초이성적 계시啓示에 근거한 것이 아니라 철학적 사유의 궁극적 목표 자체가 종교적 욕구를 충족시키는 성격을 갖는다.

인도에서 종교 교리는 결코 도그마가 아니다. 영적靈的인 발달의 여러 단계에서 그리고 삶의 다양한 상황에서 적용되는 가르침이고 인간행위가 실용적으로 대응할 수 있다는 전제를 품고 있다.

따라서 인도에서는 종교가 어떤 신조信條를 고정된 것으로 구체화하려 할 때 마다 그 신조·믿음을 호되게 비판하여, 진실을 옹호하고 거짓을 몰아내려는 철학적인 반작용과 영성靈性의 회복이 시도되었다.

인도종교는 교조적敎條的이지 않다. 그것은 철학이 발달해 감아 따라 끊임없이 새로운 개념들을 그 자신 안에 수용해 가는 합리적 종합이다. 인도철학은 지성知性을 강조함으로써 종교를 철학으로 대체하였다. 인도의 종교는 철학적 종교요, 철학은 종교적 철학이었다.<불교의 중심철학> 무르띠

힌두교 정신의 근원적인 특성은 관용에 있다. 힌두교는 그 발달과정에서 각각의 전통은 부분적이고 결함이 많은 성격을 갖고 있지만 그 각각은 하나의 진리에 대한 다양한 표현들로 이해되었고 이들을 포용하였다.

인도의 어느 힌두교 사원의 벽에 걸어 놓은 'Do good Be good'(착한 일하고 좋은 사람이 되어라)이라는 표어, 그리고 힌두교 경전이 아닌 이런 표어를 자신들의 성전聖殿에 걸어 놓는 마음씀은 힌두교의 포용정신을 극명하게 표현하고 있을 뿐 아니라 종교의 지상至上목표가 무엇인지를 분명히 하고 있다.

인도철학에서 베다veda의 계시적 권위는 중요한 이성적 인식의 근거로 인정되었고 이를 인정하는 전통철학과 그것을 인정하지 않는 불교나 자이나Jaina 등과의 사이에는 형

이상학적 실재에 대한 견해를 달리 하였다.

이들 간의 논쟁은 필연적으로 인식론과 논리학의 엄격하고 비판적인 논증을 통하여 형이상학적 사변思辨에 대한 객관적 진리성을 뒷받침하고자 노력했다.

붓다Buddha, 마하비라Mahavira, 비야사Vyasa, 샹카라Samkara 등 인도의 철학자들은 자기들의 형이상학적 세계해석을 뒷받침하기 위해 또한 상대의 공격으로부터 자기 학파의 정당성을 입증하기 위해 논리적 인식認識 즉 무엇이 올바른 인식이 될 수 있는가에 대해 치열하게 추구하였다.

그리고 그 논리적 인식의 정당성에 대한 논증과 토론, 법겨루기의 중심지中心地가 바라나시였다. 부처님이 부다가야에서 깨달음을 얻고 처음 설법을 펴신初轉法輪 녹야원鹿野苑이 있는 사르나트는 바라나시로부터 불과 십리 정도에 있는 마을이다.

인도에서는 철학이 대체로 종교적 사색의 유혹에서 완전히 자유로울 수는 없었으나 철학의 논의가 종교적인 형식에 의해서 제한된 적은 없었다.

불교에 이르면 인도의 철학적인 정신은 지적知的인 문제를 다룸에 있어서 전혀 외부의 권위에 눈길을 보내지 않으며 아무런 제한도 없이 모든 것을 검토하고 증명하며 그 논증이 이끄는 대로 두려움 없이 따르는 확신에 찬 마음자세가

되어 있었다.<불교의 중심철학> 무르띠

인도에서 여러 철학파들이 나타났던 시기에는 체계적인 사유를 위한 힘차고 끈질긴 노력들이 보인다. 그들은 전통적인 종교나 편견으로부터 자유로웠다.

동일한 시기에 여러 철학 학파들이 나타난 예는 중국에서는 선진先秦시대의 제자백가諸子百家 그리고 그리스에서는 플라톤 이전의 소피스트Sophist들의 출현에서 볼 수 있다. 그러나 제자백가가 현세적 문제에 치중하였고 소피스트들은 윤리적 상대주의에 그친 반면에 인도철학은 종교적 즉 궁극적 존재라는 논제論題에 집약되었다.

궁극적 존재는 비규정적이기 때문에 그에 도달하는 길은 많고 따라서 그에 대한 접근은 자유로워야 한다. 자유로운 인도의 철학적 토양 속에서는 회의론자, 불신앙자, 합리론자나 유물론자와 쾌락주의자들 모두가 번창했다.

상키야학파는 그것이 이론적 증명이 불가능하다는 확신으로 신神의 존재에 대하여 침묵하였고 바니세쉬카학파와 오가학파五家學派는 궁극적인 존재를 받아들이지만 그를 우주의 창조자라고는 여기지 않았다.

이들 중에서도 차르바카Carvaka학파는 회의론자이자 유물론자로, 그들이 세상 사람들의 천박한 견해를 따른다고 하여 순세파順世派라고 비하卑下되었다. 그들은 물질만이 실재하며 감각적인 지각 이외의 추론推論을 인정하지 않았다. 이들은 귀납적 추리와 인과율因果律 간의 일치를 인정하지 않고 직접적 지각의 대상이 되지 않는 존재들의 실재를 부정한다.

현실적으로 그들은 근대 유물론자, 공산주의자들의 주장처럼 신神, 영혼의 존재, 그리고 업業의 법칙, 사후死後의 이론은 사제계급司祭階級이 무지한 사람들을 속여 자기들의 이익을 추구하려는 의도가 있다고 생각했다.

이들은 그들의 세속에 대한 문제 제기와 그 해결에 있어 너무 과감하고 분명했기 때문에 불교나 자이나교 등 모든 정통철학 학파의 비난과 비판의 대상이 되었다. 그러나 당시 인도철학은 이 차르바카가 제기한 문제를 얼마나 성공적으로 해결하고 대답했는가에 그 사활死活이 달려있었다고 해도 과언이 아닐 만큼 일반 대중에 영향력이 있었다.

인도에서 이 모든 종교철학의 진행은 내적인 진리와 인간 행위의 모든 측면에 대한 이치理致를 알려고 노력하는 강한 지적知的 성향에 따른 것으로 이는 철학이나 신학에 한정되지 않고 논리학과 문법학, 수사학修辭學과 모든 예술과 과학에까지 확장되었다.

3장. 베다와 우파니사드

베다는 지식 특히 성스러운 지식 혹은 종교적 지식을 의미하며, 나아가서는 그 지식을 담고 있는 성전聖典을 뜻한다.

베다는 어떤 하나의 특정 문헌에 대한 이름이 아니라 수 세기에 걸친 여러 세대의 문헌들을 총칭한다. 베다의 형성 시기는 B.C 4,000-1,200 등 다양한 견해가 있지만 불교 이전에 이미 인도사회에 널리 유포되어 있었다.

베다의 찬가讚歌인 바가바르기타Bhagavadgita와 우파니샤드Upanisad는 인도 민족 전체의 위대한 경전이며 동시에 위대한 사상을 실어 나르는 수레이기도 하다. 그러나 이러한 인도철학의 위대한 저작著作들은 권위적인 속성을 지니지 않는다.

인도 힌두교철학의 교리에 해당하는 베다 찬가로부터 우파니샤드에 이르는 과정에서 그들은 이성적인 자기 반성을 통해 종교적인 믿음을 바로 잡고자 하였다.

우파니사드는 베다의 마지막 부분을 형성, 따라서 베다안타Veda-anta-베다의 끝라 불리며 베다의 가장 주요한 철학적인 부분을 담고 있어 후세의 체계적인 철학 학파들에서 발견되는 주요 사상들이 거의 모두 담겨져 있다.

베다사상의 전체적인 추이推移는 일원론적인 관념론을 지향하고 있으며 불교와 바라문 종교들은 여기에 토대를 두고 있다. 리그 베다에는 '하나의 실재實在를 시인詩人들은 여러 가지로 부른다.'고 하는 구절이 있다. 이를 '제신諸神들은 궁극적인 실재의 다양한 표현에 지나지 않는다.'라고도 표현한다. 이는 일원론적인 사유를 분명히 보여주고 있다.

베다의 본집 찬가讚歌들은 리쉬수행자들에 의한 영감靈感의 산물이고 브라흐만 사상은 제관祭官들의 작업인데 비해 우파니사드는 철학자들의 명상冥想이다. 그리고 우파니사드는 제식祭式종교에 대한 반발의 의미도 담고 있다.

브라흐만Brahman과 아트만Atman. 그것이 바로 그대이다Tat tvam asi.

종교를 언제나 실재實在하게 만드는 것은 바로 종교적인 진리와 일상생활 간의 긴밀한 관계이다. 종교적인 문제들은 철학적인 정신을 자극한다. 인도인들은 전통적으로 신성神性의 본질과 삶의 목적 그리고 개아個我와 보편아普遍我의 관계에 대한 문제들로 고심해 왔다.

전통적으로 인도의 지성은 우리가 보고 경험하는 세계는 무시무종無始無終으로 순환을 반복하는 영원한 세계 과정의 짧은 찰나에 불과하다는 생각이었다. 인간의 삶 역시 윤회輪回하는 삶으로 인간이 행한 행위karma는 뿌려진 씨앗과 같아 그 열매 즉 결과가 있고 그 결과가 현세에 다 얻어지기 어렵기 때문에 또 하나 혹은 하나 이상의 내세來世에서 그 결실을 맺게 된다는 것이다.

인도에서 철학의 주요한 관심은 브라흐만Brahman이라는 우주의 통일적 원리로서의 실재와 인간의 자아自我-Atman 그리고 이 둘 즉 브라흐만과 아트만 간의 관계에 있었다. 그들은 현상세계는 궁극적인 실재인 브라흐만의 현현顯現일뿐 브라흐만 자체는 아니라고 한다. 따라서 관찰이 외부, 현상세계로만 향하면 다만 덧없는 사상事象들의 분주함에 마음을 속박당할 뿐이라고 말한다.

우파니샤드 '찬도가'에는 브라흐만Brahman에 대해 어떤 사람들은 태초에는 무無뿐이었다고 말하지만 태초에는 유有뿐이었다고 말하고 있다. 유有는 유일한 것으로 제이第二의 것은 없다. 그 유有는 '나는 많아지리라. 나는 번식하리라'고 생각하였다.

우파니샤드에서는 아트만이 실재한다고 본다. 브라흐만과 함께 양자 모두 초월적 실재이며 존재의 밑바탕이다. 아트만을 단지 몸kosas이나 어떤 상태 또는 경험적인 대상과 동일시同一視하는 것은 아트만에 대한 본질적인 이해가 아니다. 그런 잘못된 동일시, 거짓된 제한을 부정함으로써 우리는 그 참된 모습을 알 수 있게 된다.

아트만自我은 우리가 생각하고 있는 어떤 차별성이나 개

별성을 용납하지 않는 모든 인간에게 공통된 자아이다. 이 아트만은 다름 아닌 브라흐만으로서 인간뿐만 아니라 모든 존재의 공동의 본질을 이루고 있다.

우파니사드에서는 최고의 체험인 브라흐만을 증득證得한 경지를 '나'가 소멸된 상태가 아니라 '나'의 특수성과 유한성이 사라진 상태라고 보았다.

범梵-Brahma과 참된 자아Atman는 동일하다. '그것이 바로 그대이다Tat tvam asi.'라는 경구는 베다의 궁극적인 가르침이다. 그들에게 자아를 실현한다는 것은 모든 욕망을 충족시키는 것aptakama이며 그렇게 되어 결국 모든 욕망을 초월하는 것akama이다.

아트만은 변화무쌍한 의식의 양태樣態들과 연관된 관념론이 펼쳐 내는 우주적인 드라마를 다만 바라보기만하는 관조자觀照者이다. 그러한 아트만은 우리의 내면 깊은 곳에 있는 기쁨과 슬픔, 장점과 단점, 그리고 선과 악을 초월한 그 무엇으로 자아Atman는 결코 죽지 않으며 태어나지도 않는다. 영원, 불생, 무한의 이 늙은이자아는 몸을 해친다고 하여 결코 해를 입지 않는다.

개인으로서의 아트만은 궁극적으로는 브라흐만과의 일치를 목표로 한다. 그러나 실상은 브라흐만과 아트만은 분리되어있지 않고 이미 합일된 상태, 동전의 양면과 같으나 인간이 이를 깨닫지 못하고 있을 뿐이다.

그러나 불교에서는 아트만을 부정한다. 영원히 변하지 않는 영혼아트만이 있다고 한다면, 우리가 노력을 하건 안 하건 좋아지거나 나빠질 것이 없어 정신적 수행修行이 그 의미를 잃게 되어 숙명론宿命論에 떨어지고 만다는 것이다.[1)]

따라서 불교에서는 아트만이라는 유신견有身見을 모든 집착과 욕망, 증오와 고통의 근원이며 모든 번뇌가 일어나는 원인으로 이를 제거해야 할 첫 번째의 무명無明으로 본다.

정치적 현실에서 숙명론을 초래하게 되는 아트만我, 영혼 사상은 힌두교의 사회적 현실인 카스트계급제도를 뒷받침하고 유지시키는 정신적 근거가 되었고 이를 뒷받침하는 윤회輪回사상과 인과응보론因果應報論은 인도 철학의 주도적 관념이었다.

그러나 불교에서는 윤회에 대해서도 무아론無我論의 관점에서 이 세상에서 저 세상으로 이동하는 요소는 전혀 없다고 본다. 그러나 업이 익는다는 사실은 실현된다. 왜냐하면 인因들과 연緣들이 지속하기 때문이다. 이 세

1 이는 정치사회적으로는 당시 바라문교의 사성(四姓)계급(caste) 즉 바라문, 크샤트리아, 바이샤, 수드라 등이 운명론적(運命論)인 것임을 반대하는 의미를 담고 있다. 바라문교에서는 세간의 괴로움과 즐거움 전생(前生)에 각자가 지은 업(業)에 의해 결정되며 사성계급 역시 그것에 따라 결정된 것이라고 한다.

상에서 떠난 자가 다른 세상으로 들어가 태어난다는 말은 아니지만 인, 연들의 지속은 존재한다.

다시 태어난다는 것은 각 개인의 자기 동일적인 본체로서의 영혼 덩어리가 한 곳에서 다른 곳으로 이동하는 것을 의미하지 않는다. 단지 새로운 일련의 상태가 이전의 상태를 조건으로 하여 발생한다는 것만을 의미한다. 상실喪失되는 것은 아무것도 없으면서 새로운 삶은 이전의 삶의 결과가 된다는 것이다.도간경-稻竿經

인과응보에 대해서는 인과 즉 인因이 있기에 과果가 있다는 것은 인정한다. 그러나 그 인과는 일방적 관계가 아니라 그 과가 다시 인因이 되어 과에 영향을 주는 쌍방적 관계로 이해한다.

4장. 만물의 시원(始原)

만물의 시원에 대한 논의는 모든 철학의 근간이다. 그 논의에 따라 다른 철학적 과제들에 대한 답答이 다르게 전개 된다.

붓다 이전의 인도사상계는 대개 바라문계의 육사철학六派哲學과 일반사상계의 육사외도六師外道 둘로 나뉜다.

바라문계에서는 전변설轉變說을 주장하는데 이는 태초에 범梵 즉 브라흐마Brahma가 있어서 여기서 저절로 생겨났다는 것으로 일체 만물 가운데 브라흐마가 내포되어 있다는 내재신內在神 사상이다. 그들은 "일체 만물이 범梵이고 범이 일체 만물이다. 범이 일체 만물을 생겨나게 해서 만물은 범을 떠나 성립될 수 없다."고 한다.

일반사상계는 브라흐마와 같은 단일 근본체를 부인否認한다. 그들은 지수화풍地水火風이나 부모의 화합으로 외물外物과 중생衆生이 그리고 정신원리로서의 Purusa와 대조되는 물질의 궁극원리인 Prakrti근본물질에 의해 생긴다든가상키아학파 혹은 외도外道에서 말하는 '변變'이라는 법法 즉 돌이 옥으로신통변화, 젊은이가 늙은이로스스로 변하는 것, 물이 어는인연에 의한 변화 등 각종 변화를 통해 생긴다거나 또는 허공 중에 있는 여러 가지 독립된 물질요소원소가 서로 결합해서 일체 만물이 이루어졌다고 주장하는 적취설積聚設 등이다.

그러나 붓다는 만물의 시원과 윤회輪廻에 대한 당시의 철학적 해석에 대해 비판한다.

붓다는 이러한 여러 발생론들을 물리치기 위해 연기론緣起論를 설하셨다. 연기론은 소위 육사외도六師外道의 하나인 상키아 학파의 근원물질Prakrti이라는 개념을 정립적 명제定立的 命題로 하고 유물론자가 비非경험적 개념을 부정한 것을 반反정립적 명제로 상정想定하여 이 둘을 다

부정한 것이다. <불교의 중심철학> 무르띠

불교의 연기설緣起說은 근본적으로 힌두교의 아트만atman 사상을 부정한 것일 뿐 아니라 세상의 어떤 종교철학에서는 찾아볼 수없는 불공不共-함께하지 않는의 수승殊勝한 만물의 생성에 대한 근본원리이다.

기독교의 창조론創造論은 그것이 민족 신화에 근거한 형이상학적 허구虛構일뿐이고 중국문명에서 말하는 유·무, 음·양의 대대적待對的관계 역시 연기설과 유사하지만 그것은 만물 생성의 원리로서는 부족하다.

연기설은 지배, 복종관계의 근원인 상하上下, 주객主客의 이분법적관계를 부정하는 중도中道를 지향하기에 세상만물의 관계뿐 아니라 인간 사회적 관계에 적용될 경우 모두를 평안平安하게 해줄 수 있다. 그것은 공화共和민주주의 같은 표피적表皮的 정치적 구호口號가 해결하지 못하고 있는 모든 현실적 과제들을 근원적으로 해결해줄 수 있다.

불교는 연기설과 함께 그로부터 도출導出된 중도中道, 무아無我, 무상無常 등의 설說이 그 근본성격을 형성하고 있다.

2부. 근본(원시) 불교

2부 근본(원시) 불교

불교의 역사는 세 시기로 나눌 수 있는데 제1시기에서는 아我는 없으나 법法-物은 존재한다는 아공법유我空法有를 설했고 제2시기에는 자아뿐 아니라 법까지도 모두 공하다고 설했으며 제3시기에는 유나 공에 치우치지 않고 중도를 설했다. 이는 해심밀경海深密經에 따른 구별이다.

제1, 2시기에 해당하는 아함경阿含經, 가전연경迦旃延經에서부터 금강반야경金剛般若經까지는 불교 개념·명제가 주로 비유比喩에 의존하여 설명됐다고 한다면 제3시기 즉 용수龍樹-나가르주나의 중론中論 이후의 중관파는 모든 불교의 명제를 논리를 통해 해석함으로써 보다 정밀하게 그 뜻을 밝힐 수 있었다.

1장. 근본불교의 특성

불교의 교리는 인도철학의 여러 요소들을 비판적으로 수용함으로써 성립된 것이다. 그러나 불교는 그들만의 특별한 철학적 성격을 발전시켰다.

붓다는 실재를 그 어떤 형태로든 개념화概念化하는 것이 곤란하다는 것을 이해하고 있었으며 형이상학이 실재를 그렇게개념화 파악하려 한다고 하여 이를 불신하였다. 결과적으로 그는 모든 형이상학적 관념觀念을 거부하였다.

불교의 해탈은 세상살이로부터의 해탈이 아니라 관념觀念으로부터의 해탈이다. 이는 논리를 중시하는 중관사상에서는 '논리로부터의 해탈'로 표현되었고 선종禪宗의 참선은 말관념이 끊어진 고요한 침묵의 세계로의 지향이다.

그러나 관념 자체에는 아무런 문제도 없다. 사실 '인식한다.'함은 범주적으로 생각하는 것이고 범주화를 통해 얻게 된 개념, 관념은 실재를 이해하는 유일한 길이다. 문제는 관념을 실재로 착각하고 집착하는데 있다.

말하자면 음식 메뉴를 음식물로 본다던지 지도에 표기된 장소를 실재하는 장소로 오해하는데 있다. 자아自我 역시 관념임에도 그것을 실재하는 것으로 알고 집착한다.

관습은 관념의 형태로 우리의 일상을 지배한다. 해탈, 깨달음은 세상을 바꾸는 것이 아니라 세상을 여여如如하게 본다는 것이다.[2] 그렇게 하여 관습과 관념으로부터 벗어난다.

2 '여여하게 본다'는 것은 객관적으로 본다는 것을 의미하지 않는다. 객관적으로 보기는 주관적으로 보기의 대대법적(待對法的)인 상반성이기 때문에 이분법을 모르는 여여한 자연성, 도(道)에는 미치지 못한다. 객관적 보기는 부분적 앎의 테두리에서 결코 헤어날 수 없다.

붓다는 형이상학자를 독화살을 맞고 치료할 생각은 하지 않고 그 화살이 어떤 화살인지, 어디서 날아왔는지, 누가 쏘았는지를 알고 싶어 하는 어리석은 자로 보았다.전유경-箭喩經

붓다는 형이상학적 질문에 대해 침묵하였다. 그것이 14가지의 무기無記-avyakrta로, 무기란 말로 표현할 수 없다는 뜻이다.

그 14가지의 무기란

1. 세계는 영원한가, 아닌가, 양자(兩者-영원하면서 영원하지 않은 거)인가, 양자가 아닌가?
2. 세계는 (공간적으로) 유한(有限)한가, 무한한가, 양자인가, 양자가 아닌가?
3. 여래(如來)는 사후(死後)에 존재하는가, 아닌가, 양자인가, 양자가 아닌가?
4. 영혼은 육체와 동일한가, 아니면 다른가?

첫 번째와 두 번째의 난문難問은 세계에 대한 두 가지 중요한 우주론적인 문제이다.

하나는 세계의 기원과 지속에 대한 것이고 다른 하나는 그 공간적 한계에 대한 것. 한 의문은 세계의 시간적 영원성에 대한, 다른 하나는 공간적인 무한과 유한에 대한 의문이다.

세 번째 난문에서 언급된 여래如來는 단순히 인간으로서의 여래만이 아니라 우주적인 원리로서, 현상과의 관계에서 벗어난 존재이다. 완전한 인격체人格體로서의 여래는 우주의 궁극적 본질 자체이다. 풀어 말하면 여래는 인간이기도 하고 우주의 궁극적 본질 둘 다이다.

이 물음은 하이데거가 말하는 존재와 존재자의 관계에 대한 물음으로 이는 처음 두 난문과 네 번째 난문 사이에 위치하고 있다.

네 번째 난문은 자아영혼에 대한 것이다. 만일 자아가 육체나 정신적 요소영혼와 다르다면 자아는 몸이나 정신적 요소의 상태와 관계없이 동떨어진 무조건적인 존재인 꼴이 된다.

붓다는 이러한 질문에 대해 침묵으로 일관하였다. 왜냐하면 그것들에 대한 어떠한 택일적 답答도 독단獨斷이고 옳을 수 없기 때문이다. 그는 이에 대한 논리, 이성적 사유에 대한 중독中毒을 극히 경계해야 할 집착으로 보았다.

그는 인간의 이성理性에는 서로 모순되는 양변兩邊-긍정과 부정 중의 하나를 극단적으로 추구하는 성향性向 즉 양극성兩極性이 있음을 이해하였으며 이 양단兩端을 부정함으로써 더 높은 관점으로의 승화昇華를 목표하였다. 그는 언어활동 중에서 침묵만이 그 승화된 경지를 잘 나타낸다고 생각하였다.

침묵하는 근거로서의 양단에 대한 부정이라는 맥락脈絡에서 초기 경전에는 '부처님께서는 자아가 존재한다고 선언하셨다. 그분은 무아無我의 교리도 가르치셨다. 그분은 자아도 없고 무아도 아니라고 가르치셨다.'고 한다.

붓다는 환자의 질병을 치료하는 의사처럼 환자의 상태에 따라 서로 다른 약藥을 처방하였다. 그는 허무주의적 성향을 가진 사람에게는 업karma과 그 과보果報의 상속이 있다고 하여 자아의 존재를 긍정하였고 아트만atman의 존재에 대한 독단적인 믿음에 중독되어 그것에 매달리는 사람에게는 해독제로써 무아의 교리를 가르쳤다.

붓다의 궁극적 가르침은 자아도 없고 무아도 아니라는 것이다.

'있음'도 아니고 '없음'도 아니라는 양단兩端의 부정이 중도中道이다. 그리고 중도의 성격, 내용이 공空·공성空性이다. 공은 모든 갈등과 집착을 해소시킨다.

중도空로서의 실재實在-존재는 개념적 구축構築에서 벗어나 있다. 따라서 어떤 도그마dogma도 용인되어서는 안 된다는 것이 붓다의 사상의 근원을 이루고 있다.

2장. 근본불교에서의 주요한 사상(思想)

근본불교에서의 주요한 사상은 사성제四聖締, 연기론緣起論 그리고 삼법인三法印으로 볼 수 있다.

2.1. 사성제

붓다Buddha는 인도 사르나트에서 행하신 초전법륜初轉法輪에서 사성제四聖諦-苦, 集, 滅, 道를 설說하셨다. 사성제네 가지 진리는 인간의 삶이 고통이라는 것苦諦과 고통의 원인集諦, 고통의 소멸滅諦 그리고 그 소멸의 방법으로써의 팔정도八正道에 의한 깨달음의 길道諦의 넷이다.

고제苦諦란 태어남生, 늙음老, 병듦病, 죽음死 등과 같이 세간에서 늘 보는 4가지 괴로움을 말한다. 이 밖에 미운 사람과 만남, 사랑하는 사람과 헤어짐, 원하는 것을 갖지 못함 등 역시 괴로움이다.

붓다Buddha는 고苦에 대해 "오! 비구들이여 새로운 탄생과 새로운 죽음을 향해 거듭, 거듭 달음질치는 와중渦中에서 싫어하는 것과 마주치고 좋아하는 것과 헤어지기에 투덜대고 훌쩍이며 기나긴 길 위에 그대가 흘린 눈물의 양量과 사대양四大洋의 물의 양 중 어느 쪽이 더 많겠는가?"고 하였다.

붓다가 삶을 괴로움으로 이해한 것은 역설적으로 참된 삶과 행복을 추구하기 위해 필요한 삶에 대한 근원적 통찰에 따른 것이다. 괴로움을 올바로 이해하지 않으면 행복 역시 참된 것이 될 수 없다.

집제集諦란 느끼고 애착하는 분별을 습관화하여 이런 분별을 싫어함이 없고 오히려 마음이 항상 그것을 탐착貪着하는 것이고 멸제滅諦란 애욕들을 모두 소멸하여 조금의 남김도 없게 함으로써 다시는 일어나지 않게 하는 것이며

도제道諦란 깨달음에 이르는 길로, 그 길은 여덟 가지 수행방법 즉 팔정도八正道-正見, 正思惟. 正語, 正業, 正命, 正方便, 正念, 正定에 의해서 다가갈 수 있다.

총괄적으로 말해서 고제苦諦란 세간에 비록 즐거움이 있더라도 이는 영원한 즐거움이 아니라는 것이다. 세간은 항상恒常하지 않고 변하기生老病死 때문에 괴롭다. 그리고 괴로움이 생기는 주요한 원인은 사람들이 세간의 느낌 가운데 진실한 즐거움이 있다고 잘못 생각하여 쾌락의 습성을 거듭 탐착貪着하여 키우는데 있다. 멸제는 그 원인애착을 없앨 수 있다는 것이고 도제는 그 구체적 방법을 알려준다.

연기론緣起論은 괴로움 역시 조건緣에 따라 생기는 것이라 보아 그 실체를 부정함으로써 괴로움을 근본적으로 해결한다.

2.2. 연기론(緣起論)

연기론은 불교 교리의 중심에 있다. 붓다가 깨달은 것은 연기緣起를 깨달은 것이다. 연기론은 모든 존재자의 존재법칙 즉 존재론이다.

붓다는 연기를 다음과 같이 설說하시었다.

> "우주는 누가 만들 수도 없고 없앨 수도 없어서 생겨나지도 없어지지도 않으며(不生不滅) 늘지도 줄어들지도 않으며(不增不減) 서로를 의지하며 원융무애(圓融无涯)하게 연기적으로 존재한다."

그리고 이러한 연기법은 여래如來가 나타났든 아니든 본래적으로 항상恒常하는 우주의 존재 법칙이라는 것이다.

초기 경전에서는 연기에 대해 "이것이 있으므로 저것이 있고 이것이 생겨남으로 저것이 생겨나며 이것이 없으므로 저것이 없고 이것이 멸하므로 저것이 멸한다."라 하였다. 붓다는 이런 인연법을 말씀하시어 능히 온갖 희론을 진멸盡滅시키셨다.

상응부相應部에는

> 그때 존자(尊者) 마하구치라가 존자 사리불에게 물었다.
>
> "벗 사리불이여, 노사(老死)는 자기가 지은 것입니까 남이 지은 것입니까? 노사는 자기가 지은 것이며 남이 지은 것입니까. 또 노사는 자기가 지은 것도 아니며 남이 지은 것도 아니어서 원인 없이 나는 것입니까?"

"벗 구치라여, 그 모두가 아닙니다. 생(生)을 연하여 노사가 있습니다."

"벗 사리불이여, 생은 자기가 지은 것입니까? 식(識)은 어떠합니까?"

사리불이 설하였다.

"벗이여, 비유하면 두 개의 갈대 묶음이 서로 의지하여 서 있는 것과 같이 명색(名色)을 연하여 식이 있으며 식을 연하여 명색(名色)이 있습니다. 명색을 연하여 육처(六處-안·이·비·설·신·의)가 있으며 육처를 연하여 촉(觸)이 있습니다. 이와 같은 것이 모든 괴로움의 무더기가 생기는 것입니다."

"만일 그들의 갈대 묶음 가운데서 하나를 제거해버리면 나머지 하나는 넘어져버리며 다른 것을 제거해버리면 그 다른 것이 쓰러져버립니다. 그와 같이 명색의 멸함에 의해서 식의 멸함이 있으며 식의 멸함에 의해서 명색의 멸함이 있으며 명색의 멸함에 의해서 육처의 멸함이 있으며 육처의 멸함에 의해서 촉의 멸함이 있으며 이와 같은 것이 모든 괴로움의 무더기가 멸하는 것입니다."

연기라는 이름으로 설해진 원시경전은 매우 많으며 그 종류도 여러 가지가 있지만 그중에서도 열두 개의 항목으로 이루어진 십이연기十二緣起가 가장 대표적이다. 거기서는 연기의 모습을 무명無明, 행行, 식識, 명색名色, 육처六處, 촉觸, 수受, 애愛, 취取, 유有와 생生, 노사老死 등 열두 가지로 연결하여 설명한다.

무명無明은 지혜인 명明이 없음을, 행行은 제법을 지어가는 행위를 말하는데 여기서는 무지로 인하여 행한 행위의 형성력을 말하며

식識은 인식작용 또는 인식의 주체를, 명색名色은 식의 대상이 되는 정신名과 물질色이고 육처六處는 인식 대상을 감지하는 눈·귀·코·혀·몸·의지의 육근六根이며 촉觸은 앞에서 말한 식과 근육처이 명색과 접촉함을, 수受는 접촉하여 생겨나는 괴로움이나 즐거움 등을 감수感受하는 작용이며

애愛는 괴로움이나 즐거움 등의 감수感受에 따른 그릇된 애증愛憎을, 취取는 맹목적인 애증에 따른 집착을, 유有는 애증과 집착에 의해 결정된 존재를, 생生은 그 존재의 발생 또는 영위營爲-꾸려 나감를, 노사老死는 생으로부터 빚어지는 늙음과 죽음이나 그로 인한 괴로움을 말한다.

이런 십이연기설을 부파部派불교=소승 시대는 삼세양중적인과三世兩重因果로 해석하였다.

즉 중생이 윤회하는 모습이 삼세에 걸친 이중二重의 인과로 나타난다고 설명한다. 이에 따르면 무명無明과 행行이 과거

세의 인因이 되어 식識·명색名色·육처六處·촉觸·수受라는 현재세의 과果를 초래하고 다시 애愛·취取·유有가 현재세의 인이 되어 생生·노사老死라는 미래세의 과를 초래한다는 것이다.

모든 존재는 연기성緣起性이기 때문에 존재하지만 그 자체는 고유한 자성이 없으므로 공空이라고 한다. 연기하기 때문에 무자성·공이고 무자성이기 때문에 연기할 수 있다. 만일 어떤 존재에 자성이 있다면 그 존재는 자립, 독립적이어서 상관관계 즉 연기가 불가능하다. 연기성은 곧 무자성無自性이고 공空이다. 이 셋은 하나의 현상에 대한 서로 다른 표현일 뿐이다.

그러나 불교에서의 공은 자성이 없다는 무자성 공이지 사물 자체가 존재하지 않는다는 의미의 단멸공斷滅空이 아니다. 공성空性의 의미는 연기의 의미이며 결과를 일으키는 능력에 대해 공인 무無를 뜻하는 것이 아니라고 붓다는 반복해서 선설善說하시었다.

불교에서 깨달음은 공 즉 중도, 연기법을 해오解悟하는 수준이 아니라 증득證得하는 경지에 이르러 마음에 만물이 원융무애圓融无涯하는 자유를 체득했음을 의미한다. 연기법은 인간 세상에 존재하는 모든 윤리적 문제들의 해법解法일 수 있다.

2.3. 삼법인(三法印)

삼법인은 붓다가 우리들 삶에 대해 말한 수많은 진리를 세 가지로 모아서 전체적으로 매듭짓는 형식으로 일체개고一切皆苦, 제행무상諸行無常, 제법무아諸法無我 셋이며 그리고 여기에 열반적정涅槃寂靜을 더하여 사법인四法印을 말하기도 한다.

그러나 열반적정은 번뇌가 완전히 사라져 마음이 고요한 상태로 해탈의 경계境界임으로 이는 출세간出世間으로 보아 제외한다. 여기서 인印이란 연결, 결합을 의미한다.

가. 일체개고一切皆苦-인간의 삶 일체가 괴로움에 대해서는 사성제에서 이미 설명하였고

나. 제행무상諸行無常[3]은 세간의 모든 사물과 생명체는 변화·생멸하며 영원하지 않다는 것이다. 만물은 변화한다. 왜냐하면 모든 사물과 행위는 조건緣에 의해서 존재하며 다양한 연이 다양한 존재형체로 나타난다. 이들을 구성하는 다양한 조건이 다양하게 변하기 때문에 이들도 변할 수밖에 없다.

인간을 형성하는 오음五陰-色受想行識 역시 직접적인 조건인 인因과 간접적인 조건인 연緣에 의해 구성되어지기 때문에 무상하며 무상하기 때문에 괴로움이 있게 된다.

3 여기서 행(行)은 음양오행설에서의 '행'처럼 사물, 사물의 성질, 사물의 작용을 아우르는 포괄적 의미이다.

제행무상諸行無常은 사물, 사건들이 환상이나 꿈 그리고 신기루 같은 것으로 발생하고, 잠시 존속하다가, 마침내 사라지는 현상現象이라는 것이다. 붓다는 모든 현상을 현상이게끔 하는 특징을 세 가지 즉 발생生, 상태의 변화住異 그리고 소멸滅이라는 삼상三相으로 설명한다.

무상無常한 현상을 발생發生과 소멸消滅이라는 두 가지 관점에서 보았을 때 우리는 사람의 탄생이나 사물이나 사건의 발생에 대해서는 긍정적인 관점을, 반면 소멸중인 것, 죽어가는 것에 대해서는 부정적 관점으로 보는 경향이 있다.

그것은 인간이 자신을 불변하고 영원한 자아自我-Atman로서 받아들이고 애착愛着하기 때문이다.

다. 제법무아諸法無我[4]

붓다는 당시 지배적인 바라문교의 아트만론을 완전히 반대되는 형태로 조직된 무아설無我說을 펼쳤다. 그는 영혼靈魂을 심리 연속체心相續 이론으로 대체하였다. 즉 일련一連의 심리상태들이 인과법칙의 지배를 받으면서 그 성질에 따라 정교하게 조직화되어 있다는 것이다. 이 과정에서 시간적으로 나중의 상태는 이전의 상태의 결과이다.<불교의 중심 철학> 무르띠

4 법(法-dharma)은 일반적으로 자상(自相)을 갖추고 있는 사물 혹은 사물의 요소(要素)이지만 이와 함께 우주에 존재하는 유형, 무형의 사물 그리고 사물에 대한 종합적 인식을 가능케 하는 조건을 의미한다.

바라문교에서는 자아Atman를 변화하는 상태들의 와중渦中에서 동질성을 유지하는 따라서 그 변화하는 상태들과는 다른 영원하고 불변하는 실체實體라고 한다.

그러나 불교에서는 자아란 감각과 사고와 의지 등에 나타나는 일련一連의 불연속적인 찰나적 상태들에 대해 세속적으로 명칭名稱을 붙인 것으로 본다.

불교에서는 이를 다음과 같이 설명한다.

보통 사람은 몸과 마음의 주인으로서 독립적이고 뚜렷한 정체성을 가진 행위자인 자아가 있다는 느낌에 매달린다.

문: 죄罪나 복福은 자아自我에 의지해 있다. 자아는 지각知覺을 갖고 몸은 지각을 갖지 않으니 지각하는 놈이 틀림없이 자아이어서 업業을 짓는 인연이 된다. 또 죄나 복은 지어지는 것이기에 그것을 짓는 놈이 존재해야 한다는 것을 알아야 한다.

여기서 짓는 놈은 바로 자아이고 몸은 자아의 도구이기도 하면서 자아가 머물러 있는 곳이다. 비유하자면 집 주인이 풀과 나무와 진흙과 벽돌 등으로 집을 고칠 때 자기 몸을 위하여 그 쓸모에 따라 집을 고치기에 좋게도 되고 나쁘게도 된다. 자아도 역시 이와 마찬가지다.

선善이나 악惡을 짓는 바에 따라 좋거나 나쁜 몸을 받게 되니 육도六道의 생사가 모두 자아가 지은 것이다. 그러므로 죄나 복을 짓는 몸은 모두 자아에 속해 있다. 마치 집이 그 집 주인에게 속해 있지 다른 사람에게 속해 있지 않은 것과 같다.

답: 그런 비유는 옳지 못하다. 왜 그런가? 집 주인은 형상이 있어서 만질 수도 있으며 힘도 있기에 능히 집을 고칠 수가 있는 것이다.

그러나 그대가 말하는 자아라는 것은 형태도 만질 수도 없기에 짓는 힘도 없다. 스스로에게 짓는 힘作力이 없을 뿐만 아니라 다른 사람으로 하여금 짓게作하지도 못한다. 만일 이 세상에 형태도 없고 만질 수도 없는데 행위 할 수 있는 놈이 단 하나라도 존재한다면 그대 말을 용납할 수도 있겠으나 결코 그럴 수는 없다.

만일 자아가 짓는 놈이라면 자기 스스로 고통스러운 일은 짓지 말아야 하고 또 (자아가) 새겨두는 놈念者이라면 탐나고 즐거운 일은 잃지 말아야 하리라. 그렇다고 자아가 고苦를 짓는 것이 아니라 저절로 생기는 것이라고 한다면 나머지 모든 법法-사물·사건들도 역시 스스로 생하는 것이고 자아가 짓는 것이 아닌 꼴이 된다.

만일 보는 놈이 자아라고 한다면 눈은 능히 형상色을 보니 눈이 바로 '자아'이어야 하리라. 그렇다고 눈이 보긴 하지만 자아는 아니라고 한다면 앞에서 '보는 놈이 자아다.'라고 한 말은 어긋난다. 만일 보는 놈이 자아라면 자아는 소리를 들을 수 없어야 하는 등 다른 모든 감각을 느낄 수 없어야 하리라. 그러므로 자아가 바로 보는 놈이라는 말은 옳지 못하다.

만일 풀 베는 사람이 낫을 이용해 풀을 베는 것처럼 자아도 역시 이와 같아서 손手같은 것들로 일을 할 수 있다고 하면 이는 옳지 못하다. 왜 그런가? 이 경우는 낫과는 별도로 풀 베는 사람이 존재하지만 (자아의 경우) 몸과 마음 등 여러 기관根들을 떠나서 따로 짓는 놈이 존재하지 않는다. 그래도 짓는 놈이 눈이나 귀 등으로는 얻어지지 않지만 짓는 놈은 존재한다고 말한다면 이는 석녀石女-불임 여자의 자식이 무슨 짓을 할 수 있다고 말하는 것과 같다. 이처럼 모든 지각知覺 기관은 자아일 수 없다.

결과적으로 색色은 내我가 아니다. 만약 색이 나라면 색에서 병病이나 괴로움은 생기지 말아야 할 것이다. 내가 있다면 그렇게 바라지는 않았을 것이다. 수·상·행·식도 마찬가지다.

이것이 근본불교에서의 무아無我에 대한 이해이다.

통상적으로 우리는 자아를 몸과 완전히 동일시하지도 않고 마음과 동일시하지도 않는다. 그냥 몸과 마음의 주인으로서의 자아가 있다는 막연한 느낌에 매달린다. 그 원인은 시간이 흘러도 연속성을 유지하는 그 어떤 것이 있다는 생각이다. 그러나 이러한 자립적自立的인 자아의 개념은 이를 주장하는 사람들 마음에만 존재한다.

자립적인 자아란 곧 자성自性으로 성립된 자아이다. 불교의 설명에 따르면 자성自性이란

> 1. 인연으로부터 조작된 것이 아닌 것
> 2. 다른 것을 관대(關對)하지 않는 것
> 3. 일체의 시처(時處)에 변화하지 않는 그런 것이다. 그런데 그런 절대적 존재자는 곧 신(神)뿐이다.

이런 의미에서 무아론은 무신론無神論에 닿아 있다.

인간 고뇌의 근원은 허망분별虛妄分別인데 안으로는 아我-人를 집착하고 밖으로는 법法-사물을 집착한다. 불교에서는 그 인·법이 자성自性이 없다는 것 즉 공空임을 가르친다.

제법무아는 유명론有名論으로도 설명된다.

만물은 이름名에 불과하다. 만물에 이름을 붙이는 이유는 만물을 차이로 표시하기 위함이다. 인간은 차이 나지 않는 것은 인식할 수 없기 때문이다. 이러한 이유에서 이름은 만물을 차이 나게 한 인식의 모체母體이다. 이를 도덕경에서는 유명有名은 만물의 시작이고 인식의 모태母胎라 하였다.

불교에서는 이를 다음과 같은 예로써 설명하고 있다.

갈래가지·부분를 시설施設하고 정립하여 수레가 존재하지만 수레는 갈래가 아니고 갈래를 취합한 것도 수레가 아니다. 반드시 갈래를 취합한 것을 근거로 이름 붙이는 토대가 생기고 거기에 이름을 부를 때 수레가 된다. 세상의 수레는 형체가 있을 때부터 시작하는 것이 아니라 이름이 생길 때부터 시작한다.

예를 들면 세상에 처음 수레가 만들어졌을 때에는 발명자도 아직 이름을 붙이지 않아 수레의 형체가 있더라도 수레의 이름이 없다. 따라서 세상에는 수레가 없는 것이 된다. 이처럼 시설하는 대상은 있지만 그 이름으로 존재하며 시설하는 것의 실체는 있을 수 없다. 수레의 명칭이 없으면 수레라고 하는 생각을 일으킬 수 없다.

이와 같이 하나하나의 온蘊은 사람의 자아가 아니고 온을 취합한 것 역시 사람의 자아가 아니다. 온을 취합한 것을 근거로 이름 붙이는 토대土臺가 생기고 그 위에 이름만으로 정립하는 자아가 사람의 자아이다.

또한 금강경金剛經에서

> "수보리야, 너는 어떻게 생각하느냐? 보살이 불국토를 장엄하다고 하겠느냐?"

"아닙니다. 세존이시여, 불국토가 장엄하다는 것은 곧 장엄해서가 아니라 그 이름이 장엄하기 때문입니다."

"수보리야, 비유컨대 만일 어떤 사람의 몸이 수미산(須彌山)만 하다면 네 생각에 어떠하냐? 그 몸이 크다고 하겠느냐?"

수보리가 말씀드리기를

"매우 큽니다. 세존이시여, 부처님께서 말씀하신 것은 몸이 아니며 그 이름이 『큰 몸』일 뿐이기 때문입니다."

금강경金剛經은 이렇게 만물이 이름에 불과함을 지적하고 있다. 만물은 그 자족적 실체가 존재하는 것이 아니라 단지 만물들의 차이를 알리기 위한 방편으로써의 이름이 곧 만물의 실체를 대신하고 있다는 것이다. 인간의 자아 역시 그러하다.

즉 인간을 포함한 만물은 어떤 자가성과 고유성의 독자적인 존재를 지니고 있는 것이 아니라 다만 다른 것들과의 연계성 속에서 그 차이를 띤 기호記號의 묶음과 같다. 이름名이 차이의 기호記號라는 것은 만물이 다른 것들과 서로 오가는 왕래를 차이 속에서 지니고 있음을 반영한다.

즉 이름은 차이 속에서 서로 연기의 그물망을 짓고 있음을 표시하기 위해 필요한 기호이다. 이름은 만물을 다양하게 표시하여 그 만물을 관련성의 그물로서 연생緣生함을 인식하게 하는 원천이다.

3부. 대승불교와 유식학

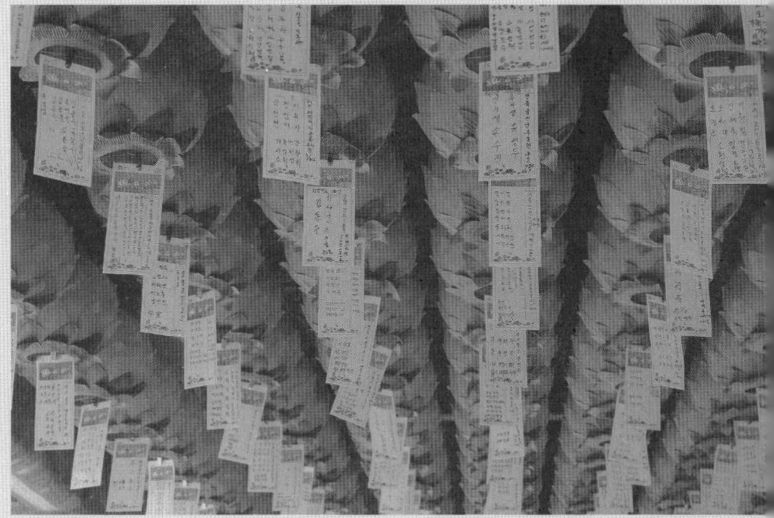

3부 대승(大乘)불교와 유식학

1장. 대승불교

불교는 부파部派불교와 대승大乘불교로 나눈다. 부파불교는 근본불교가 여러 분파로 나뉜 상황 때문이고 그 다음을 소승小乘불교로 분류하기도 하지만 일반적으로 이들을 합쳐 부파불교 시기로 본다. 소승은 대승불교의 관점에서 붙인 이름이다.

초기 불교인 부파불교는 사성제四聖諦라는 문으로 들어가 인무아人無我는 받아들였으나 법무아法無我에는 이르지 못하였다. 그 수행방식은 괴로움의 원인인 탐욕과 성냄 그리고 어리석음貪嗔痴 그 각각에 대응하여 계·정·혜戒靜慧를 수습修習한다. 이들은 자기 자신의 윤회로부터 신속히 해탈하기 위해 자리自利만을 행하고 자비慈悲가 보다 작기 때문에 소승이라고도 한다.

이에 비해 대승大乘이란 여섯 바라밀보시(普施)·지계(持戒)·인욕(忍辱)·정진(精進)·선정(禪定)·반야(般若)이라는 문으로 들어간다. 또한 인·법人法 양쪽에 아我가 없다고 이해하고 자리自利와 이타利他 양쪽을 성취하기 때문에 대자비大慈悲와 반야를 구비하고 있다.

여섯 바라밀Paramita-卓越·完成은 부파불교의 삼학三學 즉 고苦의 원인인 탐·진·치貪震痴의 대처對處로써 각각 계·정·혜戒靜慧를 설정한 것을, 자비와 지혜라는 대승정신을 담아 이들 계·정·혜를 보다 깊이 있고 능동적인 형태로 탈바꿈시킨 것이다.

즉 수행과정에 있어 자비의 실천으로써의 보시普施가 우선적으로 요구되었고 단순하게 계율戒律을 지킨다는 정태적靜態的 계戒를 지계持戒·인욕忍辱·정진精進으로 세분細分하여 수행의 적극성을 강조하였다.

반대로 탐·진·치로 분리되었던 고苦의 원인을 무명無明·무지無知 하나로 모아 앎의 중요성과 의미를 심화시켰다. 그렇게 하여 정과 혜의 다른 이름인 선정禪定-Samata·止과 반야般若-vipasayana·觀로서 고苦를 다스린다는 것이다.

지止와 관觀은 바람과 촛불과 같은 관계로 촛불이 밝더라도 바람이 불면 대상을 분명히 볼 수 없게 되고 지samata에 오래 머물면 관vipassayana이 쇠퇴해지기 때문에 지와 관은 함께 닦아야 한다.

이때 선정과 반야 중에 반야prajana라는 직관적 지혜를 얻는 것이 가장 중요하다. 앞의 다섯은 반야와 같이하지 않으면 그 완성完成=바라밀을 이루지 못한다. 또한 다른 관점에서 보면 앞의 다섯은 그 최후를 장식하는 마지막의 반야를 위한 준비이다.

여섯 바라밀에 있어 자비의 실천으로써의 보시普施가 우선적으로 요구되었고 이는 보살菩薩 정신으로 구체화된다.

보살은 보리普提-bodhi와 살타薩埵-sattva의 합성어로 용수는 대지도론에서 “보리는 부처님이 깨달은 진리이고 살타는 중생 혹은 대심大心-큰 마음이다. 이 보살은 부처님의 모든 공덕을 다 얻고자 하며, 그 마음을 끊을 수가 없고 깨트릴 수 없는 것이 마치 금강석과 같기 때문에 대심이라고 한다.”

불교의 진정한 핵심을 보이는 것은 보살사상을 중시하는 대승大乘으로써의 중관불교이다.

초기 불교는 종교라 할 수 없다. 단지 계율과 인간적인 스승에 대한 경배심敬拜心에서 모인 승려집단일 뿐 어떤 기도 행위나 종교적 열정, 초월적 존재에 대한 귀의歸依같은 것은 없었다. 부처佛는 그저 숭고한 인간일 뿐 그 이상의 존재가 아니었다. 그래서 그가 열반에 든 후에도 존재하는지 아닌지는 의문거리였다.

그런데 중관학파가 흥기興起하며 기도祈禱와 헌신獻身이 대승불교 내에 도입되었는데 이는 아마 인도 남부지방 종교의 영향에서 기인한 듯하다.

대승불교에서는 부처를 단순히 역사적으로 실존한 인물로만 간주하지 않았다.

여래如來로서의 부처는 모든 존재의 핵심法身이고 또 거룩하고 신성한 형상報身을 갖추고 있으며 중생을 미망迷妄으로부터 인도해주는 진리法을 전하기 위해 자유자재하게 갖가지 형상化身을 나타내기도 한다.

보살菩薩은 붓다를 자신의 이상理想으로 하여 보리菩提를 추구하고 그것을 위해 수행한다. 반야般若와 자비慈悲는 보리심의 두 가지 근본적인 특징이다. 여기서 공성空性에 대한 깨달음인 반야般若-지혜는 지적知的인 직관으로 반야바라밀다지혜의 완성는 지적知的이고 도덕적이고 종교적인 의식意識의 통합체이다. 이는 철학적 종교라는 인도 종교의 특성에 근거한 것이다.

반야般若가 근원, 본질을 향해 초월해 있다면 자비慈悲는 전적全的으로 세계 내적인 것으로 현상現象을 향해 있다. 자비는 공성이 현상세계에 구체적으로 나타난 모습으로 이는 삶에 대한 능동적 원리로써 위대한 자비심은 어떤 감상적 당위當爲에서 나온 것도 아니고 광대하지만 맹목적인 것이다. 이러한 자비는 연기緣起에 대한 깨달음을 통해 모든 중생들의 보편성과 평등성을 체득體得함으로써 생生한다.

불교 성전聖殿에서 문수文殊와 관세음觀世音은 신성神性의 두 가지 측면 즉 지혜와 자비를 구체적으로 표출하고 있는 보살들이다. 이는 보다 순수한 신격神格의 관념이며 다른 종교에서는 발견하기 어렵다.

대승불교는 크게 중관학파中觀學派와 유식파唯識派로 나눈다.

중관학파가 불교의 존재론, 원론에 해당한다면 유식파는 그에 대한 인식론으로 이해될 수 있다. 이를 불교철학에서는 요의了義와 미요의未了義로 구분하였다.<티베트 불교철학> 마츠모토 시로

대승의 중관파는 요의了義로써 세속世俗에 있어서는 내외의 일체 법法-物은 연기하고 있는 것이고 환幻의 상相으로만 존재하지만 승의勝義로써는 내의 심心과 외의 경境은 양쪽 모두 그 자신과 타의 것과 자타쌍방과 비인非因으로부터 생겨나지 않기 때문에 자성自性-본질과 유有-존재를 가지지 않는다.

이처럼 세속에 있어서는 무無가 아니고 승의로써는 유가 아니기 때문에 유와 무의 어느 양변에도 집착하지 않고 머물지 않는다. 즉 중도中道이다.

여기서 요了란 '끝을 내준다.'는 뜻으로 진실을 나타내는데 있어 미진未盡하여 다른 경經이나 주석註釋으로부터 인용해야 할 필요가 없이 그 자체로 완결된다는 의미이다.

미요의未了義의 대승이란 일체一切를 유심唯心이라고 주장하는 유식파의 설이다.

색성色聲 등의 모든 외경外境-인식의 외부에 있는 대상은 심心 자체가 미란迷亂-착란하여 대상으로 현현하지만 승의勝義로써는

외경 자체로가 아니라 그 심이 바뀌어 그러나 그 심에 의지하여 생긴 지智의 성질만이 존재한다. 요컨대 소취所取-인식에 대상으로 나타나는 것와 능취能取-인식 그 자체를 넘어서 자기인식으로써의 지智뿐이라는 것이다.

2장. 유식학(唯識學)

유식학은 중관파의 영향을 받아 부파불교의 아비달마 논장論藏을 깊이 있게 재해석하였다.

유식학의 기본 경전이라 할 수 있는 아비달마구사론阿毘達磨俱舍論-Abhidharmakosa은 부파불교소승-小乘에서 붓다의 깨달음인 무루無漏의 정혜淨慧를 해석한 아비달마 논장에 뿌리를 두고 있다. 아비달마구사론은 (산스크리스트어 아비abhi는 -에 대하여, 달마dharma는 법法, 구사kosa는 창고倉庫) 법에 대한 논論을 모아서 저장한 논장論藏이라는 의미이다.

이 책의 저자인 세친世親-Vasubandu (400-480)은 이전 시대의 여러 아비달마를 기초로 하여 독자적인 교의체계를 구축하였고 그의 형兄 무착無着-Asanga은 유가瑜伽-yoga 유식파를 개창開創하였다.

유식학은 중관中觀학파의 공성空性을 여러 명제命題들을 세우고 축조築造하여 그 바탕을 변형시킨 것이다.

유식파에서는 대상對象이 아니라 오직 식識이 실재한다고 주장한다.

이는 중관파에서 의식과 대상은 서로 의존하고 있기에 그 둘 모두 자체로써는 실재하지 않는다고 하는 주장에 대한 반대이고 동시에 소승의 아비달마 논사論師들 같이 대상도 식과 마찬가지로 무비판적으로 긍정하는 실재론實在論에 대한 반대이다.<불교의 중심철학> 무르띠

유식파는 붓다의 교법敎法에 대한 논의, 이해판단을 위해 주로 의식작용에 대한 정밀한 분석을 하였고 따라서 불교의 주요한 개념, 용어들은 이들에 의해 정리되었다.

유식학에서는 인간의 삶을 마음의 흐름으로 이해한다. 그리고 아라야식은 그 마음의 흐름을 이루는 근본이다. 아라야식의 활동은 그 자체가 인간의 심의식心意識의 역학力學인 동시에 그 내용을 이루고 있다. 유식학은 이 심의식이라는 정신현상을 중심에 두고 우주론을 설說한다.

2.1. 인식작용의 구분

유식학은 인간의 마음의 작용인 심心, 의意, 식識을 각각 제8식, 제7식, 제6식으로 구분하고 오관五官-감각기관이 외부세계를 수용하는 기능을 전오식前五識으로 설명한다. 그리고 8식심과 7식의은 무의식이며 6식은 유의식이다. 같은 무의식이라도 8식인 아라야Alaya식은 본성적本性的 무의식인 반면에 7식인 말나Manas식은 본능적本能的 무의식이다.

2.1.1. 아라야식

아라야식은 산스크리스트어 알라야alaya를 음역한 것으로 '아a'는 '아니다'라는 부정사이고 라야laya는 '없어진다'로 알라야는 '없어지지 않는다', '쌓인다'는 의미로 한문에서는 장식藏識으로 번역한다.

아라야식은 유식학을 구성하는 가장 주요한 개념으로 과거의 모든 정신상태 등을 모두 간직해서 담아놓고 있어 기회가 오면 녹음테이프처럼 담아놓았던 것이 모두 재생再生, 작용하기 때문에 종자식種子識이라고도 한다. 아라야식과 종자식은 본체와 작용의 관계이다.

아라야식은 능연能緣을 일으키는 일체의 식종자識種子들이 모여 있기에 공능功能의 힘이기도 하지만 동시에 그 종자들을 저장하는 장소이기도 하다. 아라야식 속에는 그 인간의 삶을 전개展開해 나가는 종자種子들이 소장되어 있다. 여기서 종자라고 하지만 이는 씨앗처럼 실재로서 존재하는 것이 아니라 습기習氣 혹은 흐름이다.

아라야식은 인간존재存在의 실재實在로서 끊임없이 생성과 소멸의 반복을 거듭하며 시간과 공간 그리고 종류를 달리하여 숙성된 과보果報를 낳게 한다. 그리고 그 공능이나 내용에 따라 집지식執持識-Anada식과 이숙식異熟識-Vipaka식 그리고 아말라식Amala식 세 가지 이름을 갖는다.

아라야식의 본래성은 진여眞如, 공空이지만 생명과 감정과 개념概念 등의 종자種子들이 스며들어 염오染汚와 관련하게 된다. 이 염오의 종자가 삼계三界의 윤회를 거듭하는 동안에도 끊이지 않고 업業을 유지시킨다는 의미에서 집지식執持識이라고도 한다.

중생의 무명無明의 원인은 숙업宿業처럼 이미 결정된 습기習氣가 지속적으로 내려오는 이 염오의 종자식에 의해 본래성인 진여眞如가 가려져 있기 때문이다.

집지식은 행위의 원인과 결과가 동일하다. 그러나 중생이 짓는 선악善惡이라는 업業의 과보果報는 그것이 부귀빈천富貴貧賤으로 나오는데 선악과 부귀빈천은 서로 그 내용은 통하지만 그 형태는 다르다. 이처럼 다른 형태의 업異熟業을 낳기에 -과보로서의 부귀빈천은 그것이 다시 업이 된다.- 이숙식異熟識이라고 한다. 그리고 이는 집지식과 함께 윤회의 근본요인이다.

그리고 아라야식의 청정무구清淨無垢한 본래성을 아말라식이라고 하지만 이 용어를 쓰는 경우는 드물다.[5)]

이렇게 진망眞妄이 화합和合한 아라야식을 마음이라고 한다면 마음은 모아진 종자種子들의 성격에 따른 정해진 경향 안에서 사유思惟하면서도 또 동시에 그 경향에 대해서는 거리를 두는 자유로운 사유이다.

아라야식은 자유로운 사유를 할 수 있는 자기自己 즉 능연의 주체라는 점에서 자기성自己性이다. 이러한 자기성은 인간으로서의 자기존재의 가능성과 고유성을 뜻한다. 자기성으로서의 자기는 단지 행동을 일으키는 행위자로서의 주체적인 자기일 뿐 아집我執·아만我慢 등을 일으키는 자아自我와는 다르다.

제8아라야식은 일체의 종자습기를 거두고 저장하여 잃어버리지 않기 때문에 무시無始이래로 범부들은 이 제8식을 자신의 실아實我라고 애착하고 있다. 그리고 말나식이 자기自己를 실아라고 여기게 하는 역할을 한다.

2.1.2. 말나식

제7말나식의 말나manas는 의意라는 뜻이며 사량思量을 본성으로 한다. 말나식은 아라야식을 의지하여 아라야식 중의 종자가 전변轉變하여 생긴 것인데 이 말나식이 항상 아라야식을 대상으로 하여 자신을 주체적인 자아自我라고 비량非量-잘못된 인식하고 집착한다.

5 이를 간추리면 아라야식은 진망동거식(眞妄同居識)으로
1. 아나다식(Anada식-執持識): 선악의 종자가 등류종자(等類種子)로서 같은 종자의 성질이 같은 성질의 결과(선인선과·악인악과)로 결정된 하나의 흐름
2. 비파카식(Vipaka식-異熟識): 종자가 현행을 낳을 때 이숙종자가 등류종자에 제동(制動)을 걸어 증상연(增上緣)을 일으켜서 원인과 결과가 다르게 나타나는 흐름
3. 아말라식(Amala식): 아라야식의 본래성으로 청정무구한 흐름으로 무시이래로 있어 온 마음의 빛으로서의 여래성(如來性)

이 중 아나다식과 비파카식은 염오식(染汚識)이고 아말라식은 무구식(無垢識)이다.

자아는 먼저 나를 생각하고 그 나가 인연으로부터 조작된 것이 아닌 것, 다른 것을 관대關對하지 않는 것, 일체의 시처(時處)에 변화가 없는 자성自性을 가진 것이라고 고집한다.

유식학에 따르면 인간 고뇌의 근원은 허망분별虛妄分別인데 안으로는 아我를 집착하고 밖으로는 법法-사물을 집착하는데 있다. 그리고 이 아집, 법집이라는 집착이 표면적으로 강열한 것은 제6의 식意識이지만 그 이면裏面에는 보다 근원적인 말나식의 집착이 무의식의 상태로 자리하고 있다.

제7식은 우리의 5관, 6식 즉 현식現識보다 깊은 곳에 잠재된 무의식의 형태로 존재하여 모든 것을 소유, 장악하려는 의지로써 작용한다. 무의식인 제7식의 의지意志작용은 무기無記의 제6식인 의식意識보다 강하다. 따라서 우리들 의식은 자아自我, 자의식自意識의 행태인 아견我見, 아애我愛, 아치我癡, 아만我慢등을 낳아 번뇌에 덮여있으며 그 생각하고 헤아림思量이 간단없이 항상恒常한다.

2.1.3. 제6식

제6식은 안식眼識, 이식耳識, 비식鼻識, 설식舌識, 신식身識의 전오식前五識과 이들을 통합하여 인지하거나 혹은 상상想像할 수 있는 의식意識 여섯을 말한다. 따라서 제6식은 전오식과 동시에 혹은 홀로 일어난다. 제6식의 기본적인 성격은 무기無記 즉 선악 어느 쪽에도 편향되어 있지 않다. 의식은 판단한다. 그러나 그 판단의 근거는 무의식이다. 이것이 제7

식인 말나식이 제6식보다 강한 이유이다.

2.1.4. 전오식(前五識)

전오식은 오감五感과 같이 감각적인 인식을 말한다. 우리는 일반적으로 감각을 의식과는 별개의 것으로 생각한다. 그러나 오히려 감각은 의식작용의 가장 기초적인 토대로 모든 인식을 가능하게 해준다.

2.2. 식(識)의 여러 행태와 작용

2.2.1. 식(識)의 전변(轉變)

인간은 연기법을 깨달아 무자성·공 즉 아공我空, 법공法空의 진리를 증득證得하면 아집과 법집을 단절할 수 있어 바로 진여眞如의 세계에 들어가게 된다. 진여의 세계는 곧 승의勝義의 세계로 공성空性을 본질로 하기에 무념무상의 세계라 할 수 있다.

그러나 깨달은 분이라 하더라도 현상세계에 머물기 때문에 일상의 삶에서는 사유를 멈출 수 없다. 깨달은 분이 공성을 직접 지각하여 실유實有가 현현하지 않는 즉 현상세계를 의식하지 않는 것은 오직 선정禪定에 들었을 때뿐이고 일상의 삶을 살 때는 그 현상세계를 보게 된다.

그러나 깨달은 분과 속인俗人의 사유가 같을 수는 없다. 깨달은 분에게는 유루有漏의 번뇌심에 덮여있는 아라야식 등 네 가지 식識이 전환하여 네 가지 보리菩提 즉 네 가지 지혜를 이룬다.

1) 아라야식은 모든 사물을 있는 그대로 비추어보는 지혜인 대원경지(大圓鏡智)가 되고

2) 말나식은 나와 남을 평등하게 보는 평등성지(平等性智)로

3) 의식은 제법의 모습을 잘 분별하는 묘관찰지(妙觀察智)로

4) 전오식은 본원력(本願力)에 의하여 보살과 성문(聲聞), 범부를 이(利)롭게 하는 방편지(方便智)인 성소작지(成所作智)가 된다.

2.2.2. 사분설(四分說)과 사연설(四緣說) - 인연과 인식

2.2.2.1. 사분설

유식학에서는 심心과 심소心所-마음의 대상의 관계에 따라 상분相分, 견분見分, 자증분自證分, 증자증분證自證分의 넷으로 구분한다.

마음이 대상과 연緣하여 감관기관前五識에 현현하는 일차적인 상분相分이 있고 이 상분을 연緣하여 견분六識이 있게 된다. 자증분과 증자증분은 이 견분을 검증하고 확인하는 주관主觀이다.[6]

6 이를 차례대로 설명하면
1. 상분은 심이 심소에 연하여 감관에 나타나는 인식대상을 말하며
2. 견분은 이 상분을 식별(識別)하는 인식작용이다.
3. 자증분의 자(自)는 견분이고 증(證)은 증지(證智)의 뜻으로 견분의 작용을 인지하는 것이다.
4. 증자증분의 증은 증지이고 자증은 자증분이므로 자증분의 작용을 거듭 인지하는 것이다.

이 사분四分 가운데 상분은 마음에 나타난 객관적인 바깥 경계의 모습이므로 소연所緣-연의 대상이고 나머지는 모두 주관적인 심식의 작용이므로 능연能緣이다.

2.2.2.2. 사연설

심의식이 현행하기 위해서는 인연이 필요하다. 연緣이란 원인, 조건, 계기, 도움 등의 뜻을 가진다. 여기서 연은 아라야식인 종자種子의 연을 말하는데 종자는 씨앗과 같은 것이고 이는 흙, 물, 햇빛의 도움없이는 발아發芽할 수 없다. 그리고 그 연의 종류에는 인연因緣, 등무간연等無間緣, 소연연所然緣 그리고 증상연增上緣의 네 가지가 있다.

인연에는 소연과 능연이 있다. 마음이 대상과 연緣하는 소연에 의해 상분이 있게 되고 능연은 그 상분을 인식하여 견분이 있게 한다. 소연과 상분, 능연과 견분은 그 관점의 차이일뿐 내용에서는 같다.

종자는 인연을 만나면 현행現行-활동하게 된다. 이를 종자생현행種子生現行이라고 하는데 현행능연은 곧 인식활동이다. 이 현행의 결과로써의 내용은 아라야식에 되돌려 저장하게 되는데 이때 되돌아 온 내용이 아라야식에 이미 저장된 종자를 훈습薰習하여 그 성격과 능력을 증대시킨다. 이를 현행훈종자現行熏種子라고 한다.

등무간연은 인식과정에서 앞생각이 뒷생각으로 이행移行할 때 단절없이 이끌어서 생生하게 하는 작용을 말하는데 현행과 훈습의 관계가 그러하다. 소연연은 앞의 능연현행에 의해 훈습薰習된 그 심의식을 대상소연으로 다시 능연을 일으키는 것이다. 이렇게 하여 새롭게 증대변화된 인식활동이 가능하게 된다. 이 소연연이라는 개념이 불교 인식론의 특성이다.

증상연은 앞의 세 가지 연 이외의 모든 심의식 생기의 원인과 조건들을 총칭하는데 예를 들면 눈, 귀, 코 등은 다른 식識들의 현행을 도와서 그 결과를 증대시킨다.

2.2.3. 삼성설(三性說) - 현상론

유식학에서는 현상계의 상相을 세 가지로 나누어 설명한다. 즉 변계소집상遍計所執相, 의타기상依他起相과 원성실상圓成實相의 세 가지 상이 있다.

변계소집상은 실제로는 상相과 색色과 명名과 아我와 법法 등이 없는데도 잘못된 의식작용에 의해 가설假設된 것으로, 어두운 곳에서 밧줄을 뱀으로 착각하는 경우가 이에 해당한다.

의타기상은 모든 존재하는 것은 두 갈대의 묶음처럼 서로 의존하여 서 있다는 즉 연기하는 존재 방식을 말하고 원성실상은 현상계의 일체의 진실한 진여眞如로서 인人·법法 이공二空을 체득한 경계에서만 깨닫게 되는 궁극적 진실이다.

이를 그 본성의 관점에서 보면 원성실성圓成實性은 의타기성依他起性의 실성實性으로써 의타기성이 세속世俗 그리고 원성실성은 승의勝義라는 관계에 있다.

2.3. 유식학과 관념론

유식사상이 심·의·식으로 세상을 해석한다고 해서 서양철학의 관념론과 혼동해서는 안 된다. 관념론에서 세계는 자아自我의 의식에 의해 정립되기에 세계는 자아의 자기 창조능력의 객관화와 다르지 않다. 그러므로 세계는 자아의 의식에 종속된 부산물에 불과하다. 그런 세계는 일방적이어서 의식에 아무런 영향을 주지 못하고 고정된다.

그러나 유식사상에서 말하는 유심론唯心論에서의 세상은 마음이 그리는 반연攀緣의 그림이 현상화現象化되어 나타난 마음의 현상이지 마음에 의해 정립된 대상이 아니다.

또한 세상은 마음의 상분으로써 그 상분이 스크린에 비친 그림처럼 나타나지만 그 세상상분이 능연에 의해 마음의 견분이 되고 그 견분이 아라야식에 반송返送되면서 소연연所緣緣이 되어 새로운 세상의 모습을 만들어 나간다. 즉 세상은 능연과 소연연이 서로 주고받는 마음의 반복反復작용으로 끊임없이 변한다.

관념론자인 헤겔의 절대 정신은 주객의 종합에 따른 상승上昇에 의한 목표에 이르는 목적론을 겨냥하고 있지만 유식학에서는 마음이 마음 안에서 동시적으로 능能·소所의 지위가 반복을 일으키는 순환론이 전개될 뿐이다.

유식학에서 마음과 세상은 하나이다. 유심론은 곧 유식학파의 우주론이라 할 수 있다.

4부. 중관학파

4부 중관학파(中觀學派)

1장. 중관학파에 대한 이해

중관中觀이란 용수龍樹-Nagarjuna (B.C. 150?-250?)의 중론中論으로부터 나온 이름으로 이는 불교의 근본원리인 양극단에 치우치지 않는 중정中正의 도道 즉 중도中道를 바르게 파악하는 것을 말한다.

중도中道는 성철스님이 그의 저서 백일법문百日法問에서 처음부터 끝까지 거듭 강조한 불교의 핵심진리이다. 그분은 이를 진리로써 강조하고 있지만 선종禪宗의 입장에서 경전과 조사의 말씀을 들어 중도의 대의大義를 보여주셨지만 그것이 왜 진리인지에 대해서는 구체적으로 설명해주시지 않는다.

그것이 선종의 특성으로 물론 성철스님은 그것을 잘 아시고 계셨겠지만 우리는 그 진리에 대해서 알고 있다고 생각하지만 기실其實은 아무것도 모른다.

중관학파에서는 이를 논리적으로 해명함으로써 우리 같은 중생도 그것을 이해하고 접근하는데 절대적 도움을 준다. 그 이해의 끝이 비록 해오解悟이기는 하지만 말이다.

중관파의 목적은 '논리論理에 의한, 논리로부터의 해탈'에 있다. 그만큼 중관파에게 논리는 중요하다. '논리에 의한 해탈'과 '논리로부터의 해탈'은 서로 어긋나 보이지만 실은 서로 돕는 관계이다.[7)]

논리論理는 대상을 이해하거나 말하는데 있어 필수적으로 따라가야 할 길이다. 그 길을 벗어나서는 대상을 이해할 수 없다. 따라서 무명을 벗어나 해탈을 추구하기 위해서는 논리에 의지해야만 한다.

그러나 논리로는 사물의 본질 공성空性을 파악하지 못한다. 그리고 그것을 파악할 수 있는 것은 직관直觀뿐이다. 직관은 논리를 궁극에까지 밀고 나가 그 한계에 이르러 그로부터 벗어났을 때 즉 논리로부터 해방된 그 지점에서 만나는 사유형식이다. 따라서 '논리에 의한 해탈'과 '논리로부터의 해탈'은 상호보완적이다.

중관학파를 창시한 사람은 용수이다. 그 당시에는 공空 사상을 밝힌 반야바라밀경이라는 대승경전이 유행하였고 그는 이에 많은 영향을 받았다. 그는 이를 주석註釋한 대지도론大智度論-'대'는 마하 '지'는 반야, '도'는 바라밀에서 모든 세간의 사이 공空임을 말하고 있을 뿐 아니라 성불成佛한 다음의 열반도 공하며 실재가 아니라고 한다.

7 이 어구(語句)는 불교학자 김성철의 '중론의 이해'의 부제(副題)이다.

그는 "나는 부처의 가르침도 환상과 같고 꿈만 같다고 열반도 환상과 같고 꿈만 같다고 말한다. 만약 열반보다 뛰어난 법이 있더라도 나는 역시 환상과 꿈만 같다고 말한다. 이와 같다면 세간의 괴로움인들 무엇이 두려우며 열반의 즐거움인들 무엇이 기쁘겠는가?"라 한다.

그러나 이 말에는 오히려 세간의 삶에 대한 강한 긍정이 담겨있다. 보살菩薩의 삶은 세간의 괴로움과 열반의 즐거움을 연계시켜 그 모두를 충족시킨다.

중관파 이론의 목적은 불교의 최고 원리인 중도中道를 연기론과 연계시켜 논리적으로 입증하는데 있다. 즉 초기 경전에 "자아가 존재한다고 부처님께서는 선언하셨다. 그분은 무아無我의 교리도 가르치셨다. 그분은 자아도 없고 무아도 아니라고 가르치셨다."고 한 중도中道의 말씀을 대승의 중관파의 논리적인 관점에서 풀이하는 데 있다.

중도사상의 가장 기본적인 형태는 있음有과 없음無, 생함生과 멸함滅, 단견斷見과 상견常見, 즐거움樂과 괴로움苦 등 상대적인 양 극단 그것을 부정하는 것이다.

중관사상의 요체要諦는 다음과 같은 두 문장으로 집약集約될 수 있다.

하나는 중관사상의 원론에 해당하는 것으로 '모든 사물은 연기緣起하는 것이기 때문에 세속世俗에서는 환영幻影과 같은 것으로만 생기生起하지만 승의勝義로써는 자, 타, 자타쌍방과 비인非因에서 생기지 않기 때문에 자성을 가지지 않는다. 즉 무자성이다. 따라서 세속에서는 무가 아니며 승의로써는 유가 아니기 때문에 유와 무 어느 변邊에도 집착하지 않고 머물지 않는 중도이다.'라고 하는 것이다.

다른 하나는 그 운행運行에 관한 것으로 "제법諸法은 자체自體에 의해 성립하고 있는 자성自性이 티끌만큼도 없는데 그럼에도 불구하고 소생所生-생겨난 대상과 능생能生-생기게 하는 능력, 부정과 긍정 등의 윤회세속와 열반涅槃-해탈의 설정을 모두 승인하는 것"이 가능하다는 것이다. 즉 현상세계를 긍정적으로 정립하는 것이 가능하다는 것이다.

이것이 중관파의 불공不共-다른 것과 공통되지 않은, 수승(殊勝)-특히 뛰어난 일한 법이다.

중관파의 교리는 이에 대한 논리적 해석이라 할 수 있다. 그리고 이를 해명하기 위해 연기, 무자성, 공 등의 개념을 세운다. 역으로는 이 개념들을 통해 그러한 결론에 이르렀다고 볼 수 있다.

그의 주저主著인 중론中論은 반야경般若經에서 정언적定言的으로 설說한 공空사상을 연기설과 연관시켜 논리적으로 해명한 논서다.

그 중에서도 중론中論의 제일품인 관인연품觀因緣品의 첫 게

송偈頌인 귀경게歸敬偈는 중관학파 논리의 기초로서 불생불멸을 내세우고 이를 설명하고 있다.

> "생겨나지도 않고 소멸하지도 않으며
> 不生亦不滅
> 항상하지도 않고 단절된 것도 아니며
> 不常亦不斷
> 동일한 의미도 아니고 다른 의미도 아니며
> 不一亦不異
> 오는 것도 아니고 가는 것도 아니다.
> 不來亦不出
>
> 이런 인연법을 말씀하시어
> 能說是因緣
> 모든 희론을 잘 적멸시키시도다.
> 善滅諸戲論
> 내가 머리를 조아려 부처님께 예를 올리니
> 我稽首禮佛
> 모든 설법중에서 제일이로다."
> 諸說中第一

이는 부처님의 가르침 중에 으뜸인 중도사상을 팔불八不로 표현하여 그것이 연기緣起의 진정한 의미라고 선언한 것이다. 사실 이 네 쌍의 개념 안에 세간에서 일어날 수 있는 모든 현상들이 다 들어있다고는 할 수 없을지라도 상대개념들 중에 대표적인 것이기에 근본불교부터 유사한 형태로 논의되어 왔다.

여기서 먼저 분명하게 알아야 할 것은 여덟 가지를 부정하는 팔불八不의 논리는 세속적 관점에서의 이해가 아니라 승의勝義의 정리正理라는 것이다. 승의의 정리는 그 목적이 실재를 부정하는 데 있지 않고 그에 대한 개념, 관념을 부정하는 것이다.

팔불 중에서는 생김과 소멸이 가장 중요하며 나머지 세 쌍의 개념은 이 처음 개념을 보다 자세히 설명한 것이다.

불생不生에 대해서는 중론 관인연품觀因緣品 3게揭에서 다음과 같이 논증論證한다.

모든 법은 스스로 생겨나는 것도 아니고 다른 것으로부터 생하는 것도 아니며 그 양자에게서 함께 생하는 것도 아니고 아무 원인 없이 생하는 것도 아니다. 그러므로 무생임을 알아라.諸法不自生 亦不從他生 不共不無因 是故知無生라고 한다.

> 1) 자기로부터 생기(生起)하지 않는다. 왜냐하면 이미 생기한 것(자기)으로부터 생기할 경우 이미 자기라는 본성이 성립해 있기에 그것을 다시 생기할 필요가 없다. 또한 어느 때도 생기하기 때문에 (생기가) 무궁(無窮)해 진다. 반대로 생기하지 않은 것으로부터 생기한다면 '토끼의 뿔'과 '석녀(石女)의 아들'도 생기게 된다.

2) 타자로부터 생기하지 않는다. 왜냐하면 이는 일체(一切)로부터 일체가 생긴다는 과실이 있다.[8] 일체(一切)로부터(원인) 일체가 생긴다는(결과) 것은 원인과 결과가 동일하다는 것으로 이를 아리스토텔레스는 그의 '논리학'에서 제일 원인(第一 原因)이라고 한다. 기독교식으로 말하면 신(神)이다.

3) 쌍방으로부터 생기하지 않는다. 왜냐하면 이는 위의 양쪽의 과실을 범한다.

4) 비인(非因)으로부터 생기지 않는다. 왜냐하면 비인이면 어떤 것에도 의존하지 않기 때문에 항상 생기는 것이 되어 모든 것이 영원하다는 말이 된다. 이는 부당하다. 또한 만일 비인으로부터 생긴다면 목적을 위한 노력이 의미가 없게 된다. 사실 원인이 없으면 결과도 없다.

따라서 생기生起는 언설言說에 지나지 않는다. 이와 같이 불생이라면 불멸이라는 반대 개념이 어떻게 있을 수 있겠는가?

불상부단不常不斷은 상주란 먼저부터 확고하게 있는 것이고

8 여기서 '자기로부터'와 '타자로부터'를 나와 남으로 보아서는 안 된다. 그것은 차라리 주체, 주관과 객체나 객관으로 이해하여야 한다. '자기로부터'는 곧 '스스로'의 의미로 자연과 같은 것이다. 자연은 이미 생기해 있기에 다시 생기할 필요가 없다. '타자로부터'의 타자는 또 다른 타자가 있는 것이 아니라 일체의 객체이다.

단멸이란 먼저 있다가 지금 없는 것으로 불생불멸의 이치에서 보면 이 둘은 그럴 수 없다.

불일불이不一不異는 만일 인因과 과果가 동일하다면 인연은 필요 없는 꼴이 되고 다르다異면 상속相續의 법칙(등불이 하나의 불꽃처럼 보이지만 실제는 계속 기름을 태우며 새롭게 타오른다. 이는 인연에 의한 것이다.)이 성립할 수 없다.

불래불출不來不出은 생生이 자재천自在天 등에서 왔다가 그 본래 자리로 돌아간다는 의미이지만 이 역시 불생불멸不生不滅임으로 성립하지 않는다.

자, 타, 쌍방, 비인이라는 논리방식은 불교 특유의 것으로 불교 논리전반에 차용된다.

'불생불멸'은 연기설, 무자성, 공 등의 의미가 함축되어 있어 중관파 논리전개의 기초가 된다. 연기하는 존재는 자성自性이 없기에 무자성이고 무자성이기에 그 존재의 성품은 공空하다. 공에 무슨 생하고 멸하는 것이 있겠는가? 따라서 불생불멸한다.

그러나 중관에서는 실재實在를 부정하지 않는다. 이들은 단지 실재에 대한 이론들 즉 생멸, 상단常斷, 일이一異 등 일체의 개념을 부정함으로써 탈개념화脫槪念化를 목적으로 한다. 개념을 통한 이론, 사고思考는 본질적으로 실재를 드러낼 수 없다.

2장. 논증방식과 주요개념

중관파에는 이론을 정립하는 과정, 논증방식을 두고 자립 논증파自立論證派와 귀류논증파歸謬論證派로 갈린다.

귀류논증파는 불호佛護 Buddhapalita (470-540)에 의해 창시되어 월칭月稱 Candrakiti (600-650)으로 이어졌으며 자립논증파는 청변淸辯 Bhaviveka (600-650)와 싼타라크쉬타, 카말라쉴라 등이 이에 속한다.

자립이란 자기 스스로 논증을 만든다는 뜻이다. 이들은 자신의 옳음을 적극적으로 논증한다. 그리고 그에 근거하여 유식학에 대해 그 잘못을 비판한다.

그들은 귀류파가 유식학을 소극적으로 비판한다고 비난한다. 자립파가 귀류파를 소극적이라고 한 것은 자립파는 A가 참임을 자신의 논증식論證式을 세워 이를 증명하여 유식학을 비판하지만 귀류법歸謬法은 A의 참임을 증명하려 할 때 A의 부정否定을 부정하는 논리법을 사용하는 간접적인 논증이기에 소극적으로 보이기 때문이다.

그러나 이러한 이중부정二重否定의 귀류논증에 의해 제시된 개념, 명제에 대해 반론을 제기하는 것은 극히 어렵기에 실상은 강력한 것일 수 있다.

중관파의 귀류법은 정보情報를 획득하려는 수단이 아니다.

그것은 공을 논증하려는 것이다.

사실 중관파의 논의論議의 중심에 있는 공空을 논증하는 데는 귀류법이 보다 적합하다.

허공虛空은 보거나 만지는 느낌이 없는 것에 지나지 않고 이러한 허공을 현증顯證하는 것은 그 허공에 대칭되는 것 즉 느낄 수 있는 것이 있음으로써 그 느낌이 없는 것을 이해할 수 있게 된다. 따라서 공·무를 논증하기 위해서는 그 공·무의 부정인 유有를 부정하는 방법 외에는 없다.

중관파는 중도中道나 생기生起 등 모든 불교의 교리의 개념들에 대한 비판, 부정을 통해 오히려 이를 명료하게 입증하려 하였다. 그들은 '논리에 의한 해탈'을 위해 논리의 기초인 개념, 관념들의 불투명성을 제거하려 하였고 이는 기존의 일체의 견해, 개념들을 부정하는 것에서부터 시작되었다.

그러나 그 목적은 개념 자체를 부정하는 것이 아니라 진리를 개념화하여 고착固着시키는 것에 대한 비판이다. 진리는 고착되면 그 본성을 잃는다. 또한 그런 개념이론에 자신을 얽매는 것에 대한 반대이다.

중관파의 주요한 개념들인 연기緣起, 불생不生과 무자성, 공空 등은 이 각각의 개념들 서로가 깊이 연관되어 있어 하나를 들어 올리면 다른 것들도 따라 올 수밖에 없는 연계를 이루고 있다. 존재에 자성自性이 없기에 공이라 하고 무자성이기 때문에 연기가 가능하다.

모든 존재諸法-우주에 있는 유형. 무형의 모든 사물의 자성自性은 독립적 실체가 아니라 다만 중연重緣이 모여 있기에 그 명칭을 얻은 것이다. 자성이란 그 자체의 본성을 말하는데 중연 속에는 자성이 존재하지 않는다. 자성이 없으므로 공空이다.(중론 관인연품 3게揭)

중론 제24장 관사제품觀四締品의 8, 19게揭는 다음과 같다.

> "여러 가지 인연으로 생한 존재를
> 나는 무(無)라고 한다.
> 衆因緣生法 我說即是無
>
> 또 가명이라고도 하고
> 또 중도의 이치라고도 한다.
> 亦爲是假名 亦是中道義 - 8게
>
> 인연으로부터 발생하지 않은 존재는
> 하나도 없다.
> 未曾有一法 不從因緣生
>
> 그러므로 모든 존재는
> 공(空) 아닌 것이 없다."
> 是故一體法 無不是空者 - 19게

여기서 가명이라 함은 자성이 공한 존재를 언어로써 표현할 방법은 원래 없는 것이지만 중생을 인도하기 위해 혹은 소식消息-깨달음을 전달하기 위해 어쩔 수 없이 서로 약속한 문자와 언어를 빌려 임시로 붙인 이름이라는 것이다.

중관파의 관점은 모든 사물의 진실로 있는 모습實性은 공空이며 이는 말로 표현할 수 없다는 반야경般若經의 내용을 자신들 사상의 한 부분으로 수용한다.

3장. 연기(緣起)

불교사상 전체는 연기緣起-Pratiya Samutpada라는 수레바퀴의 축軸을 중심으로 회전하고 있다. 연기란 찰나적刹那的으로 출몰하는 사물의 일시적 연속 현상을 말하는 것이 아니다.

칸트는 자신의 저서 순수이성비판純粹理性批判에서 모든 존재하는 것들을 양, 질, 관계, 양태의 네 범주로 분류하고 관계의 성격을 인과성과 상호작용이라고 설명한다. 즉 모든 존재하는 것들은 인과성과 상호작용성이라는 속성屬性에 따라 관계 안에서 관계 맺으며 존재한다는 것이다. 그가 말하는 관계는 연기에 대한 인식론적 해석이라 할 수 있다.

그러나 불교에서의 연기론은 존재론이다. 따라서 근본불

교에서는 12연기설을 통해 이를 말하였고 용수龍樹-나가르주나는 앞에서 살펴본 바와 같이 그의 중론中論 제일품인 관인연품觀因緣品의 첫 게송偈頌인 귀경게歸敬偈에서 팔불八不이론으로 연기를 설명하고 있다.

연기는 인연생기因緣生起의 준말로써 모든 존재자는 직접적인 원인인 인因과 간접적 원인인 연緣에 따라 생긴다는 것이다. 모든 존재자는 독립적, 불변적인 것이 아니라 이것이 있음으로 저것이 있고 이것이 생김으로써 저것이 생긴다. 즉 상호의존相互依存한다.

모든 존재자는 자신의 고유한 물성物性-물체의 본성에 의해서가 아니라 상호의존하여 성립하는 것임으로 따라서 연기는 고유한 물성의 결여缺如 즉 무자성無自性임을 말한다. 그리고 중관 사상에서는 이를 공空이라고 한다.

무열용왕청문경無熱龍王請問經에서는

> "연(緣)에서 생긴 것은 생기지 않은 것이고
> 그것은 본성으로 생기는 것이 없다.
> 연을 의지한 것을 빈 것(空)이라고 한다."

모든 생명체는 서로 연결고리로써 존재한다. 한 알의 곡식은 씨앗과 그 씨앗이 싹틀 대지와 그 싹을 키울 물과 바람과 햇빛地水火風 등에 의존한다. 그 곡식에 의존하여 사람들이 살아가고 사람에 의해 그 곡식들은 번성한다.

일체의 개념은 대대待對의 관계를 갖는다. 생生이 있기에 죽음이 있고 대大가 있기에 소小가 성립한다. 소는 대의 소인 것이다. 하늘이 있기에 땅이 있다. 이처럼 제법諸法에 대한 일체의 개념에는 필수적으로 그에 대칭되는 개념이 존재한다. 대대待對의 관계는 연기의 한 단면斷面이다.

중론에서는

> "어떤 것을 근거로 어떤 것이 생기는 것이
> 곧 바로 그 자신은 아니다.
> 자신 외에 다른 것도 아니다.
> 따라서 단절된 것도 아니고 항상한 것도 아니다."

출세찬出世讚에서도

> "고통은 스스로 만든 것,
> 다른 것이 만든 것, 둘이 만든 것,
> 원인이 없는 것이라고 외인(外人)들은 주장하지만
> 부처님께서는 의존하여 생긴다고 설(設)하셨다.
> 연기하여 생긴 것을
> 부처님께서는 비었다고 하신다.
> 실사(實事)에는 자재(自在)함이 없다고 설하신 것은
> 비할 데 없는 부처님의 사자후(獅子吼)다."

라고 하여 부처님은 연기緣起의 이치로 발생을 자생自生, 타생他生, 공생共生, 무인생無因生의 네 가지의 극단極端에 따라

고집하는 것을 부정하셨다.

유식학에서는 연기를 인因과 연緣을 의지하여 과果가 생기는 것으로 설명한다. 이렇게 연기를 성립시키는 인과론에 대해서 어떤 이는 인중유과론因中有果論을 주장하거나 인중무과론因中無果論을 주장하기도 하는데 이들은 옳지 않다.

인중유과론처럼 만일 원인 중에 이미 결과가 있다면 그 원인에는 원인으로써의 요소와 결과의 요소가 함께 있어야 하고 있는 것이 되어 이는 이일다성異一多性의 원리 즉 하나의 사물에는 두 가지 요소가 있어서는 안 되기 때문에 성립할 수 없다. 반대로 인중무과론처럼 원인 중에 결과가 없다면 그 결과는 무인無因으로 발생한 것이기에 불합리하다.

이들 중에 전자는 연기에 대한 상견常見이고 후자는 연기에 대한 단견斷見으로 이는 중도가 아니다. 이러한 단순한 인과론이 연기의 의미일 수는 없다.

연기론緣起論은 그런 극단적인 견해二邊를 떠난 중도적인 인과론이다. 이를 단적으로 표현한 것이 중론의 팔불(不生不滅, 不常不斷, 不一不二, 不來不出)로 이것이 연기의 진정한 의미이다.

이변二邊을 부정하는 이 논리를 가능케하는 근본 전제前提는 원인이나 결과가 되는 실체는 독립적 존재가 아니라는 것이다. 즉 연기를 가능하게 하는 근거는 일체 존재가 무자성이기 때문이다. 만일 자성이 있어 독립적으로 존재한다면 서로 만나서 영향을 주어 변화를 주고받는 것은 있을 수 없다.

4장. 무자성과 무아론

중관학파에 있어 무자성無自性이란 개념은 인도전통의 아트만을 부정하기 위해 설립한 반야경般若經에서의 공空을 논리적으로 해명한 것으로 중관파에 있어 가장 중요한 개념이다.

아트만 사상이 주장하는 자성自性은 인간이나 사물의 존재 근거인 본성本性으로 그 본성이 있기에 불교의 교리와는 달리 무시無始이래로 존재자가 인연에 의지하지 않고도 성립할 수 있다는 것이다.

이러한 자성은 세속적 존재의 존재방식인 의타기성 즉 자타 간의 상속相續에 의해서가 아니라 남과 무관하게 홀로 스스로 존재한다는 의미임으로 이는 연기의 부정否定이다.

그러나 중관파의 주장에서는 세상의 모든 것은 독립적으로 존재하게 되는 것이 아니라 다만 상호의존이라는 조건에 의해 존재하게 된다. 그리고 조건인연에서 발생하는 것은 발생하는 것이 아니다. 왜냐하면 거기에서는 자성自性이 없기 때문이다.

이처럼 인연에 의존하는 것에는 자성이 없다. 그리고 자성이 없는 것을 공성空性이라고 한다. 이를 여래如來의 자성은 공空하기에 제법도 이와 같다고도 한다.

자성自性은 자체自體 혹은 자상自相이라는 개념과 혼용하고 있는데 자체라고 했을 때는 원인을 의지할 필요가 없이 스스로 존재한다는 의미이고 자상은 명언名言으로 안립安立할 필요가 없이 성립할 수 있는 것을 말한다.

회쟁론에는 '어떤 것이든 제법이 연하여 생기는 것, 그것이 공성空性이다.'라 설해졌다.

그러나 현상세계를 인정하는 보살지菩薩地의 경지에서는 기체基體가 없는 공성空性은 있을 수 없다는 것에 근거하여 비록 의타기성依他起成이기는 하지만 기체의 실재성을 인정한다.

공성은 무존재無存在를 의미하지 않는다. 공성은 고유한 실체의 실성實性, 法性을 의미하고 그 실성법성의 성격이 공空이라는 것이다. 결과적으로 사물의 의존적 발생을 기능케 한다. 사물과 사건은 원인과 조건이 만난 결과로만 생긴다. 그리고 공성은 이러한 인과법칙을 가능케 한다.

화엄학華嚴學에서 말하는 탁사현법託事顯法은 사물존재자에 의탁하여 법성존재을 드러낸다는 의미이다. 하이데거식으로 말하면 '존재存在는 존재자存在者를 통하여 자신을 현시現示

한다.'이다. 그런 의미에서 모든 사물존재자에는 법성존재이 있다.

하이데거는 '나'에는 특수한 독립적 개별자라는 의미의 '나', 즉 자아自我-Ich Selbst와 나 자신 즉 자기라는 존재를 의미하는 자기自己-Selbstsein 이 둘을 구별하고 있다.

자기自己는 존재의 초월적인 현시現示일 뿐 실체로서의 자아自我도 아니고 타인을 배제한 순수한 독립적인 자아도 아니다. 자기성自己性-Selbesheit은 한 인간으로서의 고유성固有性을 말할 뿐이다.

자기성은 존재법성가 자신의 본질을 현현하는 자연성의 현시이기 때문에 나와 너 그리고 우리 모두가 서로 자유롭게 왕래할 수 있는 근원이다. 이때 자기성은 법성法性과 동일한 의미를 갖는다.

그러나 자아성은 법성이 아니다. 자아는 자기를 근거로 하여 자기의식이 만들어 낸 '나'이다. 이를 한 마하무드라 송頌에서 '무명으로 인해 자기인식自己認識을 자아로 믿는……'이라고 한다.

『불교에서 부정하는 자성自性은 자아성自我性이며 자기성自己性을 부정하는 것이 아니다. 무자성無自性은 무자아성無自我性이지 결코 무법성無法性을 의미하는 것이 아니다. 이는 꼭 기억해두어야만 한다.』

수행자修行者는 먼저 끊어야 할 대상을 분명히 알아야 한다. 자성자아성은 끊어야 할 대상이고 이를 이치理致로 알아야 한다. 그것을 알게 되면 세속에서는 모든 존재자는 무상하다諸行無常라고 생각하게 된다.

승의의 이지理智 즉 정리正理는 무자성無自性을 깨닫게 입증하는 이치이다. 여기서 분명히 알아야 할 것은 승의의 정리는 오로지 자성의 유·무를 찾는 것이고 세속의 유·무를 찾는 것이 아니라는 것이다. 이는 중관사상을 이해하기 위해서 바로 알아야 할 것이다.

다시 말하지만 공성무자성은 연기를 의미하며 아예 아무 것도 없어 결과를 일으키는 능력이 없는 무無를 의미하는 것은 아니다. 무자성인 것은 결과를 일으키는 능력을 가지고 따라서 연기하는 유有이지만 그 능력을 가지지 못하는 무무존재는 연기하지 않는다.

4.1. 무아론(無我論)

무자성의 개념을 자아自我에 적용하여 설명한 개념이 무아無我다. 즉 '나일 따름'인 자아라고 하는 것은 언설言說-상식적 관점로 존재하는 것이고 변하지 않고 독립적인 자성으로 성립하는 자아라고 하는 것은 언설로도 존재하지 않는다.

'나일 따름'에서의 '나'는 일상 중에 자아自我라는 의식 없이 행위하는 자者로서의 자기自己를 가리키는 것으로 이는 무자성인 자아이다. 보통 사람들은 '나'라고 말할 때 나를 의식하지 않는다. 그때 '나'는 자기와 자아의 경계선에 서 있다.

무아無我라고 할 때 그것은 자성으로 성립하는 자아가 없다는 의미이지 나일 따름인 '나'를 부정하는 것이 아니다.

중론 제18장 관법품觀法品에서는

> "만일 자아가 오음이라면 자아는 생멸하게 되리라. 만일 자아가 오음과 다르다면 이는 (자아) 오음의 상(相-인간의 모습)을 띠는 것이 아니리라."
> 若我是五陰 我卽爲生滅 若我是異五陰 則非五陰相
> 고 한다.

이는 힌두교의 아트만Atman이 왜 부정되어야만 하고 어떻게 부정되는가를 보여준 것이다.

그러면 자아와 오음五蘊-色受想行識은 어떤 관계에 있는가 하면 오음이 모여 자아自我가 존재하는 것이지 오음을 떠나서 따로 자아가 존재하는 것은 아니다. 자아는 오음을 의지하여 존재하고 자아와 오음은 일체이지만 그러나 '하나'는 아니다. 비유하면 습기는 물과 일체이지만 '하나'는 아닌 것과 같다.

단지 오음이 화합하기에 가명假名으로 자아라고 말하나 그것은 다만 가명일 뿐이고 확고한 실체는 없다.

오음은 상주불변常住不變하는 것이 아니라 상속相續할 뿐이다. 사물은 존재하는 동안 매 찰나마다 달라진다. 사물의 상주성常住性은 착각이다. 불꽃이나 물살처럼 존재란 흐름이다. 따라서 사물이란 그 이전도 그 이후도 없는 순간일 뿐이다.

이러한 사물·법은 확고한 자성自性이 있는 것이 아니라서 어떤 때는 작용이 있고 어떤 때는 작용이 없다. 비유하자면 계율을 지키는 사람이 포도 주스는 마셔도 되지만 그것을 발효한 포도주葡萄酒는 마셔서는 안 된다. 그러나 포도주가 변질되어 식초가 되면 다시 마셔도 되는 것과 같다. 마찬가지로 인간의 경우 고정되고 확정적인 나쁜 놈과 좋은 놈이 있는 것이 아니라 다만 나쁜 짓을 한 놈과 좋은 일을 한 놈이 있을 뿐이다.

4.2. 아집(我執)과 무명(無明)[9)]

아집의 근원은 무명無明이다. 인간의 무명無明은 대상에 대해 올바른 관찰을 하지 않고 명칭을 세우는 장소를 자성自性이라고 고집하는 마음이다.

9 용수보살은 육십정리론에서

아집의 무명은 모든 견해의 원인이고 아집의 무명이 없으면 번뇌는 생기지 않는다. 따라서 이것을 바르게 알면 견해와 번뇌를 모두 정화한다.
누군가가 아집을 인식한다면 연기(緣起)하는 것을 보는 것이다. 의지하여 생기는 것은 생기지 않는 것이라고 뛰어난 지자(智者)께서는 말씀하셨다.
이는 연생(緣生)하는 것을 근거로 하여, 실사(實事)가 자성으로 생기지 않는다는 것을 깨달음으로써 번뇌에 물든 견해와 다른 모든 번뇌의 원인이 되는 실사를 인정하는 실집(實執)을 끊는다고 설명한 것이다.

불교에서 벗어나고자 하는 윤회輪回는 무명을 끊음으로써 가능하다. 왜냐하면 윤회는 생사에 묶이는 것으로 이는 인연을 토대로 한다. 생사는 결과이고 생사는 업에서, 업은 번뇌에서, 번뇌는 아집의 무명에서 생기기 때문이다.

불교의 가장 중요한 가르침은 자아에 집착執着하지 말라는 것이다. '나'라고 생각하는 대상인 '나'가 자성으로 성립하는 것을 고집할 때 자신에 대한 애착이 생기고 이것 때문에 자신의 안락에 대한 애착이 생긴다.

탐욕, 애증愛憎하는 마음은 실재하는 사물實事을 아름답다 또는 아름답지 않다 등으로 분별, 평가하지만 이는 본성本性과는 무관한 다른 것현상으로 증익增益한 것이기 때문에 어리석음과 다르지 않다.

자성自性에 의해 설립된 영원한 내가 있다는 아집我執은 자신에게 고통의 근원일 뿐 아니라 주변 사람들과의 관계에서 문제를 일으켜 다른 사람의 고통을 초래한다. 인간의 삶은 공동존재로서 곧 타인과의 관계에서 벗어나 따로 존재하는 것이 아니다.

아집我執에는 구생俱生-선천적인 것과 변계遍計-학습된 것의 둘이 있다. 구생아집은 보통 사람이 아무런 이유도 없이 마음속에 저절로 실체에 대한 집착이 생긴다. 이와 달리 변계아집은 자아가 실재한다고 주장하는 실재론實在論 같은 삿된 종파宗派의 견해가 옳다고 믿는 것이다.

마하무드라의 한 송頌에는 자아에 대해 다음과 같이 노래하고 있다.

> "본래 있는 것도 아닌데
> 스스로 나타난 대상으로 믿고
> 무명으로 인해
> 자기인식(自己認識)을 자아로 믿는…….
>
> '있음'이 아니니 부처조차 그것을 본적이 없고
> '없음'도 아니니 윤회와 열반의 근거이며……."

아집의 원인인 유신견有身見이란 '나'가 실제로는 순간적이고 개별적이고 특수한 것임에도 불구하고 이것을 영원하고 보편적이고 자기 동일적이라고 읽어내는 고질적인 경향으로 원초적인 무명無明이다.

그러나 인간이 자성으로 성립한다고 고집하는 것은 인아집人我執이지 유신견은 아니다. 유신견有身見이 되기 위해서는 먼저 '나'를 생각하고 그 몸으로써의 '나'가 자성으로 성립한다고 고집하는 것이다.

입중론에는

> "모든 번뇌의 과실은 유신견을
> 보는 것에서 생긴다고 지자(智者)는 보게 되고
> 자아가 이것의 대상이라는 것을 알고서

유가행자(瑜伽-yoga行者)는 자아를 없앤다."

이 게송偈頌은 대상境이 되는 자아와 고집하는 자아가 다르다는 것을 밝힌다.

세속의 언설常識的로서의 '나일뿐'인 자아는 유신견이 아니다. 그것은 유신견의 대상 즉 몸으로서의 자아일 뿐이고 이는 논파論破되어야 할 것이 아니다. 수행자는 그 몸에 자성이 있어 실체가 있다고 고집하는 자아를 논파하여야 한다.

3구에서 '이것'은 유신견을 가리키고 그 앞의 '자아'는 세속의 언설로서 자아몸이고 유신견의 대상으로서 존재하는 자아이다. 이것을 논파해서는 안 된다. 오직 유신견이 집착하는 실아實我 즉 제4구의 '자아'가 없애야 할 자아이다.

다시 말하지만 '나일 따름'인 자아라고 하는 것은 언설로 존재하는 것이다. 그러나 자성으로 성립하는 몸을 자아라고 하는 그런 자아는 언설세간의 상식로도 존재하지 않는다.

수행자修行者는 자성으로 성립하는 몸이 실제로는 빈, 비었음空性을 깨닫는 것을 수습하여 유신견을 없애야 하고 유신견이 없으면 모든 번뇌를 없앨 수 있다. 공성空性에서는 집착이 성립하지 않는다. 공성을 이해하면 윤회로부터 완전히 해방될 수 있지만 조금이라도 어떤 실체가 있다고 믿는다면 윤회에 대한 집착을 버리는데 방해가 된다.

사물에 대해 증익增益하는-이치에 맞지 않게 생각하는 분별을 없애고 분별이 없으면 유신견을 뿌리로 하는 탐욕, 성냄 등의 다른 번뇌를 없앨 수 있다. 번뇌가 없으면 그것에 의해 발생하는 업業도 없다. 업이 없으면 업에 의해 어쩔 수 없이 일어나는 윤회가 없기 때문에 해탈을 증득한다.

무명無明에 따른 망상妄想은 존재자를 있는 그대로 사유하는 것이 아니다. 무명無明은 그 존재자를 자아라는 주관의 망상妄想에 고착시켜서 그 망상대로 대상화하고 집착하는 마음의 존재방식을 말한다. 무명과 망상은 하나이다.

윤회에 묶이는 뿌리인 '뒤바뀐 대상'을 없애는 것을 수습修習하지 않으면 그 외에 다른 심오한 것 예를 들면 호흡법, 명점明點, 무상무념無想無念 등을 수습하더라도 결코 아집我執을 없애지 못한다.

무명은 단순한 오류나 과오가 아니라 모든 집착과 편견이 나올 수 있는 마음에 새겨진 사유의 망상妄想을 의미한다. 변계소집성은 망상이 고집을 일으켜 진실인 양 행세하는 것을 말한다.

무명을 없애기 위해 무아無我를 증득證得-바른 지혜로서 진리를 깨달아 얻음하는 정견正見-불교 팔정도(八正道)의 하나로 제법의 진상을 바르게 봄을 추구하는 이유는 아집이 윤회輪回의 근본임을 알아야 하기 때문이다.

아집으로부터 증익增益한-뱀의 다리나 토끼의 뿔 같은-자아를 수행자는 이치理致로 없애야 한다. 그리고 그 이치를 인식함으로써 해탈과 일체지一切智-여래의 다른 이름로 나가는 것이 도道이다.

또한 사백송에서 대상에서 무아無我를 본다면 삼계三界-천계·지계·인계의 씨앗을 없앤다고 하였는데 이는 대상을 무라고 봄으로써 삼계에서의 번뇌의 근본인 무명을 끊는다는 것이다.

유신견이라는 무명을 끊는 것은 뿌리를 끊는 것이기 때문에 아무런 번뇌도 생기지 않는다.

성여래비밀경에서

> "적혜(寂慧)여! 다음과 같다.
> 예를 들면 나무를 뿌리에서 자르면
> 줄기, 가지, 잎, 끝 모두가 마르게 된다.
> 마찬가지로 유신견(有身見)이 없으면
> 번뇌와 수번뇌 모두가 없어진다."
> 고 말씀하신 것과 같다.

이 경설經說은 유신견이 다른 모든 번뇌의 뿌리임을 설명한 것이다.

5장. 공·공성

불교에서는 일찍이 "인간이 대상으로써의 사물外境이 존재한다고 생각하지만 그것은 극미極微-原子와 극미가 쌓인 것으로 색色-사물을 극미極微로 분석하고 극미도 부분으로 분석한다면 무無인 것이다."라고 하여 현대 물리학의 입자파동설粒子波動設과 유사類似한 결론을 얻은 바 있다.

그러나 불교는 물리적 세계가 아니라 인간과의 관계라는 관점에서의 세계 즉 세상에만 관심이 있었다. 불교에서는 사물과 법을 같은 의미로 쓴다. 불교에서의 사물은 인간 의식과의 연관 즉 마음이 담겨있는 사물 즉 법이다. 만물萬物과 만법萬法은 같은 대상이지만 인간과 무관하게 되면 만물은 단지 자연적 존재로 남는다.

세계의 모든 법法은 스스로 존재하는 자성自性이 없기 때문에 공空하다. 공성空性은 연기적 존재인 몸의 발생을 가능케 하는 기반이고 몸은 공성본성의 발현이다. 따라서 공성은 사물과 사건有에 있어서만 생각할 수 있다. 공은 결코 단순한 무無가 아니며 공성은 법성의 성격이 공空하다는 의미이다.

화엄경의 탁사현법託事顯法은 '법성은 사물을 통의탁하여 자신을 드러낸다.'는 의미이다. 이 말에는 법성은 오로지 사물을 통하여서만 자신을 드러낼 수 있다는 것과 동시에 사물은 법성의 시여施輿를 받아서만 사물이 될 수 있다는 양면성兩面性을 포함하고 있다.

그러므로 법성과 사물의 관계는 불일이불이不一而不二이다. 그리고 불일不一 즉 법성과 사물이 다르다는 관점에서 본 법성 자신의 성격은 (사물을 존재하게 하는) 가능 존재可能存在이다. 즉 아직 현실태現實態가 아니라는 것이다. 그리고 현실적 존재가 아니기에 공, 무이다.

이를 두고 다마르키르티'는 '사유할 수 있으나 인식 할 수 없는 것은 공이다'라 하였고, 이는 또한 여래(법신) 외 자신이 공하지만 단멸공이 아니라 없다는 의미이다.

칸트는 무無를 '대상없는 개념으로써 그 본체에 해당하는 개념'이라고 정의定義한다(순수이성비판). 여기서 '대상없는'은 '사물로써 현시現示되지 않은 것'이고, '본체에 해당하는'은 곧 법성法性이다. 따라서 이 정의로부터 법성의 성격이 무·공이라는 이해, 해석이 가능하다. 즉 법성이 공성이라는 것이다.

그러나 이러한 공에 대한 인식론적 해석으로는 불교의 공空사상의 본질에 닿기에 충분치 않다. 연기론이 그러하듯 공 역시 인식론이 아니라 존재론이다.

공은 결코 단순한 무無가 아니며 인식론의 관점에서 단지 자성이 없이 조건적으로 생기生起하고 있는 현상세계의 실상實象을 있는 그대로 표현한 것일 뿐이다. 즉 공즉시색空卽是色 색즉시공色卽是空이라는 것이다.

중관의 공空사상은 우리의 마음을 탈개념화脫概念化하여 경험적인 것은 물론 선천적인 모든 관념의 짐까지 내려놓게 해주는 일종의 카타르시스Catharsis이다.<불교의 중심철학> 무르띠
그러나 그 카타르시스의 중심에 있는 공空을 이론으로써만 이해하면 이는 악취공惡臭空의 나락奈落으로 떨어질 위험이 있다.

붓다는 가섭소문경迦葉所問經에서 공성을 다음과 같이 설명하고 있다.

> "가섭(Kasyapa)이여,
> 공성을 부정적이라고 (잘못)이해한 사람들
> 이들을 나는 버림받은 사람들이며
> 엎질러진 물과 같은 사람이라고 말한다…….
> 허무주의자의 공견(空見)을 갖느니보다
> 수미산(須彌山)과 같은 엄청난 아견(我見)을
> 즐기는 것이 더 낫느니라. 어째서 그런가?"
>
> "가섭이여,
> 공성이란 모든 견해에 대한 해독제이니라.
> 공성 그 자체를 하나의 이론으로 오해하는 사람은
> 구제할 수 없다고 나는 말하느니라.
> 이는 마치 환자를 치료하기 위하여 투여되어
> 그의 모든 질환을 치료하려 하지만
> 그냥 몸속에 남아있어서
> 위장(胃腸)을 해치는 약과 같으니라."

"가섭이여,
그대는 환자가 치료되었다고 보느냐?
가섭이여, 공성도 이와 같아서
모든 독단적 견해들에 대한 해독제이니라.
그러나 나는 선언하노니
공성 그 자체를 하나의 이론(理論)으로
오해하는 사람은 치료할 수 없느니라."

이는 공空에 대한 수행을 거치지 않은 이론적 이해에 대한 경계警戒이다.

수행자修行者에게 있어 공空은 명상의 주된 초점이다. 공空이란 단순한 이론을 통해 그 끝을 볼 수 있는 것이 아니다 그것을 볼 수 있는 것은 이론이 아니라 실천행實踐行이다. 공空은 비누처럼 우리 마음의 분별적 사고방식을 세척해주지만 그 비눗기 즉 공이라는 생각을 다시 씻어 내야한다. 실천행, 수행만이 그렇게 할 수 있다.

공이란 수행修行에 있어 필수적으로 요구되는 내재內在임과 동시에 그 목표이다.

공은 수행에 의지하지 않으면 결코 공성을 증득證得하는 경지에 이르지 못한다. 그런 올바른 공관空觀의 토대 위에서 수행생활을 할 때 분별심은 정화淨化되어 가고 새로운 인식의 지평이 열린다.

그리고 해오解悟를 거쳐 증오證悟-깨달음을 증득한 경지에 이르면 '아는 것'이 '되는 것'으로 즉 존재가 변한다. '착한 일하여 좋은 사람이 된다' (Do good Be good)는 것이다.

불교에서의 공空의 논리적 특성은 이중부정二重否定의 구조構造에 있다.

즉 제법諸法은 그 자성이 없으므로 유有라고도 하지 못하고 환幻처럼 존재하기에 무라고도 할 수 없다. 유와 무의 양극단二邊을 떠난 것 즉 비유非有·비무非無로서의 중도中道이다. 여기서 분명히 알아야 할 것은 중도라 해서 그것이 유·무 양끝의 가운데 말뚝처럼 박아 놓은 것이 아니라는 것이다.

비유비무, 즉 중도를 파사현정破邪顯正이라고도 표현하는데 파사그른 것을 깨트린다는 실재를 부정적으로 표현하는 비유非有이고 현정바른 것을 드러낸다은 현상을 긍정적으로 표현한 것 즉 비무非無이다. 즉 실재는 부정되지만 현상은 긍정한다.

'이것도 아니고 저것도 아니다.'는 파사이고 '이것이기도 하고 저것이기도 하다.'는 현정으로 이는 다 같이 중도를 가리킨다. 선종禪宗에서는 이를 쌍차쌍조雙遮雙照라고도 한다. 달리 말하면 공의 의미는 진공묘유眞空妙有의 이치라고 할 수 있다.

중론에서는 공에 대해 다음과 같이 그 필연성을 해명하고 있다.

문 : 도대체 필경공(畢竟空-만법이 결국에는 공)이라면 죄나 복을 짓고 그에 대한 업보를 받는 것 따위는 어떻게 분별하는가?

답 : (그렇게 묻고 주장한다면) 이것은 세속제와 승의제의 구분을 무시하는 것으로 공(空)의 상(相)을 취(取)해 집착하는 과오를 범하는 것이다.

공성은 무존재를 의미하지 않는다. 공성은 고유한 '실체의 실성實性=法性'으로 필연적으로 의존적 발생인 연기를 의미한다. 사물과 사건은 원인과 조건이 만나 이루어진 결과로만 생기며 공성은 그 인과법칙을 가능케 한다.

왜냐하면 만일 어떤 법이 그 자성을 갖는다면 여러 가지 인연을 만나서 존재하지는 못한다. 그러므로 공하지 아니한 법은 존재하지 않는다. 만일 자성이 있어서 공하지 않다면 그 자성을 고수固守하고 있을 테니 생멸은 존재하지 않는다. 생멸이 존재하지 않기에 사성제四聖締도 존재하지 않게 된다. 이는 불교 자체를 부정하는 것이 된다.

이 주장의 전거典據는 중론 제24장 관사제품觀四締品이고 거기에서 자성에 대하여 불공不空-공이 아닌 것에 있어서는 생멸 등의 윤회와 열반이 모두 불가능하다는 것과 자성이 공인 것에 있어서는 그것들은 모두 가능하다는 것을 상세히 확정하였다.

중론 제24장 관사제품觀四締品에는

> 문 : 공을 설하는 자는 삼보(三寶)를 파괴한다. 법보(法寶)와 승보(僧寶)가 존재하지 않기 때문에 불보(佛寶)도 역시 없다.

그에 대한 답으로 아래와 같은 게(揭)에서 설명한다.

> "공의 이치(理致)가 있기 때문에 모든 존재가 성립할 수 있다. 만일 공의 이치가 없다면 어떤 존재도 성립하지 않는다(14 게). 왜냐하면 만일 모든 존재자들이 자성이 있다고 본다면 그것은 모든 존재들이 인(因)도 없고 연(緣)도 없는 것이라고 보는 것이다. 이와 같이 공의 이치가 있기 때문에 모든 존재(세간과 출세간)가 성립될 수 있다." - 16게

> "연기인 것 그것을 우리는 공성(空性)이라고 한다. 그것(공성)은 의존된 가명(假名)이며 그것은 실로 중도이다." - 18게

> "인연으로부터 발생하지 않은 것은 하나도 없다. 그러므로 일체의 존재는 공 아닌 것이 없다. 연기인 것 그것을 공성이라고 한다. 그러나 공 역시 또 공하다. 공성(空性)이라 했을 때 그것은 의존된 가명이며 그것은 실로 중도이다." - 19게

중관파에서 공空은 결코 실재實在에 대해 일방적인 부정만 주장하는 것은 아니다. 공은 중도中道로써 실재궁극적 존재에 대한 긍정과 부정 모두를 거부拒否하는 태도態度, 상태일 뿐이다.

이 태도는 만일 궁극적 존재에 대한 긍정적 서술敍述들이 부인된다면 부정적인 서술들도 똑같이 부인되어야 한다는 것으로 이는 일체의 택일擇一을 강요하는 서술에 대한 거부이다.

공空은 실재實在에 대한 아무 이론도 갖지 않는다. 그렇다고 하여 실재가 없다고 단정하는 것은 아니다. 그것은 오해이다. 반야般若 즉 올바른 지혜의 관점에서 말하는 공은 '실재'에 대한 부정이 아니라 『실재에 대한 개념概念의 부정이다.』

왜냐하면 개념적 틀은 사고를 통해 실재를 범주範疇 안에 가두어 이를 차별화, 특성화를 통해 정립하기 때문이다. 이러한 사고는 본질적으로 실재實在를 드러낼 수 있는 능력이 없다.

중관파에서 사물이란 궁극적으로는 실재라고 확인되지 않지만勝義締 경험적으로는 실재한다고 본다世俗締. 칸트 역시 '순수이성비판'에서 '물자체는 알 수 없다.'고 하였으나 그 외현外現으로써의 질료에 대해서는 실재성을 적극적으로 인정하고 있다.

그는 실재성實在性은 추론推論이 아니라 시공時空이라는 선험적 감각직관을 통해 즉각적으로 인지認知된다고 한다. 이를 중관파에서는 감관지感官知 그리고 유식학에서는 전오식前五識이라 한다.

공空과 공의 사유思惟는 인간의 논리적 이성에 의한 진리眞理의 장악을 거부하는 신비神秘의 깊이를 암시한다.

6장. 상속, 이일다성(離一多性)의 논증, 그리고 이제(二締)

중관파의 논의에는 연기, 무자성, 공, 무아와 같은 중심개념 외에도 상속, 이일다성의 논증, 그리고 이제二締 등 역시 없어서는 안 될 중요한 개념들이다.

6.1. 상속(相續)의 부정

불교에서 상속相續은 무생기無生起라는 승의의 세계와 현상으로 드러난 세속을 연결시켜주는 개념이다. 상속이란 무상하게 흘러가는 순간순간 달라지는 상태들이 이어지는 것을 통합하여 독립된 하나의 사물, 상태로 인지認知하는 의식작용을 의미한다.

승의 관점에서 보면 무상하게 흘러가는 순간순간 달라지는 상태들 속을 관통하고 있는 자기동일성自己同一性은 부정되어야 한다. 등불이 계속 켜져 있는 경우 그것이 하나의 불꽃인 것처럼 보이지만 실제는 계속 다른 기름을 태우며 새롭게 타오르는 것이다.

이와 같이 중생도 원래는 오온이 무상하게 상속하는 것인데 개체성을 가진 하나의 인간인 것처럼 착각한다. 그런 착각이 상속에 의해 현상으로 이어진다. 상속은 이처럼 무생기無生起라는 승의의 세계와 세속을 연결시켜준다.

대상에 대한 인식은 나눌 수 없는 찰나의 인식과 그것이 지속되는 것이지만 상속에 의해 그것을 현상세계라고 인정한다. 우리가 영화映畵를 볼 때도 같다. 영화는 한 컷 한 컷의 연속이지만 우리는 거기에서 스토리를 읽어낸다.

중론 제21장 관성괴품觀成壞品에서는 상속에 대해 다음과 같이 설명한다.

계속 기름을 태우고 있는 등불, 그 등불의 불꽃은 순간순간 생멸生滅하며 이어 간다. 그러나 소멸한 존재는 다시 생生하지 않을 테니 원인이 단절된 꼴이다. 만일 이렇게 원인이 결과와 단절되어 있으면 어떻게 상속이 존재하겠는가? 그러므로 상속은 전도顚倒된 어리석음으로써 존재하는 것이고 실제로는 존재하지 않는다.

또 다른 예는 씨앗이 싹이 되는 과정에서처럼 사물은 매 찰나마다 다르고 다른 두 찰나에 걸쳐있는 사물은 동일한 사물이 아니다. 다만 상속에 의해 동일한 사물로 오해하고 있을 뿐이다.

그러므로 상속은 의타기성依他起性으로 존재하는 사물에 대한 다만 인간의 주관적인 인식일 뿐이다. 그러나 여기서 잊지 말아야 할 점은 이러한 논리는 승의勝義의 정리正理이며 이는 다만 상속이 세속임을 말할 뿐이다. 의타기성으로 존재하는 사물 그것은 세속이다. 상속은 의타기성으로 존재하는 사물을 (세속의)현상이라고 인식할 수 있는 근거이다.

6.2. 이일다성(離一多性)의 논증인(論證因)

이는 다르마키르티Dharmakirti-法稱가 그의 논리학에서 "실체는 단일성을 가지고 있는가 아니면 다자성多自性을 가지고 있는가?"라는 문제에 대해 "두 가지 이상의 상반된 성질이 부가附加되어 있는 것은 하나가 아니다."라고 한 답에 기초한 것이다. 다르마키르티는 각각의 실체는 단 하나의 성질만을 갖는다고 하여 다자성을 부인하였다.

중관학파는 다르마키르티의 인명학을 기점으로 전기前期와 후기後期로 나누기도 하는데 이는 후기 중관학파에서는 거의 모두가 공성空性을 논증하는데 이일다성의 논증인을 차용하기 때문이다.

'이일다성의 논증인'의 주요한 장점은 단 하나의 논증식에 의해 일체법의 공성空性을 증명하는 것이다.

이 논증식에 따르면 아트만自我이 변화하는 부분(오온)과 변화하지 않는 다른 부분(영혼)으로 구성되어 있다고 한다면 이는 하나의 동일 실체에 서로 다른 성질을 가진 두 가지가 함께하는 꼴이 된다. 그러므로 자아는 부정된다.

다음은 불생불멸不生不滅에 대한 이일다성의 논증이다. 사물과 사건은 원인과 조건이 만나 이루어진 결과로만 생기며 공성은 그 인과법칙을 가능케 한다. 그것을 공능空能이라고 한다. 그러나 공성이 공능할 수 있기 위해서는 보조인補助因-조건이 있어야 한다.

보조인이 작용하지 않는 상태로 존재한다면 그 어떤 결과도 초래되지 않을 것이다. 예를 들어 씨앗이 싹을 틔우기 위해서는 토양, 햇빛이나 물 같은 환경조건보조인이 있어야만 한다.

씨앗은 그 자체로써의 성질이고 싹은 보조인들에 대해 반응한 결과 바꾸어진 성질이다. 그러나 만일 씨앗이 보조인에 의해 변형變形된 것이 싹이라면 씨앗은 그 자신의 필수불가결한 부분으로써 싹이라는 변형을 이미 소유하고 있어야 한다. 따라서 이일다성의 원리에 의해 싹의 생기는 부정된다.

이와 같은 논리는 생성과정에서 뿐만 아니라 쇠락과 소멸에 대해서도 똑같은 결론이 주장될 수 있다. 우리는 일반적으로 쇠락과 소멸이 외부의 보조인補助因에 의해 점차적으로 이루어진다고 생각한다. 그러나 만일 사물이 스스로 소멸될 수 없다면 아무리 엄청난 외부의 영향이 있어도 그에 대해 영향을 끼칠 수 없음은 물론 완전한 무無로 환원시킬 수는 더더욱 없다. 따라서 생生과 마찬가지로 멸滅도 없다.

이일다성離一多性의 논증인論證因에 따른 결론은 존재, 생기의 부정이다. 그러나 현실적으로는 아무 것도 스스로 존재하지 않으며 모든 것은 상대적 존재라는 것이다. 바꾸어 말하면 모든 존재는 자성이 없다는 것이다.

상속의 부정이 사물의 연속성에 대한 부정을 통해 자성적 존재를 부정한 것이라면 이일다성의 논증은 두 개의 동시적 존재의 부정을 통해 자성을 부정한다. 전자는 시간, 후자는 공간 개념을 적용한 것이다.

이들에게는 자성을 부정하지 않으면 즉 자성을 인정하면 연기가 불가능하다는 전제가 있다. 이들 목표는 불교의 중심개념인 연기를 논증하는 것이다.

6.3. 이제(二諦)

불교에서는 자연을 현상과 본성으로 구분하고 사물을 지각하는 방식에 따른 현상을 세속世俗, 사물이 존재하는 방식 즉 본성을 승의勝義로 하는 이제二諦-두 가지 진실를 설說한다.

승의제와 세속제의 관계는 하이데거의 '존재와 존재자'의 관계에 해당한다. 불교는 사실주의 관점에서 연기론에 근거하여 세상을 이해한다. 그리고 그 세상을 승의와 세속으로 나눔으로써 그 관계성을 통해 진실을 분명히 인식토록 한다.

나눔은 항상 인식의 기초이다. 불교에서는 '만일 승의와 세속 이제二諦를 있는 그대로 분별하지 못한다면 심오한 불법佛法에서 진실한 뜻을 알지 못한다. 그리고 모든 부처님께서는 이제에 의거하여 중생을 위해 설하신다.'고 한다.

중관파는 두 가지 진리二諦의 이론을 체계적으로 정리함으로써 갖가지 불교경전들과 이론들을 종합 정리하는데 있어 조리條理있게 적용하였다.

중론 제24장 관사제품觀四締品에서는 이제에 대해

1. 모든 부처님께서는 이제(二諦)에 의거하여 중생을 위해 설법하신다. 첫째는 세속제이며 둘째는 승의제이다.
諸佛依二締 爲衆生說 一以世締 二勝義締

2. 만일 사람이 이제를 분별함을 알 수 없다면 심오한 불법에서 진실한 뜻을 알지 못한다.
若人不能知 分別於二締 則於沈佛法 不知眞實義

3. 만일 속제에 의거하지 않는다면 승의제를 얻을 수 없으며 승의제를 얻지 못하면 열반을 얻을 수 없다.
若不依俗締 不得勝義締 不得勝義締 則不得涅槃

이는 이제를 이해하는 순서를 밝힌 것으로 먼저 세속제를 이해해야 하며 그러고 나서 출세간의 가장 높고 깊은 승의제를 이해하여야 열반을 증득할 수 있다는 것이다.

모든 법성을 가진 인식되는 대상所知은 세속제와 승의제를 구분하는 토대土臺로써 그 대상所知의 본질에 세속과 승의의 본성 둘이 있다. 이제二諦는 동일한 대상에 배제排除하는 것이 다른 것으로 따라서 세속이 없으면 승의가 없고 승의가 없으면 세속도 없다.

예를 들면 병甁에도 세속과 승의 두 가지 상相이 존재한다. 언설言說로 존재하는 것은 세속이고 '자성自性이 빈 것'은 승의다. 이를 '나'를 들어 말하면 자아自我는 세속이고 자기自己는 승의이다.

세속제의 대상은 말나식이 주도하는 일체 세간世間이고 승의제의 대상은 말나식이 전변轉變한 평등성지平等性智, 성자聖者의 선정禪定의 경지, 출세간出世間이다.

세속제世俗諦는 일체 법이 비록 공空하지만 현상적인 차원에서는 서로 연기緣起하여 상대적인 세계가 이루어지므로 세간의 차원에서는 유有를 인정하는 것이 진리라는 것이다. 그러나 승의제勝義諦는 출세간의 차원에서 세상의 모든 존재는 일체가 공空하다는 것을 자각한 올바른 진리를 말하며 따라서 진제眞諦라고도 한다.

6.3.1. 세속제

세속제란 무엇인가? 세속제는 세속의 측면에서 진리인 것을 말한 것으로 관습적 진리이다. 부처님께서는 어리석음無明 때문에 허구虛構인 것이 진실한 것으로 나타나는 것을 세속제라고 말씀하셨다.

일반적으로 사물은 연기緣起하고 있는 것이기 때문에 세속에서는 환영幻影과 같은 것으로 생기生起하지만 승의로서는 자기와 타자, 자타쌍방과 비인非因에서도 생기하는 것은 불합리하다. 그러므로 모든 존재는 그 자성이 공하다.

그러나 세속에서는 세간의 전도망상顚倒妄想으로 인해 환영幻影과 같은 허망한 법法을 생生하는데 세속에서는 그것이 진실이다. 왜냐하면 실의實意로써 무자성인 사물을, 형상에 있어서 그것과는 반대(=유자성)의 것으로 증익增益하는 미란迷亂의 혜慧가 세속의 본질이기 때문이다.

세속적인 것이란 세간의 실의實義에 의존하며 오온五蘊-色受行識은 세간 사람들에게 일반적으로 승인된 것이며 다섯으로 존재한다. 이러한 세속은 승의의 정리에 의해 고찰되지 않는 한 매력적인 생生과 멸滅의 성질을 가진 과果를 낳는 능력을 가진다.

중관장엄론에서는 "고찰考察되지 않는 한 매력적魅力的인 생과 멸의 성질을 가진 그리고 과果를 낳는 능력을 가진 것이 세속적인 것이라 하고 그에 대한 주석註釋에서는 연기하고 있으며 지각知覺되고 의욕意慾되는 제법은 고찰考察을 견디어 내지 못하기 때문에 올바른 세속인 것이다."라 하고 있다.

여기서 고찰이란 승의의 정리正理 예를 들면 다르마키르티의 이일다성의 논증 즉 제법을 '단일성을 가지고 있는가 아니면 다자성을 가지고 있는가?'라고 깊이 생각하고 살핀다는 의미로 연기로 성립하는 사물은 필연적으로 다자성일 수밖에 없기 때문에 부정된다. 본성이 다르면 그것은 다른 사물이다.

따라서 월칭月稱은 그의 입중론에서 세간의 언설의 진실 즉 세속제는 고찰되어서는 안 된다고 하였다.

여기서(중관장엄론) 생과 멸生·滅의 성질이나 과果를 낳는 능력은 의타기성을 의미한다. 올바른 세속은 의타기성에 의해 성립되며 이는 바른 세속이 아닌 변계소집성(밧줄을 뱀으로 착각하는)과 구별된다.

이제분별론에는 세속은 현현顯現하고 있는 그대로의 것이기 때문에 이것에 대해서는 고찰은 일어나지 않는다. 여기서 현현이란 세간극성世間極成 즉 세간 사람들이 일반적으로 승인하는 것을 말한다. 소치는 사람이나 여성 등에 이르기까지의 세간 사람들에 의해서 보이는 채 그대로 세속에 의해서 진실은 확립되지만 그것이 실의實義는 아니다.

그리고 그 실의實義-승의가 어떤 분별적 지해知解에 의해 가리어져 있을 때 그와 같은 분별적 지해를 하는 세간 사람들이 일반적으로 승인하는 것, 그것이 세속이다. 세속제는 그 세속에서 일체의 세간 사람들에게 승인되는 것, 그것 그대로가 진실이라는 의미이다.

이를 정리해서 말하면 세속은 실상實象을 장애하는 것, 서로 의존하는 것, 세간의 언설 이 셋이라 하겠다.

1. 실상을 장애(障碍)하는 것에서 '실상'은 진여(眞如)의 실성(實性)인 법성이다. '입중론(立中論)'에서는 어리석음은 법성(法性)을 장애하기 때문에 세속이라고 하였다.

2. 서로 의존하는 것이란 사물은 의타기성으로, 거기에는 자성이 존재하지 않는데 세속에서는 이를 존재한다고 증익하는 것이다.

3. 세간의 언설이란 언표(言表) 즉 언어로 표현되는 세간 사람들의 상식적인 인식에 따른 것이다.

세간의 언설이라고 할 때 그것은 언표言表-언어로 표현되는 인식하는 것과 언표되는 것所知-대상으로 구분, 포함되는데 그러나 언표되는 것 모두를 세속제라고 할 수는 없다. 승의의 빈 것 또는 일체의 반야般若도 언표되는 것(대상)이지만 세속제라고 할 수 없기 때문이다.

6.3.2. 승의제(勝義諦)

승의제는 사물의 존재방식을 분석했을 때 도달하는 궁극적 진리를 말한다.

승勝은 가장 수승한 성자의 근본지인 평등지平等智, 의義는 성지聖智의 소행경所行境-올바른 인식의 경계의 의미이고 제諦-진리는 허망하지 않고 속임이 없는 그 법의 본성을 말한다.

다마르키르티의 논리학에 따르면 인간의 사유思惟의 범위 안에 있지만 그것을 인식할 수 없을 때 그것은 무공이라고 한다. 칸트가 '물자체物自體는 모른다.'고 했을 때의 그 물자체는 자연사물의 본성本性-法性을 의미하며 칸트가 '모른다. 즉 인식할 수 없다.'고 한 그것을 불교에서는 공空이라고 한 것이다. 그리고 공성은 승의제이다.

중관학파의 승의의 정리正理는 사물을 고찰考察하여 사물에 자성이 있음을 부정한다. 즉 승의제는 진리로서 인·법人·法에는 자성진실이 없다는 것이다.

세속에서는 제법이 현현顯現하는 방식과 궁극적으로 존재存在하는 방식이 일치하는 것은 모순되지 않지만 승의에서는 그러한 일치가 성립되지 않는다.

공칠십론空七十論에서는

"발생(生), 머묾(住), 소멸(滅), 있음·없음(有無)
하열(下劣)한 것, 동등한 것, 특별한 것을
부처님께서는
세간의 언설의 측면에서 말씀하신 것이고
진실한 측면에서(말씀하신 것은)는 아니다."

즉 존재한다고 한 모든 것현상은 세간의 언설력으로 설정한 것이고 이 모든 법현상은 세간의 언설을 토대로 가립假立한 것이고 승의는 아니다.

정리지正理知는 올바른 앎으로 무생기의 원리 또는 이일다성離一多性의 논증 같은 것을 말한다. 그리고 이 정리지에 의하면 진실로서 성립하는 것은 그것을 탐구하여도 그것을 얻지 못한다.

따라서 승의제에서는 진실眞實로서, 승의勝義로서, 실의實義로서 성립하고 있는 것은 모두 부정대상이다. 이것의 의미는 대상에는 참된 모습으로서 존재하는 것은 없고 만일 그것이 있다면 그것은 인간이 자신의 지해知解에 의해 설정된 것이라는 것이다.

여기서 '승의勝義로서, 실의實義로서 성립하고 있는 것'은 신神에 해당하며 그에 대한 부정은 곧 무신론의 선언이다.

그런데 만일 모든 존재가 불생不生인 것이 승의제라면 세속제는 왜 필요한가?

승의라는 말과 세속이라는 말은 동일한 대상對象에 대해 그 본성과 현상을 구별하여 가리키는 것으로 승의제와 세속제는 그 말의 모순개념矛盾概念이 배제排除하는 것이 다를 뿐 그 대상은 하나이다. 즉 승의제에서는 세속에서 인정하는 허망虛妄한 법을 부정하고 세속제에서는 승의의 정리正理에 의한 고찰考察을 하지 않는다. 즉 동일한 대상에 있어 그 의미하는 바 내용이 다를 뿐이다. 그러므로 승의는 세속을 근거로 한다.

다른 논리로 설명하면 중관파에서 사물이란 궁극적으로는 실재라고 확인되지 않지만勝義締 경험적으로는 실재한다고 본다世俗締. 확인되지 않는다는 것이 곧 실재성의 부인은 아니다. 승의가 부정하는 것은 사실 자체가 아니라 그에 대한 개념이다. 사실 사물의 실재성實在性은 개념이 아니라 감관지感官知에 의해 확인된다. 그리고 감관지는 세속이다.

다마르키르티는 이를 공성空性은 공성의 기체인 제법諸法과는 별도로 존재하지 않는다고 한다. 색즉시공色卽是空이고 공즉시색이다. 따라서 승의가 성립하려면 세속이 필요하다.

또한 승의제는 언설言說에 의지한다. 언설은 바로 세속인 것이다. 언설은 언어표현만을 의미하는 것이 아니라 그것도 포함한 마음의 활동을 의미한다. 그러므로 세속에 의지하지 않고는 승의제는 말할 수 없다.

그렇다면 반대로 세속제는 왜 궁극적인 진리인 승의제勝義諦가 필요한가?

만일 승의제가 세속제의 한계를 설정해주지 않으면 현상現像세계, 세속에 제한되어야 할 인식작용이 무제약적이고 무비판적인 것이 되면서 본성 즉 물자체物自體는 모른다고 한 칸트의 이성理性의 한계가 철폐된다.

제한이 철폐된 이성은 본성과 현상세계를 구분하는 승의제와 세속제의 구별이 없어질 뿐 아니라 세속이 승의를 흡수吸收하여 진실인 양 행세하게 된다. 하이데거식으로 말하면 존재存在가 망각되면서 존재자存在者 자체가 절대적 지위에 서게 된다.

이때 자성이 공空한 사물을 자립적이고 고유한有自性 대상으로 즉 변하지 않는 확고한 존재로 인정하게 되고 거기에서 분별심에 따른 매력魅力과 반감反感이 일어나면서 아집我執을 일으킨다.

승의제를 잃으면 세속제만 남아 근대 서양철학에서처럼 자아의 비대肥大한 사량식思量識을 초래한다. 승의제를 잃으면 진리를 잃게 되고 우리의 마음을 잃게 된다. 그리고 이것이 현대문명의 중심에 선 이성 만능주의의 모습이다.

5부. 이변중관설

5부 이변중관설(離邊中觀說)

나가르주나에서 총카파에 이르는 중관사상의 역사라는 것은 이 두 사람을 제외한다면 완전히 이변중관설 자체의 역사라 할 만큼 중관사상中觀思想의 주류를 이루고 있다.<티베트 불교철학> 마츠모토 시로

이는 용수의 본지本旨에서 벗어난 중관사상으로 총카파는 이변중관설을 강하게 비판하였다. 달리 말하면 총카파에 의해 용수의 본지가 바로 잡혔다는 의미로도 해석된다.

1장. 이변중관설의 논지(論旨)

총카파와 동시대에 활동했던 승려인 소남 셍게는 티베트에서의 중관사상을 상변常邊중관설, 단변斷邊중관설 그리고 이변離邊중관설 셋으로 분류하고 있다.

처음으로 집착의 대상인 진실眞實로서 성립하는 것常邊을 부정하지 않으면 공성空性을 세울 수 없기에 이일다성離一多性 등의 정리正理에 의해 내외의 사물은 진실로 존재하지 않는다고 확정해야만 한다.

그러나 다음으로 이렇게 진실을 부정하고 나서 (다른)진실 즉 공성에 관해서 집착한다면, 이는 예를 들어 말에 탄 사람이 오른쪽으로 떨어지지 않더라도 왼쪽으로 떨어지는 것처럼 단변斷邊에 빠지는 것을 피할 수 없기 때문에 공성에 대한 집착도 부정해야만 한다.

그러나 이 둘상변과 단변에 대한 집착이 없는 것을 '중中의 견해를 깨닫는다.'라고 임시로 이름하지만 '중中의 견해는 이것이다.'라고 한다면 그것 역시 올바른 것이 아니다.

왜냐하면 이 둘의 변집邊執을 버린 것을 다시 '중의 견해는 이것이다.'라고 주장한다면 이는 또 다른 집착이고 변邊이 된다. 결국 이변중관설은 무엇인가를 주장하는 말言語을 떠나야 한다는 이희론離戱論이다.

이변중관설을 말하는 사람들은 세속제는 고찰考察하지 않은 세간에 구생俱生의 무명無明과 관련하며 승의제는 조금 고찰한 정리지正理知와 관계하며 이희론離戱論은 잘 고찰한 이언離言과 관계한다. 이 3개를 바르게 아는 것이 대중관大中觀이라고 한다.

왜냐하면 이 3개에 기초하여 순차적으로 세속제는 복덕福德이 아닌 것(올바른 행위가 아닌 것)을 지멸止滅시키고 -이는 세간의 삶에서의 올바른 행위業가 복덕을 가져온다는 이해에 따른 것이다- 승의제는 법·인 두 가지 아견我見을 지멸시키고 이희론은 견해의 희론을 전부 지멸시키기 때문이다.

여기까지가 이변중관설의 요지이다.

이변중관설의 중심에 있는 이희론의 논리적 근거는 두 가지 승의 즉 정리에 의해 고찰되는 '수순隨順의 승의'와 희론을 떠난 성자聖者의 입정지入定知인 '진실의 승의'를 서로 다른 둘로 구분하는데 있다.

성자聖者는 선정禪定 중에 마음을 하나에 집중하여一心轉注 빈 것空을 현증現證하지만 그 빈 것空을 현증한 것을 그대로는 안립安立하지 못하고 다만 면언名言의 인식(언어의 형식으로 인식된 것)으로 안립하게 된다. 그러나 그 둘은 같은 것이 아니다. 이것이 두 가지 승의의 요지要旨이다.

두 가지 승의의 예例는 부처님의 자수용적自受容的인 법열法悅-참된 이치를 깨달았을 때 느끼는 희열과 타수용적他受容的 진여의 현시顯示를 구분하는데서 볼 수 있다.

자수용적인 법열을 여거如去라고 하는데 이는 가지적可知的인 언어의 차원을 떠난 신비의 차원 즉 이언진여離言眞如이고 중생들을 위해 진리를 현시하러 오신 여래如來의 타수용적인 진여의 현시顯示는 언어에 의거해 표현되는 진리의 현상이므로 의언진여依言眞如라고 한다.

승의제라고 언급할 때 그것은 이미 승의제가 아니다. 왜냐하면 승의제라고 언급할 때 의식에서 대상과 대상을 인식하는 것 둘이 각각 현현하기 때문이다. 이런 둘로 나뉘는 사유방식에서는 승의제는 볼 수 없다. 실상실재의 본 모습은 분별이 없는 것이다.

이는 마치 도덕경에 도라고 말하는 도는 상도가 아니다道可道 非常道라고 한 것과 같은 의미이다. 상도는 상황에 따라 변하지 않는 본성에 관한 도道 즉 승의제이고 비상도는 도는 도이지만 변화하는 현상세계에 적용되는 도 즉, 세속제라고 할 수 있다.

이런 관점에서 보면 올바른 인식에는 둘이 있다. 하나는 성자의 삼매三昧의 무분별지 그리고 다른 하나는 인因을 근거로 실상을 파악하는 올바른 인식이다. 즉 분별이 없는 인식과 분별이 있는 인식 둘이다.

선정禪定에 들어 무루혜無漏慧로 빈 것을 볼 때 인식대상과 인식주체의 대립적인 상황은 이미 사라졌고 따라서 그것을 일미一味라고 한다.

그러나 올바른 분별있는 인식에서는 승의에 대해서 설명할 것이 많기 때문에 그 경우 이를 수순隨順의 승의 또는 상응相應하는 승의라고 한다. 그리고 이 상응하는 승의는 진실의 승의에 접근 가능한 방편으로 이에 대한 지해知解를 돕는다.

결과적으로 승의는 정리에 의해 고찰되는 수순隨順의 승의와 희론을 떠난 성자聖者의 입정지入定知인 진실의 승의로 구분할 수 있다.

수순隨順의 승의는 부정되어야 할 진실에 대한 집착이라는 측면에서 보면 그것을 가지지 않은 점에서 승의의 진실이다. 왜냐하면 정리에 의해 인법人法에는 진실한 것이 없다는 것이 설정되기 때문이다.

그러나 이러한 정리지는 실로 언어로 안립된 것을 파악하고 있는 것이기 때문에 일체의 희론이나 분별을 떠난 것은 아니다. 즉 정리지正理知에 따른 고찰은 인식대상인 법성法性과 인식하는 것인 혜慧의 둘이 있어 분별을 떠난 것이 아니다.

따라서 일체의 희론이나 분별을 떠난 성자聖者의 입정지入定知로부터 보면 수순隨順의 승의에서는 공성空性이라고 하는 언어, 희론戱論이나 분별을 끊고 있지 않다.

1.1. 인식의 방법

앞서 말한 바와 같이 올바른 인식에는 둘이 있다. 성자聖者의 삼매무분별지三昧無分別智 같은 분별이 없는 것과 인因을 근거로 실상을 파악하는 올바른 인식인 분별이 있는 것 둘이다.

부처님이 한없이 깊은 지혜로 승의제를 증득證得하신다고 하였을 때 이는 삼매무분별지三昧無分別智로 그것은 '보시지 않는 방식으로 보신다.'는 것을 의미한다. 이는 불지(佛地-십지론(十地論) 중에서 부처님의 경지)에서는 심心과 심소

心所의 작용이 전혀 없기 때문이다.

옛 선시禪詩 '작년의 가난은 가난도 아니었네, 작년에는 송곳 하나 꽂을 땅도 없었는데 올해는 그 송곳마저 없네.'에서, '송곳 하나 꽂을 땅'은 인식의 대상心所이고 '송곳마저 없네'는 분별하는 인식 자체心가 없다는 것이다.

섭송攝頌에서

> "형색 등을 보지 않고 감수(感受) 등도 보지 않고
> 행(行)을 보지 않고 생각하는 것(心思)을 보지 않고
> 심(心)·의(意)·식(識)을 보지 않는 것이
> 법을 보는 것이라고 여래께서 설하셨다."

이 송頌 전체의 의미는 성인聖人은 오온五穩을 보지 않고 바로 법法-본성, 공성을 본다는 것이다. 여기서 오온五穩을 보지 않는다는 것은 범부의 전도顚倒된 인식으로 보는 것을 부정한 것이고 법을 본다고 했을 때 그 법이란 올바른 법리法理-불법의 진리이다.

대상은 여여如如하게 그곳에 있고 부처님도 우리들에게 대상으로서 나타나는 것을 보신다. 왜냐하면 대상의 형상이 나타나지 않으면 그 대상의 존재여부如否도 알 수 없기 때문이다.

우리들 감각기관전오식-前五識은 항상 열려있어 대상을 받아

들이고 있지만 그것만으로 대상을 인식하는 것은 아니다. 일상생활에서 우리의 감각기관은 모든 사물을 받아들이고 있지만 그렇다고 하여 모든 것을 보고 있는 것은 아니다. 마음心이 거기에 닿아야만 즉 대상으로부터 감수感受된 것에 제6식의식이 결합되어야 사물을 인식할 수 있다.

그리고 범부는 그러한 인식작용의 과정에서 사물을 왜곡한다. 범부에게 나타나는 사물의 자상自相은 '토끼의 뿔'처럼 뒤바뀐 의식意識에 의해 증익增益된 것이다.

범부에게는 사물에 그렇게 증익된 현상이 진실인 것으로 나타나지만 부처님의 분별을 여읜 지혜에는 현상이 인식되지 않는다. 성인聖人이 명상 중에는 공성(법)을 직접 지각知覺한다.

이와 유사한 경험을 영국의 시인詩人 콜드리지Samuel Taylor Coleridge는 아래와 같이 쓰고 있다.

> "당신은 일찍이 사물이 존재하고 있다는 단순한 사실 그 자체에 마음을 빼앗긴 적이 있는가? 당신은 당신 자신에게 당신 앞에 한 인간이든 아니면 하나의 꽃이든 아니면 하나의 모래알이든 '그것이 거기에 존재한다(It is).'고 말해 본적이 있는가?
>
> 그것들이 어떤 방식으로 있는지 그리고 그것들이 어떤 형태를 갖는지에 대하여는 전혀 관심을 갖지

않은 채 말이다…… 당신이 그러한 경험을 해 본적이 있었다면 당신은 당신의 정신을 경외와 경탄으로 사로잡는 어떤 신비의 현존을 느꼈을 것이다."

약론석(略論釋)에도

"승의의 이지(理智)로 결택한 것으로는 파랑(靑色)을 보지 못한다. 성자의 평등지는 무분별지(無分別智)이기 때문에 파랑을 보지 못한다. 파랑은 분별을 전제한 비량(比量-인식·추론)에 의해 인식되는 것이기 때문이다."라고 한다.

비량比量의 경우에는 마음에 대상과 인식주체 둘이 현현하는데 그러나 성자가 선정禪定에서는 이 두 가지 상相이 나타나지 않는다. 이를 모든 희론戱論을 떠났다고 한다.

진실의 승의는 실사實事의 유·무 등 희론의 모든 그물을 버린 것으로 이제론자석二諦論自釋에

"따라서 그것은 빈 것이 아니고, 비지 않은 것이 아니고 있는 것과 없는 것이 아니다. 생기지 않은 것이 아니고 생기는 것이 아니라고 하는 것 등을 세존께서 말씀하셨다.

그것은 무엇 때문인가? 그것은 희론이 없는 것이다. 그것만이 모든 분별의 그물을 벗어난 것이다."

라고 하여 분별의 그물을 희론의 그물이라고 설명하였다. 희론을 떠난 성자聖者의 입정지入定知인 진실의 승의는 붓다와 가섭 사이에 오간 염화미소拈華微笑 즉 이심전심以心傳心으로만 그 전수傳受가 가능하다.

1.2. 이변중관설(離邊中觀說)에 대한 반론(反論)

이변중관설에서는 공성空性을 존재론이 아니라 인식론적으로 이해하고 있다.

그들의 가장 중요한 인식론적 관점은 정리正理에 의해 공성 또는 무생기가 설정되는 단계와 직관直觀에 의해 공성을 깨닫는, 즉 이희론離戱論이라고 설해지는 단계를 명확하게 구별하는 것이다.

그러나 중론 제22장 관여래품觀如來品에는

> "모든 존재가 공하다고 말해서는 안 된다. 모든 존재가 공하지 않다고 말해서도 안 된다. 모든 존재가 공하기도 하고 공하지 않기도 하다라고 해도 안 된다. 또 공하지도 않고 공하지 않지도 않는다고 해도 안 된다. 그럼에도 불구하고 왜 말했는가 하면 이는 단지 가명(假名)으로 오직 교훈을 위해 말한 것이다.
>
> 정적(靜寂)의 경지, 거기에 어떻게 상주(常住)나 무상(無常) 따위의 네 가지가 있겠는가? 또 유변

이나 상변 따위의 네 가지가 있겠는가?"라고 한 바 있다.

월칭月稱-찬드라키르티 역시 공성空性은 희론이 사라지고 분별을 초월한 진여眞如라고 하였다. 즉 승의제를 무자성, 공이라고 하였을 때 그것은 이미 이희론을 말한 것이다.

따라서 이변중관설에서 정리에 의해 고찰되는 '수순隨順의 승의'와 희론을 떠난 성자聖者의 입정지入定知인 '진실의 승의'로 구분, 분별하는 것은 의미가 없다. 승의·공空은 '공'일 뿐 어떤 분별도 허용될 수 없다.

이변중관설의 문제는 용수가 공성에 대해 분명하게 '공하지도 않고 공하지 않지도 않는다고 말해도 안 된다.'고 했음에도 불구하고 수순의 승의와 진실의 승의가 구별된다고 말하는 데에, 즉 그렇게 주장하는 데에 있다.

승의·공을 언어, 인식론을 기준으로 수순과 실의로 나누는 것은 반야·공에 대한 오해이다.

상식적인 수준에서 보면 공空이라는 말 자체는 부정否定 내지는 공허空虛, 모른다不知 정도의 이미지로써 남겨져 있다. 그러나 공·무는 인도와 중국철학에서만 볼 수 있는 이성理性에 있어 가장 심오深奧한 최고의 경지로 동양과 서양의 사유思惟의 차이를 가르는 결정적인 요소이다.

칸트는 그의 순수이성비판에서 이성理性 영역의 한계(경계)를 그림으로써 '물자체物性=法性는 모른다.'라고 할 수 있었으나 공空에는 이르지 못하였다. 그리스 철학사에서 수학의 신이라 할 만한 피타고라스와 유크리드 조차도 영零의 개념을 찾아내지 못하였다.[10)]

공의 논리는 인간의 이성이 추구할 수 있는 모든 사변思辨 영역의 극한極限에 위치하고 있다. 이러한 공은 모든 대립과 모순을 해소시킨다.

공空은 이론이 아니다. 공은 오랜 수행에 의해서만 증득되는 모든 가능성을 안고 있는 순수한 상태 자체이다. 공이란 수행이라는 수단에 내재內在함과 동시에 그 목표로 그것은 중도이다. 중도가 양 극단 가운데 말뚝처럼 존재하는

10 수학의 영(零-0)은 인도 논리학에서의 공(空)·무(無)라는 개념이 수학에 도입된 것으로 인도의 승려이며 수학자인 브라마굽타(598-665)에 의해 처음으로 제시되었다. 당시는 불교의 중관파 나가르주나(용수-龍樹)의 영향으로 인도의 논리학에 공사상이 널리 확장, 번창하던 시기였다. 인도 논리학에서는 공은 단순한 부정이 아니라 우주자연을 해석하는 유용한 개념으로 인정되었다.

그리고 이슬람에 의한 인도 침략 내지 지배와 함께 인도의 수학이 아랍 이슬람 문명으로 전파되면서 지금 우리가 아라비아 숫자라고 오해하고 있는, 인도 수학의 숫자 표기인 1, 2, 3...... 와 함께 영(0)이라는 개념이 아라비아 수학에 접수되었다. 기독교 문명권인 유럽에서 수학에 수용된 것은 그로부터 8세기 후 그러니까 르네쌍스를 거친 15세기 이후였다.

I, V, X 등으로 표기되는 서양 종래의 로마 숫자에서는 예를 들면 20507을 표기 할 경우, 우리가 그 숫자를 읽고 있는 것처럼 '2만 5백 7'로 표기하였는데 이는 실재 '있음'만을 표기한 것이다, 그들은 0천, 0십이라는 개념 즉 공·무를 이해하지 못하였다.

것이 아니듯 그것은 이미 언어를 넘어서 있다.

수학에서 영零은 음수와 양수가 만나는 점으로 그것은 음수도 양수도 아니고 또 그것들의 부정도 아닌 즉 중도中道이다. 반야, 공 또한 사유의 극치極致로서 언어를 갖는 사유와 언어를 초월한 직관直觀이 만나는 점點이다. 그리고 점은 위치하나 존재하지 않는다. 반야, 공은 언어의 긍정도 부정도 아니다.

승의, 공을 인식론적으로 해석하여 수순과 실의로 나누는 것은 반야, 공에 대한 오해이다. 공은 사유할 수는 있으나 인식의 대상은 아니다.

수순의 승의와 진실의 승의의 관계는 곧 논리적 이성理性과 직관直觀의 관계이다. 논리적 인식은 언어를 통해 또 언어에 의하여만 가능한 반면에 직관은 언어를 필요로 하지 않는다.

그렇다고 하여 무분별적인 직관이 이성과 무관한 것이 아니다. 직관 역시 인간의 이성의 범주를 떠나있는 것은 아니다. 베르그송은 직관을 '몸을 통과하는 이성'이라 하였다.

불교에서 세상(존재)을 바라보는 중요한 관점은 연기설에 근거한 불일이불이不一而不二 관계이다. 두 개의 항項이 연계되어 있기에 동일하고 반대로 연결되는 것이 둘이기 때문에 양자는 구분된다. 서로 확연히 다르거나 동일同一한 실체

사이에는 관계란 얻어질 수 없다.

공空의 논리에 있어 말과 뜻은 불일이불이의 관계에 있으며 그 둘 사이에 있는 간극間隙을 메우는 것은 수행修行이다.

가섭문품迦葉問品에서

> "가섭이여! 예를 들면 두 나무가 바람에 의해 마찰될 때 불이 생긴다. 불이 생겨 두 나무를 태우는 것처럼 가섭이여! 바르게 관찰하여 성자의 혜근(慧根)이 생긴다. 성자의 혜근(慧根-진리를 깨닫게 하는 힘)이 생겨 바르게 관찰하는 것을 태운다."고 하셨다.

이는 올바른 관찰행으로부터 혜근(무분별인 직관)을 일으킨다는 의미로 상응하는 승의와 실제의 승의는 격절隔絶되어 있는 것이 아니라는 둘의 관계를 보여주셨다. 바르게 관찰하는 것 즉 논리적 사유는 직관과 격절된 것이 아니라 수행에 의해 논리적 사유가 직관에 이른다는 것이다. 이것이 중과파의 목표인 '논리에 의한 논리로부터의 해탈'의 의미이다.

이성의 관점에서 말하면 반야·직관 역시 인간의 이성의 범주를 떠나있는 것은 아니다. 무無가 무의 기체基體없이는 존재하지 않듯 직관 역시 이성의 논리적 사유없이는 성립할 수 없다. 침묵沈默은 언설이 있기에 침묵일 수 있다.

중도로서의 공空은 불교에서는 사유의 근본이다. 불교에서 부정하는 것은 이성理性에서의 분별작용이지 이성을 통째로 부정하는 것이 아니다. 오히려 그 반대이다. 불교가 추구하는 근본은 무명無明을 타파한 지혜의 세계이다.

우주세계의 실상實象은 연기緣起라는 올바른 법리 자체로 공성空性이다. 반야般若로서의 공성이란 경험성을 떠나 있기에 어떤 의미에서는 현상을 초월한다고 볼 수 있지만 생생生生한 의미에서는 실재로서의 현상성에 내재하거나 현상성現象性 그 자체와 동일하다.

분별치연론分別熾燃論에서 무분별지無分別智와 상응하는 지혜 두 가지를 설명하고 중관광명론中觀光明論에서도 승의를 두 가지로 설명하지만 그 밀의密意는 하나라고 분명히 말하고 있다. 즉 승의는 하나이고 이변중관설은 그 하나의 승의에 대한 인식과정의 다름을 두고 가른 것이다.

이변중관설離邊中觀說의 근거는 중론 제18장 관법품觀法品 9게송 등에 나타난 '실의實義-tattva'라는 단어의 의미를 승의와는 명확하게 구별되는 승의 이상의 고도의 실재實在 즉 무분별지無分別智의 대상으로 오해誤解한 것에 있다.

이러한 오해에서 공성空性을 현상적 제법으로부터 격절隔絶한 다른 법성의 세계(무분별지無分別智의 대상)로 세우는 것은 신적神的인 존재를 인정하는 실재론으로 이는 중관의 취지에 어긋난다. 법성이 곧 공성이고 공성이 곧 법성이다. 즉, 색즉시공 공즉시생이다.

현실적으로도 수순의 승의와 진실의 승의를 구분하는 이변중관설을 주장하는 대부분의 학자들은 공성에 대한 사유思惟를 직관으로부터 완전히 분리, 격절隔絶시킴으로써 경험성을 떠나 있는 어떤 것 즉 불가설不可說의 실체를 인정하는 여래장如來藏 사상[11]의 길을 걸었다. <티베트 불교철학> 마츠모토 시로

나가르주나 이후부터 총카파에 이르는 이변중관설을 주장하는 학승學僧들은 실재론자와 다름없다. 이들은 유有라고도 할 수 없고 무無라고도 말할 수없는 불가설不可說의 실재實在를 긍정하기 때문이다.

한국불교에서도 일반적으로 수용되고 있는 불가설의 실재로서의 여래장을 긍정하는 것은 불교 본래의 공空사상의 취지는 아니다. 불교가 브라만교의 실재설에 반대하며 등장한 것임에도 불구하고 여래장 사상은 또 다른 실재설이다.

인도에서 불교가 여래장 사상을 근거로 해서 발전한 밀교화密敎化되면서 실재론적인 힌두교에 흡수되어 그 명맥을

11 여래장은 중생은 깨달음의 씨앗을 함장(含藏)하고 있다는 뜻이다. 그런데 여래장 사상에서는 이 씨앗을 실체로서 이해하고 있다.

다한 것은 기억해야 할 사실이다. 여기서 아이러니는 여래장 사상이 공사상이 있어 가능했다는 것이다.

이변중관설은 공집空執을 부정하는 데는 의의意義가 있다. 그러나 나가르주나의 중론의 취지趣旨는 '공은 희론을 떠난 것이다 혹은 아니다.'라는 분별, 그런 분별을 부정하는 데 있다. 중론에서는 공·중도가 가설假說임을 누차 강조하고 있다.

용수龍樹 논사論師는 "세속제는 방편이 되고 승의제는 방편(의 내용)을 가진 것이 된다."고 하였다. 이때 '방편'은 진실한 법리에 끌어넣기 위해 가설한 언설言說이고 '방편을 가진 것'은 법리를 가리키는 말로써 이는 승의제는 언설이 끌어드리고자 한 법리 자체라는 의미이다.

이 방편(언설)과 방편을 가진 것을 혼동하여 희론戱論이라는 그물을 씌워 수순의 승의라고 한 것이다.

용수는 "해탈解脫이란 업業-행위과 번뇌를 지멸止滅시키는 것이다. 그것들은 분별에서 일어나고 이것(분별)은 희론戱論에서 일어난다. 희론은 공성空性을 앎으로서 사라진다."고 하였다. 이처럼 공성은 이미 희론을 넘어선 것이다.

공성은 단순히 이론적 의식의 소산所産만이 아니라 이는 실천적이고 종교적인 소산이기도 하다. 이희론은 공성을 이론적 의식의 소산 즉 인식론의 관점에서 이해한 것이다.

공성은 이론에 근거한 수행修行의 소산이다.

이변중관론에서 승의를 상응하는(수순의) 승의와 진실(실제)의 승의 둘로 분별하는 것은 또 다른 희론戱論이다. 희론을 떠난 진실의 승의 역시 언어로 말하고 있다. 따라서 새삼스레 이언離言을 말하는 것은 공空의 무한소급無限遡及 곧 공의 공회전空回轉일 뿐이다.

이변중관론의 부당성不當性은 논리학의 관점에서도 분명하게 드러난다.

이변중관설에서 수순의 승의와 진실의 승의를 구별하는 형식논리의 근거는 4구부정四句否定의 제3구와 제4구의 관계와 같다.

> 4구부정의 구조는
> 1. 있는 것도 아니고
> 2. 없는 것도 아니며
> 3. 있기도 하고 없기도 한 것도 아니고
> 4. 있지도 않고 없지도 않은 것도 아니다
> 라고 하여 4구 모두 부정으로 짜여 있다.[12]

12 사구부정이라는 논증식(論證式)은 근본불교에서부터 있어온 자(自), 타(他), 자타쌍방 그리고 비인(非因)의 네 가지 경우의 부정(否定)의 변형으로 볼 수 있다.

제3구 즉 '있기도 하고 없기도 한 것도 아니다.'는 중도中道를 끌어내는 논리로 이 논리는 용수의 중론에 일관하고 있다.

제3구는 있음(이다)과 없음(아니다) 양자에 대한 부정否定으로 거기에는 아직 '있음'과 '없음'이라는 부정대상이 존재한다. 그럼으로 언어의 대상이 된다. 수순의 승의가 그러하다.

그리고 제4구는 제3구가 희론戲論이라 하여 이를 부정하는 것으로 거기에는 부정대상도 없고 그것을 분별·인식하는 언어행위도 존재할 수 없다. 진실의 승의가 이에 해당한다.

그러나 제4구는, 제3구에서 이미 범犯한 배중율排中律의 무시 내지 초월을 다시 범하는 것으로 이는 논리로 무엇을 결정하는 것이 아니라 회의懷疑 즉 의심하고 단념하는 태도態度이다.

배중율이란 어떤 명제命題도 참이거나 거짓일 뿐 그 중간은 없다는 것으로 무도 아니고 유도 아니라는 '중도中道' 역시 이미 배중율을 무시 내지 넘어서 있다. 그러한 배중율을 하나의 상황에 대해 반복적으로 적용시키는 것은 이미 논리 즉 사물의 이치를 해명하기를 포기한 것이나 다름없다.

사실 '중도'와 같은 제3구에서의 부정은 그 부정에 반대되는 긍정 가능성에 대한 충분한 고려考慮가 있은 다음 중관학파로는 논리적 사유가 그 극한에 이르러 논리로부터 해방된 직관慧眼에 따른 부정이다. 따라서 제4구는 그것 자체가 오히려 희론戲論이라고 할 수 있다.

총카파는 이러한 배중율을 무한無限 사용하려는 비논리적 태도를 '이는 미친 짓'이라고까지 강력하게 비난한다. 사실 '말을 떠난 것' 그것조차도 하나의 주장일 수밖에 없다. 종교는 초월을 지향하지만 종교가 서있는 자리는 현실, 언어의 세계이다.

불교의 근본인 연기緣起·무자성無自性·공空을 단순한 이론이고 분별에 지나지 않는다고 한다면 그것은 불교 자체를 부정하는 것이다.

한편 이변중관설의 불가설不可說을 반대하는 관점에 서있는 총카파 같은 학승學僧들에게 보다 직접적인 문제는 그 이희론離戲論이 '중관에서는 주장이 있어서는 안 되고 또 있을 수도 없다.'는 주장으로 나타난다는 것이다. 그리고 그는 이점에 대해 강하게 반발하였다.

중관파에 주장이 있는가 없는가를 고찰하는 문제라면 먼저 '중관'이라고 말해지는 어떤 근거를 구비하고 있는가가 우선적으로 살펴져야만 할 것이다. 왜냐하면 종교나 철학에 있어 그 앞에 하나의 이름을 가지게 되려면 당연히 그들만의 교리와 그 해석을 내세워야 하기 때문이다.

따라서 중관파라고 불리려면 중관파로서의 그 무엇을 주장하지 않으면 안 된다. 그리고 총카파는 중관파는 '승의로서는 미진微塵만큼도 성립하지 않으며 언설(세간)에 있어서는 일체는 환영幻影과 같은 연기이다.'라고 주장한다.

아트만을 부정하는 혁명적 무아無我사상을 근간으로 하는 불교가 인도에서는 정치·사회적인 이유에서라도 오래 버티기는 힘들었다. 인도에서는 불교가 브라흐만과 유사한 여래장如來藏 사상을 근거로 밀교화密教化하며 힌두교에 흡수되었다.

불교가 인도에서 그 명맥을 다함에 따라 이제 중관학파의 불교는 인명학因明學-論理學을 비롯해 거의 완전한 형태로 티베트에 전수·보존되고 있다.

6부. 티베트 불교와 중국 불교

6부 티베트 불교와 중국 불교

1장. 티베트 불교

티베트는 인도와 중국이라는 거대한 두 국가 간의 경계를 형성하고 있는 히말라야산맥(Himalaya-산스크리트어로 hime는 '눈' alaya는 '쌓인다') 위에 두 나라에 의해 포위된 듯 자리하고 있다.

중국과 인도는 단순히 거대한 국가들일 뿐만이 아니라 철학사상에 있어서 서양문명과는 대비되는 동양성東洋性을 공유하면서도 각기의 고유한 사유방식으로 서로 다른 문화권文化圈을 형성하고 있다.

티베트는 정치·문화적으로 양국의 지대한 영향을 받고 있었고 불교를 도입하는 과정에서 인도의 중관사상과 중국의 선종禪宗 중 하나를 선택해야만 했고 또 할 능력과 자유가 있었다. 그 선택과정은 외부의 강압에 의해서가 아니라 '법 겨루기'라고 하는 쟁론爭論의 과정을 거쳤고 그 결과는 티베트 국왕에 의해 선정選定되었다.

불교가 티베트에 들어 온 것은 640년 송첸감포 왕의 두 왕비인 중국의 문성文成공주와 네팔의 공주인 키리 티춘에 의해서였다. 그리고 티베트에서의 백년 가까운 불교를 박해迫害하는 시기가 지난 후에 불교의 열렬한 옹호자인 티송테첸 왕은 인도불교의 대학장大學匠인 샨타라크쉬타 Santaraksita를 761년 그리고 771년 2차례에 걸쳐 초청하였다. 그는 십선十善, 십팔계十八界, 십이지연기十二支緣起 등 불교의 기본적 교의를 설했다.

그는 1차 초청 때 4개월 만에 네팔로 돌아가야만 했는데 이는 티베트의 민족종교인 뵌교('뵈'는 티베트어로 '티베트'이다) 신자들이 당시에 일어난 천재天災나 역병疫病의 원인이 불교에 있다고 주장했기 때문이었다.

그런 경험에 따라 그는 티베트에서 뵌교에 맞서 불교를 정착시키기 위해서 밀교 수행자이며 주술사呪術師인 파드마삼바바Padmasambhava를 초청토록 왕에게 진언했고 그는 773년 티베트에 들어와 주술로 뵌교도를 압도했다.

775년부터 12년에 걸쳐 왕명에 의해 삼예 대승원大僧院이 건설되었으며 샨타라크쉬타가 이것을 지도하였고 파드마삼바바가 보좌하였다. 파드마삼바바는 티베트 최초의 종단宗團인 닝마파('닝마'는 티베트어로 '오래된'이다)의 창시자가 되었다.

샨타라크쉬타는 인도와 중국 양국의 불교가 충돌할 것을 예견하였고 그때가 되면 자신의 제자인 카마라쉴라 Kamalasila를 티베트로 초청하여 중국 불교에 맞서도록 당부하였다.

티베트 불교의 향방을 결정하게 된 중요한 양국 불교의 논쟁인 '삼예의 종론宗論'에서 중국 화상和尙 마하연摩訶衍에 맞서 논사論師로 나선 인도 학승學僧이 바로 카마라쉴라이었다.

중국 선종禪宗의 불사不思, 부작의不作意, 부작행不作行이라는 가르침은 대승불교의 기본인 육바라밀의 행行-普施, 利他行과 계戒를 부정하는 것으로 이는 공성과 무아에 대한 깨달음에 앞서 육바라밀에 대한 선결택先抉擇을 중시하는 견행見行과는 어긋난 것이다.

결국 이 논쟁은 돈오頓悟를 주장하는 중국의 선종과 점수漸修를 따르는 인도불교와의 충돌이었다.

당시 티베트의 티쏭데첸 국왕이 주도한 이 논쟁은 794년부터 3년간 티베트의 삼예사寺에서 중국 화상 마하연과 인도의 학승 까말라씰라 사이에 있었던 것으로 선종禪宗과 인도 중관파 간의 일종의 법 겨루기였다.

마하연의 주장은 불사不思·부작의不作意·부작행不作行을 통해 즉 참선參禪을 통해 깨달음에 이를 수 있다는 것인 반면 까말라씰라는 공성空性과 무아無我에 대한 선결택先決擇이 우선되어야 한다는 것이다.

까말라씰라의 요지要旨는

"일체를 전혀 사유하지 말라는 것은 여실(如實)히 분별하는 반야를 버리는 것이다. 제법의 본성인 그 무분별의 법계(法界)는 여실히 관찰하는 반야로써 마땅히 깨닫는 것이다. 그것을 버림은 출세간의 지혜도 역시 버리는 것이다.

그러한 지혜없이 수행자(修行者)가 어떠한 방법으로 무분별에 안주할 수 있겠는가? 또한 이미 경험한 일체의 법을 억념(憶念-단단히 기억해서 잊지 않음)하지 않고 작의(作意-대상을 정확히 기억해서 통찰하는 마음의 작용)하지 않는 것은 불가능하다.

여실히 관찰함이 없이는 제법의 무자성(無自性) 즉 공성을 깨달아 들어갈 수 없고 억념이 전혀 없는 무지한 마음으로 어떻게 정도(正道)를 닦는 수행자기 될 수 있겠는가?

관찰하는 지혜로서 전도(顚倒)된 망상을 영원히 여의게 되는 것이며 그것을 끊고 버림으로서 청정한 지혜의 광명이 법성의 진실을 더욱더 통연(洞然)하게 깨닫는 것이다.

그러므로 먼저 일체의 경전을 읽어서 그 뜻을 통

달하고 고요한 처소에서 사마타(止)와 위빠사나(觀)을 수습(修習)함으로써 깨달음의 체험이 마음에 생겨난다. 그것을 바탕으로 수행하며 그 마음 또한 단지 환영(幻影)과 속제에 지나지 않으며, 승의에 있어 그것이 무생임을 깨달아서 일체 법이 파초(芭蕉)의 속과 같이 텅 비었음을 여실히 증득(證得)함으로써 마음의 혼침(昏沈-어둡게 가라앉다)과 도거(悼擧-들뜨다)를 여의고 지관쌍운(止觀雙運)의 도(道)에 스스로 들어가는 것이니 수행은 그와 같은 것이다.

그대들처럼 두 자량(止·觀)도 쌓지 않고 의식의 흐름도 정확하지 않고 세간사도 또한 알지 못하면 어떻게 현상계를 이해할 수 있겠는가? 그렇게 되면 어떻게 신명(身命)을 유지하는 데에 필요한 의식주(衣食住) 등도 힘써 할 근거를 얻지 못할 것이다." 라는 것이다.
<까말라씰라의 수습차제 연구> 중암

결국 8세기말의 이 논쟁은 티베트에 있어 그 후의 티베트 불교의 방향을 결정하는 의미로써 인도 중관학파를 티베트에 공식적·지배적 종파로 수용하게 되는 결정적 계기가 되었다.

티베트 불교의 중요성은 인도에서 불교가 밀교화되면서 힌두교에 의해 흡수·소멸됨에 따라 불교 최고의 경지에 이른 중관학파의 불교철학이 오직 티베트 불교에 의해 유지·보존 내지 발전되었기 때문이다.

티베트의 불교역사는 843년 고대 티베트 왕조 분열 후 약 2세기에 걸친 혼란기를 경계로 해서 전기前期와 후기後期로 나뉜다. 후기 티베트 불교는 인도의 '후기 중관파'에 속하는 학승學僧인 아티샤Atisa 982-1054의 포교布敎로부터 시작되었고 그 성격은 계율戒律부흥운동으로 상징된다. 그리고 그 정신은 총카파로 이어졌다.

1.1. 총카파

총카파Tson Kha pa (1357-1419)의 본명은 롭상닥파Blo bzan grags pa로 총카파는 총카파 지역에서 태어난 사람이라는 뜻이다. 도차제론道次第論은 그의 주저主著이다.

총카파에 의해 창시된 겔룩파는 가장 늦은 시기에 설립設立된 종파로서 황모파黃帽波, 개혁파改革派라고도 불린다. 겔룩파는 제정일체祭政一體인 티베트의 실권實權을 장악하고 있는 현재의 달라이 라마(Dalai lama-달라이는 몽골어 바다(海)이다)가 속한 종파이다.

겔룩파는 엄격한 계율주의, 철저한 독신주의로써 신뢰를 받아 티베트 최대의 종파가 되었다. 현재 티베트의 주요 종단인 닝마파, 카규파, 사카파들이 모두 대처승帶妻僧인 것과는 다르게 유일한 비구승比丘僧 종단이다.

총카파의 저서著書에는 도차제론 외에도 탄트라Tantra불교를 취급한 비밀도차제론도 있지만 그 논의論意는 성자聖者로 분류되는 사람들의 밀교수행에 대한 것으로 현교顯敎의 수행을 완성한 사람에게만 탄트라의 실습을 허용하여 밀교의 수준을 상승, 엄격하게 제한시킴으로써 실제로는 탄트라불교의 논리를 파괴했다고 한다.

일본의 불교철학자인 마츠모토 시로松本史朗는 "총카파의 사상은 단순히 티베트 불교의 틀 속에 머물지 않고 불교 전체에 근본적인 문제를 제기할 정도로 중요성을 갖는다. 간략하게 말하면 총카파의 사상을 빼놓고서 불교란 무엇인가를 묻는 것은 오늘날 불가능하다."라고 한다.

법정스님은 그의 '인도 여행기'에서 앞으로 세계불교는 티베트 불교에 의해 주도될 것이라고 한 바 있다. 거의 같은 결론이지만 그러나 그 근거나 맥락에 있어서는 전혀 달랐다.

티베트 불교는 후기 중관파에 속하는데 8세기 인도에서 활약한 즈냐나가르바Jnanagarbha, 산타라크쉬타Santaraksita, 카말라쉴라Kamalasila 등 후기 중관파의 사상가들은 다마르키르티Dharmakirti- 法稱(7세기)의 인식론과 논리학으로부터 강한 영향을 받았다.

오히려 다마르키르티의 영향을 받았던 중관파를 후기중관파라고 부르는 것이 옳을 만큼 불교철학 역사상 그의 존재는 위대하였다. 그의 사상을 어떻게 해석하는가에 따라 즉 그를 유식파로 볼 것인가 아니면 중관파로 볼 것인가에 의해 해석이 상위하는 두 개의 큰 흐름이 형성되었고 후자들을 후기 중관파로 불렀다.

후기 중관파는 불교 논리학에 있어 승의를 다마르키르티의 논리학에 기초하여 이일다성離一多性의 논증인論證因이라는 논증식에 의거하여 고찰·증명하였다.

총카파 역시 후기중관파를 이어받았고 그는 다마르키르티 논리학의 무無의 이론인 '사유 가능한 것의 비인식非認識이 무無'라는 논리를 사용하고 있다. 즉 그 사유대상으로 말하면 그 사유범위 내에 그 존재가 상정됨에도 불구하고 인식되지 않기 때문에 그 존재가 부정된다는 것이다.

불교철학 중 최고인 인도 중관사상中觀思想이 티베트에 도입된 이래 일반적인 견해는 이변중관설離邊中觀說이었고 그는 이를 강하게 비판했다.

당시 티베트의 일반 중관학파에서는 이변중관설의 불가설不可說에 따라 '중관파는 자기주장이 없을 수밖에 없다.' 라고 한데 대해 총카파는 '무자성인 것이 연기한다.'는 주장을 세웠다.

총카파는 도차제론에서 '무자성인 것空이 연기緣起한다.'를 다음과 같이 보충 설명한다.

"중관과 논리학의 미세한 정리(定理)의 긍정과 부정의 방식을 결정적으로(제대로) 인식하지 않은 상태에서 제법의 요점을 판단하는 티베트의 대다수의 사람들은 무자성이기 때문에 선악의 업(業)으로부터 고락(苦樂)이 생기는 등의 인과(因果)와 속박, 해탈 등의 설정(設定)은 모두 중관(교리)에서는 불가능하다고 말하고

어떤 사람들은 자상(自相)에 의해 성립하고 있는 제법에 자성(自性)이 없는 것(無自性)을 무(無)라고 보고 그것을 이유로써 (사물이)있다고 한다면 진실로서 있는 것이라고 (무와 무자성을)동일시하여 '세속적인 것은 그대로이지만 그것과 다른 것(승의의 진실)은 진실로서 성립하고 있다.'라고 하지만 둘 다 중관의 종견(宗見)으로부터 벗어나 있다. 왜냐하면 공(空)인 것이 연기(緣起)에 의해 현상으로 나타난다는 것이 나가르주나의 종견(宗見)이기 때문이다.

또한 자성(自性)을 배제하는 것만으로 그 대상을 어떻게 부정할 필요가 있겠는가. 그와 같이 이해하는 것(자성을 부정하는 것)은 인법(人法) 2아(二我)에서 상(相)에 집착하는 것에 대한 대치(對治)로 거기에는 상(相)에 대해 조금도 집착하는 것이 없기 때문이다. 이와 같은 이해(분별)조차도 과실(過失)이라고 보고 좋은 분별과 나쁜 분별 둘 다를

부정한다면 중국의 화상(和尙)의 설을 수립하고자 원하는 것이 분명하다."라고 한다.

다시 말해 그는 불교의 근본인 연기緣起·무자성無自性·공空이라는 이해는 자성이라든가 아我라든가 하는 실체적인 것에 대한 집착을 없애는 좋은 분별이기 때문에 그것을 부정해서는 안 되며 만약 그것을 포함하여 일체의 분별을 부정한다면 중국의 화상和尙-수행을 많이 한 승려 마하연의 설說을 지지하는 것이 된다는 것이다.

총카파가 따르고 있는 중관파의 기본적인 논리방식인 귀류법에서의 부정은 '순수純粹한 부정'이다. 즉 어떤 명제를 부정하는 것이 이런 부정의 필연적 결과로서 나타나는 반대명제를 인정하는 것은 아니다. 예를 들어 '스스로 발생한다.'라는 명제를 부정하는 것이 '다른 것으로부터 발생한다.'라는 견해를 인정하는 것은 아니다.

이런 관점에서 총카파는 무(완전한 무)와 무자성 그리고 단순한 유有와 유자성(자체로서 있는 것)의 구별을 강조한다. 이들 중에 무자성적 존재와 단순한 유는 연기적 존재로서 세속유世俗有이다.

총카파는 그의 도차제론道次第論에서 승의의 정리正理는 환幻과 같고 허망한 생生을 부정하는 것이 아니고 진실의 생生, 자성을 부정하는 것이므로 연생緣生인 것과 자성으로는 무생無生인 것은 모순되지 않는다고 한다.

여기서 환과 같고 허망한 생이란 의타기성依他起性에 의해서 성립한 세속의 삶을 의미하고 총카파는 이를 부정하는 것이 아니라고 분명하게 말하고 있다.

'세속에서는 환영幻影과 같다'는 말은 우리가 일상에서 살면서 종종 '지난 일들이 꿈만 같다'라고 하는 의미와 조금도 다르지 않다. 그것이 우리 삶의 실상이다.

그가 부정하는 것은 다만 진실의 생生 즉 자성, 자립적이고 불변하는 자기만의 성품을 갖는 생生이다. 그러면 자립적이고 불변하는 존재자란 무엇인가? 그것은 신神이며 형이상학적 존재이다. 붓다는 일찍이 '14무기無記'로써 일체의 형이상학적 질문에 대처하였다. 그것은 우리 인식 밖의 일로써 이에 대해서는 대답할 수도 또 해서도 안 되는 것이다.

자성自性 즉 물체의 본성을 자립적이고 불변하는 것이라고 말하지만 그 말만으로는 실제로 자성이 무엇인가에 대해서는 조금도 이해시키지는 못한다. 따라서 칸트는 물자체는 '모른다'고 하였다. '모른다'는 긍정하는 것도 아니고 부정하는 태도도 아니다. '모른다'는 인식되지 않는다는 의미다.

그러나 다마르키르티의 논리학에서는 물자체에 대해 '그 사유대상으로 말하면 그 사유범위 내에 그 존재가 상정想定됨에도 불구하고 인식되지 않기 때문에 비로소 그 존재가 부정(무無·공空)된다.'고 정의한다.

그렇다고 하여 그가 공空 자체를 해명解明한 것은 아니다. 왜냐하면 공은 이론이 아니고 수행을 통해 증득證得되는 인간 이성理性의 극한極限에 위치하고 있기 때문이다. 그것은 언어를 부정하는 반야般若·직관의 경지이지만 그렇다고 하여 어떤 신비神秘의 체험은 아니다. 그것은 엄연히 이성의 범주에 속한다.

중관학파에서의 공空이란 형이상학의 대상인 초월적 실체를 부정否定하는 것으로 그들은 그것을 논리에 의한, 논리적으로 증명하려 하였다. 그러나 궁극적으로는 논리로부터의 해탈 즉 무분별의 경지를 추구하였다. 이때의 지혜를 반야般若라고 하지만 그 완성은 수행을 거쳐야 증득되기 때문에 반야바라밀이라고 한다.

반야바라밀은 지혜知慧의 완성으로 공空을 체득한 것이기에 반야와 공은 서로 환치換置된다. 다마르키르티가 공을 범주론적으로 해명한 것이라면 반야바라밀은 실존론적으로 이해하는 즉 공을 증오證悟하는 것이다.

총카파는 도차제론에서 색 등(오온)의 생멸은 언설적(상식적)인 지知에 의해 성립하고 있는 것으로 그것들은 존재하더라도 정리지正理知에 의해 성립하고 있는 것이 아닌 까닭에 그것(정리지)에 의해 얻어지지 않는다(부정된다)고 한다. 중관학에서는 이를 '고찰考察을 견디지 못 한다'라고 한다.

그는 "그렇다고 하여 그 이유만으로 그것들(=색 등의 생멸)이 어떻게 부정되겠는가? 예를 들면 안식眼識에 의해 소리聲가 얻어지지 않더라도 그것(안식)에 의해 (소리가) 부정되는 일은 없다. 그런 까닭에 정리지는 색 등에 있어 자성에 의해 성립하고 있는 생멸生滅의 유무를 탐구하는 것으로, 그 정리正理에 의해 단지 생멸이라는 것을 탐구하는 것이 아니다."라고 한다.

여기에서 그는 생멸을 단순한 생멸 즉 언설유(세속유)로서의 생멸과 자체에 의해 실의로써 성립하고 있는 생멸 즉 실체시實體視된 유자성적인 생멸의 둘로 나누고 정리(또는 정리지)는 후자만을 탐구하기 때문에 정리에 의해 얻어지지 않더라도 전자(단순한 생멸)는 부정되지 않는다는 것이다.

총카파에 의하면 자성이 없는 것을 존재하지 않는 것이라 할 수 있으나 그러나 언설言說이라는 단서가 붙으면 존재하는 것이라고 할 수 있다. 존재하지 않는다고 부정하는 것은 자성自性이지 단순한(=생멸을 가진) 존재를 부정하는 것은 아니다.

언설言說-상식적인 언어활동은

1. 널리 알려져 있어야 하고(常識)
2. 다른 인식 논리로 부정할 수 없는 것(변계소집성은 부정할 수 있다).
3. 승의(勝義)의 정리로 부정하지 않는 것을 말한다.

1.2. 감관지(感官知)의 승인(인정)

총카파는 도차제론에서

> "모든 감관지에 색성(色聲) 등은 자상에 의해 성립하고 있는 것으로서 현현(顯現)하지만 현현하는 대로의 자상은 언설에 있어서도 없기 때문에 스승(월칭)은 언설에서도 감관지는 미란(迷亂)이라고 주장하신다. 그렇더라도 모든 감관지는 언설에 있어서 색성 등의 모든 경계를 설정하는 양(量-올바른 인식수단)으로서 부적절한 것은 없다."고 한다.

이 말은 감관지感官知에는 색色-사물등이 어떤 형색形色으로 나타난다. 따라서 '사물이 있다는 사실'을 확정하는 데는 부적절한 것은 없다. 그러나 감관지는 그 형색形色으로 나타난 자상을 범주화範疇化하여 그 범주에 의해 그 의미나 내용을 인식하는데 대해서는 미란迷亂-어지럽게 헤맨다이다. 그것은 감각이 아니라 비량比量-추리·판단의 문제이다.

그리고 총카파는 현량現量-지각·감관지은 의미나 내용을 인식하는데 있어 미란이라고 한데 비하여 비량比量에 대하여는 올바른 것도 있다고 하여 비량을 긍정적으로 받아들이고 있다.

총카파는 밀의해명密意解明에서

> 귀류파는 유(有-대상)를 명칭(名稱), 언설의 힘 만

에 의해 설정된 것이 아닌

a. 진실로서

b. 승의로서

c. 실의로서 성립하고 있는 것 그리고

d .자체(自體)에 의해서

e. 자상(自相)에 의해서

f. 자성(自性)에 의해서 있는 것으로서(=존재하는 것으로서) 믿고 그러한 존재방식으로서 존재하는 유(有)에 대한 집착하는 것은 구생(俱生)의 집착이라고 한 반면에

자립파(自立派)들은 진실 등(a.b.c.)은 소지(所知-지적 대상)로서는 있을 수 없다고 주장할지라도 자체에 의해 성립하고 있는 것 등(d.e.f.)은 언설(言說)에 있어서 있다고 주장한다. 그렇지만 귀류파는 그것(d.e.f.)을 인정하지 않는다고 한다.

이를 풀이하면 자립파自立派들은 일반적으로 어떤 진실·승의·실의를 갖춘 '참 존재'라고 이름 붙여진 즉 신神같은 존재는 부정하고 있지만 세속에서는 사물들이 자상·자체·자성을 가진다고 한다. 그러나 귀류파는 이런 자립파의 주장을 부정하고 존재자는 다만 이름名이라는 기호만 있을 뿐이라고 주장한다.

요약하여 총카파는 자립파는 언설에 있어 자상自相에 의해 성립하고 있는 법法, 物을 승인하지만 귀류파는 그것(조차

도)을 인정하지 않는다는 것이다.

그가 이렇게 주장하는 현실적인 이유는 승의제에서는 자상(자성)은 정리지正理知에 의해 부정·배제된다. 그런데 자립파가 주장하듯 유有-存在가 언설(세속)에 있어 자상自相에 의해 성립한다고 하면 자상이 정리지正理知에 의해 부정될 때 그 부정이 단순한 생멸(세속적 존재)까지도 부정하는 것으로 오해가 생길 우려가 있기 때문에 그러한 위험으로부터 세속유世俗有를 보호하기 위한 것이다.

총카파가 세속을 긍정하고 이를 보호하려는 요구는 용수가 대지도론에서 밝힌 반야바라밀을 닦는 보살들은 반드시 '생사를 싫어하지 않고 열반을 좋아하지 않는다.'고 한 보살 정신菩薩精神을 전적으로 수용한 것이다.

이는 칸트가 그의 순수이성비판에서 이성의 한계, 경계선을 분명히 설정함으로서 신의 존재를 부정하지만 그것은 신의 존재의 근거를 부당하게도 인간의 이성에 두지 않게끔 하기 위한 것일 뿐 그는 유신론자였다. 그는 신의 존재를 실천이성비판에서 인정한다.

즉 순수이성비판에서의 신의 부정은 이성으로부터 신神·신앙을 보호하려한 것으로 이는 세속을 보호하려는 총카파의 입장과는 대조를 이룬다.

사실 칸트의 이성비판의 목표는 신神이 아니라 사변적思辨

的 형이상학(영혼, 합리적 심리학, 우주론, 신학 등)을 공격하는 것이었다.

티베트 불교에서는 세속에서의 삶을 긍정한데 비해 서구 철학은 초월적인 기독교 신에 대한 신앙을 중히 여겼다. 그런데 막스 베버Max Weber가 그의 저서 '프로테스탄티즘의 윤리와 자본주의 정신'에서 밝힌 바에 따르면 그런 초월을 지향하는 신앙심이 오히려 가장 세속적인 자본주의의 정신적 근거가 되었다는 것이다. 그것은 지독한 파라독스paradox다.

2장. 중국의 불교(선종-禪宗)

중국에 불교가 전파되는 과정은 무척 길고 오랜 시기에 걸쳐 이루어졌다. 그러나 본격적인 전래는 6세기 이후였다.

중관학파의 공空사상은 길장吉藏 (549-623)에 의해 중론과 백론, 십이문론의 사상을 연구하는 삼론종三論宗이라는 학파의 이름으로 소개·확립되었고

인도에서 수학한 현장玄奘 (602-664)은 법상종法相宗을 설립하여 유식학唯識學을 소개하였다. 법상종의 교학敎學은 기본적으로 아라야식을 포함한 아라야식八識에 대한 교의와 사분설四分設, 삼성설三性設 등으로 인도 유식학을 답습한 것이다.

삼론종이나 법상종은 용수의 중론을 중심으로 하는 대승 불교로 그 체계는 논리적 사유를 근간으로 하고 있다. 그리고 논리論理는 말길言路이나 뜻 길意路로 누구나 그 길을 따라 가며 듣고, 생각하면 배울 수 있기에 중국에서는 선종禪宗과 대비되는 의미에서 교학敎學이라고 한다.

선종禪宗은 서쪽인도에서 온 달마대사Bodhidharma (?-528)에 의해 전파되었고 2조 혜가慧可 (487-593)와 3조 승찬僧燦 (?-606) 때까지는 큰 발전을 이루지 못하였으나 4조 도신道信 (580-651)과 5조 홍인弘忍 (602-675) 때에 새로운 국면을 맞아 흥왕興旺하였다.

그러나 실제로 당·송을 거치며 거대한 종파로 자리를 잡게 한 것은 6조六朝 혜능慧能 (638-713)이었다. 혜능은 이전 조사들이 능가경楞伽經에 의존한 것과는 달리 일체개공一切皆空을 강조하는 금강경金剛經을 심인心印으로 삼았다.

혜능과 그의 사형師兄인 신수神秀 (?-706)는 선법禪法을 이을 자리를 두고 경쟁하였는데

5조 홍인의 게송偈頌을 써오라는 요구에 따라 신수는

> "몸은 깨달음의 나무요(身是普提樹)
> 마음은 밝은 거울과 같으니(心如明鏡台)
> 날마다 부지런히 털고 닦아내어(時時勸拂拭)
> 티끌이 일지 않도록 하세(莫使)"라 하였고

이를 본 혜능은

> "깨달음은 본래 나무가 없고(菩提本無樹)
> 밝은 거울 또한 받침대가 없네(明鏡亦非台)
> 본래 한 몸도 없거늘(本來無一物),
> 어디에 티끌이 있으랴(下處有塵矣)"라고 하였다.

이 게송으로 혜능은 6조로 인가를 받았는데 이 둘의 차이는 신수에게는 인식의 대상인 심소心所와 인식 자체인 심心이 함께 있는 반면에 혜능은 심마저 없다는 점이다.

이는 수행에 있어 점수漸修와 돈오頓悟의 차이로 나타난다.

선종은 부처님의 진의眞義는 말씀으로 가르친 것 밖의 따로 마음으로 전한 것敎外別傳에 있다고 하여 가르침을 말이나 글로 알아 가는 것以言傳言이 아니라 마음으로 직접 깨달아야 한다는 입장이다. 그들은 교敎를 통해 마음을 깨친 사람悟心者은 구경각究竟覺을 깨친 증오證悟가 아니라 해오解悟 또는 신해信解한 것이라 한다.

그리고 이러한 지해知解를 선종에서는 절대 배격한다. 만약 말을 의지해서 자꾸 지해知解만 내고 전신轉身 즉 말을 잊어버리고 지해를 버리는 길을 택하지 않으면 아무리 종일토록 관觀을 해도 점점 더 지해에만 묶이게 된다. 선종에서는 이언득입離言得入 즉 말을 떠나서 깨달아 들어가는 것이니, 일체 언구言句를 떠나서 바로 깨친다는 말이다.

교학적 관점에서 본 선종의 근거는 중관파의 이변중관설離邊中觀說에 있다. 총카파는 '이변중관설을 주장하는 사람들은 중국의 화상和尙의 설(선종)을 수립하고자 원하는 것이 분명하다.'라고 한다.

이변중관설이란 최고의 실재(승의의 진실)는 불가설不可說이며, 일체의 분별과 희론戱論을 떠나 있어 유有라고도 할 수 없고 무無라고도 할 수 없다는 것이다.

중국은 도가道家뿐만 아니라 유가儒家 역시 그러니까 중국철학은 근본적으로 그들 고유의 생활의 지혜에 따른 정언적定言的 사유 즉 어떤 명제命題를 주장, 판단함에 있어 논리를 배제排除하는 사유가 일반적 경향이었다. 그들의 사유는 경험적 지혜이고 초논리적이다.

초논리적 사유방식은 선종의 '이심전심以心傳心 불립문자不立文字'라는 교리와 잘 맞았고 논리적인 교학敎學과는 껄끄러울 수밖에 없었다. 따라서 대승불교는 교외별전敎外別傳을 따르는 선종禪宗에 의해 밀리는 형세가 되어갔다.

2.1. 교(敎)와 선(禪)

성철스님은 "불교 최고의 원리는 대승불교에서 볼 때도 중도中道에 있고 선종에서 볼 때도 중도에 있다."고 하였는데 이 말씀의 이면裏面에는 대승불교와 선종에 다름을 분명히 한 것이기도 하다.

성철스님에 따르면 교와 선의 다른 점은 선은 부처님 마음자리를禪是佛 마음으로 마음을 전하는 것이며以心傳心 교는 부처님 뜻教是佛語을 말로 전하는 것이다以言傳言. 그러나 이 둘의 근본진리가 중도中道인 점에서는 다를 바 없다.

결국 교종이나 선종 모두 그들이 추구하는 진리의 모습은 중도中道라는 데서는 일치한다. 그러나 중도를 이해하는 과정이나 세속을 대하는 태도에서는 분명한 차이를 보인다.

대승불교 즉 중관학파와 선종의 차이는 그 첫째가 논리적·인식론적인 면모이고 그 둘째는 선종의 관심은 수행자의 깨달음 즉 승의를 최우선으로 하고 있는 반면 중관파는 보살들은 반드시 '생사(세속)를 싫어하지 않고 열반(승의)을 좋아하지 않는다.'고 하여 세속을 강조한다. 그리고 셋째는 수행과정에서의 차이이다.

먼저 논리적·인식론적인 사유라는 면에서 보면 불교에서는 석존釋尊으로부터 대승불교에 이르기까지 합리성, 이성적 사고가 그 중심에 있다. 달라이 라마는 "지성적知性的 이해는 직접적 깨달음에 이르기 위한 필수적 도구이다."라 지적하여 초논리 즉 '논리로부터 해탈'하기 위해서는 논리에 의해서만 그 논리를 극복할 수 있다는 것이고 이는 중론의 근본 이해이다.

가섭문품迦葉問品에서도

> "가섭이여! 예를 들면 두 나무가 바람에 의해 마찰될 때 불이 생긴다. 불이 생겨 두 나무를 태우는 것처럼 가섭이여! 바르게 관찰하여 성자의 혜근(慧根)이 생긴다. 성자의 혜근이 생겨 바르게 관찰하는 것을 태운다."고 하셨다. 이는 올바른 관찰행 자체가 무분별을 일으킨다는 의미이다.

둘째로 중관학파와 선종의 차이를 세속제와 승의제라는 관점에서 보면 불교에서는 법성을 가진 제법의 본질에 세속과 승의 각각의 본성 둘이 있다고 한다. 이는 세속과 승의는 하나의 사물의 양면兩面일 뿐이라는 것이다.

즉, 색즉시공 공즉시색이다. 중관학파가 색色에 보다 관심을 가졌다면 선종은 공空에 방점傍點을 찍고 있다. 중관학파는 세속을 적극적으로 인정한다. 그러나 선종에서는 수행자의 깨달음을 최우선으로 한다.

이는 보시普施에서의 차이로 드러난다. 중관학파는 자비행慈悲行, 이타행利他行을 통해 세속의 삶에 직접적으로 관여하는 데 비해 선종에서의 보시는 법보시法普施 즉 불법佛法을 중생에게 알도록 해주는 보시이다.

사유방식에서는 선종은 논리적인 것을 극력 배척하고 세속의 삶에 대해서는 적극적으로 의미를 부여하지 않는다. 여명黎明에 울리는 깊은 산사山寺의 범종梵鐘 소리처럼 중생에게 깨달음의 세계의 존재를 알림으로써 세속에서의 삶의 고달픔을 달래주는 효과를 기대할 뿐이다.

마지막으로 중관파와 선종의 수행과정에서의 차이는 중관파는 선정禪定·止와 반야般若·觀이 상호보완적이기는 하나 선정을 반야에 종속시킨다. 그러나 선종에서는 이 둘을 하나로 보아 화두話頭를 잡고 하는 참선參禪-看話禪을 통해 깨달음을 얻으려 한다.

까말라씰라의 중관수습차제中觀修習次第에서는 수행에 대해 다음과 같이 말하고 있다.

대승大乘의 수행修行의 핵심이 되는 선정禪定바라밀과 반야般若바라밀을 각각 사마타止와 위파사나觀라고도 하는데 사마타는 마음이 소연所緣의 대상에 일념으로 머무르는 것이고 위파사나는 제법의 뜻을 여실히 결택하는 것을 뜻한다. 사마타를 마음의 흐름에 일으키는 것은 번뇌를 제멸하는 위파사나를 일으키기 위한 것이다.

반야가 지향하는 무분별에는 공성空性을 닦는 무분별과 공성을 전혀 이해하지 못하는 두 가지가 있으므로 마음의 안락과 명징明澄과 무분별이 있다고 해서 그 모두가 공성을 닦는 것으로 인정해서는 안 된다.

반야로서 사물의 자성을 여실히 관찰해서 닦지 않고 단지 작의作意의 버림만을 오로지 닦는 것은 그의 분별을 영원히 제멸除滅하지 못하며 무자성의 진실 또한 영원히 깨닫지 못하는 것이니 왜냐하면 지혜의 광명이 없기 때문이다.

선정禪定만을 수습하면 확지確知-구경각의 반대편인 인법人法 두 자아를 실집實執하는 증익增益을 그만큼 파괴하지 못하게 되는 것이니 지관을 평등하게 수습해야 한다.

또한 어느 때 위파사나의 수습이 과다해서 지혜력이 넘치면, 그때는 사마타의 힘이 달리는 까닭에 바람 속의 등불처럼 마음이 흔들려서 진성眞性을 밝게 비추어 볼 수 없게 된다. 그러므로 그때는 바로 사마타를 수습토록 한다. 또한 사마타의 힘이 넘치게 되어도 잠에 빠진 사람처럼 심지心地가 흐려져서 진성을 밝게 비추어 보지 못하게 되는 것이니, 그때는 반야를 수습토록 한다.

이것이 중관파의 기본수행 관점이다. 이는 오로지 참선만을 닦는 선종과는 다른 관점이다.

선禪 수행의 기본은 좌선坐禪을 통한 자기 조명照明과 선지식善知識-스승과의 선문답禪問答으로 진실을 깨달아 확인하고 그 스승으로부터 인가認可를 받는다. 정해진 교과과정이 없는 선종에서 선지식의 존재는 매우 중요하다. 그는 제자의 수행을 지도하고 그 결과를 확인하고 인가한다.

간화선懇話禪에서는 스승이 제자에게 화두話頭를 내리는데 이 화두라는 것이 전혀 논리로는 답할 수 없는 것, 그들 말로는 마치 모기가 쇠 소鐵牛의 껍질을 뚫으려는 것과 같다.

어떤 화두는 '부처는 똥 막대기다.'인데, 이는 아마도 용수가 '나는 부처의 가르침도 환상과 같고 꿈만 같다'(대지도론)는 의미와 통하는 것이 아닌가 하는 생각이지만 화두가 거부하는 것은 이런 생각, 알음알이(知解)이다.

또한 한 선사禪師는 대나무竹에 돌 맞는 소리를 듣고 깨우쳤다고도 한다. 이러한 철저한 논리적 사유의 거부는 달라이 라마가 지성적知性的 이해는 직접적 깨달음에 이르기 위한 필수적 도구라고 말씀한 것과는 정반대에 서 있다.

2.2. 선종(禪宗)과 도가(道家)

선종의 효시인 달마의 혈맥론血脈論에는

> "널리 배우고 지혜가 많으면 자성(自性)이 도리어 어두워진다. 명경(明鏡)은 늘 밝은데 그 위에 먼지가 자욱하게 앉아 있을 때 먼지를 계속 문질러 닦는 것은 도(道)를 닦고 선(禪)을 닦는 것이지만 먼지를 하나라도 더하는 것은 망상을 더하는 것이다. 글자를 한자 더 배우면 한 글자만큼 망상을 더하는 것이다."라고 하여 교학(教學)을 철저히 공박하고 있다.

이는 노자의 도덕경道德經에

> "배움을 위해서는 날마다 더하고 도를 위해서는 날마다 던다. 덜고 또 덜어서 무위(無爲)에 이르니

무위면서 못하는 것이 없다."
爲學日益 爲道日損 損之又損
以至於無爲 無爲而無不爲
와 거의 같은 의미이다.

또한 수행修行이나 명상冥想이라는 관점에서도 이 둘은 일치하는 모습을 보인다.

불교가 처음 중국에 전래되어 주의를 끌 수 있었던 것은 선정禪定 수행의 일종인 수식관(數息觀-날숨과 들숨의 호흡을 주의 깊게 관찰하여 잡념이 없어진 경계에 달한다.) 이 도가의 기氣를 마시거나 내쉬는 수행과 유사하여 불교를 선법仙法으로 받아들인 점 역시 무시할 수 없다.

선종의 논리적 근거에 해당하는 이변중관설에서의 이희론離戱論, 불가설不可說은 역설적으로 불가설의 실재로서의 여래장如來藏을 긍정하는 경향이 있었고 이는 실재론實在論과 다름없다. 그리고 도가道家의 자연주의 철학은 자연自然이라는 실체를 근원으로 하였기에 이런 실체개념은 불교의 여래장如來藏사상에 쉽게 다가 갈 수 있었다.

결론적으로 도교는 불교가 중국에 정박碇泊하는데 있어서 용어나 개념상으로 편리한 도구를 제공하였고 불교는 도교가 사유思惟의 범위를 넓히고 정신적 수행을 깊게 할 수 있도록 도움을 주었다.

2.3. 불교와 유교

유가에서는 인도 불교가 충효忠孝를 중요하게 여기는 윤리 정신에 어긋나고 불교를 오랑케의 종교로 격하格下시키면서 이는 중국문화 중심주의인 중화사상中華思想을 훼손하는 것이라 하여 극심한 배불론排佛論을 펼쳤다.

그러나 불교 교학敎學 즉 삼론종, 법상종 등의 깊고 넓은 사유 범위와 정교하게 구축한 논리적 이론체계는 당시 지식인 계층의 관심을 끌기에 충분하였다. 중국 전통의 현실 중심의 경험주의 그리고 논리적 인식을 배제한 정언적定言的 사유는 그들 즉 지식인 계층의 지적知的 욕구를 만족시킬 수 없었다.

한유韓愈와 소식蘇軾 등 당송唐宋 팔대가八大家들에서 볼 수 있듯이 당시 사대부士大夫계층의 젊은이들은 대부분 불교 특히 대승불교에 적극적 관심을 가졌었다.

이러한 논리적 사유에 따른 지적知的 분위기의 변화는 유가儒家에 영향을 주어 새로운 유교 즉 성리학性理學으로 나타났다.

유교에서의 공자孔子와 주자朱子의 위치는 불교 내에서의 석가와 용수의 관계와 유사하지만 그 관계에는 차이가 있다.

용수는 석가의 본뜻을 논리를 통하여 보다 잘 이해하도록 한 반면에 주자는 유가儒家사상을 형이상학화形而上學化하여 이를 이기이원론理氣二元論으로 정립함으로써, 종래의 하늘天-理을 자연自然-氣과 격절隔絶시켜 선진先秦 유가의 사상을 변질시켰다. 즉 유가 본래의 이기일원론적 사유에서 이기이원론으로 변질시켰다.

공자는 인간의 자연스러운 품성에 바탕을 둔 오륜五倫을 천륜天倫으로 이해하고 있었다. 주자 역시 같은 말을 하였지만 그는 천天을 형이상학적으로 해석하여 초월적超越的 존재로 절대화함으로써 오륜은 인간의 자연스러운 품성에서 유리遊離되어 리理에 의해 이끌리는 강제력으로 변질되었다.

2.4. 한국의 선종

신라新羅의 구산선문九山禪門에 기원基源한 조계종曹溪宗은 선종禪宗으로 한국 불교의 대종大宗이다. 그러므로 우리는 선종의 취의趣意를 불교 전체의 모습으로 알고 있다.

고려 말 보조普照스님 지눌知訥은 간화결의론看話決疑論에서 다음과 같이 말하고 있다.

> "대승교 원돈(圓頓)의 신해문(信解門)은 말길과 뜻길이 있어 듣고 알며 생각하는 것인 까닭에 초심학자들도 믿어 받아들이고 받들어 지닐 수 있으나 선종 경절문(徑截門-빠르게 끊어 들어가는 문)은 비밀히 계합(契合)함을 스스로 증득하는 것이어서 말길과 뜻 길이 없으며

듣고 알며 생각하는 것을 용납하지 않는 까닭에, 상근기(上根氣)의 큰 지혜가 아니면 어찌 밝게 얻을 수 있으며 어찌 뚫을 수 있겠는가. 그러므로 모든 배우는 무리가 도리어 의심하고 비방함은 이치상 당연한 것이다."라고 하여 선종(禪宗)이 일반인에게 다가가기 어려움을 이해하고 있었다.

그는 이어서

"이 대승교의 이치가 비록 가장 원묘(圓妙)하나 모두 식정(識情)으로 알며 생각하여 헤아리는 것이기 때문에 선문(禪門)에서 화두(話頭)를 참구(參究)하여 곧장 깨쳐 들어가는 문(門)인 선종에서는 (대승불교의 이치) 낱낱을 모두가 불법(佛法)을 지해로 헤아리는 병(病)으로 가려내었다."

즉 언로言路와 의로意路가 있고 문해聞解와 사상이 있다는 것은 결국 인식작용이 있다는 것으로 이는 객진번뇌客塵煩惱와 다름이 없다는 것이다.

"만약 상근기의 사람이 비밀히 전한 것을 감당하여 과구(窠臼-수행인의 자유롭고 생동하는 사색·판단을 속박하고 경화硬化시키는 고정화된 틀)를 벗어난다면 경절문의 아무 맛도 없는 법문을 듣자마자 지해知解의 병에 의하여 막히지 않고 곧 귀결처歸決處를 안다. 이를 한 번 들으면 천 가지를 깨쳐서 대총지大摠持를 얻은(일체를 깨친) 사람이라고 한다."

성철스님은 "우리 공부하는 사람은 경절문의 화두를 실제로 참구해야지 절대로 돈오점수頓悟漸修니 원돈신해圓頓信解니 하는 사구死句 즉 죽음의 길로 가지 말고 활구活句를 의지해 공부하여 대총지를 얻는 구경을 성취하니 반드시 이 길로 가야 합니다."라고 하셨다.

그러나 앞서 보조스님이 "상근기上根氣의 큰 지혜가 아니면 어찌 밝게 얻을 수 있으며 어찌 뚫을 수 있겠는가?"라고 말씀하셨듯이 이 길은 몇 안 되는 상근기上根氣에 해당할 뿐 보통사람에게는 오히려 불교에의 길을 막아서는 것이다.

우리 같은 보통사람들에게는 "대승교 원돈圓頓의 신해문信解門은 말길과 뜻 길이 있어, 듣고 알며 생각하는 것인 까닭에 초심학자들도 믿어 받아들이고 받들어 지닐 수 있다."는 말씀이 더 가깝고 그리고 유일하게 열려있는 가능한 길이다.

2.5. 한국불교의 역사

한국불교의 역사는 선종의 역사이고 교외별전教外別傳, 이심전심以心傳心을 지향하는 선종의 역사는 곧 선사禪師에서 선사로 이어지는 선사들의 역사가 중심일 수밖에 없다.

'한국불교의 위대한 대선사'에는 100분 가까운 선사들이 수록蒐錄되어 있다.

2.5.1. 원효에서 성철로

신라시대의 선사로는 원효元曉 (617-686)와 의상義湘 (625-702)

이 대표적이다.

해골에 고인 물을 마시고 모든 법法이 마음작용에 다름 아님을 깨닫고 중국유학의 발길을 돌린 일화逸話로 유명한 원효는 다음과 같은 선시禪詩를 썼다.

> "마음이 생하는 까닭에 여러 가지 법이 생기고 마음이 멸하면 감(龕-신주(神主)를 모시는 곳)과 분(墳-무덤)이 다르지 않네.
>
> 삼계가 오직 마음이요, 모든 현상이 또한 식(識)에 기초한다.
>
> 마음 밖에 아무 것도 없는데 무엇을 따로 구하랴."

그는 대승기신론소大乘起信論疏 외에 여러 저서를 남기었다.

고려시대의 불교는 목우자 지눌牧牛子 知訥 (1158-1210)과 왕자王子인 대각국사 의천義天 (1055-1101)으로 대표된다. 지눌은 신라시대의 구산선문九山禪門을 조계종曹溪宗에 통합하여 의천의 천태종과 함께 고려 불교의 양대 산맥을 이루었다. 그는 선禪으로 체體를 삼고 교敎로써 용用을 삼는 선교禪敎의 통일성을 이룬 큰 업적을 남기었다.

그리고 삼국유사三國遺事를 남긴 일연一然 (1206-1289)과 임제종의 시조인 보우普愚 (1301-1382)가 있었고 이성계와의 밀접한 관계를 가진 무학無學왕사 자초自超 (1327-1405)는 조선 불교의 터전을 닦았다.

조선시대는 억불숭유抑佛崇儒정책에 의해 크게 들어난 선사가 없었다. 그러나 임진왜란이라는 국난國難을 맞아 숨겨져 있던 선맥禪脈이 그 빛을 보였다.

서산대사西山大師 휴정休靜 (1520-1604)은 승병僧兵 1,500명을 이끌며 혁혁한 공功을 세웠으나 그는 다음과 같은 선시도 남기었다.

> "주인은 손에게 꿈을 얘기하고
> 主人夢說客
> 손은 주인에게 꿈을 말하네
> 客夢說主人
> 지금 꿈을 얘기하는 두 사람
> 今說二夢者
> 그 모두 꿈속에 사람일세."
> 亦是夢中人

그리고 국난을 함께 겪은 사명존자四溟尊者 유정惟政 (1544-1610)은 그의 문하생이었다.

임난任難 이후부터 근세에 이르기까지 선사들의 맥은 이어지지 못하였다.

그리고 경허스님鏡虛 (1849-1912)에 의해 중흥기를 맞이하게 되었다. 그는 문둥병이 발병한 마을을 지나다가 생사의 절박함을 깨닫고 방랑이라는 수행의 길을 걸었다. 그는 술과 고기를 마다않는 기승奇僧이었으나 그의 문하에는 많은 대선사들이 배출되었다. 소위 북北 한암漢岩 남南 만공滿空(1871-1946)으로 불리어진 두 선사를 비롯한 혜월慧月, 침운沈雲 등이 그의 문하에서 도를 닦았다.

근세 불교에서 조계종 초대 종정宗正을 지낸 효봉曉峰 (1888-1966)은 일제日帝시대 판사判事였으나 최초의 사형선고를 내린 후 회의에 빠져 엿장수로 팔도를 유랑하였다. 그리고 불교정화淨化 운동을 함께 한 청담靑潭 (1902-1971)은 이대二代 종정이 되었다.

그러나 오로지 깨달음에 용맹정진勇猛精進한 분은 성철性徹(1912-1993)스님이었다. 그는 10년간의 장좌불와長座不臥 외에도 평생 힘든 수행을 하였다. 상근기上根氣는 명석한 두뇌뿐 아니라 이런 수행을 할 수 있는 능력을 타고났다는 것이다.

누가 내게 그분이 정말 깨달았는가 하고 묻는다면 나는 주저없이 그렇다고 할 것이다.

그분이 '산은 산이요 물은 물이다'라고 한 것은 관념으로부터의 해탈의 경지를 극명하게 그리고 사실적으로 나타낸 것이다. 그분은 오매일여寤寐一如도 말씀하셨는데 이는 무의식의 세계까지도 정화되어야 한다는 의미로 교종으로서는 넘볼 수 없는 경지이다.

그분의 다비식茶毘式에서 보여 준 온 국민의 추모와 존경심은 한국 불교에 아직 희망이 있다는 생각을 들게 하였다. 그러나 그것은 섬광閃光처럼 지나가 버렸다.

선사들의 흐름은 숨기도 드러나기도 하면서 이어져 왔지만 그러나 그것은 지하地下에 흐르는 금광맥金鑛脈같은 것으로 지상세계를 주도主導하지는 못하였다. 불교의 역사에는 그와는 전혀 다른 민중들에 의한 불교의 모습이 있었다.

2.5.2. 조선조 후기의 불교

조선조의 억불숭유抑佛崇儒 정책은 사대부士大夫라는 지식인 계층으로부터 불교가 배척당하는 직접적인 계기가 되었다. 또한 사회적으로는 성리학의 명분적이고 완고한 윤리관은 계급사회를 고착시킴으로써 상인과 노비들의 삶을 질곡桎梏에 빠트렸다. 그리고 이러한 폐해弊害가 극명하게 드러나고 심화된 것은 왜난倭難 이후였다.

불교는 단순히 배척당했을 뿐 아니라 승려는 팔천八賤의 하나가 되어 이들 상인, 노비들과 하나가 되며 오히려 그들로부터 새로운 생명력을 얻었다. 그 추동력은 현세불인 석가釋迦의 가르침, 교리가 아니라 미래불未來佛인 미륵彌勒의 세상이 이 땅에서 이루어지이다 하는 염원이었다. 그것은 스님으로서는 자비심이고 고통받는 중생들로서는 삶을 모두 바친 원망願望을 담은 신심信心이었다.

이처럼 민중화된 불교에는 미륵사상뿐 아니라 토속적인 신앙이 함께하게 되어 불교 사찰에는 불교 교리외적인 삼신당三神堂이나 칠성각七星閣들이 필수적인 것이었다. 그에 따라 불교는 오히려 기복祈福이 중심이 되었다.[13)]

이렇게 된 현상의 배후에는 불립문자不立文字를 표방하는 선종의 영향을 제외하기는 어렵다.

한편에서는 장사 잘되게 해달라고 욕심을 비는 신자信者들과 다른 한편에서는 '부처는 똥 막대기다'라는 화두話頭를 들고 '대나무에 돌 맞는 소리'나 기다리는 선승禪僧이라는 우리 불교의 이원화二元化된 모습이 현재 한국불교의 한 단면이다.

선종은 스님들 자신에게는 불교공부를 할 기회가 주어져 교리를 제대로 이해할 수 있을 지도 모르지만 논리를 가볍게 여기는 흐름은 보통 신도들을 무지無知 상태로 만들었다. 일반 신자信者들에게 선종은 불교에 대한 논리적 접근 대신 한용운의 '님의 침묵'에서처럼 시적詩的 내지 감성적으로 대하게 한다.

13 기복은 조선조 이전에는 물론 어느 종교에서나 있어 왔다. 그것은 소유를 근거로 하는 세속의 삶에서 필연적이라 할 수도 있다. 여기서 말하는 것은 그 정도가 심하였다는 것이다.

2.7. 서구세계와 불교

불교가 서구세계에 소개된 것은 20세기 초에 스즈키 다이세츠鈴木大拙의 선학논문집禪學論文輯-in Zen Buddhism을 통해서였다. 이는 선禪을 통하여 현대 과학문명과 기계화된 산업사회의 질곡桎梏으로부터 벗어나려는 욕구를 자극시켜 서구인들에게 깊은 영향을 주었다.

그러한 욕구는 인도의 명상가瞑想家들에 의해 명상冥想센터 설립으로 이어졌다. 그 명상의 목표는 분별分別을 기본으로 하는 사량식思量識을 지양止揚함으로써, 즉 원숭이가 이 나뭇가지에서 저 나뭇가지로 옮겨 다니듯 이것에서 저것으로 끊임없이 이어지는 생각들을 그침으로서 마음의 안락安樂얻으려는 것이다.

불교가 이러한 명상센터와 분명한 차이를 보이기 위해서는, 경전經典에 대한 중관파의 논리적 해석과 그에 따른 공성空性의 이해가 필요하다. 까말라씰라가 말했듯이 반야般若가 지향하는 '무분별'에는 공성을 닦는 무분별과 공성을 전혀 이해하지 못하는 두 가지가 있으므로 명상에 의한 마음의 안락과 명징明澄과 무분별이 있다고 해서 그 모두가 공성을 닦는 것은 아니다. 일반 명상센터와의 차이는 이점을 분명히 하는데 있다.

우리가 무언가를 배운다는 것은 논리를 통해서이다. 피타고라스의 정리가 아니라면 보통사람은 삼각형의 빗변의 길이를 평생토록 찾아도 그 답을 구하지 못할 것이다.

미술에서 데생 훈련 없이 추상화를 그리는 것처럼 불교 중심에 있는 무자성無自性, 공空에 대한 논리적 이해 없이 참선, 명상을 통해 무분별·공성에 다가가는 것은 자칫 공병空病에 빠질 수 있다. 이 공병에는 약도 없다.

7부. 보살로서의 삶

7부 보살로서의 삶

"목숨이란 돋는 햇살에 슬어져 가는 이슬과 같은 것이지만 영롱(玲瓏)하게 초목(草木)을 적시는 아름답고 귀한 것이니라." - <장길산> 황석영[14]

1장. 불교의 성격과 보살

인간을 포함한 모든 생명체는 유한有限하다. 그 생명체에게는 그것이 성취成就해야만 하는 외부로부터 주어진 목적 같은 것은 없다. 장미꽃은 그 자신을 만개滿開하는 것이 성취이고 목적이다.

인간 존재에게 있어 자유·해탈을 이루는 것은 삶의 만개이고 성취이다. 그리고 불교는 인간은 자신의 지혜知慧-반야에 의해 무명을 깨침으로서 자유·해탈할 수 있다고 믿는다.

실존철학자인 칼 야스퍼스는 인간이 성취하고자 하는 가

14 이는 우리 삶(목숨)은 돋는 햇살에 쓰러져가는 이슬과 같은 것이지만 이슬이 초목을 적시어 그 생명을 돕듯이 우리는 남을 도움으로써 그 이슬 같은 삶이 영롱하게 빛나는 아름답고 귀한 것이 된다고 읽을 수 있다.

장 높은 완성의 경지를 깨달아 앎, 사랑의 비추임 그리고 마음의 평정이라고 한다. 이는 자유·해탈의 경지와 크게 다르지 않다. 그것은 삶의 구제救濟의 문제이다.

인도 힌두교에서는 중생을 구제함에 있어 브라흐만Brahman-전륜왕은 위력威力으로 쉬바Shiva-대자재천는 중생들의 원願에 따라 비쉬누Visinu는 신통神通으로 온갖 형상을 나타내어 중생을 구제한다고 한다. 그러나 불교에서는 참다운 스승이신 세존世尊께서는 오로지 참답고 올바른 가르침如理正敎에 의해서만 중생들을 생사의 늪에서 구제할 뿐이라고 한다.

이는 서양문명 기독교에서의 구원관救援觀과 극명한 대조를 보인다. 기독교에서는 구원을 신神을 향한 신앙심信仰心에 의해서만 가능하다고 믿는다. 이는 신神에 대한 원죄설原罪說이 기독교의 기초이기에 당연한 것이다.

따라서 서양철학의 최고봉에 선 칸트조차도 순수이성비판에서 이성의 한계를 명쾌하게 그리며 신의 존재를 부정하지만 실천이성비판에서는 신의 존재를 승인한다. 이러한 칸트철학에서는 이성理性을 다룸에 있어 지적知的인 것과 윤리적·종교적인 것 사이에 단절斷絶이 있다.

그러나 불교 중관에서의 공空을 사유하는 지혜·반야般若는 논리적 사고를 부정한다는 점에서는 직관直觀이며, 애욕을 뿌리째 뽑아 버린다는 점에서는 해탈이다. 이는 불교가 종교적 철학, 철학적 종교라는 인도철학의 토양土壤에 뿌리한 것임을 보여준다.

불교에서는 해탈이나 열반은 오직 지혜를 통해서만 가능하며 예배나 그 밖의 종교적 행위들은 그 보조 수단이라는 분명한 이해가 있었다. 불교는 부처님 가르침을 올바르게 알고 수행하여 최고의 지적知的 직관인 반야般若에 이름으로써 해탈할 수 있다는 지적知的인 종교이다.

그리고 자비慈悲와 공성空性은 그 반야의 양면이며 자비는 보살로서의 삶의 근거이다.

여기서 보살은 출가出家 스님만이 아니라 재가在家 불자佛子도 포함한 의미이다.

2장. 현실 삶의 긍정

불교는 삶에 대한 몇 가지 관점 즉 고苦, 무상과 같은 개념과 세속을 버리고 절寺院로 들어가는 스님들의 모습을 통해 허무주의적虛無主義的인 종교로 비춰지기 쉽다. 그러나 불교의 본지本志는 그와는 정반대로 삶을 적극적으로 수용하는데 있다.

불교에서는 세속을 허깨비 같고 신기루蜃氣樓같다고 하고

승의를 무자성·공空이라 하여 우리의 삶이 발붙일 곳이 없도록 일체를 부정한다. 그러나 이타행利他行 보살의 삶에서 그 길을 마련한다. 이타행은 너와 나, 모든 존재자가 차연의 관계라는 연기사상의 당연한 귀결이다.

공을 현실적인 관점에서 해석하면 공은 일체의 기존관념, 가치관을 부정함으로써 그것들이 무화無化된 상태로 그 앞에는 어떤 삶을 살 것인가에 대한 모든 가능성이 열려있다. 이러한 공은 인간이 하나의 완전한 '가능可能 존재'임을 입증하는 것으로 인간은 그 자유의지에 따라 어느 방향으로든 나아갈 수 있다. 이타행은 그 자유의지의 소산이고 또 자유의지이어야만 한다. 아니라면 의미가 없다.

대지도론大智度論과 중론中論은 용수龍樹의 가장 중요한 저서著書들이다. 그러나 대지도론은 중론에서 보이는 일체를 부정하는 논리방식과 비교하여 볼 때 제법실상諸法實相에 대해 적극적으로 긍정하면서 대승大乘의 보살사상과 육바라밀의 실천을 강조하고 있다.

그는 대지도론大智度論에서

> "세간(世間)을 사실대로 아는 것이 곧 출세간(出世間)의 도(道)로 이는 세간(의 관습, 무명)을 깨트리기 위하여 출세간을 설명할 뿐이다. 세간의 모양은 그것이 곧 출세간이며 수행자는 세간을 얻지 않으며 또한 출세간에 집착하지 않는다."고 하였고

또한 대반야경大般若經에서는

> "깊은 반야바라밀다를 닦아 배우는 것은 중생들의 법을 버리기 위해서가 아니며 온갖 불법(佛法)을 받아들이기 위해서가 아닙니다. 왜 그런가? 그것은 세속의 허물을 싫어하여 멀리하기 위해서가 아니며 열반의 공덕을 기뻐하기 위해서가 아닙니다. 왜 그런가? 이 법을 닦으면 생사도 볼 수 없거늘 하물며 싫어함이 있겠습니까! 열반도 볼 수 없는데 하물며 즐거움을 기뻐함이 있겠습니까!"라 하고 있다.

이 인용문에서는 반야바라밀다를 닦는 보살들은 세속의 허물을 싫어하여 멀리하기 위해서가 아니며 열반의 공덕을 기뻐하기 위해서가 아님을 강조한다. 이는 현세現世의 삶에 대한 대긍정大肯定의 선언으로 여기서 자비심을 강조하는 보살 정신이 도출導出된다. 이것이 대승불교의 근본정신이다.

불교에서는 보살로서의 삶에서 천당을 본다. 이것은 인간이 신에 의해서가 아니라 스스로의 자비심의 힘으로 천국을 이룰 수 있다는 믿음이다. 그만큼 인간성을 긍정적으로 그리고 세속의 삶을 적극적으로 이해하는 것이다.

중관파에서는 자성自性 그리고 자성을 가진 존재를 부정하는데 온 주의력을 기울인다. 그런데 자성을 가진 존재는 단적으로 말해 신이다. 완전히 자립적 자족적이고 영구불변하는 존재자 그것은 신외에는 없다. 따라서 중관사상의 본지에는 무신론無神論이 포함된다.

대지도론에는 나는 부처의 가르침도 환상과 같고 꿈만 같다고, (승의제인)열반도 환상과 같고 꿈만 같다고 말한다. 만약 열반보다 뛰어난 법이 있더라도 나는 역시 환상과 꿈만 같다고 말한다. 그러나 그가 부정하는 것은 관념觀念이지 실재實在가 아니다.

우리는 실재를 보기 이전에 항상 먼저 관념·개념을 만난다. 그냥 만나기만 하는 것이 아니라 대부분의 관념들은 우리의 생생한 삶을 속박束縛한다.[15] 우리는 삶을 생생하게 느끼기보다 그러한 관념들에 따라 해석하려하는 오랜 습관에 젖어있다. 즉 관념이 우리가 처한 현상, 삶을 앞서 정립하고 속박한다.

직관은 법성에 무매개적無媒介的으로 닿을 수 있는 능력이다. 관념은 법성과 직관 사이에서 직관이 법성으로 나가는 길을 막는다. 불교에서 말하는 해탈은 이 관념으로부터의 해탈이다. 지도地圖는 목적지로 이끌어주지만 그 땅을 밟고 서기 위해서는 내려놓아야만 한다.

15 하이데거는 이에 대해 "만일 의식(意識)의 산물인 자아(自我)가 생기(生起)에 자리를 비워주면 그 순간에 우리는 춤사위 속에서 움직이게 된다."고 한다.

생생한 삶을 위해서는 관념에 묶여서는 안 된다. 공空은 관념으로부터의 해탈이고 카타르시스이다. 조금 다른 얘기기는 하지만 억념憶念 역시 그러하다. 과거는 기억, 억념으로만 현재現在한다. 소돔과 고모라에서 롯의 아내는 뒤돌아보는 순간 소금기둥이 되었고 오르페우스는 에우리디체를 잃었다.

불교가 지향하는 것은 인간이 자신의 삶을 온갖 형이상학적 가설물架設物에 가탁假託하는 어리석음을 떨치고 현실을 바로 보고 스스로 참된 삶의 길을 찾는 또 찾을 수 있다는 믿음을 갖도록 가르친다. 그리고 중관파는 이 가르침을 논리적으로 해명하고 있다.

불교에서의 중도·반야·진정한 지혜는 모든 사상이나 관념뿐만 아니라 자기 자신, 즉 이기심이나 자의식까지 진정시킨다. 그리고 그러한 관념들이 실천적으로 해체되고 자의식이 진정될 때 나와 남의 구분이 사라지는 동체同體가 되어 자비행慈悲行의 길이 열린다.

그러나 역으로 자비행을 통해 스스로를 향상向上해 나가다가 결국 반야를 얻게 된다. 왜냐하면 반야와 자비는 공성의 두 모습이기 때문이다. 다시 말해 반야는 연기緣起에 대한 깨달음이고 그 깨달음으로 다른 사람의 고통이 바로 자신의 고통임을 본다. 이것이 자비심의 근거이다.

반야의 역할은 실재를 변화시키는 것이 아니라 실재에 대한 우리의 태도에 변화를 창출하는 것이다. 실재란 언제나 여여如如하다. 그러나 반야에 의해 우러나오는 자비심慈悲心은 세계 내적內的 즉 우리들 삶 자체와 연관되어 있기에 세상을 바꿀 힘이 있다. 그리고 그것이 보살 정신이다.

3장. 보살 정신의 근원

보살로서의 삶은 그것이 세속도 아니고 승의도 아니며, 세속이기도 하고 승의이기도 하다.

보살菩薩은 붓다를 이상理想으로 보리菩提를 추구하고 그것을 위해 수행한다.

보리심Bodhicitta의 두 가지 근본 특징은 공성空性과 자비慈悲이다. 공성은 반야般若, 즉 지적인 직관이며 법성法性과 동일하다. 그리고 자비는 공성이 현상세계에 구체적으로 나타나는 모습으로, 행위行爲하는 능동적 원리이다. 공성이 법성을 향하여 초월해 있다면, 자비는 세계내적世界內的인 것으로 현상을 향해 있다.

자비심은 어떤 감상感想에서 나온 것이 아니라 연기緣起를 깨달아 모든 중생들의 보편성과 평등성을 체득함으로써 생生한다. 그것은 광대하지만 맹목적인 것이다. 그것은 당위로서의 의식적, 윤리적 요청에 따른 것이 결코 아니다.

자비심은 인간 본래부터 있어 온 '마음의 밝은 빛'으로 초윤리超倫理이다.

보살로서의 삶에서 공空은 자비慈悲라는 현상화된 모습을 띄고 구체적 세계로서의 자신을 시현示顯한다. 공이 자비라는 모습으로 형상화되고 인간은 바로 이런 형상들을 통해 향상해 나가다가 결국 보편적 원리의 극치를 발견하게 된다.

화엄경華嚴經에서는 보리심普提心은 모든 불법佛法을 산출하는 종자와 같다고 한다.[16]

실천적인 관점에서 보면 보살의 보리심에는 원심願心과 정행正行 두 가지가 있으니 원심은 '일체의 유정有情-마음을 가진 살아있는 중생의 이익을 위해서 부처가 되어 지이다.'라고 바라는 것이고, 정행은 그 뒤의 보살의 율의律儀를 지키고 보리의 자량 등을 닦는 행심行心이다. 보살의 정행이란 여러 바라밀과 사무량심四無量心-慈, 悲, 喜, 捨[17]과 사섭법四攝法[18]등이다.

16 '미륵해탈경(彌勒解脫經)'에서는
"선남자여! 예를 들어 이와 같으니, 금강석은 설령 깨지더라도 일체의 뛰어난 금장신구(金裝身具)들을 압도해서 금강석이라는 명칭을 잃지 않으며 또한 일체의 빈궁(貧窮)을 건진다."

"선남자여! 그와 같이 일체지를 희구하는 금강(金剛)과도 같은 발심(發心-보리심을 일으킴)은 비록 수습함이 있지 않을지라도 성문(聲聞)과 독각(獨覺)의 금장신구와 같은 공덕(功德)들을 압도해서 보살의 위명(威名)을 또한 잃지 않고 삼유(三有)의 빈궁을 또한 건진다."

보살이 일체지一切智를 신속히 얻고자 하면 대비大悲와 보리심菩提心과 수행修行 이 세 요처를 근수勤修해야 한다. 이 중에서 대비는 일체의 불법佛法을 남김없이 산출하는 근본인根本因으로 제일 먼저 닦는다.

대비는 무시無始 이래로 생성生成의 윤회 속에서 나 자신과 가족으로서의 인연을 백번도 넘게 맺지 않은 중생이란 하나도 없다는 생각. 거기서 우러나는 평등한 마음 등에 의지한다.까말라씰라의 수습차제 연구-중암

대자비가 약동躍動함으로써 보살들은 자신을 뒤로하고 타인에게 큰 이락利樂을 안겨주고자 지극히 행하기 어렵고 장구한 세월의 고난이 뒤따르는 보리자량菩提資糧을 쌓는 일에 기꺼이 나아가게 된다.

17 사무량심(四無量心)은 보살이 셀 수없이 많은 유정(有情)을 대상으로 삼고 수행해서 무량한 복덕을 쌓는 네 가지 마음을 말한다.

자무량(慈無量)은 모든 유정(생명)이 영원히 안락과 안락의 원인을 지니기를 바라는 것이며
비무량(悲無量)은 영원히 고통과 고통의 원인을 여의길
희무량(喜無量)은 고통이 없는 안락을 영원히 여의지 않기를
사무량(捨無量)은 중생에 대한 친소(親疎)를 가리는 마음을 여의고 평등하게 머무르는 마음을 말한다.

18 사섭법(四攝法) : 재물과 법을 베푸는 보시섭(普施攝), 좋은 말로 위로하고 거두는 애어섭(愛語攝), 중생의 원하는 바에 따라 유익한 일을 행하는 이행섭(利行攝), 중생의 뜻에 따라 함께 그 원하는 바를 행해서 이익을 주는 동사섭(同事攝) 넷이다.

자비에 대해서는 불교의 여러 경전에서 설해지고 있다.

지인삼매경智印三昧經에 설하되

> "타인에게 정법(正法)을 바르게 수지(修持)하도록 함으로써, 보살에게도 보리심이 발생하는 것이나 그럴지라도 대비(大悲-慈悲)를 간절히 품고서 보살 자신이 보리심을 일으키는 것이 더 없이 수승(殊勝)한 것이다. 이 (대비를 품은)보리심은 비록 수습(修習)함이 있지 않을지라도 보리심 자체만으로도 세간에서 큰 선과(善果)를 낳는다."

또한 가섭청문품迦葉請聞品에는

> "가섭이여! 예를 들어 국왕이 신하를 통솔해서 일체의 사무를 처리하듯이 보살의 반야도 선교방편(善教方便-자비심)을 섭수해서 여래의 일체 사업을 봉행(奉行)하는 것이다."라 하였고

다른 경經에는 "반야경般若經에 따라 공성만을 닦는 것을 가지고서 보리심을 수습하는 것으로 오인誤認해서는 안 된다. 만약 보시普施 등의 방편들이 갖추어져 있지 않다면 이는 그림을 그리는데 있어 머리가 없거나 또는 손발이 없는 초상화와 같게 되는 것이다."라 하고 있다.

중관사상에서는 이와 같이 자비행慈悲行을 강조하기 때문

에 대승불교大乘佛敎라는 이름을 얻었다. 자비행은 대승불교가 부파불교나 금강반야경의 공空사상과 다른 특징이다. 또한 선종禪宗과는 돈오頓悟니 점수漸修니 하는 수행과정에서의 차이 이전에 그 근본 목표에서의 차이를 분명하게 보여주는 근거이다.

대승불교로서의 중관에서는 근본불교에서의 수행인 탐貪·진嗔·치痴의 대처로서의 계戒·정靜·혜慧가 보시, 지계, 인욕, 정진, 선정, 반야의 여섯 바라밀로 발전하였는데 그 중에 보시바라밀을 그 첫째로 둔 것은 바로 자비慈悲가 일체의 불법佛法을 남김없이 산출하는 근본인根本因이기 때문이다.

보시·자비는 이타행利他行으로 표현된다. 여기서 이타利他의 남他은 다른 사람뿐 아니라 세상 모든 사물(사건과 물질), 자연을 포함한다. 하이데거 식으로 말하면 '존재법성의 지킴이'가 되는 것이다. 그것은 자아自我를 벗어난, 자아로부터의 자유의 쟁취이기도 하다.

하이데거는 '나'라고 할 때 그 '나'에는 두 가지 의미가 있다고 본다.

한편으로 '나'를 강조하는 것은 나 자신ich selbst 즉 자기라는 존재Selbstsein와 같은 의미이다. 우리 자신wir selbst이라는 말에서 볼 수 있듯이 이러한 자기 존재는 또한 우리人類에게도 귀속될 수 있다.

그러나 다른 한편으로 '나'를 강조하는 것은 그렇게 말하고 있는 개별적인 인간을, 그가 이러한 인간이고 다른 인간이 아니라는 그의 특수성에 있어서의 의미, 즉 그것은 특수한 개별자라는 의미의 '나'를 의미한다.

한 인간이 자신을 희생할 경우 그것은 자신의 개별성Einzelheit을 희생하는 것이다. 그것은 자신의 자기성Selbstsein으로서 행위하는 것이고 또 자기성만 그렇게 할 수 있다. 이는 개별적인 자신에 집착하지 않는 비이기적인 행위이고 그것을 하이데거는 본래적 삶이라고 본다.

하이데거가 말하는 희생은 보살의 나와 남의 구분이 사라지는 동체대비행同體大悲行과 유사하다. 그러한 자비행의 근거는 연기, 중도, 무자성, 공에 대한 깨달음에 근거한 것이다. 따라서 보살의 삶에서 '공성空性에 대한 깨달음'은 가장 중요하다.

그래서 용수의 대지도론에는 여섯 바라밀을 설명하면서 반야바라밀 외에 보시바라밀을 포함한 다른 다섯 바라밀은 거기에 반야般若가 빠진다면 그 바라밀들 자체가 완성될 수 없다고 누차 강조하고 있다.

그러나 그는 "지혜라 하면 도를 얻은 사람이라야 비로소 믿고 따를 수 있지만 큰 자비로운 모양은 온갖 무리들도 모두 믿음을 낼 수 있나니 마치 형상을 보거나 말소리를 듣고 믿고 받을 수 있는 것과 같다."고 하여 일반 중생들에게도 자비의 길이 열려있음을 강조한다.

다시 말해 비록 반야에 의한 깨달음에는 이르지 못하였다 하더라도 희생, 비이기적인 행위인 이타행利他行는 할 수 있다는 것이다.

대지도론에는 다음과 같은 구절句節이 있다.

> "보시에는 두 가지가 있으니 깨끗함과 더러움이다.
>
> '더러운 보시'라 함은 재물을 구하기 위해 보시하거나 남이 창피해서, 책망을 듣기 싫어서, 두려워서, 남의 기쁨을 사기 위해서, 교만하여 높은 채하기 위하여, 명예 때문에, 업신여겨 공경치 않으면서, 심지어 질투하거나 미워하기 때문에 하는 보시를 말한다. 이러한 '더러운 보시'의 소인(素因)은 아집·아만(我慢)이다."

이에 비해 '깨끗한 보시'는 열반에 나아가는 양식糧食이다. 그러므로 도道를 위하는 까닭에 보시한다. 만일 열반을 얻기 전에 보시하면 이는 이 사람이 하늘의 과보果報인 청정한 쾌락을 얻을 인因이다.

그런데 그러한 깨끗한 보시普施는 그 보시를 받는 사람보다 보시하는 이에게 더 큰 기쁨을 준다. 그것은 우리들 마음의 미묘한 현상이다. 이는 본래부터 있어 온 마음의 밝은 빛 즉 여래성如來性의 한 편린片鱗이다.

라오스의 어느 산골 마을에 있는 조그만 절에서 스님들이 아침 공양을 위해 탁발托鉢하러 산길을 내려온다. 길 한 곁에는 신도들이 무릎을 꿇고 머리 위로 공양물을 올려 스님들에게 감사하는 마음으로 보시를 한다. 그들은 자신들에게 보시할 기회를 주신 스님께 감사한다. 이타행 그것은 인간의 삶을 풍요롭게 한다.

4장. 보살로서의 삶의 성격

지장보살地藏菩薩의 서원誓願은 지옥의 모든 중생들이 성불하기 전에는 자신은 부처가 되지 않겠다는 것이다. 즉 지장보살은 깨달았으나 자의로 부처가 되지 않고 보살의 삶을 택한 분이다.

보살은 '빈 것'의 선정禪定에 머물 때 공성만을 직접 지각하여 실유實有가 현현하는 것은 사라지고 그런 상태에서는 다양한 현상을 경험하지 않는다. 그러나 속제俗締를 볼 때는 그 실유實有를 보게 된다.

보리심菩提心이 세속에서 자기 모습을 나타내는 것, 그것은 실유實有이다. 왜냐하면 대비심大悲心에서는 실재하고 있는 고통을 보게 되기 때문이다. 따라서 보살에게 있어 공성과 자비 둘이 현현하는 것은 모두 존재한다.

이렇듯 성불하기 전에는 두 가지 모두 현현하나 보살에게 있어서는 실유로 현현하는 것이 주가 된다.

자연인으로서의 붓다의 삶은 보살로서의 삶이었다. 부처님이 자수용적自受容的 법열法悅에 머물지 않고 중생을 위해 평생 동안 설법說法을 펴신 것은 자비심에서였다.

"부처님이 도를 얻었을 때에 한량없고 심히 기쁜 선정과 해탈과 모든 삼매를 성취하여 청정한 즐거움이 생겼는데도 이를 버리고 받지 않으면서 마을과 성읍城邑으로 들어가 갖가지 비유와 인연으로 설법하며 그 몸을 변화하여 한량없는 음성으로 온갖 중생을 맞이하고 그들의 욕설과 비방을 참아내며 나아가 스스로 음악을 울리기도 하나니 이것은 모두 대자대비大慈大悲의 힘이다." <대지도론> 용수

부처님이 열반에 들기 전에 마지막으로 하신 말씀이 "내 말을 믿지 말라."라고 전해지는데 이것이 누군가가 지어낸 속설俗說인지 아닌지는 잘 모른다. 그런데 그 말씀에 한마디 덧붙이자면 "내 말을 믿지 말고 내 삶을 보아라."라고 하시지 않았을까 생각해 본다.

보살행·보리심은 그것이 깨달음의 방편이라고 하지만 역으로 보살행, 보살의 삶 자체가 깨달음의 목적이기도 하다. 그러나 깨달음은 우리 같은 중생에게는 멀고 아득한 곳에

있다. 비록 그 길을 간다고 해도 대부분 그에 이르지 못한다. 그렇게 자신이 다만 그 과정에서 끝날 것이라는 것을 인정한다면 깨달음의 양면인 자비와 공성 즉 자비행慈悲行과 참선參禪 어느 것에 치중할 것인가를 선택해야 한다.

이에 대해 부처님은 가섭소문경迦葉所問經에서 "허무주의자의 공견空見을 갖느니보다 수미산須彌山과 같은 엄청난 아견我見을 즐기는 것이 더 낫느니라."하였다.

우리 같은 중생이 아상我相을 벗어나기는 거의 불가능하여 금강경金剛經에서 말하는 무주상無住相 보시는 할 수 없다. 그러하더라도 우리도 이타행利他行은 할 수 있다.

용수는 좋은 보시와 나쁜 보시를 구별하지만 우리 같은 중생들이 사는 세상에서는 그 나쁜 보시라도 그것은 선행善行으로 바람직한 일이다.

한국불교에서는 음력 4월 8일 석가탄생일을 불교 최대의 축제로 열지만 티베트에서는 그보다 일주일 뒤인 4월 15일을 부처님께서 깨달은 날이라 하여 축제를 연다. 그들은 붓다의 탄생보다는 깨달음을 증득한 것이 중생에게 큰 의미가 있다고 본다.

'깨달으면 모두 부처'라는 믿음은 불교의 모든 것을 압축해 표현한 것이다.

이를 모르면 윤회의 바다에서 떠돌며
이를 깨달으면 바로 부처인 것이라.
일체는 '이것이다', '이것이 아니다'
모두를 여의었으니
일체의 근본인 제법의 본질을 깨닫게 하소서.
('마하무드라의 송(頌)'에서)

3편. 자연과 중국문명

임어당(林語堂)은 자신의 저서(著書) <생활의 발견>에서 그 나라의 국민성을 보는 기준으로 현실감, 꿈, 유머 그리고 센스 이 네 가지 요소들의 배합비를 들어 설명한다.

현실감만 있고 꿈이 없으면 동물이고, 현실감에 꿈이 더하면 이상주의(理想主義)가 된다. 반대로 현실감에 유머만 있으면 현실주의, 꿈만 있고 유머가 없으면 광신(狂信)이 되고, 꿈과 유머가 만나면 환상(幻想)을 만들어 낸다.

이들 각각을 4점을 만점으로 했을 때 중국인은 현실감 4점, 꿈 1점, 유머 3점 그리고 센스 3점으로 보았다. 그는 중국의 국민성을 '실제적이며 빈틈이 없고 명랑하다.'고 자평(自評)하고 있다.

1부. 중국문화와 자연

1부 중국문화와 자연

1장. 자연과 사유

중국은 광대한 농본국가農本國家로 생존을 유지하고 문화를 형성함에 있어 자연自然은 절대적 영향력을 가지고 있었다. 그리스와 같은 해양·도시국가나 아열대亞熱帶 기후의 인도에서 자연은 삶에 영향을 주는 여러 조건들 중 하나였지만, 중국인에게 자연은 삶의 질質은 물론 그 존립자체에 결정적 역할을 하는 절대적 존재였다.

따라서 중국인들의 자연에 대한 감성, 그들이 느끼는 자연의 실체감實體感은 인도나 그리스, 서양인들의 그것과는 다를 수밖에 없었다. 자연自然에 대해 갖는 실체감은 중국철학과 다른 세계 즉 서양철학이나 인도, 불교철학의 성격이 갈리는 기점起點이다.

자연自然은 대상對象이 아니라 인간이 안주安住하는 모태母胎로서, 그 안에서 우리의 삶이 이루어지고 한 순간도 그로부터 떠나있을 수 없다. 자연이 인간을 잉태孕胎하듯, 인간의 모든 사유思惟 역시 자연에 의해, 자연에 대한 뿌리 깊은 감성感性에 절대적 영향을 받는다.

자연은 사유思惟를 싹틔우는 토양土壤, 근원根源으로 자연과 인간의 관계, 자연에 대한 실체감의 차이는 철학적 사유의 차이差異의 근거라 할 수 있다.

중국인들은 이 우주론적 실체實體(존재)에 대해, 이를 자연自然 즉 '스스로 그러함'이라고 하였고, 붓다는 그에 대해 '아무 것도 말할 수 없다.'(14 무기無記)고 한 반면 기독교에서는 '신神에 의한 피조물被造物'이라고 한다.

자연은 존재론적 실체實體로서, 하이데거의 존재와 존재자, 불교의 공空(勝義締)과 색色(世俗締) 그리고 도가의 무無와 유有는 자연에 대한 형이상학적 해석이다.

형이상학은 존재와 존재자, 유와 무를 구분區分함으로써 자연을 자연으로서 인식認識할 수 있도록 해주고 우리는 비로소 자연의 존재론적 의미를 이해하게 된다. 모든 인식은 구분을 전제로 가능하기 때문이다.

중국인들의 자연에 대한 실체감은 단순한 감성의 수준을 넘어 그에 대한 순응, 귀속감歸屬感으로 이어지면서 중국인들만의 경험주의, 실천철학의 근거로서 작용하였다. 서양철학에도 경험주의는 존재하나 그 성격은 다르다.

자연에 대한 실체감實體感의 차이로 서양이나 불교에서는 유가儒家와 같은 생활실천철학이 존재하지 않고 반대로 중국철학에는 관념론이나 유심론唯心論 같은 공허한(?) 이론은 존재하지 않는다. 대지大地에 뿌리내린 중국철학의 관심의 중심은 그 실용성에 있다.

인간은 자연적 존재 즉 현실적, 육체적 존재이다. 철학은 그러한 인간의 삶이 만나게 되는 다양한 상황에 적용되는 가르침이고 철학적 진리는 인간행위가 삶에 실용적으로 대응할 수 있는 전제前提이어야 한다.

2장. 자연에 대한 포괄적 이해

중국인에게 자연은 그대로 스스로를 들어낸 현상有이고 동시에 감추어진無 진실本性이다. 자연에 있어 변화와 상대성(유/무)은 현상이고 본질이다. 자연은 유/무, 현상/본성이 갈리기 이전, 그러니까 가장 나이가 많다.

자연은 항상 변화한다. 그 변화는 누구도 부정할 수 없는 자연의 사실성이다. 그리고 자연 존재로서의 인간에게 있어 죽음까지 포함한 변화를 어떻게 이해하는가는 철학에 있어 기본적 문제이다. 까뮈는 죽음은 철학의 종점이라고 했다.

장자莊子는

죽음과 삶이 이처럼 서로를 수반(隨伴)하는 하나

의 동아리(徒)인데 왜 나는 그것들 중 하나(죽음)를 재난(災難)이라 간주하는가?(若死生爲徒 吾又何患)라 했는데,

이는 자연의 변화를 긍정적으로 인정하고 받아들이는 모습이다. 죽음을 포함한 변화를 긍정하는 것은 곧 현실적 삶에 대한 긍정이라 할 수 있다.

파르메니데스는 '존재하는 것(有)'은 하나이기에 생성도 없고 소멸도 없다. 즉 생성이나 소멸은 오직 지각知覺의 대상일 뿐이며 유일자唯一者로서는 아무런 변동도 없다고 하였다. 그것은 본질(有, 唯一者)과 현상(생성과 소멸)의 구별일 뿐 아니라 본질과 현상 간의 단절을 가리킨다.

그렇게 해서 서양철학에서는 플라톤에 의한 이원론二元論으로서의 형이상학의 역사가 개시開始되었다. 중국철학에서도 논리학파인 명가名家의 공손룡公孫龍은 개별적 사물들은 언제나 변화하는 반면에 그 보편적인 속성은 변화가 없다고 하여 본질(존재)과 현상(존재자)을 구별하였다.

문 : 만약 오른쪽이 변화했다면, 어떻게 그것들을 아직 오른쪽이라고 부를 수 있겠는가? 변화하지 않았다면 어떻게 변화를 말할 수 있겠는가?(右苟變 安可謂右 右苟不變 安可謂變)

답 : 둘(좌, 우)은 좌가 아니고 우도 아니다. 그렇다고 좌와

우가 함께 있는 것을 어찌 둘이라 할 수 있겠는가? 양을 소와 합한 것이 말이 아니다. 소를 양과 합한 것이 닭이 아니다.(二苟無左 又無右 二者 左與右奈何 羊合牛非馬 牛合羊非鷄) -'공손룡자(公孫龍子)'

즉 왼쪽, 오른쪽은 '둘'의 현상이다. 본성(둘-존재)은 소와 양이라는 현상(존재자)들의 단순한 집합이 아니다. 여기서 질문은 모든 것은 생멸, 변화한다는 것이고 그에 대한 답은 변하는 것은 현상이고 본성은 그와 다르다는 것이다.

그러나 명가는 중국철학의 토양에서는 그 명맥을 이어가지 못하였다. 공손룡의 유명한 '흰 말白馬(현상)은 말馬(본성)이 아니다.'라는 명제命題를 두고 사람들은 '그래도 관문關門을 통과할 때 말세馬稅는 내야 한다.'고 조롱하였다. 그들은 논리가 아니라 실제實際를 믿는다.

중국인은 우주자연自然을 말 그대로 '스스로 그러함'이라 함으로써, 그에 덧붙이는 어떠한 사변적思辨的 가설물假設物을 세우지 않았다. 따라서 그에 대한 논리적 사변思辨을 근본적으로 차단함으로써 형식논리形式論理로부터 자유로워질 수 있었다.

중국문화에서는 자연에 대해 형식논리에 따른 단선적單線的이고 기계론적 접근방법이 아니라 우주순환론宇宙循環論에 따른 복합적·상관적 관계, 나아가 유기체론有機體論에 이르렀다. 불교에서도 자연을 상관적 관계緣起로 이해하였으나,

자연에 대한 실체감의 차이로 유기체론으로 나아가지는 않았다.

우주순환론에 대해서는 중국의 가장 오래된 왕조王朝인 상商의 탕왕湯王이 '태초에 이미 개별적 사물이 있었는가? 있었다면 사물들은 선후가 없는가?' 라는 질문에 대한 답에서 그 예例를 볼 수 있다. 이 물음에 대해 당시의 철학자인 하혁夏革은

> "사물들의 끝과 시작에는 한계가 없습니다. 시작이 끝이라고 여겨질 수도 있고, 끝이 시작이라고 여겨질 수도 있습니다. 누가 이런 순환들 사이에서 뚜렷한 구별을 지을 수 있겠습니까? 만물 너머에 무엇이 있는지, 만사 이전에 무엇이 있었는지 우리는 알 수 없습니다.(物之始終 初無極已 始成爲終 終成爲始 惡知其記 然自物之外 自事之先 朕所不知也)" 列子

또한 중국철학에서는 자연의 모든 존재자들을 대대적待對的 상관相關관계로서 이해함으로서 그것들이 독립적이고 완전한 존재임을 부정한다. 그들에게 자연은 상대적인 것들 사이의 조화調和로운 상태의 연속이다.

자연의 가장 알기 쉽고 드러나 보이는 조화는 자신 안에 키우고 있는 동식물動植物의 생태 즉 식물은 탄소를 마시고 산소를 내보며, 동물은 그 반대로 산소를 들여 마시고 탄

소를 내뿜는 것에서 볼 수 있다. 그것은 참으로 오묘奧妙한 상생相生의 조화이다.

그들은 자연을 대함에 있어 플라톤의 '이데아'와 같은 완전무결성完全無缺性이라는 선입견에 결코 사로잡히지 않았다. 완전성完全性은 이론으로만 가능한 추상적인 개념이다. 그러나 중국인들이 추구하는 조화調和는 사실적이어서 상대적 존재자들 사이의 편안한 상태로, 이는 느끼고 확인할 수 있는 구체적 사태事態이다.

중국인들은 타고난 현실주의자들이다. 따라서 유가儒家에서는 공동존재로서의 인간의 조화로운 삶에 필요한 정치사회적 질서, 윤리가 추구되었고 도가道家에서는 인간 개인의 근원적 욕구인 불노장생不老長生이 중요하였다.

그리고 그것에 대한 추구追究는 연금술鍊金術 같은 것으로 이어졌다. 조셉 니담Joseph Needhdam은 도가가 중국의 과학에 기여寄與한바가 크다고 한다.

2.1. 우주자연의 조화와 질서 - 도(道)

중국인에게 '우주의 길'로서의 도道는 우주의 운행 원리인 동시에 만물을 존재하게 하고 그것들의 모든 행동을 지배支配하는 자연의 질서 자체이다. 그러한 도道는 외부로부터 주어진 것이 아니라 항상 내부에 현재現在하는 것이다.

도道의 지배는 힘에 의해서가 아니라 공간과 시간의 자연스러운 굴곡屈曲, 안위安危, 완급緩急, 응축凝縮과 분산分散을 통해 즉 작용과 반작용에 의해 그렇게 한다.

우주자연은 일종의 신비한 공명共鳴에 의해서 서로에게 작용한다. 물리학에서 정상파定常波-standing wave는 힘이 같고 방향이 정반대인 두 개의 파波가 충돌할 때, 파를 파괴하려는 분산력分散力과 그 파를 소진消盡시키지 않고 유지하려는 역逆작용력의 균형 위에서 성립된다.

중국철학에서 이러한 균형과 조화를 음양陰陽의 관계로 설명한다. 서양사회가 그토록 요구하는 정의正義는 그들에게는 조화의 한 조각일 뿐이다.

정밀하게 질서 잡힌 유기체로서의 우주는, 신神의 명령에 의해서나 혹은 원자들의 냉혹한 충돌에 의해서 지배되는 것이 아니라, 자발적自發的이지만 일정한 양식樣式 속에서 의지意志들의 조화調和에 의해 지배된다.

이 조화가 이루어지는 것은 외부의 법칙에 의해서 구속되거나 다른 사람에 의해 떠밀려서가 아니라 자발적으로 어우러져 춤추는 시골장터의 놀이와 같다.

그리스의 철학자인 헤라클레이토스Heraclitus 역시 변화하는 중의 통일성은 대립, 긴장緊張하는 것들 간의 조화에 의해 유지되며 그 조화와 균형의 기본적 성립 요인은 투쟁鬪爭이며 그 힘을 생명의 원천이라고 말한다. 그리고 보이지 않는 조화는 보이는 조화보다 우월하다고 하였다.

그러나 그리스 사상은 전반적으로 이러한 견해들로부터 기계적 인과관계의 개념을 향해 즉 인과론적因果論的, 대상적 사유로 옮겨간 반면 중국문명은 유기체적 우주론 같은 상관론적 사유의 길로 나아갔다. 중국인의 사상에서 중요한 것은 조화 그리고 그를 위한 질서와 패턴이다.

우주라는 유기체에서 만물은 자신의 위치에서 조화를 이루고 순환한다. 어떤 것이 그 역할을 놓치면 그것은 존재하기를 그칠 것이다. 그러나 자연에서 그런 식으로 실패했던 것은 아무 것도 없다. 이것이 '도道가 만물을 존재하게 한다.'고 한 의미이다.

영원히 변화하는 순환적 우주에서 각 존재자에게 주어진 위치位置는 각각의 존재자들이 특수한 방식으로 행동하도록 하는, 그렇게 행동하는 것이 자연스러운 것이라는, 본질적인 성질을 부여한다. 그 위치를 잃으면 사물들의 관계가 변하여 존재 자체를 변하게 한다.

다른 얘기이지만 이는 물리학에도 적용된다. 물질 역시 여러 원소元素들 간의 위치와 배합配合 즉 관계의 방식에 따라 서로 다른 사물로 나타난다. '그 물질'이 되기 위하여서는 '그 물질'이 요구하는 올바른 길(方式)을 따라 관계를 맺어야 한다. 관계가 그 물질을 존재케 한다. 그리고 도道(올바른 길)는 그 개개의 물질을 존재케 하는 관계에 우선한다.

중국철학에 있어 중요한 개념인 중화中和는 도道를 현상과 관련하여 설명한 것이다.

> 중(中)이라는 것은 천하의 큰 근본이이요, 화(和)는 천하 사람들이 달성해야만 하는 길(道)이다. 중과 화를 지극한 경지까지 밀고 나가면, 하늘과 땅이 바르게 자리를 잡을 수 있고, 그 사이에 있는 만물이 잘 자라나게 된다.(中也者 天下之大本也 和也者 天下之達道也 致中和 天地位焉 萬物之育焉)

자연은 한 쪽으로 치우치는 것을 싫어한다. 자연은 단일성을 싫어하고 다양성을 좋아 한다. 그리고 다양한 만물은 서로 자기와 다른 것과 맺는 관계의 그물망을 떠나서는 자기의 존재를 성립시킬 수 없는 연생緣生의 관계를 이루고 있다.

따라서 조화調和는 자연의 존립 자체이다, 그것이 무너진다는 것은, 작위作爲에 의해 훼손毁損된다는 것이고 그렇게 되면 자연은 자연으로서의 기능을 상실하게 된다. 그리고 자연은 자신의 기능을 상실하게 되면 더 이상 인간을 포함한 모든 존재자를 품기를 거부하게 된다. 그것은 온갖 재앙災殃으로 나타난다.

자연은 다양성을 포섭包攝하여 조화로운 상태를 유지한다. 자연은 상생뿐 아니라 상극相剋(서로 다툼)까지도 종국終局에는 조화로운 상태로 이끈다. 조화는 자연성이다. 조화로운 상태는 지극히 고요하다. 즉 자연성의 본질은 정靜이다.

천둥번개와 폭풍우는 정靜의 의미를 감사로서 일깨운다.

장자(莊子)는

> 도를 통제했던 옛사람은 그들의 고요함으로 그 지식을 길렀고 또한 그들은 그들의 지식으로 그들의 고요함을 길렀다고 말할 수 있다.(古之治道者 以括養知..謂之以知養括)고 한다.

자연과정의 규칙성은 지배가 아니라 조화이고 인간 공동생활에서의 조화는 상호적응相互適應에 의해 유지된다. 그 상호적응은 주고받음, 일종의 상호 예의禮義로서 겸손과 양보 즉 양讓을 요구한다.

양讓은 좋은 관계를 이루는 기본이다. 모든 관계에서 가장 중요한 덕목德目은 거슬리지 않는 것 즉 막역莫逆이다. 그것은 작게는 친구의 마음에, 크게는 우주질서로서의 자연의 본성에 거슬리지 않는 것이다. 양은 그런 마음이다.

3장. 자연에 대한 실제적 이해 - 천(天)과 기(氣) 그리고 그에 따른 음양오행설

천이 자연의 신격화神格化에 따른 이름이고, 기氣가 자연운행의 실질實質이라면, 음양오행설은 자연의 구조와 그 운행에 대한 해석이다.

3.1. 천

천天사상은 상고上古 이래로 노자老子의 자연관과 유가儒家사상에 보편하는 것으로 그들 이념理念이 유래한 연원淵源이었다.

중국문화에서 천天은 자연과 인간의 삶을 주재主宰하는 초월적인 존재라고 신념信念되었으나, 그것은 독립적이고 권위적 존재자存在者라기 보다는 자연의 원리로서의 의미가 우선優先하였다. 천은 자연의 원리가 일반인의 감성에서 하나의 관념적 존재의 형태로 이행移行된 것이다.

기독교 신神이 창조주로서 존재자 전체 '위'에 내걸려지면서 존재자 전체에게 일방적으로 목적과 질서 요컨대 의미를 부여하는 절대적 권위자인 것과 비교할 때, 중국에서의 천은 자연에 대한 경외심敬畏心과 인간의 심리적 요구, 필요에 따른 자연自然의 신격화神格化일 뿐이다.

중국인들은 자연현상과 인간사人間事를 천행天行에 결부시켜 생각하였으며, 기본적으로 천天의 뜻에 따라 인간의 삶이 운행된다는 근원적 이해가 있었다.

즉 삶의 과정에서 맞게 되는 자연현상인 장마나 오랜 가뭄 혹서酷暑나 혹한酷寒은 천행天行으로 이해되었고, 황하黃河의 잦은 범람이나 가뭄을 극복하는 치수治水사업은 인간이 행해야만 하는 인간사로 여겨졌다. 우왕禑王의 치수사업이 그런 예例이다. 그러나 근본적으로는 천의 뜻이 결정적이라는, 따라서 자연을 존중하고 순응順應하는 삶을 지켜나갔다.

천天은 먼저 자연법도에서 길흉화복吉凶禍福을 자체 원리로 하여 범형範形을 보인다. 그리고 인간이 길하고 복된 법도를 선택하여 행하면 흥興하고, 흉凶과 화禍의 법도를 취하면 망한다.

이는 인간 자신이 스스로 그 결과에 책임을 지는 선택의 자유를 갖는다는 것으로, 이는 한漢민족 정신에 내재한 인간의 자주성이 상징적으로 표현된 이념이기도 하다.

중국인들에게 있어 인간은 자연과 별개의 것이 아니다. 이러한 이해에 근거하여 중국에서는 인간의 본성적 능력이 자연법自然法의 운행에 영향을 주어 조화롭게 방향 지을 수 있다고 믿었다. 이는 천인天人이 상응相應한다는 이념으로 발전되어 당시 사상가들에 공통적으로 받아들여졌다.

중국인들은 하늘의 뜻이 땅의 이로움만 못하고, 지리는 인간의 화목만 못하다(天心不如地利 地利不如人和)라고 함으로서 인도주의人道主義의 길을 간다.

3.1.1. 천인감응설(天人感應說)

중국인들이 이해하는 천天은 만물을 생성하고 민생民生을 사랑, 연민憐愍하고 또한 교화 양육한다. 그러고는 선행善行

에는 상을 주고 악행에 벌을 주는 주재자이다.

황제皇帝는 형식적 의의意義에서 신권적神權的인 절대 권위를 부여 받았지만, 그 권위는 현실 정치에서 천의 뜻을 실현시킴으로 그 자격이 증명되어야 했다.

황제는 인민에 대하여는 천행天行을 대변하고 하늘의 뜻에 책임지는 지위에 있다. 즉 천의 뜻을 그 자신의 정치적 덕德으로 효과效果 할 것을 위촉 받은 것이다.

'서경書經'에는 황제皇帝의 덕德이 비, 바람에 응수하여 자연과 인간사를 조화롭게 할 수 있다고 하였다. 장마나 오랜 가뭄 혹서酷暑나 혹한酷寒은 주권자인 황제의 포악, 과오, 게으름, 성급함에 상응하는 천의 뜻이며 이를 자연을 통해 상징적으로 내보이는 것이다(홍범弘範). 여기에 천, 자연, 인간이 본성에서 조화 상응調和 相應하는 원리가 있다.

이러한 이해에 따라 유가儒家에서는 예악禮樂을 인간관계에서의 예의禮儀로서만이 아니라 인간이 우주 질서에 참여하는 방식이라 하여 이를 매우 중요시한다.

중국 정치사상에서 가장 중요한 이념理念은 천하위공天下爲公이다. 천의 뜻은 황제의 지위地位를 위한 것이 아니라 인민을 고르게 사랑하고 양육하는 것이다. 이것이 인민의사意思의 귀추歸趨가 천의 뜻이 어디에 있는가를 증명한다는, 즉 인심人心이 천심天心이라고 한 근거이다.

요堯가 순舜에게, 그리고 순이 우禹에게 왕위를 물려 준 것은 인민의사의 귀추歸趨에서 증명된 천의 뜻을 수행한 것이다. 맹자孟子는 걸주桀紂를 방벌한 탕문湯文에 대해

> '그들은 왕으로서의 걸주가 아닌 일개 필부(匹夫)를 죽인 것이며 그렇게 함으로써 황제의 지위에 대한 천의 뜻을 수호한 것이므로 천을 거스른 것이 아니다.'라고 하였다.

이러한 중국인들의 정치이념은 이론적으로는 동서東西를 통하여 가장 모범적인 형태의 민주적 논리일 수 있는 이념적 면모를 고유하게 내포하고 있다 말할 수 있겠다.[1)]

3.2. 기(氣)

천天의 뜻으로서 자연의 뜻을 드러냈다면 기氣로는 자연의 실질實質을 말하고 있다.

중국인들은 자연 사물들의 실질實質을 항상 움직이고 손에 잡히지 않는 기氣로서 이해하였다. 자연 존재는 자신이 품수하고 있는 성性의 발현이고 기氣는 그 성性의 실질實質이다. 유有로서의 자연은 기적氣的 존재이다. 만물은 우주의 에너지인 기氣의 현시이다.

1 민심이 천심이라고 해서 그것이 중국에서 민주주의가 실행되었다는 의미는 전혀 아니다. 그것은 이념(理念)일 뿐이다. 민주주의는 민의가 정치에 반영될 수 있는 수단, 형식을 갖추어야만 그 실행이 가능하다. 중국에서는 그런 수단이 전혀 없었다.

이러한 사물의 실질로서의 기의 존재는 현대 물리학자인 아인슈타인Einstein의 에너지 질량 등가等價 법칙($E=mc^2$)에 의해 입증되었다고 보아도 무방하다. 기氣-energy는 보이지 않지만 존재存在하며 작용한다.[2)]

기는 정지되어 있지 않고 항상 흐른다. 중국인들은 현상에서의 변화를 자연의 본질인 기氣자체의 흐름으로 이해한다. 여기서는 본성과 현상 간의 구분은 있으나 단절斷絶은 없다.

도덕경에서 말하는 자연의 존재방식인 유무동출有無同出에서 유와 무는 별개로 존재하는 것이 아니라 자연의 서로 다른 측면일 뿐이다. 유有는 기氣의 역동적力動的 측면을 그리고 무無는 기의 정지 상태이다.

자연自然이라했을 때의 그 자연은 딱딱하게 굳은 명사名辭가 아니라 자연성自然性 즉 그것이 화현化現하는 동사적動詞的인 율동律動을 의미한다. 기氣는 그 율동을 율동하게 하는 힘이다.

자연이 기적氣的 존재라는 말은 우리가 눈으로 보는 존재자外나 또는 보지 못하는 존재자內나 모두 자연성自然性의

2 아인슈타인의 질량 에너지 등가(等價)의 공식($E=mc^2$)은 물질이 에너지로, 에너지가 물질로 바뀔 수 있다는 의미다. 이는 자연이 기적(氣的) 존재라는 말의 정당함을 말해준다.

표출表出임을 의미한다. 자연성은 기氣의 정지와 운동에 다름이 아니다. 기의 정지와 운동은 법성法性(物性)의 은적과 현현의 다른 이름이다.

중국철학에서 말하는 기氣는 심·물心·物을 다 아우르는 즉 마음만도 아니고 객관적 사물만도 아니다. 기氣는 천지간에 가득 찬 기운일 뿐 아니라 또한 사람의 심신心身의 기이다. 즉 기는 신체의 생리生理와 정신 양면의 의미를 갖추고 있다.[3)]

마음의 기氣인 혼魂과 몸의 기인 백魄이라는 개념은 자연에서의 음양의 이기二氣를 인간 존재로 이행移行한 것으로, 혼은 사유思惟하는 내적內的 존재이고 백은 육신肉身에 존재하는 에너지로 이 둘은 부즉불이不卽不離의 관계이다.

기氣는 순환循環한다. 도덕적인 관점에서 기의 순환이 갖는 의미는 이기주의적利己主義的 열정에서 벗어나 타자로 향하는 방향성을 지시한다.

3 중국철학에서의 태극도(太極圖), 불교에서의 불일이불이(不一而不二)는 모두 일원론(一元論)을 말하고 있다. 이는 세상을 보는 관점에서뿐 아니라 인간 자체에도 적용되어 심신(心身) 일원론을 당연한 것으로 받아들인다.

이는 필연적으로 마음의 수양(修養)이 몸을 단련시키는 것과 분리될 수 없음을 의미하게 되어 인도에서는 요가(Yoga), 중국에서는 쿵푸(工夫)같은 모습으로 나타났다. 그러나 서양의 이원론에서는 이러한 수행(修行)은 성립될 수 없었다. 육체는 욕망의 근원으로 영적(靈的)인 삶에서 억제되어야 할 대상이다.

3.3. 음양오행설

음양오행설의 기본 전제는 우주가 기적氣的 존재로 유동적, 순환적이라는 것이다. 음양론陰陽論이 자연의 현상과 구조에 관한 것이라면, 오행설五行說은 그 운행에 대한 논의이다.

음양은 서로 대립하면서도 보완적補完的인 긴장에 의해 유지되고, 오행(金木水火土)은 인간의 삶을 포함한 자연현상이 서로 어떤 의미 있는 양식樣式-pattern에 결부되어 운행된다. 오행이 이루는 체계는 복잡하게 상호 관련되어 있다.

3.3.1. 음양론(陰陽論)

주역周易에는 음양에 대해 (우주에는)두 가지 기본적인 힘들과 그 작용들만이 있으며, 파도波濤와 같이 연속되어서 한번은 한쪽이 다음에는 다른 한쪽이 지배적으로 된다고 한다. 또한 묵자墨子는 모든 생물은 땅의 본성을 근거로 음양의 조화에 참여한다고 한다.

시경詩經에서는 음은 차가움과 구름, 비, 여성, 어두움을, 양은 햇빛과 따듯함, 봄과 여름, 남성과 밝음의 관념을 불러일으킨다는 의미로 사용되었다. 더 사실적으로는 음은 산이나 골짜기의 그늘진 면이고 양은 그것들의 햇빛을 받는 면이다.

중국문화에서는 음양의 두 기氣로써 우주만물의 구조와 현상을 해석한다. 이에 대한 전형적인 예증例證이 바로 태극도太極圖이다.

태극太極은 형체를 초월한 무형의 형이상적形而上的인 으뜸元을 가리키고, 태극도太極圖는 그 상징이다. 태극도에서의 원기元氣를 상징하는 원圓안에는 그 중간에 단지 S자형의 분할선 만이 있고 그 원기에서 음양陰陽 즉 음기와 양기가 형성되고 운동과 생명이 있게 된다.

마치 두 마리의 물고기가 서로의 머리와 꼬리를 물고 있는 듯한 이 음양 이체二體의 형상은 네 안에 내가 있고, 내 안에 네가 있으며 서로 배척하면서도 서로 의존하는 차연差延의 관계로 대립과 조화의 통일체를 의미한다. 이 조그만 도형圖形은 우주의 축소형이며, 그 S자형의 곡선은 바로 원기와 생명의 흐름이며 우주가 쉼 없는 움직임인 것을 나타낸다.

태극의 원圓이 직선直線이 아니라 곡선曲線으로 나누어져 있는 이유는 나뉘어져 있지만 그것이 고정된 것이 아니라 순환적 관계로, 양陽의 증대는 곧 음陰의 축소이고 그 역逆으로도 나타난다.(소나무와 나비 임승빈)

직선直線은 인위적, 추상적이고 곡선曲線은 자연의 선이다. 원圓을 직선으로 나누면 음양의 완전한 분리를 의미하지만 물고기가 서로 꼬리를 물고 있는 모양의 곡선은 음양의 상관관계가 유동적임을 드러낸다. 그 유동성은 항상 어느 편에 기울지 않는 조화調和를 유지하려는 성향을 갖는다.

자연(천지만물)이 요구하고 있는 것은 음양, 천지, 심신 등에서의 기氣 간의 조화調和이다.

여기서 화和의 함의含意는 서로를 존중하면서 공존을 꾀한다면 만물을 능히 살릴 수 있을 것이요, 서로가 자기와 다른 점을 자기 쪽으로 이끌어 들여 맞추려고만 한다면 함께 가는 발전은 이루어지지 못하게 된다는 것이다.

화和는 누군가 자신의 고유함을 존중하는 무게만큼의 무게와 깊이로 다른 누구를 이해하고 대우할 때 이루어지며, 이렇게 되면 만물이 풍성히 발전할 것이며, 서로 이루고成 기르는育 지경에 다다르게 된다.

이러한 화和는 서로 다른 둘의 단순한 더하기가 아니라, 온갖 만사만물이 각자의 고유성을 지닌 채 공존할 수 있게 하는 자연의 이치理致이자(이를 하이데거는 자연의 숨은 법칙이라고 표현한다) 인사人事를 이끌어 가는 법칙이다. 즉 대대적 관계로서의 연생緣生의 이치를 이루는 것이다.

3.3.2. 오행설(五行說)

중국인들의 상관적 사유는 관념들을 상하 계층으로 분류하는 것이 아니라 하나의 형태를 갖는 수평적 양식樣式으로 늘어놓는다. 상관적 사유에서 사물들은 각기의 기계적 원리들에 의해서가 아니라 서로에게 영향력으로 작용한다. 이러한 상관적 사유에 따른 음양오행의 체계는 그 자체의 논리와 인과법칙을 가지고 있어 그 나름으로는 완전한 합리성을 갖는다.

오행설은 사물의 기본적 성질들을 분류한 것인 동시에 사물들이 변화를 겪고 있을 때 나타나는 작용, 힘들을 분류한 이론이다. 이는 세상을 수화목금토水火木金土 다섯으로 분류가 가능하다는 범주론範疇論과 연관되어 있다.

오행은 기본 물질物質이라기보다는 다섯 종류의 기본 과정過程 상태이다. 근본적으로 오행五行의 한자漢字 행行은 물질이 아니라 운동, 흐름이다.

수水는 액체 상태를, 화火는 기체 상태를, 금金은 금속과 반금속에, 토土는 모든 무기물질無機物質들에 그리고 목木으로는 탄소화합물 즉 유기화학의 전 영역을 나타낸다.

오행五行은 서로가 상생相生과 상승相勝의 관계로, 여기에는 어느 절대자도 없으며 오직 조화만이 있다. 음양오행의 상관관계에서는 조화調和만이 올바른 선택의 기준이다. 그 기준을 잃으면 상충相衝하고 공멸共滅한다.

오행설은 한대漢代의 유가儒家 동중서董仲舒(B.C. 170? - 120?)에 의해 정리, 통합되었다.

동중서는 중국 전통의 음양오행설을 기본으로 한 우주 유기체설有機體說에 유가儒家 '중용'의 성인聖人은 천지의 화육化育에 협찬協贊함으로써 천지와 더불어 하나가 된다고 하는 천인합일사상天人合一思想을 접목하여 우주론을 체계적으로 발전시켰다.

그는 이러한 우주론에 의거하여 하늘과 인간 사이에는 밀접한 관계가 있다는 천인감응설天人感應說을 주장하였다.

모든 현상은 음양과 오행이라는 근본적 원리를 포함하고 있다. 역逆으로 모든 현상은 음양과 오행이라는 근본적 원리, 범주에 귀속歸屬되어 있다.

이를 두고 동중서는 우주의 상像은 극단적으로 정밀精密하게 질서 지어진 것으로, 그 질서는 엄밀하게 유지維持, 보좌保佐되어 그 사이에 하나의 머리카락조차 낄 틈이 없을 것이라고 하였다.

만물의 근본은 원元이다. 원은 천지天地와 실질은 같으나 이름만 다른 것이다. 추상적 원리로 말하면 원元이고 그 실질實質로 말하면 천지의 기氣이다. 그리고 기의 구체적인 운용運用으로 일월日月 성신星辰 풍우風雨가 형상을 나타내고 초목草木 어충魚蟲 금수禽獸가 성명性命을 드러낸다.

천지의 기氣는 하나로 합쳐지고 음양으로 나뉘고 5행五行으로 배열된다. 그리고 음양과 오행의 원리가 공간과 시간을 주재主宰한다.

우주공간은 동서남북東西南北과 중앙中央으로 나뉘고, 시간은 네 개의 계절과 월月, 시時 같은 하위 단위 개념으로 나뉜다. 즉 개개의 계절들로 분리되고, 그 각각이 그 자신의 하위 구분區分들로 나누어진다.[4] 이런 시간과 공간은 단순한 추상적 양量이 아니다.

동중서는 계절의 순환 역시 음양오행설로 설명하였다.

> ‘양(陽)의 기운이 점점 자라 동(東)에서 목(木)의 기운을 돋우어 움직이면 봄이 오며 다시 양이 점점 강하게 되어 남(南)으로 움직이어 화(火)의 기운을 돋우면 여름이 온다. 등등’

시간이 단순한 추상적 양量이 아니듯, 공간도 모든 방향으로 확장되는 절대적으로 균일한 것이 아니어서, 동서남북과 중앙이라는 분리된 영역으로 나누어졌고, 그 각각은 시간 및 오행과 연결되어 상응相應하는 관계를 이루었다. 이는

4 하이데거는 차연의 관계를 맺고 있는 자연세계, 즉 전체로서의 연기관계를 ‘무한의 관계’라고 부른다. 이는 여기서의 시간과 공간의 구분된 것들 간의 관계에도 해당한다. 그는 ‘이러한 관계의 방위(方位)들은 혼자 잘려서 고립된 채, 즉 일면적으로 서 있는 것이 아니라 오히려 일면성과 유한성으로부터 벗어나 무한(無限)하게 관계 속에 상호 귀속되어 있으며, 이 관계가 자신의 중심으로부터 그것들을 속속들이 관통(貫通)하면서 함께 붙잡아 견지하고 있다.’라고 설명한다. 무한관계는 독립된 존재의 부정(否定)이다.

5 이는 유가의 인본주의 관점을 극명(克明)하게 드러낸 것이다. 관점은 다르지만 니체 역시 예술이 자연 상태로서의 생존을 단순히 유지, 지속시키는 것에서 벗어나 삶을 고양(高揚)시킨다고 하였다.

갈릴레오와 뉴턴의 기하학적 공간과 예리하게 대비된다. 또한 인간의 덕성德性인 오상五常(仁,義,禮,知,信)을 인仁은 목木과 동東에, 의義는 금金과 서西에 등처럼 다른 오행에 연결시켰다.

모든 정치조직 역시 동·서·남·북이 갖는 기운에 맞게 조정調整되어 설립하였고 황제는 중앙에서 남쪽을 향하여 앉아 이들을 통치한다. 그래서 중국에서는 황제의 통치행위를 '남면南面한다.'고 한다.

인간사회를 포함한 우주만물은 전체적으로 대응對應의 표表에 의해 연결되었다. 불교에서의 인드라 망網처럼 서로가 서로를 비추며 연생緣生, 연기緣起되어 있다.

이 우주관을 통해 중국인에게 인간사회에서 조화調和가 법法보다 상위 개념인 것은 당연하다. 서양에서처럼 법法 자체가 최고의 가치를 지니고 있는 것이 아니라 법은 사회질서의 유지에 필요한 최소한의 공권력의 의미를 가질 뿐이다.

그의 우주관은 '우주질서 중에도 하늘, 땅, 사람天地人 삼재三才는 만물의 근본으로 하늘은 만물을 낳고, 땅은 기르고, 사람은 완성시킨다.'고 하는 삼재三才 사상에서 볼 수 있다. '사람이 완성시킨다.'는 뜻은 인간이 문명의 힘으로 만물이 자기의 존재 의미를 완전하게 발현할 수 있게 한다는 것이다.[5)]

유가儒家사상에서 동중서董仲舒가 갖는 의미는 그가 선진先秦 유가의 효제孝悌사상을 삼강오륜三綱五倫이라는 사회적 개념으로 확정시킴으로써, 삼강三綱(君爲臣綱, 父爲子綱, 夫爲婦綱)과 오륜五倫(君臣有義, 父子有親, 夫婦有別, 長幼有序, 朋友有信)을 정치사회의 근간으로 통념화通念化시켰다는 데 있다.

3.3.3. 음양오행설에 대한 비판

음양오행설은 그 자체가 절대적 진리인 양 신봉信奉되면서, 사람들은 음양오행설에 따라 자연현상들을 단지 그것들이 속한다고 여겨졌던 상징들에 관련시켜 이해하려 했다, 이에 따라 상징은 점차 추상적 의미를 발달시켰고, 그 추상성이 음양오행설에 거짓된 심오深奧함을 부여함으로서 진리로서 행세하게 되었다.

음양오행설은 자연현상을 견강부회牽强附會하여 범주화함으로써 근대과학에서는 미신迷信처럼 취급된다. 그 원인은 자연의 관찰로부터 너무 멀어져 사실성을 확보하는데 실패하였고, 상대적으로 그 상징의 해석은 지나치게 정교해지고 환상적인 것이 되었기 때문이다.

그러나 음양오행설은 세부적으로는 불확실하고 그릇되지만, 우주가 하나의 공명共鳴하는 유기체라는 관점에서 보면 아마도 전체적으로는 옳을지도 모른다.

중국문명은 르네상스나 종교개혁 같은 문명 전반에 걸친

변혁變革의 기회를 얻지 못한 채 너무나 오랫동안 지속, 정체되었고 음양오행설은 좀 더 다른 형태, 현실에 적합한 방향으로 발전할 기회를 얻지 못하였다.

3.3.4. 음양오행설과 서양철학에서의 유기체론

음양오행설의 근거는 우주만물이 대응對應의 표表에 의해 연결되었다는 유기체설에 있다.

케어A. E. Care는

> '서양철학은 오랫동안 존재와 실체를 강조하면서 전개되어 왔지만, 이제 생성과 과정을 중시하는 것으로 변화하고 있다. 또한 개별적 단위에서는 보편법칙에 따라 행동하는 것이라는 사고(思考)로부터, 이제는 자발적(自發的)으로 형성되고 체계(體系) 안에서 많은 단계를 거쳐 분열되는 것이라는 생각으로 변하고 있다.'(Postmodenism and the Environmental Crisis)고 한다.

여기서 체계가 의미하는 것은 유기체이다.

최근 학계學界에서는 유기체론적 모델이 뉴턴Newton의 기계론적 모델을 대신하기 시작했다고 한다. 유기체적, 또는 유기체론은 현재 인류가 해결해야만 하는 당면과제로 급격하게 부상浮上하고 있는 생태철학, 환경철학 같은 새로운 연구영역의 모델과 패러다임에 대한 논의에 있어 중요한

역학을 하고 있다.[6]

클라크J.J. Clark는 그의 저서 '서양, 도가와 만나다.'에서 다음과 같이 말하고 있다.

카오스Chaos 이론은 자연 세계에 대한 가장 최근에 전개된 사고思考이며 금세기에 일어난 진정한 혁명으로 보아야 한다. 이 혁명은 많은 과학적 분야에서 19세기에 완전하게 실현되어 온 기계론적/결정론적 모델로부터 벗어나 전체론holism, 유기체론organicism에로의 변화에 결정적 역할을 보여 주었다.

카오스 이론은 상호 연관성과 서로 주고받는 움직임corres-ponding move을 강조하는 양자물리학에서 생태학生態學에 이르기 까지 다양한 분야에서 분명하게 영향을 주었다. 이는 추상적 전체抽象的 全體의 시각에서 세상을 보고 모든 과정을 구성된 요소要素로 분석하려는 방법론과는 다른 것이다.

겉보기에 무질서하고 혼란한 것Chaos에서 불현듯 나타나

6 유기체론은 자연과의 조화와 모든 생물체 간의 친밀성(親密性) 그리고 자연현상의 상호작용에 대한 인식을 강조한다. 자연과의 조화는 인간이 자연을 정복하거나 지배, 더 나아가 간섭하고 통제하려 해서는 안 된다는 것을 그리고 생물체 간의 친밀성은 세계에 존재하는 생명체에 대한 존경심을 요구한다. 또한 상호작용에 대한 인식은 자연과의 균형과 협동의 가치에 주목하게 한다. 그렇게 하여 환경에 최소한으로 개입하는 유기농 재배, 태양열 에너지 시스템에의 길을 보여준다.

이 모두는 우리에게 인간과 자연 간의 관계에 대해 재고(再考)할 것을 요구한다.

는 질서정연秩序整然하고 조화로운 구조cosmos가 의미하는 것은 '우주(자연)는 본래 자신의 유기체적 원리와 자신의 창조적 에너지를 가지고 있다는 것이다.'라는 데에 있다.

생물학은 유기체론에 가장 쉽게 적응할 수 있는 학문분야이다. 현대 생물학자들은 생명체, 포유哺乳동물의 육체 안에서의 인과성을 '내분비內分泌 오케스트라'라고 부른다. 이는 모든 내분비선들이 작용하지만 어느 순간에 어느 것이 주도권을 잡는지는 알기가 어렵기 때문이다.

현대 생물학生物學은 기계적이고 물질적인 우주론적 사고思考로부터 유기체 철학으로의 변화를 요구하고 있다. 이런 관점에서 음양오행설은 유기체론을 근거로 하고 있다는 점에서 일정 의미가 있다.

즉 음양오행설에서는 한 유기체적有機體的 체계에서 인과성因果性은 사건들의 한 줄의 사슬과 같은 것이 아니라 상생相生과 상승相勝의 관계라고 하는데 이는 유기체적 원리의 기본이다.

조셉 니담은 당시(17세기)의 기계론적이고 물질적 사고에 대결하려 했던 라이프니츠의 모나드Monad 이론이 중국 철학에 의해 자극받은 것이라고 주장한다. 그는 유기체적 우주의 가장 완벽한 모델을 제공한 것은 바로 중국철학이었다고 한다.('중국의 과학과 문명') 사실 모나드는 기적氣的 존재라 할 수 있다.

4장. 중국문화에서의 철학과 과학

4.1. 경험주의 철학 - 잘못 이해할 수는 있으나 잘못 경험할 수는 없다.

4.1.1 직관적 예지

경험주의는 관습을 무비판적으로 받아들인다는 것과는 다르다. 경험적 지식은 변화하는 상황, 사물을 성실誠實하게 관찰하고 그에 따른 새로운 인식과 판단을 통해 형성된다. 그것은 무엇보다 성실한 관찰을 우선하기에 단순한 논리법칙에 따른 이해가 아니라 직관적 예지叡智라 할 만한 것이다.

노자老子의 '도덕경'이 보여주는 우주자연에 대한 갚은 이해는 인류 역사상 최고의 경지로 꼽힌다. 그리고 그러한 혜안慧眼은 자연에 대한 관찰과 깊은 사유省察를 통해 이루어진 것이다. 더불어 그것은 직관적 예지이다.

새옹지마塞翁之馬는 변경에 사는 한 평범한 노인의 삶에서의 경험을 얘기할 뿐이다.

그러나 거기에는 삶에서 마주하게 되는 사건들에 대해 일희일비一喜一悲하지 않고 평상심平常心을 유지하는 지혜를 보여준다. 이는 자연에 순응하며 살아간 삶이 다다른 자연성自然性의 근본인 고요함靜의 경지이다. 그것은 경험적 예지叡智에 의해 체득한 것이다.

이런 예지에 대해 양명학陽明學에서는

> '모든 사람은 그 마음속에 공자(孔子)를 가지고 있다. 때로는 나타나지만, 때로는 숨어있다. 많은 말없이도 그것이 무엇인지 지적할 수 있다. 의심 없이 받아들이는 타고난 양지(良知)이다.'
> (個個人心有仲尼 自張聞見若遮迷 而今指與進頭面 只是良知更莫疑)

이러한 직관적 예지에 따른 새로운 경험은 우리들 내면에 감성의 형태로 저장된다.[7)]

4.2. 서양 경험주의와의 차이

중국인들은 실제에 대한 경험을 통해 물질들의 진정한 본성을 알 수 있다고 믿는다. 이 믿음이 중국 경험주의철학의 근본이다. 중국의 경험주의철학은 서양의 귀납적歸納的 논리에 근거한 경험주의철학과는 다르다.

중국 경험주의 철학에서는 어떤 명제(진실)에 도달하는데 있어 관찰을 근간根幹으로, 거기에 깊은 사유思惟를 더한다. 그 사유하는 마음, 태도는 사물을 성실誠實하게 대하는 것으

7 감성적 경험은 사물, 사건이 전달하는 내용을 논리적 과정을 거치지 않고 직접적으로 의식(意識)세계에 전달된다. 우리들 의식의 대부분은 그렇게 이루어지며 유년기(幼年期)에는 타인 특히 부모의 살아가는 모습을 그대로 받아들이기에 '아들은 아버지의 등을 보고 자란다.'고 한다. 그리고 이 시기의 경험, 보고들은 것은 심성(心性) 깊은 곳에 무의식(無意識)의 형태로 굳게 자리 잡아 인격형성에 결정적인 영향을 미친다.

로, 그렇게 하여 그 본성에 다가가는 것이 가능하게 된다.

자연, 사물을 성실하게 대하는 것은 자연과 인간이 하나라는 사실을 앎으로써, 자연을 아끼는 마음이 있음으로써 가능하다. 아낀다는 것은 누구 또는 무엇을 곁에 두고 사랑하며 다치지 않을까 걱정하며 보살핀다는 의미이다. 이는 자연 만물의 본성을 다치지 않게, 그래서 편안하게 존재하도록 종용慫慂하는 마음이다.

이는 서양 합리주의에서 존재자(자연 사물)에 대해 아끼는 마음 없이, 존재자를 붙잡아 자기 앞에 세워 놓고 그것의 객관적인 성격과 작용만을 파악把握하고자하는 인식방법과는 다르다.

중국인들의 경험의 중요성에 대한 강조는 여러 글에서 볼 수 있다. 묵자墨子가 말했다.

> '어떤 것이 존재하는지 아닌지를 알아내는 것은 많은 사람들의 귀와 눈의 증거에 달려있다. 만약 어떤 사람이 들었거나 그것을 보았다고 한다면 우리는 그것을 존재한다고 말해야 한다. 만약 아무 것도 듣지도 보지도 못했다면 우리는 그것을 존재하지 않는다고 말해야 한다.'
> (是與天下之所以察知有與無之道者 必以衆之耳目之實知有與亡爲儀者也 請惑聞之見之 則必以爲有 莫聞莫見 則必以爲無)

이는 유물론唯物論의 전형典刑임과 동시에 세상에 대한 이해理解를 경험의 한계 안에 묶으려는 것이다. 이에 대해 왕충王充은 옳고 그름은 눈과 귀에만 달려있는 것이 아니라, 지성의 작용을 필요로 한다고 비판하였다.

그러나 묵자는

> '부수적(附隨的) 원인은 그것으로 인하여 어떤 것이 반드시 그렇게 되는 것은 아니지만, 그것이 없으면 절대로 그렇게 될 수 없는 것이다. 그러나 주요(主要)한 원인은 그것에 의해 그것이 반드시 그렇게 되는 것이다. 보는 것의 결과로써 지각(知覺)이 얻어지는 경우가 그 예이다.'(小故 有之不必然 無之必不然 大故 有之必然 若見之成見也)라고 하여 경험의 중요성을 강조하였다.

여기서 '작은 원인'은 원인이라기보다 필요조건이고 '큰 원인'은 필요충분조건으로 근원이라 할 수 있다. '작은 원인'은 이론理論에 의해 찾아질 수 있지만 '큰 원인' 즉 근원적인 것은 관찰에 토대한 견해見之成見에 의해 얻어진다는 것이다.

수레바퀴를 만드는데 있어 최고의 경지에 이른 장인匠人도 그 아들에게 기술을 전수할 수 없었다. 말이나 이론으로 가르쳐 주더라도 그것만으로는 충분치 않고, 그 기술의 진수眞髓는 경험을 통해 스스로 터득해야 하기 때문이다.

당대唐代의 가장 훌륭한 말馬 그림 화가畵家인 한간韓幹은 젊어서 황제가 당시의 가장 저명한 화가에게 수업을 받게 해주겠다는 제안을 거절하고, 대신에 황실의 마구간에서 그의 시간을 보내는 것을 더 좋아했다. 기술자이건 성인聖人이건 간에 경험적 지혜의 중요성은 중국문명에서 항상 강조되었다.

상대적으로 중국문화에서 논리는 폄하貶下되는, 믿지 않으려는 경향이 있었다.

노魯나라 사람이

> '나는 반신불수를 치료할 수 있다. 그러므로 만약 똑같은 약을 두 배만큼 준다면 죽은 자를 일으킬 수 있을 것이다'라고 했다. 그러나 사물 중에는 소규모의 효과는 있으나 대규모의 효과는 없는 것들이 있고, 반(半)은 이룰 수 있으나 전체는 이룰 수 없는 것들이 있다.(여씨춘추(呂氏春秋))

이는 이론理論과 현실간의 괴리乖離를 분명히 한 것이다.

이와 같은 맥락에서 실제적 경험은 명백히 중요했고, 기술자가 학식이 있다는 사람보다 때때로 더 식견識見이 있다고 생각하였다.

4.3. 중국의 과학

중국의 문명을 현실적으로 주도한 유가儒家에서는 우주자연을 자연 자체로서가 아니라 그 자연의 운행으로부터 도덕적 질서秩序를 찾았다, 그들에게 탐구 대상은 자연에 대한 이해가 아니라 인간의 윤리적 행위 그 자체였다.

그것은 철학에서 '어떻게 사는 것이 좋은 삶인가'의 문제로 귀착되며 그 답은 문명文明된 사회를 이끄는 올바른 도덕과 윤리에 있었다. 그러한 이유에서 유가는 과학 발전에 있어 큰 역할을 하지 못했다.

이에 반해 자연주의 철학으로서의 도가道家는 자연현상에 대한 관찰을 중요시 하였고, 이러한 도가는 과학의 발전에 큰 도움이 되었다.

카프라Capra는 그의 저서 '현대물리학現代物理學과 동양사상'에서 '도교道敎는 본질적으로 자연에 대한 역동적 현상의 상호 관련성을 강조함으로써 현대과학 이론에 분명한 암시를 주었다.'고 하였다.

이를 뒷받침하기 위해 그는 현대 물리학에서는 우주는 관찰자觀察者가 없어서는 안 되는 역동적이고 불가분의 전체로 이해, 증명하고 있는데[8] 그럴 경우 고립된 대상의 원인

8 이는 확실치는 않지만 양자역학에서 행한 이중 슬릿(slit) 통과 시험에서 관찰자가 있을 경우와 없을 경우에 그 결과가 다르게 나온다는 것에 근거한 말이 아닌가 한다.

과 결과라는 전통적인 개념들은 의미가 없다. 이는 동양의 신비주의神秘主義(이는 비논리적이라는 의미일 뿐이다) 관점과 본질적으로 모순되지 않고 완전히 조화하고 있다고 주장했다.

최근 우주과학자자들은 우주는 빅뱅BigBang 시점에, 이른바 양자진공量子眞空-quantum vacuum 상태에서 생겨난 것이라고 생각하고 있다.

여기서 양자진공이 의미하는 것은 물질과 에너지로서의 양자 입자量子粒子-quantum는 사실상 아무 것도 없는 것진공-vacuum과 같은 양자자장量子磁場의 진동振動이라는 것이다.[9)]

이러한 관점에서 전 우주존재는 거대한 무無를 배경으로 한 미세한 파동波動으로 보일 수 있다.

사실 이는 도가道家의

> '유는 무를 본체나 본성으로 하여 생기(生起)하는 현상의 물결과 같다.'고 보는 관점과 동일하다.

그러나 이 말을 무에서 유가 나왔다고 오해해서는 안 된다.

중국문명은 완전한 이론적 배경 없이도 기술정신에 의해 위대한 진보가 가능하다는 것을 보증하고 있다. 조셉 니담에 따르면 현대세계를 지탱하고 있는 기초적인 발명과 발견의 절반 이상이 중국에서 기원했다.

그는 '중국의 과학과 문명'에서 그에 대한 방대尨大한 사례事例를 열거하고 있다. 그는 '이미 잘 알려진 화약, 나침판, 종이와 인쇄술印刷術같은 것은 문명 발전에서 근본적인 것들뿐 아니라, 생활에서 실용적인 배의 키, 이중의 돛대가 있는 선박과 항해의 기술, 말의 등자鐙子같은 것들 역시 그들이 발명한 것이다. 뿐만 아니라 이론적이라 하수 있는 인체 혈액血液의 순환의 원리 같은 것 더 나아가 아이작 뉴턴의 운동의 제일 법칙도 중국에서 먼저 발견되었다.'고 한다.[10)]

그러나 중국에서 기술은 때로 기피忌避되는 경향을 보였다. 그 큰 이유 중의 하나는

> '교묘(巧妙)한 장치들을 가진 이들은 그들의 일에 교묘함을 사용하고, 결국 교묘한 마음을 가지게 된다. 교묘함은 순수한 단순성의 상실(喪失)을 의

9 첨단과학이 밝혀 낸 양자와 진공이 결합된 양자진공은 불교의 진공묘유(眞空妙有), 색즉시공이나 도가의 유무동출(有無同出)과 거의 같은 의미이다. 이는 고대 동양철학이 옳았음을 시사(示唆)하고 있다. 이는 아인슈타인의 $E=mc^2$ 공식이 기(氣)의 존재를 증명하고 있는 것과 같다.

10 B.C. 4세기에 천문학자인 감덕(甘德)은 태양의 흑점(黑點)에 대해 기록하고 있으며 석신(石申)과 무함(巫咸)은 대성표(大星表)를 만들었는데 이는 그리스의 히파르코스보다 2세기나 앞선 것이다. 중세의 서양 천문학자도 흑점 현상을 발견하였으나 그들은 완전무결한 신(神)에 상징인 태양에 흠결(欠缺)로 보일까 우려하여 그것을 행성(行星)의 그림자로 거짓 해석하였다.(중국의 과학과 문명 조셉 니담)

미하고, 이는 정신의 불안정으로 이어지고, 그런 사람들은 도(道)에 머물지 않을 것이다.(有機械者 必有機事 必有其心 機心存於胸中 則純白不備 純白不備 則神生不定 神生不定者 道之所不載也 '莊子')'라는 것이다.

이러한 장자莊子의 말은 기술주의에 대한 비판으로 이는 현대과학문명사회가 안고 있는 문제의 정곡正鵠을 찌르고 있다고 할 수 있다.

4.4. 중국철학의 성격 - 유가와 도가

서양의 심리학자인 융Karl Gustav Jung은

> '중국 사상의 주요한 성격 중의 하나는 상황의 전체를 포착하는 직관적 감각이었다. 좀 더 분석적이고 환원적(還元的)인 서양의 접근법과 달리 중국의 정신은 자신을 위하여 구체사항을 포착하는 것이 아니라 세부사항을 전체의 일부로 보는 관점에서… 그리고 세부적인 것을 우주의 배경(음/양의 상호작용)에 배치하는 것을 지향한다.'라 한다.

이는 중국과 서양의 사유방식을 근원에서 대비對比하는 날카로운 지적이다. 여기서 '환원적'의 환원은 관념, 궁극적으로는 이데아로의 환원이다. 서양철학은 '있는 것'을 분석하고 그 내용을 범주화, 관념화觀念化하여 근원인 존재(이데아·진리)와 관계 지음으로써 어떤 의미를 갖도록 한다.

그러나 중국 사상에서 '있는 것'은 '있는 것' 그대로 전체와의 조화調和 안에서 의미를 갖는다. 다시 말해 '있는 것'의 의미는 자기의 본연 안에 깃든 본연의 법칙을 실현하는 일, 즉 자신의 형태를 만들어 가는 것에 있다.

그리고 그 자기실현으로서의 인간을 포함한 존재자는 타 존재와 영향을 주고받음으로써 전체와의 조화가 이루어진다. 그것이 자연의 '숨은 법칙'이다.

중국철학의 일반적 사유 성향은 경험적 지혜의 축적에 따른 정언적定言的[11] 그리고 직관적이다. 유가儒家, 도가道家를 막론하고 그들에 의해 표명表明된 도道, 명제命題는 삶을 살아가며 쌓아온 생활의 지혜로서 정언적이다.

중국철학의 형이상학이라 할 만한 유무동출有無同出은 자연의 가장 기본적인 변화인 생성과 소멸이라는 자연현상을 보이는 그대로 말한 것이다. 그것은 서양철학에서처럼 논리적 사유에 의한 결론이 아니라 오직 관찰에 근거한 경험과 직관에 따른 것이다.

이는 유가儒家 역시 다르지 않다. 유가의 근본 가르침인 사서삼경四書三經 중 논어論語는 물론 그 철학적 관점을 압축한 중용中庸조차도 그것은 세상을 관조하는 입장에서의 서술

11 정언적이라 함은 칸트의 정언 명령(定言命令)이라는 말에서 알 수 있듯이 논리를 건너뛰고 명제(사실)를 단언(斷言)하는 것으로 이는 대상을 논리적으로 분석. 인식하여 결론을 도출하는 사고방식에 따른 것이 아니다.

敍述이다. 거기에는 논리적 사유에 전제인 가정假定과 그에 대한 증명 같은 것은 보이지 않는다.

도가道家 노자老子의 도덕경道德經은 우주자연의 철리哲理를 밝히고 있으나 그 이유理由, 근거에 대해서는 아무런 해명도 하고 있지 않다. 그 지혜는 결코 논리적이지 않다. 그것은 비논리적이라기보다는 오히려 논리를 초탈한 직관直觀에 가깝다.

비논리적이라는 것은 아예 논리를 무시하는 지리멸렬支離滅裂(갈갈이 찢어져 갈피를 잡을 수 없게 되는 것)인 반면 초논리적超論理的인 것은 사유가 일상적 논리를 초탈하여 그윽한 깊이를 지니고 있다. 논리가 보이는 길이라면, 초논리는 안 보이는 길이다.

논리論理는 올바른 인식수단(추리)의 길을 의미한다. 길을 벗어나면 인간은 아무 것도 이해하지 못하고 횡설수설하게 된다. 그러나 논리적이란 먼저 어떤 관점觀點, 전제前提 내지 가설假說의 설정하設定下에서만 가능하다.

그러나 그 가설, 가정은 직관에 의해서만 포착이 가능하다. 논리는 진리를 찾아내려는 것이 아니라 진리라고 설정된 것을 증명하기 위한 방편이다.

중국철학에서는 거의 절대적으로 논리의 전제로서의, 논리를 위한 가설假說같은 것은 세우지도, 논리에 의지하지도 않는다. 가설은 말 그대로 가설일 뿐 현실 자체가 아니다. 가설을 세우는 것은 언어를 초월한 자연의 사실성으로서의 도道에는 어긋난다.

하이데거 식으로 말하면 존재(도)는 존재자에게 빛을 주어 존재자를 비은폐(현성)시켜 드러나게 하면서 자신은 스스로 물러나는 것이기에 숨음이 그 본질이다. 그 숨음을 의식(가설을 세우는 것)에 의해 장악하려 하면 손에 쥔 모래알처럼 빠져나가난다.

중국문명에서 도가道家와 유가儒家는 각각 무위無爲와 유위有爲를 상징하며, 도가는 그 초탈超脫 지향성에 의해 유가가 관장管掌하는 유위의 세계가 쉽게 때묻지 않도록 하였다.

2부. 유가

2부 유가(儒家)

1장. 개론

도가道家가 자연주의 철학인 반면에 유가는 문명文明의 관점에서 인본주의人本主義를 지향하였다. 그러나 그 인본주의는 데카르트의 철학에서처럼 주체로서의 인간이 객체로서의 자연, 사물을 지배 및 소유하는 그런 배타적인 인간중심주의가 아니다. 중국문화에서 자연과 문명(인간)은 대립적이 아니라 상보相補하는 관계이다.

공자孔子(B.C. 551-479)의 철학은 현실 중심의 실천철학이라는 중국문화의 정수精髓를 담고 있다. 그는 현실주의자로서 자신의 제자인 염유冉有에게 '비록 대부大夫 자리라도 국정을 함께 걱정하는 뜻에서 참여할 수 있겠느냐?'고 간곡하게 부탁할 만큼 정치에 적극적인 관심을 보였다. 그는 68세에야 비로소 그 길을 단념하였다.

그는 실천주의자로서 말하려는 것을 먼저 실천하고 그 후에 그 결과를 보고 말하라(先行其言 以後從之)고 가르치었다. 또한 '산을 만드는데 한 삼태기가 모자라 이루지 못하고 그만두는 자를 나는 도와주지 않는다, 또한 비유하건데 땅을 평평하게 고르는 일에 이제 한 삼태기를 부었을 뿐이라도 나아가는 자에게는 나는 함께 가 준다.'(譬如爲山 未成一簣 止吾止也 譬如地平 雖覆一簣進 吾往也 - 논어 자한)고 하여 제자들에게 강인한 의지, 부단한 노력과 실천을 요구하였다.

그리고 삶의 실천에 있어서는 꾸며서 말하고 거짓으로 웃는 얼굴巧言令色을 경계하고, 강직하고 순박한 눌변剛毅木訥을 택하여야 하며, 일을 대함에는 부지런하여야 한다敏於事고 하여 성실함을 강조하였다.

공자는 높은 덕과 자유자재自由自在한 유연성柔軟性을 갖춘 인품의 소유자였다.

안자顔子는 스승의 인격을 평하여

> '우러러보면 볼수록 더욱 높으시고 뚫으면 뚫을수록 더욱 굳으셨다, 앞에 계시는 것을 보았는데 홀연히 뒤에 계신다.(仰之彌高 鑽之彌堅 瞻之在前 忽焉在後)'고 하였다.

그의 가르침은 수미일관首尾一貫한 논리가 아니라 다양한 상황에 대한 유연한 이해에 근거한 것이다. 그는 인仁을 두고도 그 제자의 성품이나 상황에 따라 다르게 말하였다.

이념理念은 그 응용應用에 있어 일률적一律的이어서는 즉 유연성을 잃으면 그 효용效用을 보증하기 어렵다. 왜냐하면 그 이념이 현실에 적용되어 실효를 거두기 위하여서는 상황에 따라 달리 해석되어야 하기 때문이다, 따라서 공자는 같은 문제에 대해 그 묻는 사람에 따라 서로 다른 대답으로 응수하였다.

공자의 생애에서 가장 위대한 두 가지 업적은 교육과 전통문화를 체계적으로 정립한 것이다.

공자 교육의 특징은 자신의 높은 덕과 유연한 정신, 고귀한 품성에 따라 이론이 아닌 지혜知慧를 가르치는데 있다. 공자 자신의 모습이 전면全面에 드러나 있는 '논어論語'는 그 대표적 예이다. 중국철학에서 지식知識은 그것이 지혜에 도움이 되는 한에서만 의미가 있다.

또한 그는 자신의 평생사업이었던 교육에 있어 자신의 자유자재한 성품에 따라 가르침에는 계급이 없다(有敎無類)라 하여 가르침에 계층을 가리지 않았고, 평민에게도 기회를 주어 이들을 군자君子라는 통치 계급으로 배양시켰다.

그는 심혈을 기울여 전통문화를 육경六經(禮, 樂, 射, 御, 書, 數)으로 정리하였다, 단순히 전통문화를 정리한 것이 아니라, 주周 나라의 예禮가 외재적外在的 규범에 그쳤던 것을, 그 예에 자각적自覺的 인仁의 정신을 불어넣어 생동하는 세계를 펼친 것이다. 그가 구상한 세상은 현실과 이상理想을 유기적有機的으로 통일한 것이다.

중국에서 '육경'이 갖는 정치, 문화사상의 지위는 실로 막중하여 후대의 학자들은 이를 중국 문화의 연원淵源으로 자신들의 학문과 사상적 정당성의 전거典據로 삼았다.

2장. 논어(論語)

논어의 첫 장은 군자君子의 세 가지 기쁨三樂에 대해 말한다. 도덕경의 경우에도 그렇지만 첫 장은 그 책에서 말하고자 하는 핵심에 해당한다. 여기서 공자의 '삼락'은 단순히 삶의 기쁨만을 말하는 게 아니라, 더 나아가 '어떤 것이 좋은 삶인가?'에 대한 답의 의미를 담고 있다.

공자께서 말씀하시었다.

> '배워 때로 익히니 또한 기쁘지 않은가?
> 學而時習之 不亦說乎
> 벗이 먼 곳에서 찾아온다면 또한 즐겁지 않겠는가?
> 有朋自遠方來 不亦樂乎
> 남이 알아주지 않아도 성내지 않는다면
> 또한 군자답지 않겠는가?'
> 人不知而不慍 不亦君子乎

이 첫 장에서는 그가 가장 비중을 둔 삶의 주제主題가 호학好學이었음을 밝히고 있다.

공자는 문명文明된 사회社會에서라야 사람이 사람답게 산다고 할 수 있다고 믿었고, 그의 학문은 문명사회의 설립을 위한 것이었다. 학문은 곧 문명사회를 설립하는 핵심으로 '논어'의 시작이 호학이었음은 당연하다.

이는 당시 이적夷狄들에 둘러 쌓여있는 한족漢族이 자신들을 보존할 수 있었던 가장 큰 요인要因이 문명의 힘이었다는 역사, 정치적 현실과 무관하지 않다. 그들은 문명의 힘으로 이적들을 복속服屬, 흡수시킬 수 있었다.

공자는 인간의 본성에 대하여 성상근性相近이라 하여 인간의 본성은 서로 크게 다르지 않으며, 타고난 본성보다는 배움에 따라 그 삶이 달라질 것이라고 믿었다. 그러한 믿음이 그를 평생 훌륭한 교육자로 살게 하였다.

성상근이라는 전제前提가 가져 온 배움의 강조는 실존주의 철학에서의 인간이 비록 '던져진 존재'이지만 자기의 의지와 선택에 따라 삶을 바꿀 수 있는 '가능 존재'라는 것과 같은 이해에 따른 것이라 할 수 있다.

한편 맹자는 양혜왕에게

> '군왕은 인의(仁義)가 있는데,
> 하필 이(利)를 말합니까?'

라고 할 만큼 왕을 가르치는 한껏 고양된 이상주의理想主義

의 관점에서 성선설性善說을 말하였다. 그러나 그 역시, 비록 세 번째로 밀려나기는 했으나, 천하의 영재를 얻어 가르치는 것을 군자의 세 번째 낙樂이다.(得天下英才 而教育之 三樂也)고 하였다.

사실 본성이 선하다면 굳이 교육을 강조할 필요가 없다. 그럼에도 불구하고 맹자가 교육을 강조한 것은 그의 목표가 이상理想의 실현이었기 때문이다. 그는 이상주의자였다.

그러나 맹자보다 객관적이고 현실정치의 관점에서 공자를 따른 순자荀子는 맹자와는 달리 성악설性惡說을 말하여 오히려 교육의 절대적 필요성을 강조하였다.

그것은 유가의 근본이 인간이 배움을 통해 세상을 살만한 곳으로 만들 수 있다는 인본주의人本主義와 실천철학임을 증거하고 있다. 이것이 도가의 무위無爲와 극명하게 대비되는 유위有爲(인간의 의지적 행위)로서 현실세계를 이끌 정치철학으로서의 결정적 성격이다.

공자의 두 번째 낙樂은 우정友情의 중요성에 대한 것이다. 우정은 상대에 대한 인격적 이해와 존중尊重을 선행조건이자 본질로 한다. 인仁이나 정은 사해동포적四海同胞的이지만 우정은 선택된 관계이다.

진정한 의미의 자연과 인간에 대한 이해와 존중은 성숙한 인간에게만 가능한 덕목德目이다. 그러한 덕목에 근거한 우정은 소중하고 귀貴하여 군자의 낙樂이 된다. 사실 누구에게나 이해, 존중받는 것은 기쁨이다.

부자父子나 남녀 간의 사랑도 먼저 인간적인 우정을 바탕에 깔고 있지 않으면 사상누각砂上樓閣처럼 무너져 습관적習慣的인 형세로 남겨진다. 그리고 이때 관습적으로 요구되는 관계성은 구속拘束과 갈등으로 이어질 소지所持가 있다. 이해와 존중이 결여된 의무나 권리는 강제성만 남는다.

세 번째는 군자君子에 대한 것이다. 군자는 공자가 교육 목표로 삼은 인간형으로 극진한 성의誠意와 신의信義로서 현실에 참여하여 검약儉約한 생활과 인仁을 실천하는 인간이다.

공자는 굳세고 쉬지 않는 군자의 행보行步는 현실에 성실하고, 인仁을 실천하는데 조금도 흔들림이 없어야 한다고 하였다. 그러기 위해 군자는 지혜와 어짐仁 그리고 용기를 그 성품으로 갖추어야 한다. 이는 지혜로운 자는 미혹하지 않고智者不惑, 어진 자는 근심하지 않고仁者不憂, 용기 있는 자는 두려워하지 않기勇者不懼 때문이다.

군자의 수신修身과정을 극기복례克己復禮라고 하는데 이때 예는 인의 객관적 표현으로 인仁의 귀착점이다. 수양修養이라는 점에서 보면 인은 개인의 도덕이지만 그 실천實踐의 측면에서는 사회의 윤리와 정치적 원칙, 예禮이다. 그리고 한대漢代에 이르러 동중서董仲舒는 이를 삼강오륜三綱五倫으로 정리, 정착시켰다.

공자는 현실정치에 지대至大한 관심을 가졌고, 그의 사상에서 정치는 매우 중요한 요소이다. 그가 희망했던 정치선政治善을 실현시키는데 있어 군자君子는 주체인격主體人格으로, 정명주의正名主義라는 통치 원리와 함께 체용體用의 관계로 양익兩翼을 이룬다.

공자의 정명주의는 국가사회가 올바른 명분名分에 따라 고유한 가치서열序列로 질서가 잡혀야 한다는 것이다. 국가의 운명運命은 정치의 권위가 진정한 가치에 바탕을 두고 그를 실현시킬 것이라는 믿음에서 유지된다.

정명주의의 목표는 인민을 덕德으로 이끌어 예禮를 확립하는데 있다. 덕으로 이끈다는 것은 강제가 아니라 자연의 이치로 통치한다는 것이며, 예禮는 국가의 기율紀律로써 인간성의 귀천貴賤과 그에 따른 종속從屬관계가 형성되는 서열에 의한 질서를 의미한다.

중국문화에서 정의正義의 실현은 여러 덕목德目의 가치가 그 각기各其의 지위에 상응하는 즉 제자리에 자리매김하는 것이다. 사실 정의는 조화의 한 조각이다. 중국문화에서는 조화가 최우선이다.

3장. 중용(中庸)

유가의 유일한 형이상학적 논술인 중용中庸의 저자인 자사子思는 공자의 친손자이다. 그리고 중용의 철학사상을 근거로 공문孔門은 단순한 생활의 지혜를 모은 교훈적인 담론談論의 한계를 넘어, 한 학파로서 확실한 자리 매김을 하게 되었다.

중용에는 우주론적, 형이상학적 개념과 인본주의적 실천철학의 의미가 교직交織되어 있다.

중용 제 일장(天命章)은

> '천(天)이 명하는 것을 일컬어 성(性)이라 하고, 성을 따르는 것을 도(道)라 하고, 도를 닦는 것을 일컬어 교(敎)'(天命之謂性, 率性之謂道, 修道之謂敎)라고 하여 전체의 대의(大義)를 밝히고 있다.

천天은 초월적인 존재가 아니라, 자연의 원리를 실행하는 자연의 신격화神格化이다. 천도天道란 자연의 이치理致, 자연법칙과 같다. 천이 초월적인 의미가 아니듯, 천명의 명命 역시 천이 자기 자신에게 부여하는 명령으로, 천명은 자연이 '일함'이라는 의미이다. 그리고 자연의 일함이 곧 성性이다.

자연自然은 자신 안에 만물을 생성, 발현케 하는 가능성可能性을 담지하고 있으며 그것을 표출表出하는 일함이 곧 성性

이다. 존재는 곧 존재 가능성에 근거한다.

'솔성率性'이란 어떠한 작위作爲의 더함도 없는 무위자연無爲自然의 운행運行에 순응함이다. 이에 따름을 일러 도道라 하고 배움敎은 이러한 자연의 이치를 깨달아 자신의 행위가 자연의 본성에 벗어나지 않도록 스스로를 다스리는 것이다.

중용 제 21장에는

> '성(誠)은 자연의 도(道)이고, 성을 따르고 행(行)함은 인간의 도이다.'(誠者 天之道也 誠之者 人之道也) 라고 함으로써

이 책의 핵심 개념인 성誠이 처음으로 언급된다. 그리고 다음 장에서는

> '성(誠)으로부터 밝음으로 나가는 것을 성(性)이라하고(自誠明 謂之性), 밝음으로부터 성(誠)으로 나가는 것을 교(敎)라 한다(自明誠 謂之敎). 성(誠)이 곧 밝음이고(誠則明矣), 밝음이 곧 성이다(明則誠矣)'라고 성(誠)을 설명하고 있다.

이 글에서 교敎를 제외하면 이는 하이데거가 '존재(자연)는 그 자체에 있어서 자신의 밝힘 안으로 현출하는 것이며, 자신의 밝힘 안으로 현출現出해 오는 것으로써, 원래부터 우리에게 현성해 오는 것이며, 그 자체로부터 밝힘 안에로

현성하는 것이다.'라고 한 의미와 비교하였을 때 그 가리키는 바가 거의 일치한다. 즉 존재는 성性, 성誠과 같다.

성性이 자신 안에 생성의 기운을 밖으로 발현하려는 가능성을 말하고, 성誠이 진실 된 것으로의 형상화를 의미한다고 보았을 때 성誠은 성性을 좀 더 구체적으로 드러낸 것이다.

유가儒家가 문명을 지향하는 실천철학이라는 측면에서 보면 '밝음明'은 '문명文明'으로 읽힐 수 있다. 그러나 이때 문명은 우리가 아는 문화文化같은 것이 아니라 도를 밝히는 것이다. '도를 닦는 것을 일컬어 교敎'(제 1장)라고 하는 유가의 관점에서 보면 도와 문명은 하나이다. 도와 성誠 그리고 존재는 하나이다.

중용에서

> '성(誠)은 사물의 끝과 시작이다. 성이 아니면 사물은 있을 수 없다.'(誠者物之終始 不誠無物 - 제 25장)라고 할 때

그 성誠은 하이데거 철학으로는 존재자(사물)를 존재하게(있게)하는 '존재'이다.

사실 중용 전체에서 성誠은 존재存在, 도道, 성性과 깊이 관련되어 있고 그 쓰임에 따라 해석이 달라질 뿐 차라리 하나라 해도 틀리지 않다. 그것들은 우리가 언어로 표현하고자

하는 그러나 언어로 표현하기에는 충분치 않은 궁극적窮極的인 '그 무엇'을 가리키는 이름들이다. 다만 '그 무엇'에 대해 각기 다른 측면, 시각에서 다르게 부르는 것이다.

중국철학에서는 명사名詞와 동사動詞가 확실하게 구별되지 않는다. 도道는 명사로는 존재存在이지만 동사로는 존재를 향하여 나가는 행위이다.

제 25장에서는

> '성(誠)은 스스로 이루어 가는 것이요, 도는 스스로 길 지워 나가는 것이다.(誠者自成也 而道自道也)라고 한다.'

성誠이 명사로 읽히면 그때 성誠은 도덕경에서의 박산위기樸散爲器의 박樸과 비교된다. 박산위기樸散爲器는 '원목原木으로서의 박樸은 모든 나무로 된 그릇들의 기구器具를 보시普施(제공)한다'는 의미이다.

조선 중기의 석학碩學 박세당朴世堂은 박산위기樸散爲器를

> '박이 흩어져 기물(器物)이 된다는 것은 도가 천지만물을 낳음과 같다.'고 하였다.

이는 하이데거의 존재 즉 존재자를 존재하게 하는 근원과 같은 의미이다.

성誠은 도道와도 하나이다.

'그러므로 지극한 성(誠)은 쉼이 없다.
(故至誠無息)
박후하기에 만물을 실을 수 있고
(博厚, 所以載物也)
고명하기 때문에 만물을 덮을 수 있다.
(高明, 所以覆物也)
그리고 천지의 도(道)는 넓고, 두텁고, 높고, 밝고,
아득하고 오래다.'
(天之道 博也 厚也 高也 明也 悠也 久也)라
하고 있다. (제 26장 지성무식장(至誠無息章))

성지誠之는 도를 행하는 것으로 형이상形而上의 것과 형이하形而下의 것 사이에 매개 역할을 한다.[12)]

3.1. 성지(誠之)

성誠을 실현한다는 의미의 성지誠之는 인간이 할 수 있는 그리고 그렇게 하여 인간의 삶이 의미를 갖도록 하는 최고의 덕목이다.

성誠은 유가의 인본주의의 입장에서 도道와 성性을 표현한

12 하늘에 드리는 정성(精誠)을 치성(致誠)이라고 하는데 이는 정성이 하늘에 닿아 그 응답을 기다리는 마음이다. 치성은 천인이 상응한다는 믿음이 반영된 것이다. 정성은 실천철학으로서의 유가에 있어 가장 강조, 요구되는 마음가짐이고 덕목이다.

것이다. 그리고 성지誠之는 우주론적 성론誠論이 인간에로 그 의미意味가 옮겨감을 시사한다. 그렇다고 하여 성誠의 의미가 좁혀지거나 격하格下된 것으로 오해해서는 안 된다.

도는 자연의 사실성이다. 그러나 자연에서 인간이 배제되면 자연의 사실성도 그 드러남이 의미를 갖지 못한다. 그런 의미에서 성지誠之는 오히려 성誠의 완성이다. 이는 삼재三才사상에서 인간이 문명文明을 통해 천지의 뜻을 완성시킨다는 것과 상통한다.

3.1.1. 성(誠)의 효능(실천)

'성(誠)은 사물의 이치를 구체적으로 형상화하여 외부로 드러나게 하며, 드러나면 밝게 되고, 밝아지면 움직인다. 움직이면 변하고, 변하면 화(化)한다.(誠則形 形則著 著則明 明則動 動則變 變則化)고 한다.' 즉 성(誠)은 만물이 생동(生動)하는 근원이다.(제 23장)

또한 '오직 지극한 성(誠)이라야 자기의 타고난 성(性)을 온전히 발현할 수 있다. 그것을 본받아 인간은 타인의 성(性)을 온전히 발현케 할 수 있고, 또한 모든 사물 역시 그 성을 온전히 발현케 한다. 그로서 천지의 화육(化育-자연의 이치로 만물을 만들어 기름)을 도울 수 있으며, 천(天)과 지(地)와 더불어 일체가 된다.'고 한다.(제 22장)

농사農事짓는 사람이 농사지음에서 정성이 빠지면 벼는 자신의 본성을 온전히 발현하지 못하여 이삭을 맺지 못하고 그 논 역시 황폐해질 수밖에 없다. 정성스러운 마음이 자연의 뜻을 도와 조화로운 세상을 만든다.

그리고 성誠을 따르는 데는 선善을 택하여 굳게 잡고 실천해야 한다(擇善而固執之者也)고 한다. 이는 선善이 성誠을 실천하는 요체要諦라는 의미이다.

유가의 성선설性善說의 관점에서 보면 인간이 선善을 지성으로 실행하면, 이것이 인간 본성人性에 따르는 것이다. 그리고 천인감응의 관점에서 보면 이것이 사물의 본성物性에 통하여 인간과 사물이 함께 섭화攝化(두둔하고 보호하며 교화함)하는 길이 열리고 그것이 천지·자연의 본성인 화육化育의 덕德에 맞는 것이 되어 그 효용이 두루 퍼지게 된다.

여기서 중요한 것은 고집固執이다. 인간은 때에 따라 선을 행하기도, 하지 않기도 한다. 따라서 그것을 고집 즉 의식적으로 그리고 꾸준히 행할 것을 강조한다. 그렇게 함으로 선善이 자기 것이 되어 자신이 선함 자체가 되며 마침내 자신이 행하는 모든 것이 선이 되는 경지 즉 성誠이 되도록 한다.

이러한 성誠은 성인聖人의 경지境地에서는 힘쓰지 않아도 들어맞고, 생각하지 않아도 얻어지고 마음 움직이는 대로 해도 도道, 성誠에 어긋나지 않는다. 이는 공자가 인생 칠십에서 이룬 경지이다.

중용에는 지극한 성誠이 이루어 낸 현상세계의 모습이 다음과 같이 서술되어 있다.

'이제 하늘을 보라. 몇 줄기 밝음이 모인 것 같으나, 그것이 무궁한데 이르러서는 해와 달과 별들이 서로 어우러져 만물을 덮고 있지 않은가.'(今夫天斯昭昭之多 及其無窮也 日月星辰繫焉 萬物覆焉)

'이제 땅을 보라. 한 줌의 흙이 모인 것 같으나 그것이 넓고 두터움에 이르러서는 화악(華嶽-산 이름)을 지고서도 무거운 줄을 모르며, 큰 강과 바다를 품고 있어도 물이 새나가지 않는다.' (今夫地一撮土之多 及其廣厚 載華嶽而不重 振河海而不洩 萬物載焉)

'이제 산을 보라. 한 주먹의 돌덩이가 모인 것 같아도 그것이 드넓고 거대한데 이르러서는 온갖 초목이 생성하고 금수의 생활터전이 되고 온갖 보석들이 그곳에 쌓여있지 않은가.' (今夫山 一卷石之多 及其廣大 草木生之 禽獸居之 寶藏興焉)

'이제 강을 보라 한 바가지의 물이 모인 것 같아도 거기에는 자라와 악어와 이무기와 용과 물고기와 거북이가 살아가도록 하며, 온갖 재화가 번식한다.' (今夫水 一勺之多 及其不測 黿鼉蛟龍魚鼈生焉 貨財殖焉)

이러한 시詩 같은 서술은 세상 만물이 성誠이 이루어 낸 연생緣生관계임을 밝히고 있다.

4장. 대학(大學)

대학은 유가의 정치행위의 지침서指針書에 해당한다. 대학의 목표는 올바른 정치를 구현하기 위한 길을 밝히는데 있다. 올바른 정치를 위해서는 먼저 올바르게 사유思惟하고 정치에서 지켜야 할 원칙을 알아야 한다. 이 둘을 아는 것이 가장 '큰 학문大學'이다.

대학大學에서는 인간이 올바른 사유思惟를 하려면 자신의 마음이 자연성自然性인 고요함靜에 머물어야 한다고 한다.

> '먼저 머무를 데를 안 뒤에라야 정(定)함이 있고 정하여진 뒤에라야 능히 고요해 질 수 있으며(靜) 고요해진 뒤에라야 능히 편안해질 수 있고 편안해진 뒤에라야 능히 생각할 수 있으며, 생각한 뒤에라야 능히 얻을 수 있는 것이다.'(知止而後有定 定而後能靜 靜而後能安 安而後能慮 慮而後能得)

이 글의 방점傍點은 정靜에 있다.

이를 불교에서는 선정禪定과 반야般若로 표현하였을 뿐 그 내용에서는 다를 바 없다. 자연성自然性과 불성佛性은 같은 것이다.

대학大學에서는 중용에서의 선善을 밝히고 지성至誠으로 실행(擇善而固執之者也)하는 내용을 정치적 관점에서 삼강령三綱領과 팔조목八條目으로 밝히었고, 이것은 정치학의 기본 교시敎示이기도 하다.

즉 대학의 도는 밝은 덕을 밝히고 인민을 사랑하고 지극한 선에 머무름에 있다.(大學之道 在明明德 在親民 在止於善) 삼강령인 명명덕, 친민, 선에 머묾은 정치의 으뜸 되는 큰 줄기이다.

'명명덕' 즉 덕을 밝힌다는 것은 통치의 관점에서는 덕을 베푼다는 의미이고 '친민'은 백성들과 친구처럼 친하게 지내며 사랑해야 된다는 것으로 그렇게 하여 백성들이 좋은 삶을 살도록 해야 한다止於善. 결국 명명덕과 친민은 지어선이라는 목적에 이르는 방법, 과정이다.

유가에서는 모든 사건, 사물에는 근본과 말단이 있고 끝남과 시작이 있으니 먼저하고 뒤에 할 바를 알면 곧 도道에 가까운 것이다(物有本末 事有始終 知所先後則近道矣)라 한다.

따라서 천하(세계)에 덕을 베풀고 밝히는 실천과정에도 순서가 있다.

대학에서는 이를 팔조목八條目으로 설명하였다.[13] 팔조목은 우리가 잘 아는 수신修身, 제가齊家, 치국治國, 평천하平天下 그리고 수신의 전제인 격지格知(참 지혜)에 이르는 과정들이다. 수신은 격지格知(참 지혜)가 자기 감성에 갈무리되어 자기 인격과 하나가 되는 과정이라 할 수 있다.

수신을 통하여 한 개인이 완성되면 이를 소성小成이라 하고 그것으로 평천하 즉 문명사회大成를 위해 일할 자격을 얻게 된다. 소성과 대성이란 개념은 인간 개개箇箇는 그 안에 대우주가 반영되는 소우주라는 생각이 반영된 것이다.

팔조목에서는 경험주의 철학에서 지혜知慧에 이르는 길을 밝힌다.

그리고 그 결론인 격물格物은 사물을 성실誠實하게 대하고 투철透徹하게 밝힌다는 의미로 그런 이후에야 앎에 이른다(物格而 後知至), 이것이 격지格知이다. 이런 앎은 논리적 사유로는 넘볼 수 없는 참 지혜이다.

13 팔조목 : 예부터 밝은 덕을 천하에 밝히려는 이는 먼저 그의 나라를 다스리고 그의 나라를 다스리려는 이는 먼저 그의 집안을 바로 잡고, 그의 집안을 바로 잡으려는 이는 먼저 그의 몸을 닦고, 그의 몸을 닦으려는 이는 먼저 그의 마음을 바르게 하고, 그의 마음을 바르게 하려는 이는 먼저 그의 뜻을 진실 되게 하고, 그의 뜻을 진실 되게 하려는 이는 먼저 그의 앎을 이루어야 하느니, 앎을 이루는 것은 사물의 이치를 투철하게 밝히는데 있다.

(古之所欲明明德於天下者 先治其國 欲治其國者 先齊其家 欲齊其家者 先修其身 欲修其身者 先正其心 欲正其心者 先誠其意 欲誠其意者 先致其知 致知在格物)

사물(자연)을 성실하게 대하는 것은 서양철학에서는 찾아볼 수 없는 중국 전통의 경험주의가 갖는 생활 태도로 격물格物은 경험주의 철학의 정수精髓이고 삶의 진솔眞率한 면모이다.

격물 이후에 이르게 된 격지格知는 중용의 성지誠之(人道)와 같은 지평地平에 놓여 있다. 즉 궁리진성窮理盡性에 따른 격지는 성誠(天道)을 현실세계에서 개현開顯시킨다.

달리 말하면 성誠을 의식意識세계로 끌어 올려, 사물의 이치理致를 실천實踐을 통해 서로 융합融合시키는 것이다. 성誠을 실현한다는 의미의 성지誠之는 인간이 할 수 있는 그리고 그렇게 하여 인간의 삶이 의미를 갖도록 하는 최고의 덕목이다.

선진先秦 유학儒學이 보여주는 극명克明한 인간 본위의 그리고 현실적이고 경험주의에 따른 웅대雄大한 이념은 서양정치철학에서는 그 유례를 찾기 어려운 것이다.

5장. 신유학(新儒學-性理學)

주자朱子의 성리학에서는 유가의 이념과 가치를 형이상학에 결합시켜 그 권위를 최고로 격상시켰다. 그리하여 유가儒家에서 주자朱子의 지위는 공자에 버금가는 것이 되었다.

성리학의 학문체계는 형이상학과 실천철학이 접목되어 있다. 즉 우주의 본성과 이치를 해석하는 형이상학임과 동시에 인간의 윤리적 행위를 이끄는 실천철학이다.

성리학(신유학)은 선진유학과 그 교리敎理에서는 전혀 차이가 없다. 그러나 그 교리가 형이상학적으로 해석, 적용됨으로써 그 교리의 성격은 크게 변질되었다.

이는 서양철학의 근원인 그리스의 인문주의 철학이 르네상스를 거쳐 다시 서구西歐세계에 정착, 모든 학문의 근거가 되었으나 그 근본성격은 기독교에 의해 크게 변질되었던 것과 유사하다.

그리스 철학자 프로타고라스가 '인간은 만물의 척도尺度이다.'라고 했을 때의 그 척도로 역할을 하는 이성理性과 근세철학을 개창開敞한 데카르트가 '나는 생각한다. 그러므로 나는 존재한다.' 했을 때의 이성理性과는 성격이 크게 다르다.

성리학에서는 성이 곧 이性卽理라고 한다. 이것이 신유학이 성리학性理學이라 불리는 이유로서 성리학의 전제이다. 이러한 성리학의 목표는 천리를 밝히고 인간의 욕심을 없애는 것(明天理 滅人慾)에 있다.

중용에서 천명天命을 일컬어 성性이라 하고, 성을 따르는 것을 도道(天命之謂性, 率性之謂道)라 하였는데, 신유학에서는 성즉리라 하였으니 이는 이가 곧 천명이고 도道라는 것이다. 그리하여 그 이理는 다른 어느 것과도 비교할 수 없는 절대성을 갖게 된다.

성리학에서는 중국철학 전통의 본체로서의 태극太極(형이상자)과 그 동정動靜, 현상인 음양陰陽(형이하자)이, 이理와 기氣의 관계로 전환된다. 그리고 그 관계가 다시 인본주의 관점에서 인간의 심성정心性情의 문제로 이어져 하나의 물결처럼 연결되어 있다.

이러한 맥락脈絡에서 '퇴계전서退溪全書'에는

> '성(性)의 조목에 다섯이 있으니 인의예지신(仁義禮智信)이 곧 그것이라고 한다.'

이를 성이 곧 이性卽理라는 관점에서 해석하면, 인의예지신이 천리이며 또한 그러한 덕목德目이 인간에게 본성으로 갖추어져 있다는 것이다.

5.1. 성리학과 형이상학

성리학의 기본구조는 우주만물의 현상을 형이상자形而上者인 이理와 형이하자形而下者인 기氣로 해명하고 있다.

플라톤으로부터 비롯된 형이상학의 특성은 이원론二元論으로 이데아idea-理想과 현상을 분리하고, 이데아idea를 (현상에) 아프리오리apriori 즉 '앞서있는 것'으로 정의하는데 있다.

주자의 성리대전性理大全에는

> '천지로는 천지 중에 태극(太極)이 있고, 만물로는 만물 중에 태극이 있으며, 천지가 생기기에 앞서 필경 이 '리'가 있었다.'(在天地言則天地中有太極 在萬物言則萬物中各有太極 未有天地之先 畢竟是先有此理)라고 하였다.

이로써 성리학이 형이상학인 것은 분명하다. 그는 주자어류朱子語類에서

> '군신(君臣)이 없었을 때도 군신의 이는 존재했고, 부자(父子)가 없었을 때도 부친(父親)의 이는 존재했다.'고 한다.

이는 형이상학, 관념론이 현실에 그대로 적용되었을 때 그것이 얼마나 공소空巢한가를 여실히 드러낸 것이다.

이를 두고 청대淸代 학자인 안원安元은

> '이가 일이나 사물과 나뉘면서 허공에 매달린 꼴이 되었다.'고 비꼬았다.

이는 선진유가의 일원론적 관점이 이원론으로 해석되면서 온 현상이다.

관념론자인 헤겔 스스로

> '자신의 체계가 갖는 의미에 따라 사유(思惟)한다는 것은 거꾸로 서서 걷는 것을 의미한다.'고 하였고,

이에 대해 유물론자인 마르크스는 자신의 철학을 헤겔의 관념론을 180도 회전시켜 인간이

> '머리가 아닌 발로 서게 만들었다.'고 하였다.

그러나 마르크스는 인간이 발로 서게는 하였으나, 그 머리는 대지大地와 떨어져 하늘에 걸려있었다. 마르크시즘은 이상주의理想主義로 그 유토피아utopia의 현실화라는 아름다운 명분名分을 추구하는 정치행위 때문에 인류는 많은 시달림과 고통을 감수해야만 했다.

성리학 역시 이로부터 자유로울 수는 없다. 마르크시즘이 경제적 이상주의라면 성리학은 윤리적 이상주의다. 그것이 천리天理라는 이름으로 현실생활을 통제하는 억제력은 실로 막강하여 인간들의 자유로운 성품을 질식시켰다.

이상적理想的인 진선진미盡善盡美는 오만傲慢과 독선獨善이라는 어두운 그림자, 그리고 그것들이 뿜어내는 독기毒氣를 반드시 수반隨伴한다.

형이상학과 실천철학은 만나서는 안 되는 관계이다. 천명

이 이理의 의미로 쓰일 때, 이理는 단순한 원리원칙에 그치지 않고, 천리天理의 실천적 명령 또는 주재主宰로서 강제력을 갖는다. 형이상학은 우주 진리를 해석, 이해하는 관념에 그쳐야지 그것에 현실적 힘이 주어져서는 안 된다.

5.2. 선진(先秦)유학과 성리학의 차이

선진유학에서는 천인이 감응感應한다는 믿음에서

> '도(道)는 기본적으로 인간의 능동적인 주체적 행위를 통해 실현되며, 도가 인간을 구원하고 인간되게 하는 것이 아니다.'(논어 위령공)라 하였다.

그러나 성리학에서는

> '요(堯)임금이 군도(君道)를 다하여 군도가 늘어나고, 순(舜)임금이 이들의 도리를 극진히 했다고 해서 이들의 도리가 늘어났다고 어찌 말할 수 있겠는가?'(二程遺書)하여

선진유학과는 극명한 차이를 보인다.

성리학에서는 중국문화의 본질인 자연의 사실성으로서의 도道가 윤리, 도덕의 당위성當爲性, 강제성强制性의 근거로 변질되었다. 유가의 덕목으로 삼강오륜三綱五倫을 내세우는 것은 그대로이지만 이제 그 철학이 갖는 성격은 판이判異하게 되었다.

도道는 무엇으로 정의定義될 수 없는, 오히려 무규정성無規定性을 그 특성으로 한다.

도道란 우리의 움직이는 삶 자체이다. 그래서 그것은 지배하거나 손아귀에 넣으려고 시도하면 즉 논리적으로 개념화하여 확보하려하면 할수록 더욱 더 완강하게 우리로부터 스스로를 숨기고 만다.(한스 페더 햄펠 '하이데거와 선禪')

성리학에서는 윤리, 도덕의 덕목인 인의예지신仁義禮智信이 천리天理라 하였고 이는 이理와 도를 동일한 것이라는 관점에서 보면, 인의예지신이 곧 도라고 규정한 것이 된다.

노자老子는 도덕경에서

> '말할 수 있는 도는 변하지 않는 도가 아니다(道可道 非常道)라고 한다. 인의예지신이라고 말할 수 있는, 말해진 도는 천리(天理)로서의 상도(常道)가 아니라 비상도(非常道) 즉 세상살이에 따라 변하는 도(道)일 뿐이다.'

성리학에서 오상五常(仁義禮智信)을 천리天理라고 한 것은 도가로서 말하면, 비상도가 상도로서 행세한 것이고, 불교로는 세속제世俗締가 승의제勝義締의 지위를 범犯한 것이다.

성리학에서는 도가 갖는 유연성은 사라지고 뻣뻣하게 굳은 강한 힘만이 천天의 이름으로 사회를 통제한다.

다시 말하지만 주자朱子는 학문의 목적이 천리를 밝히고 인간의 욕심을 없애는 것明天理 滅人慾에 있다고 하였다. 이는 천리를 본체로 삼아 성정性情을 이끌어야 한다는 것이다. 이로부터 인간이 세상을 살아가는 과정에서 칠정육욕七情六欲은 것은 결코 드러내어서는 안 될 것으로 철저히 단속되었다.

성리학의 천리天理로 무장武裝한 삼강오륜三綱五倫은 계급사회에 포악暴惡을 조장助長 내지 정당화시켰고, 인간의 자유로운 성정性情에 대한 억압은 사회발전을 저해沮害하는 가장 주요한 요인이 되었다.

따라서 성리학은 중국의 개화기에 봉건제도를 타파하고자하는 지식인知識人들에 의해 집중적인 포격砲擊을 받았다.

3부. 도가

3부 도가(道家)

1장. 개론

노자老子는 도덕경의 첫 장에서 우주자연의 존재 형식을 유무동출有無同出로 압축해 표현했는데 이는 상관적 사유相關的思惟의 전형典刑이다. 그는 유有로부터 나온 유물有物(존재자)의 존재방식 역시 상관적 즉 대대待對의 관계로 이해한다.

여기서 대대待對라 함은 둘이 각기 독립성을 유지하면서도 상대가 있기에 자기 존재가 가능하게 되는 관계성 즉 저쪽이 없으면 이쪽 역시 존재하지 못한다는 의미이다.

우주만물의 관계는 천지, 상하, 대소 전후 등에서 알 수 있듯이 그 각각은 대대적인 상관관계를 맺고 있다. 이때 자기존재의 의미는 타자의 존재와 마주 서 있음으로써 존립할 수 있다. 노자의 상관적 사유에서 보면 만물은 서로 자기와 다른 것과 맺는 관계의 그물망을 떠나서는 자기 존재를 성립시킬 수 없는 연생緣生의 관련성을 이루고 있다.

일방은 타방과의 상관성에 의해 의미를 갖게 된다. 대大는 소小가 있기에 대일 수 있고, 소 역시 그러한다. 그러므로 대는 소의 대이고, 소는 대의 소라고 할 수 밖에 없다.

이를 하이데거는 차이差異와 연장延長을 의미하는 차연差延이라는 용어로 표현하였다.

차연의 관계에서 차이는 완전한 단절이 아니라 서로 상대방에게 자기의 것을 연장시키고 있다. 모든 존재자는 차연의 관계를 맺고 있으며, 이러한 차연적 존재는 곧 독립적인 자가성自家性이 없는 연기법적인 얽힘과 갈마들기(서로 번갈아 들어감)하는 존재와 다르지 않다.

불교에서는 이를 모든 존재자는 의타기성依他起性에 의한 존재라 하여, 만유萬有는 인연에 의해 일시적으로 발생한 가변적 존재 즉 가유假有로 본다. 자연현상으로서의 변화하는 만물은 차연적인 연기법에 따라 춤을 추고 있다.

만일 만물이 차연의 관계를 잃고 독립적獨立的으로 존재한다면, 그런 만물은 아무런 의미도 없이 고정되고 말 것이다. 높은 곳과 낮은 곳은 서로 차이가 나지만 연장되어 있음으로써 물이 흐르도록 한다.

천지만물을 연생緣生의 관계로 보는 도가의 상관적 사유방식은 근대 서구문명이 뿌리를 두고 있는 자의식을 중심으로 세계를 재구성하려는 자아학적自我學的 사고방식(ego-logical way of thinking)과는 대착점對着點에 있다.

2장. 도가의 우주론

도덕경 첫 장章은 우주·존재의 진리를 포괄적으로 표명하고 있다.

> '말할 수 있는 도는 상도가 아니고 명명할 수 있는 이름은 상명이 아니다. 무명은 천지의 시작이고, 유명은 만물의 어머니다.(인식의 모체) 그러므로 항상 무욕으로서 그 오묘함을 보고, 항상 유욕으로써 그 유욕의 왕래를 본다. 이 무와 유는 동시에 나왔지만 그 이름을 달리한다. 유·무를 동시에 말하여 현묘하다고 한다. 현묘하고 현묘하도다. 그것은 온갖 묘리가 출몰하는 문이다.'
> (道可道 非常道 名可名 非常名 無名天地之始 有名萬物之母 故常無欲以觀其妙 常有欲以觀其微 此兩者同出而異名 同謂之玄 玄之又玄 衆妙之門)

'말할 수 있는 도는 상도가 아니고, 명명할 수 있는 이름은 상명이 아니다.'라고 한 것은 말할 수 있는 도는 도道가 아니라는 것이 아니라 다만 변치 않는 도가 아니라는 것이다. 세상살이에도 도는 있지만 그 도는 상항에 따라 다를 수 있다. 즉 비상도非常道이다.

그에 비해 상도常道는 유무가 동거하는 자연의 오묘한 도리道理로 언어를 초월해 있다.

다음에 '무명은 천지의 시작이고, 유명은 만물의 어머니다.'라는 것은 태초의 천지는 카오스chaos 상태이고 거기에 이름을 붙여 만물이 비로소 인식 안에 들어와 코스모스cosmos의 세계가 탄생한다는 것이다.

유명有名은 생멸이 무상한 유물有物의 이름이다. 만물에 이름을 붙이는 이유는 만물을 차이差異로 표시하기 위한 방편으로써, 이름이 없으면 차이를 표시할 수 없고 차이가 없으면 인식할 수 없다. 그리고 우리가 인식하지 못하는 것은 존재로써의 이미를 갖출 수 없다. 우리들 의식세계에서는 이름이 곧 만물의 실재를 대신代身하고 있기 때문이다.

유·무는 이 우주의 진리를 가장 압축해서 말하는 근원적 개념이다. 중국철학에서 근원으로서의 자연自然은 우주의 진리를 내포內包하고 있다. 자연성(사물의 본성)이 진실이고 곧 진리이다. 그 자연은 가장 오래되어 나이가 많다. 노자가 '무와 유는 동시에 나왔다.'고 했을 때 그 출出은 자연으로부터 나왔다는 의미를 암묵적暗默的으로 말한 것이다.

그는 유무가 동출同出하였다는 말로 유와 무의 차이 그리고 이들이 동거함을 지시하고 있다. 불교에서는 이를 하나이지도 않고 그렇다고 둘로 나뉜 것도 아니다.不一而不二라고 한다.

동출은 시간적으로 동시성同時性을 시사示唆함으로써, 무와 유가 원인과 결과 즉 인과因果관계가 아니라, 성性/상相이나

체體/용用의 관계임을 가리킨다. 유와 무를 상에 대한 성 또는 용의 체로 보면, 무는 유의 근거라 할 수 있다.

이처럼 무가 유의 근거(바탕)라 말할 수 있으나 그러나 그 근거에는 그에 해당하는 본체나 본성은 존재하지 않는다. 하이데거는 무가 유의 근거임을 탈근거脫根據라고 한다.

무근거無根據는 허무虛無처럼 어떤 근거도 없는 심연의 아찔함을 말하는 것이지만 그러나 일상日常에서 허심虛心이나 무심無心이라 할 때 거기에는 마음이 없는 것이 아니라 일상적 현실에 얽매인 마음으로부터 초탈한 마음을 의미한다. 이처럼 근거로서의 무無는 근거의 초탈이라는 뜻에서, 근거는 근거이되 탈근거라는 것이다.

무를 본체나 본성이라 부른다면 유는 그 본체에서 나타난 현상이나 일시적 활동이다, 무를 유의 근거라고 보았을 때, 유는 무를 본체나 본성으로 하여 생기生起하는 현상의 물결과 같다. 다시 말해 가시적可視的 유는 불가시적 무의 바탕에서 솟은 일시적이고 가변적인 무늬의 율동이다. 우리는 이를 무의식과 (유)의식의 관계에서도 볼 수 있겠다.

무無와 유有의 관계는 무는 유가 없으면 마음(性-觀心)이 표출되는 길이 막히어 공허한 암흑으로 빠져든다. 또한 유는 무가 없으면 즉 무를 자신의 이면裏面으로 지니지 않으면 맹목의 집착으로 고착된다. 무無를 배제한 유有의 작용은 다만 욕심의 소유로 미끄러질 뿐이다.

지구라는 행성이 운행하려면 우주공간이 필요하듯이 유有가 자유롭게 놀기 위해서는 무無라는 공간이 필요하다. 사실 우주물리학에서는 우주라는 공간에 질량質量은 5%에 불과하다고 한다. 그래서 하늘의 그 많은 별들은 자유롭게 유영遊泳할 수 있다.

인간의 인식認識은 상대개념을 전제하여 그 가능성을 갖게 된다. 무는 유의 현상이 없으면 이해할 수 없다. 이를 불교에서는 '무는 무의 기체基體없이는 생각할 수 없다.'고 한다. 역으로 유의 현상들은 무의 허공이 주는 빈 공간이 없으면 유를 이해할 수 없다.

유를 유로서 깨닫기 위해서는 무의 사라짐隱迹이 있어야만 한다. 우리가 인간을 인간으로 명명하고, 꽃을 꽃이라고 부르는 까닭은 인간이 유한한 존재로서 죽게끔 되어 있고, 꽃이 잠깐 피었다가 사라지기 때문이다. 따라서 무는 유를 유이게끔 인식 가능케 해주는 근거이다.

다른 관점에서 보면 칸트는 현상적인 것은 공간, 시간의 질서 위에서만 가능하고 현상은 무릇 시간과 공간의 틀 안에서만 현상일 수 있다고 한다. 이는 인식이 불가능한 카오스Chaos상태로부터 인식 가능한 현상으로 되게 하는 것은 시간과 공간이라는 것이다. 따라서 시간과 공간은 인식의 근거이다. 그런데 칸트는 무無를 인식론적으로 해석하며 몇 가지로 정의定義하였는데 '시간과 공간'도 그 중의 하나이다.

노자는 유·무의 동거를

> '현묘(玄妙)하고 현묘하도다. 그것은 온갖 묘리(妙理)가 출몰하는 문이다.'라고 한다.

유와 무의 관계는 현성과 은적이며 생성과 소멸로 나타난다. 이 생성(유)과 소멸(무) 사이에 있는 모든 존재자는 변화한다.

모든 존재자의 변화는 연생관계로서 나타난다. 더 나아가 우주자연의 모든 현상계는 연생緣生하기에 존재한다. 한 알의 씨앗은 땅, 물과 태양과 연계되어 큰 나무로 자라고 숲을 이룬다. 그 넓은 바다를 가득 채우는 물고기들 역시 연생의 관계가 아니면 그렇게 될 수 없다. 그리고 그런 현상은 현묘玄妙하고 현묘하다.

2.1. 유와 유물

유有는 유물有物 즉 각각의 독자적인 실체의 상위 개념으로 유물의 근거이다.

여기서 '유'를 독자적인 것으로 말하지만 사실 유·무라는 자연성의 한 면으로 무와 분리될 수 있는 것은 아니다. 그래서 하이데거는 유·무를 '존재'라는 한 단어로 표현한다.

유물의 근거로서의 유는 음양陰陽의 상관성으로 나타난다, 그 상관성은 태극도에서 볼 수 있듯이 서로 유동적流動

的 관계이다. 그 유동성 안에서, 유동성이기에 각각의 유물(존재자)들은 서로 상관적 관계를 맺는 것이 가능하다.

이러한 상관성, 연기緣起관계는 존재자를 존재자이게 한다. 대大가 소小와 관계를 갖지 못하면 대는 스스로의 존재성과 의미를 잃는다. 그래서 유(음양관계)는 유물의 근거라 할 수 있다.

2.2. 자연의 유욕(有欲)과 인간의 욕심(慾心)

자연의 유욕은 천지만물을 생성케 하는 힘이다. 자연의 유욕은 만물이 병작竝作하여 무성하게 얽혀있음을 뜻하며, 거기서는 만물이 다 오고가지만 그 주인主人을 알지 못한다. 이러한 유욕有欲은 자연의 연기적緣起的인 욕망으로 만물이 서로 의타기성적으로 상호의존하면서 무성茂盛하게 피어나고 사라지는 것을 뜻한다.

유욕은 천지만물을 생성케 하지만 어떤 욕심에서 그렇게 하는 것이 아니다. 유욕의 성격은 인간의 마음으로는 무욕無慾이다. 무욕은 허심虛心처럼 마음이 청결한 상태이다.

무욕 즉 마음이 가난해야 세상의 존재자들을 소유의 대상으로 보지 않고 그 모두가 자기존재로서의 의미를 갖는 '존재자'로 읽을 수 있다. 즉 소나무를 목재로 보지 않고 생명을 가진 소나무로 대할 수 있다.

마음이 무욕하지 않으면 존재자들을 소유의 대상으로 보

게 되어 만물의 차연적인 연기법이 춤을 추지 않는다. 소유의 욕심으로 차연差延의 법이 사라지면 그 눈에 보이는 것은 소유 한 곳이고 그에 대한 집착으로 이어진다. 그것은 대상에 얽매이는 부자유이다. 집착과 욕심은 함께 간다. 그리고 무無나 공空에 대한 이해는 이에 대처對處하는 치료제이다.

자연의 유욕有慾과 인간의 욕심慾心은 그 근원이 다르다. 유욕은 본성적이지만 욕심은 본능적이다. 자연의 유욕은 다만 본성의 자발성自發性과 같은 의미지만, 인간의 욕심은 그 자연적 본성에 자의식自意識이 작동하여 소유, 장악하려는 의지가 가해진 것으로 이때 자기성自己性이 자아성自我性으로 변질된다. 욕심은 자연현상으로서의 유욕을 왜곡시킨다.

인간에게 지능知能에 의한 분별심이 일어나기 전에는 자연적인 본성과 본능은 일치한다. 동물에게는 본성이 곧 본능이다. 본성이 지능의 분별성에 의존하는 바로 그 순간에 인간에게서 본성과 본능의 괴리乖離가 일어난다. 욕심은 오직 인간의 마음에서만 발단한다.

본성의 발현은 그것이 무아적인 마음이기에 자연 발생적이다. 그러나 본능의 경우에는 자연발생적인 면이 있으나, 거기에 가加해진 지능知能의 유위성有爲性은 늘 자아적自我的이고 이기적이어서 자기에게 유리하게 작용하려는 성향을 지우지 못한다. 인간의 의식은 곧 자의식自意識이다.

자연의 유욕은 욕심이 없기에 만물은 서로 유동적으로 병작竝作의 모습을 보여준다. 인간의 욕심이 끼어들면 연기적 차연의 세계는 깨지고 욕심의 멍에에 자기의 마음을 가두는 어리석음만 생긴다.

3장. 무위론(無爲論)

3.1. 개론

도가철학에서 무위無爲의 지위地位는 유가儒家의 윤리倫理에 상응한다.

도가철학이 자연인으로서의 인간, 개인의 관점에 서 있다면, 유가철학은 인간을 공동존재로 보아 항상 공동체 사회를 생각의 첫 머리(念頭)에 두고 있다. 유가의 목표가 윤리 실천에 의한 문명사회의 완성에 있다면 도가에서는 자신의 일체의 행위가 무위의 경지에 이르는 것이 목표다.

도가에서 자연은 그 자체로 완성된 상태로 인간은 자연의 본성인 무위에 따라야 하지만, 유가의 삼재三才사상에서는 천지자연의 미진未盡한 부분을 윤리에 의해 즉 문명文明사회를 이룩함으로써 완성시킨다는 목표를 갖고 있다.

무위無爲는 도가철학의 핵심 개념으로 그 원형原形은 자연의 유욕有欲이다.

도道가 노자사상의 본체라면 무위無爲는 도(자연)의 흐름이고 그 작용원리라 할 수 있다. 따라서 도가에서 무위는 진리, 덕德, 사회적 도덕 그리고 정치행위 일반을 해석·평가評價하는 잣대로 쓰인다.

무심無心이 마음이 없는 것이 아니라 초탈한 마음인 것처럼, 무위無爲는 함爲이 없는 것이 아니라 초탈超脫한 마음으로 '함'이다. 그것이 또한 자연의 흐름에 맞는 행위이다.

융Karl Gustav Jung은 무위를 '무언가 일어나게 그냥 두는 방법'으로 이성적 의식의 불신적不信的이고 간섭적干涉的 습관을 넘어서는circumvent 내적內的 자유의 열쇠라고 한다. 여기서 그가 말하는 내적 자유는 초탈과 같은 의미이다.

무위에 대해 선진先秦시대 사람인 유안劉安은

> '세상 사람들은 무위란 고요히 아무 아무 소리도 내지 않고, 조용히 아무런 움직임도 없으며, 끌어당겨도 오지 않고 밀어붙여도 가지 않는 것'(惑曰 '無爲者 寂然無聲 漠然不動 引之不來 推之不往) 이라고 말하지만 이는 옳지 않다.

그는 무위無爲를 개인의 의지에 따른 행위가 자연의 도를 방해하지 않는 것이고 올바른 방법이나 과정이 기호嗜好나 욕구에 의해 왜곡歪曲되거나 진로를 미혹시키지 않는 것이다. 그 도리에 따라 일을 도모하고 사물들 본래의 자량에 따라 힘을 행사함으로써 자연의 흐름에 맞게 된다.(私志不得入公道 嗜欲不得枉正術 循理而擧事 因資而立權 自然之勢)-(淮南子 脩務訓)로 그 뜻을 밝혔다.

이는 공자孔子같은 성인聖人도 인생 칠십에 가서야 도달하는 경지로, 공자는 이를

> '마음이 하고자하는 바를 따라도 법도에 어긋나지 않는다.'(從心所欲 不踰矩)라 하였다.

여기서 법도, 구矩는 자연의 섭리로 읽어야 한다.

성인聖人은 세상을 여여如如하게 다 보기 때문에 세상을 알기 위해 꾀와 지식으로 이것저것을 저울질하는 상량商量을 하지 않는다. 그렇게 하여 그들의 모든 행위는 사물(자연)의 본성에 들어맞는다.

무위의 마음은 부귀와 권력이라는 진부한 허세虛勢를 거부하고 소박하고 겸손한 이기심 없는 삶을 옹호한다. 또한 정치사회적으로는 권위주의적 지배 그리고 그 제도에 대해 항의抗議로 자신을 표현한다.

노자 철학에서는 인간에게 무욕無慾을 요구하지만, 그것이 일체의 욕구를 버리라는 것은 아니다. 그것은 어떤 욕구를 행함에 있어 유가에서처럼 당위론적으로가 아니라, 자연의 자발적 도道의 흐름, 그것을 무의식적으로 익히고 따르

라는 것이다. 즉 무위無爲를 강조한다.

3.2. 무위와 진실·진리

자연의 사실성은 '스스로 그러함' 즉 작위作爲가 없는 무위함이다. 그러므로 진실과 무위는 하나이다. 무위無爲는 자연의 숨은 법칙道을 질서秩序로서 받아들이고 따르는 것이다. 도가道家는 궁극적으로 자연의 사실성이 무위無爲와 여백餘白으로 인식되기를 희망한다.

도가道家사상의 귀착점은 인법지人法地, 지법천地法天, 천법도天法道, 도법자연道法自然에 있다. 김형효 교수에 따르면 이 글의 뜻은 법法을 본받아야 할 어떤 전범典範으로 해석하기보다는 인·지·천·도 각각을 하나의 세상을 구성하는 여러 측면으로 보고 이들이 조화롭게 하나로 이루어지기를 희망한다는 것이다. 그 조화는 무위를 요구한다.

노자철학 정신에 따르면 도법자연道法自然에서의 자연, 자연自然의 사실성은 곧 도이고 인·지·천 역시 이들 모두가 자연의 사실성이다.

자연의 사실성 그것을 우리는 진실眞實이라고 하는데 여기에는 좋은 일善뿐 아니라 나쁜 일惡도 포함되는, 즉 선악이라는 인위적 구별을 넘어선 사실 자체이다. 자연의 사실성은 의식意識의 차원에서 드러나 보이는 것이 아니다. 오히려 그런 차원에서는 자신을 숨긴다.

진실眞實과 진리眞理는 뉘앙스에서 차이가 있을 뿐 동일한 의미이다. 진리는 자연의 사실성을 그에 내재內在하는 원리原理의 관점에서 말한 것이다. 그러나 성리학에서처럼 자칫 이理에 방점傍點을 두어 이를 사실을 초월한 독립적인 어떤 것으로 이해할 경우 그 진리는 자연의 사실성을 잃음으로서 초현세적인 것이 되어 현실을 왜곡歪曲하게 된다.

서양철학에서 진리는 곧 신神이다. 근세에 이르러 신神의 존재가 의심되면서 서양철학에서는 신神을 대신하여 인간 자신에 의依해서 그리고 인간에 대對해서 하나의 무조건적으로 확실하고 믿을 수 있는 것을 찾게 되었다. 그리고 그 답答으로 우리가 인지認知할 수 있는 수학적 진리를 내세웠다.

그렇게 하여 진리는 인간 이성의 논리적 사고에 맞는 것, 지성知性과 사실이 일치一致하는 것으로 되었다. 이렇게 진리가 의식意識의 차원으로 전락하면 자연의 사실성을 잃는다. 그것은 진실이 아니다. 이는 의식이 전면前面에 나서며 무위함을 잃은 것이다.

3.3. 무위와 덕(德)

무위가 도道의 내적 질서, 흐름이라면 덕德은 외적 작용 내지는 그 효과라 할 수 있다. 도와 덕은 체용體用 또는 본성과 현상의 관계로 볼 수 있다.

> '도는 만물을 생하고 덕은 만물을 기르며, 만물은 도에 의해 형체를 갖추고 덕에 의해 그들의 생존

> 을 영위한다. 이 때문에 만물은 도를 높이고 덕을 귀하게 여긴다.'(道生之 德畜之 物形之 勢成之 是以萬物 尊道而貴德) - 도덕경 51장

도덕경에서는 덕을 무위와 연계시켜 설명하고 있다.(제38장)

> '상덕(上德)은 덕이 아님으로써(무위의 덕임으로) 덕이 있다(上德不德 是以有德). 하덕은 덕을 잃지 않음으로써(덕이라는 의식에 집착함으로서) 덕이 없다. 상덕은 무위하므로 작위(作爲)가 없다. 하덕은 유위함으로 작위가 있다. 상인(上仁)은 당위(當爲)하나, (심성에서 자연스럽게 우러나오는 것이기에)작위가 없고, 상의(上義)는 당위하나 작위가 있다. 상례(上禮)는 당위하나 거기에 응하지 않으면 곧 팔을 내밀어 따라오게 한다.
>
> 그러므로 도를 잃은 후에 덕이 있고, 덕을 잃은 후에 인이며, 인을 잃은 후에 의이고 의를 잃은 후에 예이다. 무릇 예라는 것은 충신(忠信)이 박(薄)해진 것이며 혼란이 그 원인이다.'

여기서 노자는 유가儒家의 상인上仁(좋은 인)은 당위함이 있으나 작위함이 없기에 이를 덕으로 인정하지만, 맹자의 의義, 순자의 예禮(法治)는 그것이 좋은 의, 좋은 예라도 작위함이 있기에 이를 부정한다. 이는 공자孔子의 이해理解와는

확실하게 다른 모습이다.

그러나 이러한 차이는 결코 공자사상이 노자만 못하다는 것은 아니다. 다만 노자의 학문은 큰 도가 행해질 때(大道之行)를 염두에 둔 것이고 공자의 학문은 큰 도가 이미 숨어버린 때(大道旣隱)를 대비한 것(禮記 禮運編)이기 때문이다.

공자는 문명사회를 추구한다. 인간이 자연적 삶에서 벗어나 인간세계의 질서와 가치 확립인 문명文明을 추구하게 되면 어쩔 수없이 그 순박했던 마음이 변질될 수밖에 없다. 그것이 현실이다.

그리고 작위作爲가 없는 인仁의 단계에서는 문명사회의 해체解體를 제지制止할 수 있는 시도(작위)가 불가능하다. 그러면 의義가 요구되고, 의로써 해결이 안 되면 예禮에 따른 강제행위가 불가피하게 된다. 따라서 유가에서는 인, 의, 예가 모두 필요하다.

그러나 도가에서는 자연을 문명에 의해 보완되어야 할 필요가 없는 완전한 것으로 이해한다. 이러한 이해理解 때문에 노자는 상덕上德 즉 자연으로의 복귀를 희망한다. 그러나 이 '완전'은 서양의 관념론적 철학에서의 완전 즉 Idea와 같은 것을 의미하는 것은 아니라 '조화가 이루어진 상태'를 뜻한다.

3.4. 무위와 도덕

도가道家에서 인간 행위의 궁극적 목표는 자연의 사실성事實性을 무위無爲와 여백餘白으로 이해하고 그에 따름으로서 자연성과 합일되는 경지를 이루는데 있다. 도가에서는 인위적人爲的인 도덕을 거부한다.

자연과 도덕은 무관하다. 도道는 자연적 사실성으로 만물의 삶과 죽음 자체이다.

만물은 스스로 태어나고 스스로 죽는다. 인간은 '지푸라기로 만든 개'(추구芻狗)는 제사를 지낼 때는 존귀尊貴한 것으로 여겨 떠받들다가, 끝나면 비천卑賤한 것으로 여겨 길가에 버린다.(도덕경 5장)

그것을 존귀한 것으로 받드는 것은 내가 어질어서가 아니고, 버리는 것도 내게 학대虐待하는 마음이 있어서도 아니다. 그것이 자연의 사실성이다. 도가에서는 성선설이나 성악설 같은 인간의 도덕적 행위의 근본 자량資糧을 부정한다.

김형효 교수는 '사유하는 도덕경'에서 일반적으로는 '가장 좋은 선은 물과 같다'로 읽는 상선약수上善若水에서의 '상선'을 다른 관점에서 본다. 그는 상선을 자연성으로 읽는다.

노자사상의 본질은 한 사물에 내재한 양가성兩家性이 독립적으로 존재하는 방식을 부정하는데 있고 따라서 상선上善 역시 선악의 대결 구도에서 한쪽을 말하는 것이 아니라,

무선무악처럼 선·악의 대립을 초탈한 자연성의 의미를 함의하고 있다는 것이다.

그리고 그것이 노자사상을 올바로 이해하는 것이라고 한다. 뒤에 나오는 '그러므로 물(상선)은 도와 같다.'는 문장은 그의 말을 뒷받침해 준다. 도는 자연의 사실성이다.

도덕적 당위當爲는 늘 선하고 좋은 것만을 간택簡擇하도록 종용한다. 그것이 의식의 법이다. 모든 도덕학은 다 의식학意識學이다. '나는 생각한다. 그러므로 존재한다.'에서 볼 수 있듯이 의식학은 또한 자아학自我學이다. 도덕적 요구는 자아의 의식이 요청하는 당위이다.

칸트는 심리적 이기적 자아自我와 보편적 인식에 따른 의식意識 일반의 자아를 구별한다. 보편적 오성悟性의 의식 일반意識一般은 그것이 객관성을 확보하기 위한 방편으로, 이는 자의식과는 다르다. 따라서 의식 일반의 주체로서의 자아는 이기적, 심리적 자아와는 다르다고 한다.

그러나 이 둘 모두는 의식적意識的인 것으로 인간을 본성의 측면에서 본 자기성自己性이 아닌 자아성自我性인 것은 틀림없다.

도덕철학에서 말하는 선의지善意志는 자기가 선善임을 의식하여 스스로 선을 자작自作하려 한다. 그러나 성전聖戰에서처럼 선善의 완전한 승리를 내세우는 것은 명분상의 구호

일 뿐, 그것은 인간의 자의식인 아상我相이나 아만我慢과 분리되지 않는다.

모든 사량적思量的 지성에 의한 지식知識은 내가 모든 것을 소유하여 그것을 나의 것으로 동화同化하려는 의지와 같이 간다. 지성知性과 의지意志의 출발점은 늘 이기려는 지배와 소유에 대한 갈망渴望이다. 그리고 그 소유욕에 따른 교지狡智의 책략은 인간을 자연의 도에서 멀어지게 한다.

노자는 미美와 추醜, 존귀尊貴와 비천卑賤 등이 한 사물의 양가성兩家性에 지나지 않는다고 본다. 즉 일방은 타방의 그림자를 필연적으로 지니고 있다는 것이다. 양가성 중에 하나가 표출되었을 때 그것은 일시적 현상現狀으로 나타난 것일 뿐, 어느 때 숨어있던 다른 것이 나타나더라도 그것은 당연한 것이다.

선종禪宗 3조祖인 승찬僧璨은 그 표출된 양가성 중의 어느 것 하나도 근원적인 삶에 있어 택일의 선택지選擇枝가 될 수 없음을 강조한다. 그는

> '지극한 도는 어렵지 않고 오직 택일(擇一)을 싫어 할뿐이다. 단지 증오와 사랑을 택일하지 않으면 도리가 통연하여 명백해진다.'고 하였다.

택일은 마땅히 해야 할 당위일 뿐, 자연의 사실은 아니다.

자연은 어떤 것이 그렇게 자기 일색으로 온전히 채워지도록 용인容認하지 않는다. 자연은 다양성을 좋아 한다. 자연적 사유의 구조에서 보면 인간이 미美와 선善 어떤 하나의 생각으로 자신을 가득 채우면 그러한 미와 선은 반드시 자체 내부에서 핵분열을 이룬다.

4장. 도가와 정치 - 무위지치(無爲之治)

4.1. 개론

도덕경은 우주자연에 대한 형이상학적 해석뿐 아니라 정치지배자를 위한 충고와 권고를 포함한 정치철학을 담고 있다.

중국문화에서 유가儒家는 물론이고 도가道家에서도 정치는 주요한 화두話頭였다. 인간의 본질이 공동존재共同存在이기에 정치政治는 인간의 삶에 있어 강력한 영향력을 갖는다.

도가철학이 태어난 전국시대戰國時代의 철학사상은 모두가 정치사회적 목표에 근거했으며, B.C. 2세기 도교道敎 사원의 등장으로 철학적 도가가 정치적으로 활동하게 되었다.

근본적으로 도가의 초탈超脫은 마음의 초탈이지, 세상으로부터의 초탈은 아니다. 도교 성자聖者의 목표는 '세상에 있는 것'이지 다른 것이 아닌데 도道가 그러하다. 그것은 세상으로부터 회피回避, 도피逃避가 아니라 세상 속에서 현명하고 능숙하게 살아가는 것이다.

정치 즉 통치행위의 필요성은 인간 본능에 야누스적 양면성인 이기심과 사회성이 공존하고 있기 때문이다. 동물은 본능적으로 군서성群棲性과 자기의 생존전략이 공존, 병행할 수 있으나, 인간의 경우는 본성적 사회성과 지능적 이기심이 상충相衝작용을 빚는다. 정치의 근원적 목표는 이 상충을 어떻게 해소解消하는가에 있다고 할 수 있다.

도가는 항상 무위無爲정치를 표방하여, 인간 의식의 잣대로 세상을 재단裁斷하려는 유가의 정치적 관점을 비판하였다. 이는 자연주의 철학으로서의 자연에 대한 도가의 이해理解에 따른 것으로, 유가의 인간을 만물의 중심으로 보는 인본주의 경향에 대한 거부拒否이다.

자연과 인간관계에 대한 도가의 이해에는 작은 지식은 큰 것과 비교할 수 없고 짧은 생명도 긴 것과 비교할 수 없다(小知不及大知 小年不及大年)라고 해서, 인간의 작은 지혜와 짧은 생명으로는 광대하고 무궁한 자연을 이해할 수 없다는 생각이 깔려있다. 따라서 그들은 인간의 작은 지혜에 의한 작의作意를 경계하였다.

다시 말해 도가는 언어적 지식과 사회적 관습을 긍정적으로 이해하지 않았고, 그것이 갖는 구속적이고 조작적操作的인 힘을 경계하였다.

도가의 정치관점에서 보면 유가의 능위적能爲的 정치는 아상我相의 결집結集으로 보인다. 도가정치가 지향하는 무위는 그 아상의 결집을 흩어버리는 일과 상통한다. 아상은 자의식에서 발단發端한 이기심의 원류原流이기 때문이다.

4.2. 정치의 이상(理想)

노자老子의 철학은 사실성의 철학이지 결코 낭만적인 꿈을 설정한 것이 아니다. 도가의 가르침은 삶을 좀 더 건강하고 균형均衡있게 살라는 것이다.

사실 도가는 우주존재론이나 무위만이 아니라 그와는 정반대인 유위적인 기술技術 즉 연금술을 포함한 실용과학, 의학醫學, 전쟁기술 그리고 무술武術 등 삶에서의 실용적인 분야에 그 기초를 제공하였다.

정치에 대해서는 도덕경에

> '큰 나라를 다스리는 일은 작은 생선을 삶는 것과 같다'고 하여

요즈음 말로하면 '악마는 detail에 숨어 있다.'와도 통하지만, 또한 허심虛心을 강조한 것으로, 정치인은 하찮은 생선을 삶는 마음처럼 스스로를 위대하게 여기지 않아야 한다는 것이다.

노자老子는 정치행위에 근본이 되는 마음가짐에 대해서 말

하고 있다.

> 즉 '도에 세 가지 보배가 있는데 그 하나는 자비(慈悲)이고 그 둘은 검소함이며 그 셋은 감히 천하에 잘난 체하면서 먼저 나서지 않음이다. 자비롭기에 능히 용기를 낼 수 있고 검소하기에 능히 광대(廣大)해질 수 있으며 나서지 않기에 만물의 어른이 될 수 있다.'는 것이다.

도가의 정치적 목표는 문명사회 초기의 보다 순수한 사회, 즉 완전한 조화를 이룬 최초의 국가인 요순堯舜시대로의 복귀라는 상고적尙古的인 것이다. 그러나 이는 신화적神話的 황금기로 도피하려는 것이 아니라 현실적 삶 속에서 원래의 균형 잡힌 전체성全體性을 재발견하려는 것으로 해석해야 한다.

공자도 '논어'에서 요순시대의 정치를 이상적인 것으로 인정하면서 순왕은 무위의 정치를 하였다(無爲而治者 其舜也)고 하였다. 그러나 역逆으로는 무위지치無爲之治는 순왕 같은 성인이라야 가능하기에 유위의 정치를 택할 수밖에 없다는 뜻으로 이해할 수 있다.

노자에게서 성인聖人의 마음은 자연의 도道와 동일한 의미를 함축하고 있다. 성인의 무위無爲하게 마음을 활용하는 것은 선/악의 대결을 넘어선 것이다. 무위無爲는 행위行爲하지 않음이 아니라 그 행위를 하는 마음상태가 무욕이라는 것이다. 그러나 이는 결코 '흉내 내기'로서 다다를 수 있는 경지가 아니다.

도가의 무위를 표방하는 정치행위는 현실정치에서 많은 모순矛盾과 관계되어야 했고, 성인聖人이 못되는 도가 정치인들이 이러한 모순관계를 해결하는데 있어 무위無爲를 내세우는 것은 이중적二重的이고 암수暗數에 능한 것으로 평가되기도 했다.

4.2.1. 이상주의(理想主義)에 대한 경계

노자가 주장하는 무위지치無爲之治는 인위人爲의 도덕정치가 아니라 자연의 사실성대로 세상을 본연本然하게 되돌리는 정치이다. 그러나 그는 이러한 이상理想을 위해 현재 상태를 '성급하게 시정하려고 작위作爲를 하지 않는다.'고 한다.

그는 이상理想이라는 고상高尙한 동기動機가 세상을 요리하려는 것을 거부한다. 유토피아적인 이상주의는 현실과 이상 사이에 오갈 수 없는 간격間隔을 두고 이상理想 하나만을 주장하는 단가적單價的 사유이다.

그리고 노자가 추구하는 자연의 사실성으로서의 도道는 단가적 사유가 너무 뾰족하여 사람을 다치게 하는 그 예리함을 무디게 한다. 이는 도가 갖는 여백餘白의 덕德이다.

노자는 선악善惡 그리고 인仁을 유가儒家와는 전혀 다른 관점觀點에서 본다. 그는 인仁을 악惡과 대립되는 '어짊'으로 읽기보다는 공동체의 인간관계를 잘 유지하는 마음의 본질杏仁(살구씨의 알맹이)의 의미로 이해하기를 강조한다.

사실 그는 상선上善을 아상我相을 씻어 낸 하심下心과 다르지 않다고 보았는데 이러한 마음이 좋은 정치의 선행先行, 필수조건인 좋은 인간관계를 유지한다.

4.3. 현실정치의 과제(課題)

중국정치철학에서는 정치행위에서 으뜸 되는 원리를 천하위공天下爲公이라고 한다. 즉 천하는 황제가 아니라 인민公을 위한 것이다. 이는 인민들 사이가 공평公平해야 한다는 민주적 의미 역시 함의하고 있다.

어느 시대 어느 나라에서나 정치의 기본과제는, 그것이 분명한 주장으로 내세워지지 않더라도 민주民主 즉 평등의 문제이다. 정치사회에서 사회 구성원 간의 상충相衝을 해소解消시키기 위해서는 공평해야 하기 때문이다.

그러나 현실 정치사회에서 일률적一律的인 평등을 주장하는 것은 우열優劣을 시샘하는 세태世態의 마음을 감추면서 공평公平이라는 명분을 겉 장식으로 사용한 것이다. 정치사회에서 그런 일률적인 평등은 허구虛構이다. 현대 공산주의의 이상理想이 그런 것이다.

유가儒家인 순자荀子는 평준화에 대해

'혹 천하를 녹봉으로 가진다 하여도 스스로 많다고 하지 않으며 대궐 문지기나 여관 관문 문지기나 순라꾼들도 스스로 적다고 하지 않는다. 그러므로 차등이 있지만 고르고 거스름이 있는 것 같으나 따르고 똑같지 않지만 한결같으니 이를 인륜(人倫)이라고 한다.' (순자 - 영욕편(榮辱篇))

순자는 정치사회에서 직위의 차등差等은 불가피한 현상으로 본다. 그러나 인간이 인륜人倫에 따라 행위한다면 사회에 '차등이 있지만 고르고, 똑같지 않지만 한결같게 된다.' 고 믿는다. 유가에서 인륜은 인간의 본성本性에 따른 마땅히 지켜야 할 도리道理이다.

정치사회에서의 인륜은 '임금은 임금다워야 하고 신하는 신하다워야 한다君君臣臣'로 자신의 직분職分을 잘 지키는 것이다. 직분은 사회조직의 필요에 의한 것일 뿐, 결코 인간 자체를 위계位階로서 나눈 것이 아니다. 인륜을 따른다면 직분의 상하上下가 사회의 조화로운 삶을 위협하는 비非평준화의 요인이 될 수는 없다는 것이다.

이에 비해 노자는 정치사회에서 상하의 직분은 그것 자체로는 오히려 자연스러운 현상으로 보았다. 그는 상하의 직분이 불평등한 관계로 변질되는 것은 직분을 실행함에 있어 이기적 욕심이나 자기 과시誇示같은 인위적인 것들이 가해져 자연성을 해치기 때문이라는 것이다.

그는 직분을 실행함에 있어서는 과유불급過猶不及이 없는 중도中道의 길을 취해야 한다는 극히 소극적 태도를 취하고 있다. 그러나 이것이 도가의 정치행위가 정치적 정의正義를 실행함에 있어 무기력無氣力한 것으로 오해해서는 안 된다. 오히려 그들은 근원적인 정치위기에 처處해서는 가장 역동적力動的이었다.[14)]

4.4. 전쟁

전국시대戰國時代의 철학인 노자철학은 정치뿐만 아니라 전쟁戰爭에 대해서도 자신의 생각을 말하고 있다. 노자는 우선 전쟁을 일으키는 주체主體가 되어서는 안 된다는 점을 강하게 주장한다. 그러나 전쟁이 나면 반드시 이겨야 한다고 한다.

도가 전통에서는 폭력暴力을 기피하고, 이러한 태도를 선호選好한다. 그러나 이는 유가儒家에서처럼 온유溫柔와 겸손의 미덕을 높이 평가해서가 아니다. 그들은 그런 윤리적 관점에서가 아니라 폭력이 자신의 강强함이 아니라 약弱함을 드러낸 것이라고 보기 때문이다.

현실사회에서 그들이 비폭력을 선호하는 근거는 수동적인 힘(음陰)이 직접적으로 행동하는 힘(양陽)보다 더 지속

14 도교는 한(漢)나라 때의 황건적(黃巾賊)의 난(亂), 몽골 정권인 원(元)에 대한 저항, 그리고 14세기의 백련교(白蓮敎)가 주도한 농민 반란, 최근에는 반제국주의적 반란인 의화단(義和團)사건을 지지하며 그 역할을 했다.

된다는 믿음에서 나온 것이다. 결국 최종적인 승리는 수동적이나 지속적인 힘 즉 비폭력에 있고 따라서 그들이 비폭력을 선택한 것은 승리를 위한 것이다.

비폭력은 단순히 실제적 투쟁을 회피하는 것이 아니다. 그들은 전쟁에 임臨해서는 반드시 이겨야 하고 이기기 위해서는 적敵이 스스로 패배하도록 만들어야 한다.

> 즉 '힘들이지 않고 수고로움이 오는 것을 기다리며(以逸待勞), 교만심을 버리고 겸손한 마음으로(以卑待驕) 성급하게 싸우지 말고 고요하게 마음을 진정시키는 기분으로(以靜待躁) 싸워야 함'을 강조한다.

이는 마오毛澤東의 유격遊擊전술인 그 유명한 16자 전법十六字戰法의 전형典型으로도 손색이 없다.[15)]

그러나 도교의 이러한 전술은 비단 전쟁에서뿐만 아니라 정치에도 적용되었는데 이때 상대측으로서는 이들을 음흉陰凶하다라고 말할 수밖에 없었다.

15 모택동의 16자 전법은 전쟁에서의 유격술(遊擊術)이다.
적이 쫓아오면 아군은 퇴각한다.(**敵進我退**)
적이 피하면 아군은 타격한다.(**敵避我擊**)
적이 후퇴하면 아군은 추격한다.(**敵退我追**)
적이 머무르면 그들을 교란시킨다.(**敵住我搖**)

도가는 역대歷代 황실皇室에서 선호選好되었고 그들과 가장 친숙한 내관內官들은 항상 주요한 정치세력이었다. 음흉은 그들에 대한 일반적 평가였다.

4.5. 반체제(反體制)와 무정부주의

노자는 '나라를 작게 하고 백성의 수를 적게 하라小國寡民'고 한다.

그는 국가의 규모가 커지면 관리의 수도 늘려야하고 전쟁을 하려면 군대도 많아야 하고 많은 물자를 옮기려면 상인이나 세리稅吏가 많이 있어야 한다. 결국 실질 생산자는 줄어들고 생산된 재화를 소비하고 관리하는 계급만 늘어 소농小農 계급은 공식公式, 비공식 경로를 통해 수탈당할 수밖에 없다고 생각하였다.

그에게 국가라는 조직組織은 문화나 제도, 법령 등을 통하여 자신들의 행위를 정당화하고 명분화名分化함으로써 백성들을 설득하고 조정調整하는 존재일 뿐이다. 이러한 국가조직에 대한 이해는 현실에서는 반反통치, 반체제의 성향으로 나타났다. 현대 용어로는 좌파左派라 할 수 있다.

그러나 도가를 서양의 무정부주의자無政府主義者들과 같은 것으로 오해해서는 안 된다. 도가의 반체제는 서양 무정부주의 이론과는 근본적으로 차이가 있다.

서양의 무정부주의는 그 동기가 대체로 개인적인 자유와

집단적 의지 사이의 긴장緊張의 문제로 이해하는데 있었다. 이때 그들이 생각하는 인간은 자치적自治的이고, 분리分離, 불연속적不連續的인 원자론적 개별성을 가진 존재이다. 그러나 도가에서의 개인은 전체로서의 자연과 관련지어야만 자신이 생존, 표현될 수 있는 그런 존재이다.

이에 따라 두 전통 사이에는 자유自由라는 개념에 함축된 의미에 차이가 있다. 서양의 무정부주의자의 자유는 이성적 자기결정自己決定과 그에 따른 행동의 자유이다. 반면 도가의 자유는 자연과의 조화調和에서 반사反射되어 오는 편안함 속에 있는 것이다.

정부와 국민과의 관계도 다르다. 서양 무정부주의자들의 이상적理想的인 사회에서는 정부의 역할이 최소화되거나 없어진다. 그러나 도가사상가들은 정부를 완전히 폐지하는 것이 아니라 정부의 통치행위에서 인위적인 장애물을 없애는 데 주목한다.

5장. 도가철학과 서양철학 - 자기 수양(自己修養, self-cultivation)

도道와 조화롭게 살려면 무위無爲를 수양修養하는 것이 필요하다. 수양, 수행은 중국의 유가, 도가 그리고 불교가 공共히 요구하는 것으로 이는 자기수양이 이상적 이념과 현실

존재 사이의 간극間隙을 메우는 유일한 방법이기 때문이다.

도가는 객관적 이상理想의 절대적 틀도, 영원한 도덕적 원칙도, 권리와 의무가 가정假定될 수 있는 어떤 도덕적 초월성도 제안하지 않는다. 오히려 수양이라는 자기변화와 자기실현의 방법을 권한다. 도가에서는 추상적이고 비개인적인 규범規範에 적응하기보다는 수양에 따른 마음의 변화가 인간의 행동을 변화시키는데 좀 더 유효하다고 생각한다.

현재 서양 학계는 칸트적 자유주의 원칙, 정의, 권력, 자율이라는 도덕적 개념에 대한 사유보다는 인간의 성격형성, 자기실천, 인간의 탁월성의 양성養成이라는 논의로 바뀌고 있다.

칸트는 이성에 기초한 도덕법칙의 보편적 필연성과 인간 심성心性의 우연적偶然的 성향 이 둘을 엄격히 구별하였다. 이는 서구의 철학적, 신학적 가정假定인 이원론二元論-Dichotomy과는 일치했지만 이제는 그러한 보편성과 합리성이란 개념이 도덕적 실천에 있어서 꼭 유효한가를 의문시하게 되었다.

어떤 병사兵士가 비겁한 행동을 피避하는 데는 그가 도덕적 원리, 의무를 알기 보다는 겁쟁이가 되고 싶지 않다는 느낌·생각이 강하기 때문에 그렇게 할 수 있을 가능성이 더 많다는 것이다.

다시 말해 도덕적 선택에서는 도덕적 원리의 적절성適切性의 문제가 아니라, 어떤 사람이 되고 싶은지를 먼저 선택하고 그러한 도덕적 인격을 형성해야 한다는 것이다. 따라서 계몽주의적 도덕이론이 그 규범과 법칙에 매달려 있느라고 놓치고만 '내가 어떤 사람이 될 것인가?'라는 질문을 요구하게 된다.

길리건Carol Gilligen은 도덕성의 결정적 요소는 자신과 타자에 대한 책임감責任感과 배려配慮 그리고 조화 같은 덕목德目이며, 따라서 도덕적 문제는 추상적 보편적 원리에 적응하는 능력보다는 개인의 감성 성숙成熟의 문제라고 한다.

도가에서 주체로서의 인간은 고립된 자기 구성적 존재가 아니다. 그는 삶이라는 역동적 과정에서 전체와 자신 내면 간의 조화를 추구한다. 그에 이르기 위해서는 수양修養이 요구되며 이때 수양은 자의식自意識을 넘어서 존재의 초超개인적 상태에 이르기 위한 것이다. 그렇게 해서 전체와의 조화에 이른다.

수양修養은 몸과 마음은 별개의 것이 아니라는 이해에 근거한다. 인도의 요가Yoga, 중국의 쿵후工夫는 그것 자체가 수행의 한 형태였다. 그러나 전통적 서양철학의 이원론二元論에서는 인간의 영혼과 육체는 별개의 것으로 이해되었다.

니체의 생철학이래로 몸肉體은 인식론과 현상학 그리고 윤리학 같은 분야에서 점점 중요해지고 있다. 이러한 변화는 데카르트 이원론二元論을 거부하는 것에 그치지 않고 인간 행위에 있어 신체적 과정과 감정의 표현에 대한 이해가 넓어지고 있음을 보여준다.

도가道家는 문명화 과정에서 거대巨大함과 복잡성으로 끌려오면서 잃어버린 중요한 것들을 회복回復하기 위해서는 근원으로 돌아가는 것이 필요하다고 가르친다.

이런 가르침은 기본적으로 모든 것을 사랑하고 공감하며 불필요한 것을 버리고 본래적인 것과 조화하면서, 지나친 것을 피하고 단순함과 겸손함을 추구하려는 삶의 방식을 지지支持한다.

이는 과학기술을 앞세운 인간의 자만심 그리고 그러한 결과로서 자연을 훼손시켜 스스로 삶의 터전을 잃어가는 현대인간에게 제시되는 근원적, 대안적代案的 삶의 방식일 수 있다. 거기에는 '세계가 인간의 것만이 아니라'는 근본적 자각이 선행되어야 한다.

맺는 말

중국인들의 삶에 있어 자연自然은 절대적 영향력을 가지고 있었고 자연은 모든 사유思惟의 근거임과 동시에 출발점이었다.

유가와 도가는 자연의 유무가 동출·동거한다는 우주론에 근거하면서도 정치, 문화 등 다방면에서 각각이 유위有爲와 무위無爲의 관점을 대변하며 우열優劣을 다투는 관계를 유지하여 왔다.

유가와 도가는 중국문화의 중심에서 서로 갈마들기를 하며 대대적待對的 관계를 유지하며 중국문화를 이끌어 왔다.

위진魏晉시대의 현학玄學에서는 유가와 도가를 종합하려는 시도가 있었으나 실패하였다, 이는 유가와 도가의 대대적 관계를 훼손하는 무리한 것으로 그 이론이 공소空疎해 질 수밖에 없었다.

대대적 관계를 유지하려면 먼저 서로 다른 두 성향이 그 고유성을 유지해야한다. 대大나 소小는 각각이 확실하게 '대'이고 '소'이어야만 둘 사이의 대대적待對的관계도 성립된다.

인간의 고유한 내면에는 서로 다른 지향성指向性이 존재하는데 현실적 요구인 규범과 질서에 대한 존중과 그에 따른 자기억제抑制에의 지향 그리고 현실로부터 자유로워지려는 초탈에 대한 지향이다. 서양철학 식으로 말하면 아폴로apolo적인 것과 디오니소스Dionysos적 성향이라 할 수 있다.

중국문화에서는 대체로 유가와 도가가 그 지향성의 차이를 보이면서 인간 삶의 두 성향을 담임擔任하는 형태를 이루고 있다.

중국문화에서는 자유라는 개념이 표면화된 적이 없다. 그들에게 자유는 전제의 조화로부터 반사된 결과물이라는 소극적인 것이었다. 이는 자유는 궁극적으로 개인 내면의 문제라는 생각 때문이다.

그러나 굳이 자유를 들어 말하자면 도가는 '집착으로부터의 자유'를, 반면에 유가는'-을 할 자유'를 지향한다. 유가의 자유가 능동적 정치적 자유라면 도가의 자유는 초탈을 지향하는 자유라 할 수 있다.

중국문화에서 유가와 도가는 상호 삼투滲透하는 긴장의 적정성適正性을 갖춘 평형平衡을 유지해 왔다. 현실 생활을 이끄는 면에서는 유가가 주도하였으나 삶을 관조觀照하며 인생의 그윽한 깊이를 즐기는 편에서는 도가가 앞섰다.

중국의 지식인知識人들은 젊어서 유가로서 살다가 나이 들면 은퇴하여 도가에 귀의歸依하여 자연, 근원으로 돌아간다는 마음을 갖고 있었다. 그것은 유가가 싫어져서가 아니라, 유가 역시 노년老年에는 마음이 하고자하는 바를 따라도 법도에 어긋나지 않는從心所欲 不愈矩 경지에 도달하고 싶어 했기 때문이다. 공자가 나이 칠십에 이른 경지는 무위無爲의 세계와 다르지 않다.

공자孔子가 말년末年에 자신의 삶을 회고回顧하며 말한

> '삼십(三十)에 입(立)하고 사십에 불혹(不惑), 오십에 지천명(知天命), 육십에 이순(耳順)하여 칠십에 이르러 종심소욕(從心所欲)하나 불유구(不踰矩)'는 중국인들 삶의 공연장 앞에 부쳐놓은 프로그램(program)이다.

사실 유가와 도가는 그 내용은 다르다하더라도 '어떻게 사는 것이 좋은 삶인가'를 묻고 그리고 그것을 지향하는 데에서는 일치한다.

중국인들에게 좋은 삶은 내성외왕內聖外王으로 함축된다. 이는 목표目標라기 보다는 마음가짐이다. '좋은 삶'은 안으로는 성인聖人의 무위無爲함, 밖으로는 왕王의 백성을 살피고 아끼는 마음가짐, 그것들을 지향하는 삶이다.

4편. 근대 서양문명 - 인간을 주체로 세우다

근대는 인간이 스스로 자신들의 이성(理性)에 대한 제한을 철폐한데서부터 비롯되었다. 그리고 신(神)을 대신한 수학적(數學的) 진리(1+1=2)는 그 철폐에 직접적인 원인을 제공하였다.

데카르트 이후에는 실재(實在)하는 것들의 실재성(實在性)은 표상(表象)하는 주체(인간)를 통하여 그리고 이것(주체)에 의해 표상되어짐이 되었다. 그리고 이 정의(定義)가 갖는 의미는 더 나아가 이제 모든 존재자는 표상되어져 있음으로써만 자신의 존재의 의미를 갖는 것으로 이해되었다.

근대 서양문명은 완전히 성격이 다른 두 문명, 즉 헬레니즘(Hellenism)과 헤브라이즘(Hebraism)이 만나 서로 영향을 주고받은 그곳에 뿌리를 두고 있다. 헬레니즘이란 고대 그리스 철학과 문명에 뿌리를 둔, 그 연장이라 할 수 있다.

1부. 고대 그리스 철학

1부 고대 그리스 철학

1장. 고대 그리스의 자연주의 철학자들

서구문명의 시원인 그리스 문명과 과학은 미레토스학파의 탈레스Thales(B.C. 624-547)로부터 시작되었고, 그의 제자인 아낙시만드로스Anaximander 그리고 아낙시메네스Anaximenes로 이어졌다. 그들은 기본적으로 자연주의 철학자들이었다.

그들이 탐구하고자 한 것은 세계는 무엇으로 구성되어 있는가와 변화하는 현상에 내재하는 영속적인 어떤 것을 규명하는 데 있었다. 그것은 본질적으로 대상적對象的 사유다.

이러한 자연에 대한 대상적 사유는 중국문명과 큰 차이를 보인다. 그 차이는 자연과 인간과의 관계에 대한 이해에서 비롯된 것이다.

중국인들의 사유는 근본적으로 상관론적이었다. 우왕禑王 이래 이어져 온 천인감응天人感應이나 동중서董仲舒의 천지인天地人 삼재三才사상은 자연이 인간과 분리되어 객관적으로 분석될 수 있는 대상일 수 없다는 점을 분명히 하고 있다.

고대 그리스 철학이 자연을 대상對象으로 사유했지만 그들은 데카르트처럼 자연을 단순한 물질로만 보지는 않았다. 그들은 인간을 포함한 존재자 전체를 피시스Physis(자신으로부터 개현하면서 우리에게 와 닿은 것-자연)로 이해하였고 그것을 이끄는 정서는 경이驚異라는 감정이었다.

아낙시만드로스는 실재實在(세계만물의 근본적인 존재)는 비경험적인 것이며 규정짓기 어려운 원시물질原始物質(Apeiron. 無限者)로서 모든 물체는 그로부터 생성되며 더불어 이 원시물질은 신적神的이고 영원불멸한다고 하였다.

헤라클레이토스Heraclitus (B.C. 540-480)는 우주의 운행법칙을 만물유전萬物流轉이라는 말로 표현하였다. 그는 만물이 항구 불변하는 일자一者의 현실상現實像으로 끊임없이 변하면서 통일성을 유지한다고 한다.

그는 통일성은 대립, 긴장緊張하는 것들 간의 조화에 의해 유지되며 그 조화의 기본적 성립 요인은 투쟁鬪爭이고 그 힘이 생명의 원천이라고 한다. 여기서 대립, 긴장은 동양철학에서의 음양陰陽의 관계 같은 것으로 음양 두 기氣의 흐름(투쟁)이 만물을 생성한다고 봤다.

피타고라스Pythagoras (B.C. 582-497)가 세상을 이해하는 방식은 수학을 통해서였다. 모든 것은 수數이며 자연의 물리적 본질은 수리數理에 있다. 세계를 구성하는 원자原子가 수리적數理的으로 여러 형상으로 조정되어 무수한 물체를 형성한다고 생각하였다. 이러한 우주에 대한 수학적數學的 이해는 현대과학에서 그대로 차용借用되고 있다.

그러나 그는 신비주의자神秘主義者였다. 그는 우주에는 수적數的인 조직組織이 존재하며 이는 우주 본성에 대한 일종의 신神의 계시啓示라고 하였다.

파르메니데스Parmenides (B.C. 515-445)는 '사유思維와 존재는 일치한다.'라는 간단한 잠언箴言으로 우주와 사물의 구성을 설명하였다. 그는 존재하는 것은 오직 유有이며 무無는 사유할 수 없으므로 사유와 존재는 일치한다고 주장했다.

유일자唯一者로서의 유有 즉 존재는 생성도 없고 소멸도 없다. 생성이나 소멸은 오직 지각知覺의 대상일 뿐이며 유일자로서는 아무런 변동도 없다. 그는 사람들이 보고 들으며 느낀다고 생각하는 모든 것은 환영幻影이며 오로지 지성知性만이 진리에 이를 수 있다고 봤다.

그의 영구불변하는 실재와 변화하는 현상을 구별하는 사유는 이성적 인식認識과 감각에 따른 지각知覺을 구별하는 존재의 철학으로, 이는 후에 존재론存在論과 인식론認識論이라는 서양철학의 기원起源이 되었다.

파르메니데스의 성찰省察은 그리스인들로 하여금 처음으로 추상적抽象的인 사유思惟의 길을 걷게 하였고 그 이후의 그리스 철학은 결코 이전과 같을 수 없었다.

플라톤의 이데아는 이들 철학의 영향을 받은 것이다. 즉 파르메니데스의 불변하는 실재와 변화하는 현상의 구별 그리고 피타고라스가 삼각형三角形의 정리定理를 증명할 때의 그 모형母型으로서의 완전한 삼각형은 실재하고 있는 것이 아닌 초월적이고 탁월한 것이다.

파르메니데스의 유有는 절대적인 것이고 비유非有는 존재하지 않으며 또한 생각 할 수도 없다는 자연에 대한 성찰은 서양철학에서 '비유' 즉, 무를 사유에서 배제시키는 시원始原이 되었다.

서구철학에서 무無는 존재자의 부정否定으로 단지 공허한 것일 뿐이다. 그들은 무에 대해 심도深度있게 사유하지 않았다. 수학數學의 원조元祖 격인 프로타고라스와 유클리드도 영零을 생각해내지 못했다.

그들은 불교철학(불교철학은 신학神學이 아니다)의 공空이나 중국 도가道家의 자연에 대한 이해인 유무동출有無同出에서의 무를 사유하지 않았다. 이것이 동서양 철학의 사유思惟 성격과 방향을 가르는 가장 근본적인 기준이다.

서양화西洋畵와 동양화東洋畵의 근본적 차이는 여백餘白의 유무有無이다. 동양화의 여백은 동양적 사유에서의 공空, 무無를 시각적視覺的으로 보여준다.

그러나 그리스 자연주의철학에서 자연현상인 생성有과 소

멸無, 현성과 은적을 관찰한 것은 당연하다. 헤라클레이토스는 '자연은 숨기를 좋아한다.' 하였고 파르메니데스가 '비유非有(소멸, 은적)는 존재하지 않으며, 또한 생각 할 수도 없다.'고 하였을 때, 역설적으로 그는 이미 무無에 대해 사유한 것이다. 다만 그에 대해 천착穿鑿하지 않았을 뿐이다.

그리고 서양철학에서 무無에 대한 사유가 완전히 사라진 것은 기독교 신神에 의해서였다.

2장. 고대 그리스철학의 성격 - 자연, 이성, 주체

2.1. 자연에 대한 이해

고대 그리스에서는 존재자 전체가 피시스Physis(자연)로 이해되었고 그러한 사고 경향을 이끌었던 정서는 경이驚異였다. 이는 근대 서양철학에서 자연을 인간 이성理性 중심으로 이해하는 것과 비교된다.

하이데거에 따르면 그리스인들은 존재(자연)를 처음으로 그리고 시원적으로 자신으로부터 피어나면서 본질적으로 자신을 여는 것 그리고 열려진 장場 안으로 자신을 개현開現하는 것으로 파악했다.

이러한 자연은 인간에게 다가오고angehen, 말을 걸며ansprechen, 헤아릴 수 없는 비밀과 은닉의 차원으로부터 자신을 개현하는 것das Unverborgene이다.

'장미가 활짝 피었다.'라고 했을 때 그것은 장미(존재자)가 장미로서의 본성과 그 가능성을 한껏 발현하고 있다는 것이다. 장미가 인간 앞에 다가와 그 비밀스러운 자태를 보여주지만 그것은 인간을 위해서가 아니라 다만 자연의 열린 장場으로써 자신을 드러낸 것일 뿐이다.

2.2. 제한된 이성(理性)

그리스철학은 근본적으로 인본주의人本主義 철학이다. 그러나 그것은 근대 서양철학에서의 인간학, 자아학自我學 egolo-gic과 같은 것이 아니다. 인간학, 자아학은 르네상스 이후의 그리스 철학이 헤브라이즘, 즉 기독교에 의해 인본주의의 본래 의미가 굴절屈折된 결과물이다.

프로타고라스Protagoras (B.C. 485-414)는 '인간은 만물의 척도이다.'라는 유명한 말을 남기었다. 그러나 그가 한 말의 뜻을 인간이 주체主體로서 객체인 대상에 대해 의미를 부여附與하고 그 가치를 측정測定한다는 의미로 해석해서는 안 된다.

프로타고라스는 인간 이성에 대해서 다음과 같이 말한다.

> '신(神)들에 대해서 확실히 어떤 것을 안다는 것은 나에게는 불가능하다. 나는 신들이 존재하는지 존재하지 않는지, 신들이 그 모습에 있어서 어

떻게 존재하는지 알 수 없다. 왜냐하면 존재자 자체를 인식하는 것을 저해(沮害)하는 것이 많기 때문이다. 존재의 비개현성(非開現成-모습을 드러내지 않음- 隱匿性)도 그리고 인간 역사의 짧음도 그러한 인식을 저해하는 것들이다.' (딜스의 '소크라테스 이전 사상가들의 단편집'에서)

하이데거는 '인간은 만물의 척도이다.'의 그리스적 해석을

'인간이 멀리 은닉되어 있는 것(존재, 신)을 부정하지 않고 그것의 현성과 부재(不在)에 대해 결정할 수 있다고 자만(自慢)하지 않고 가장 가까이 개방되어 있는 장(場)에 순응하고 자신을 제한하는 것을 통해서 인간은 그때그때마다 현성과 비은닉의 척도가 된다.' 라고 한다.

이는 인간의 이성 능력이 제한적임을 인정한 것이다.

이는 데카르트가 인간 이성의 한계를 철폐하고, 진리의 본질을 확실성確實性으로 규정하고 이를 증명하려는 것과는 다르다.

2.3. 주체

고대 그리스 철학과 근대 철학의 뚜렷한 차이는 주체主體에 대한 이해에서 나타난다. 그리스인들에게 주체Subjectum란 그 자체로부터 이미 현존現存하고 있는 것으로, 모든 존재자(인간뿐 아니라 돌, 식물, 동물 등)는 그것이 존재하

는 한 주체이다.

따라서 그들의 생각을 이해하려면 우리는 주체라는 개념으로부터 우선 인간을 멀리해야 한다. 인간이 주체가 되는 것은 근대 서양형이상학이 가져온 특별한 의미에서만 해당된다.

고대 그리스적인 의미에서 '일 함' 역시 지금처럼 인간이 주동主動이 되어서 어떤 것을 생산한다는 의미보다는 자연성처럼 어떤 것이 스스로 나타나거나 현현한다는 의미가 강强하였다. 기술技術의 그리스어 '테크네'의 의미는 '밖으로 끌어내어 놓음'이다.

라틴어로 주체인 Subjectum은 그리스어인 히포케이메논의 번역으로, 히포케이메논의 본래 의미는 그 자체로부터 이미 앞에 놓여 있는 것, 즉 현존現存이다.

주체란 곧 현존이기에 인간 외에도 동물은 물론 식물, 산, 돌 등 모든 존재자가 주체다. 그리스시대에 동물, 식물, 강, 산 등 존재자는 결코 인간이라는 주체에 대한 객체로서의 의미가 아니었다. 인간을, 만물을 지배하는 주체로 세우는 것은 인간의 오만傲慢이다.

그리스인들은 인간 자신에 대해 자만自慢하지 않았다. 하이데거는 이를 다음과 같이 말한다.

> '그들은 인간에 대해 비은닉(非隱匿(현성))된 것의 영역 안에 체류하는 것을 통하여(세계 안에서 존재하면서) 인간은 그에게 현성하는 것의 확고한 영역 안에 속한다(드러난 모든 존재자 중에 인간 역시 그에 속해있다). 달리 말하면 이러한 영역에 속하는 것을 통하여 동시에, 현성하지 않은 것(감추어 진 것, 모르는 영역이 존재함)에 대한 (인간 이성의)한계가 인정된다.
>
> 인간의 자기(自己)는 그것 주위의 비은닉된 것(현성된 것-존재자)에 자신을 제한하는 것을 통하여(자연 존재자의 일원으로서 자신을 자각(自覺)하는 것에 의해)규정된다. 비은닉된 것의 영역(세계의 모든 존재자들)안에 (인간이)이렇게 제한되어 있고, 거기에 귀속(歸屬)되어 있음이 인간의 자기를 형성하는데 기여한다. 그리스인들에게 자아(自我)란 이러한 제한에 순응하고 살아가는 인간에 대한 명칭이다.'

이 말은 데카르트의 철학처럼 인간이 자기 자신을 표상하는 자아自我로 그리고 그 자아가 모든 표상의 척도와 중심이라고 자부自負함으로써, 그렇게 하여 자신이 주위의 비은닉된 것에 귀속되어 있다는 인간존재의 제한성을 철폐하는 것을 통해서가 아니라, 오히려 인간은 그 제한성을 통하여 그 사실을 자각함으로써 자아自我-Ich로 된다는 것이다.

그리스 시대에 모든 존재자는 자체적으로 이미 현존하고 있는 주체이지만, 근대 형이상학에서는 인간의 인식작용에 의해 그 본질이 확정되는 단순한 객체로 전락轉落한다.

3장. 플라톤과 아리스토텔레스

플라톤Plato(B.C. 427-347)과 아리스토텔레스Aristotle(B.C. 384-322)는 모든 서구 학문세계의 시원始原이고 기반이다.

정치철학자인 세바인Sabine은

> '플라톤은 그의 사상 전반을 지배하는 윤리적 관심, 사고의 독창성과 대담성에서 이상주의의 급진성을 표출하는 데 비하여 아리스토텔레스는 지적(知的) 조직의 능력과 복잡한 현실세계에서 그 전형(典型)과 경향성을 파악하는 데 천재적 능력을 가졌다.'고 한다.

플라톤은 형이상학이라는 서양철학의 중심을 세움으로써 관념론觀念論이라는 서양철학의 성격을 기초하였다. 그에 비해 아리스토텔레스는 논리학論理學을 통해 서양철학의 방법론을 확정確定시켰다.

아리스토텔레스는 이를 근거로 정치학, 윤리학은 물론이

고 동식물학에 이르기까지 다양한 분야의 학문세계를 정립하였다. 이는 그의 천재적인 지적知的 조직능력의 결과이다. 그는 플라톤과 달리 현실주의의 색채가 강했다.

이러한 차이는 이데아에 대한 이해에서도 대비對比된다. 플라톤의 이데아는 사물로부터 초월적으로 존재한다. 그러나 아리스토텔레스에게 사물의 본질(이데아)은 사물 속에 있으며, 현상現象은 사물의 본질 속에 들어있는 잠재적인 것들의 드러남이다.

플라톤의 철학을 이상주의, 관념론이라고 한다면 아리스토텔레스는 현실주의, 경험주의라 할 수 있다. 사실 아리스토텔레스는 항상 현실을 조사하여 얻은 정보를 귀납적으로 추리하였고, 그 추리과정은 논리에 의존하였다.

플라톤 이전의 자연 철학자들, 헤라클레이토스나 파르메니데스의 사유는 전체를 간이簡易하고 깊게 그리고 넓게 사유했고 그래서 윤리학, 논리학, 자연학 등으로 쪼개지지 않았다.

플라톤 이후로 서양철학에서는 사유思惟가 철학적으로 바뀌었고 그 이후 철학이 인식認識으로 그리고 인식이 과학으로, 또 과학이 학교의 전공과목으로 변경하면서, 철학은 점차 사유思惟를 잃어가기 시작했다.

3.1. 플라톤의 형이상학

그리스인들은 자연을 피시스physis로 이해했고, 이때 피시스는 자신을 드러내고 자신을 열면서 인간에게 현성現成하는 것으로 나타난다. 그리고 형이상학은 이러한 자연의 개시開示에 대한 응답 내지 해석이다.

플라톤은 형이상학의 창시자이다. 그리고 서구철학의 역사는 플라톤으로부터 니체에 이르기까지 형이상학의 근본개념들의 변천變遷의 역사이다.

형이상학形而上學은 말 그대로 사물의 현상現象 이전의 그 본질이나 근본 즉 존재存在를 사유하는 학문學問으로, 존재는 존재자를 초월한 것이기에 형이상학meta physic이다.

이러한 형이상학은 존재를 있게 하는 그 무엇인 존재存在와 구체적 사물로 실재하는 존재자存在者 이 둘의 구별을 전제로 한다.

플라톤은 자연physis을 존재와 존재자로 구분하였고, 존재를 이데아idea로 해석하였는데 이데아idea는 자신을 드러내 보이는 것으로의 존재자 전체의 본질本質이다. 그리고 그는 이데아(존재)의 성격을 아프리오리Apriori 즉 '존재자'에 앞서 있음 그리고 탁월卓越한 것으로서 규정하였다.

플라톤의 이데아는 근대서양철학에서처럼 인간이 사유하여 만들어 낸 고안물考案物 즉 관념觀念이 아니다. 그것은 플라톤이 사유한 피시스(자연)에 대한 해석이다.

하이데거는 플라톤이 이데아를 시선視線-Anblick이라고 해석했다고 한다. 그리스인들은 눈眼을 가장 중요하게 여겼다. 왜냐하면 시선은 존재의 현성現成 즉 형상形象으로 드러난 것을 다른 감각기관보다 잘 알게 하기 때문이라는 것이다.

이는 그가 이데아의 실상을 설명하기 위해 동굴의 비유比喩를 든 것에서도 보인다. 즉 벽을 향해 묶여 있는 사람들은 바깥세상의 그림자만 보고 그것을 실재로 착각하지만, 묶인 것을 풀고 빛의 세계로 나온 사람은 바깥세상의 실재實在(존재)를 본다는 것이다.

서구철학의 역사는 플라톤의 존재를 이데아Idea로 해석하는 것에 따른 이데알리즘Idealism-이상주의의 역사이기도 하다. 이상주의理想主義는 이상과 현실을 구분하는 이원론二元論을 전제한다.

존재와 존재자, 이상과 현실 같은 구분은 물론 동양철학에서도 존재하지만 그 관계는 독립적인 이원二元이 아니라 이중적二重的인, 즉 하나도 아니고 둘도 아닌不一而不二, 태극의 원을 가르는 'S'의 형상으로 관계한다.

3.2. 존재에 대한 이해

하이데거에 따르면 존재는 존재자로부터 추상抽象의 방법으로 존재자의 모든 특수성을 사상捨象(현상의 공통성 이외의 것을 버림)함으로써 각각 특수한 것이며, 이러저러한 종류의 것이며 개별적인 것인 존재자에 대해서 최고로 일반적인 것 즉 가장 보편적인 것을 가리킨다.

존재는 모든 존재자에게서 보이는 가장 일반적인 것임과 동시에 유일唯一한 것이다. 왜냐하면 아무리 탁월한 존재자도 모든 존재자에게는 항상 그와 동류同類의 것이 대립해 있기 때문이다.

존재는 원래부터의 것으로서 존재자에게로 올뿐 아니라 존재자를 초월超越하여 있다. 초월이기에 그것은 가시적可視的, 구체적이지 않고 따라서 막연漠然하다.

그러나 이 막연은 애매모호曖昧模糊하다는 부정적 의미가 아니다. 역으로 존재는 막연한 것이어야만 된다. 왜냐하면 존재가 여러 가지 이질적인 존재자를 품을 수 있기 위해서는 그것의 의미가 규정되어서는 안 되기 때문이다.

이처럼 존재는 막연하고 공허空虛하여 특정한 의미를 갖지 않는다. 그러나 존재는 우리에게는 이해 가능하며, 이미 이해되어 있다. 존재는 곧 '이다', '있다'이다.

우리는 존재 즉 '이다', '있다'라는 말로써 이러저러하게 있는 것, 아직 존재하지 않는 것, 더 이상 존재하지 않는 것 또는 전혀 존재하지 않는 것을 표현함으로써 우리는 그것들과 관계하고 있다.

그런 '이다', '있다'라는 단어는 우리의 일상생활 중에서 가장 자주 말해지고, 공허하고, 일반적인 것이며, 이해하기 쉬운 것이며, 믿을 수 있는 것이며, 가장 망각된 것이다.

그러나 이를 심도深度있게 생각해보면 가장 침묵하는 것이며, 풍요로운 것이며, 유일무이한 것이며, 모든 개념파악에 저항하는 것이며 이제 비로소 발원하는 것이며, 심연적인 것이며, 상기想起시키는 것이다.

'존재'는 말 그대로 '-이 있다', '-이다'이고 그 말 자체로는 어떤 분명한 의미를 갖지 않기에 공허空虛하다. 그러나 우리는 훨씬 자주 그리고 끊임없이 '있다, 이다'라는 말을 사용하면서 존재를 말하고 있다. '거기에는 높은 산이 있다', '강물이 흐르고 있다', '이것은 네 책이다', '학생이 교실에 있다', '나는 당신을 사랑하고 있다' 등 언제나 '이다', '있다'라는 말을 쓴다.

이처럼 막연함, 무규정성으로서의 '존재'는 우주 삼라만상森羅萬象을 품고 있는 풍요로움 자체로 동시에 충만充滿으로 경험된다.

이를 말의 구조적構造的 관점에서 보면 '이다', '있다'라는 말은 단지 널리 사용되는 것에 그치지 않고, 모든 말을 지탱支撐하는 역할을 한다. 즉 '이다' 없이는 말이 성립하지 않는다. '산이-', '강물이 흐르고-', '학생이 교실에-'만 가지고는 말이 성립할 수 없다. 이렇게 '있다', '이다'가 모든 말을 지탱支撑한다는 것은 존재가 모든 존재자를 가능(존재)케 한다는 것과 통한다.

이러한 존재 자체에 대한 물음은 주체-객체의 관계 밖에서 있다. 그것에 대해서는 그것 이상 말하는 것이 가능하지 않다. 즉 존재가 최고의 일반적인 것이므로, 존재 자체에 대해서 어떤 것이 말해지면 이러한 술어述語는 존재보다 더 일반적인 것이 아니면 안 되기 때문에 그러한 시도試圖는 존재의 본질과 모순된다.

존재(자연)는 그 자체로는 인간의 인식認識이 부여한 선후先後 같은 어떠한 질서도 필요로 하지 않는다. 왜냐하면 자연은 '스스로 그러함'이기에 오고 감이 없고, 안과 밖도 없기 때문이다.

때문에 존재는 다만 원래부터의 것으로서 존재자에게로 오기에 아프리오리Apriori(앞서 있는 것), 보다 이전의 것, 다시 말해 선행先行한다는 것으로 사유할 수 있을 뿐이다. 그러므로 존재는 언어를 초월해 있다.

존재는 존재자의 근거이기에 존재자에 앞서先있다. 그러나 일반적인 사유과정에서 보면 존재는 존재자를 통해서만 인지認知되기에 존재자의 뒤에后 있다. 즉 그 존재하는 방식에서는 앞서는 것이지만, 우리가 그것을 인지認知하는 관점에서는 뒤에 있는 것이다.

존재(자연)은 인간의 관점에서 보면 우리에게 현성해 오는 것이다. 그러나 존재(자연)는 먼저 그리고 항상 인간에게가 아니라 그 자신의 밝힘 안에로 현성한다.

> '활짝 핀 꽃이여. 오! 그대 영원한 꽃 아마란스여. 그대 누구를 위해 핀 것인가. 그대 나를 위해 핀 것은 아니겠지. 용솟음쳐 올라오는 옹달샘 물은 흘러내려 사라지겠지.' - 콜드리지(Samuel Taylor Coleridge)

3.3. 이데아(Idea)의 내용

이데아는 자연의 자기개현開顯 즉 자연의 본질현현本質顯現에 대한 해석으로서 그 내용에는 본질의 형상形象-Form과 현현(존립)케 하는 능력性 두 측면이 있다.

이데아로서의 형상形象은 예를 들면 보통명사로서의 집 같은 것이다. 그 집은 개별적으로 존재하는 집들로 보아서는 그 각각들에 공통적인 것, 본래적인 것으로, 개별적인 집보다 앞서Apriori 자신을 제일 먼저 드러내고 있다. 여기서 개별적인 집보다 앞선다는 것은 마치 건축물의 설계도면이 건축물에 앞서 존재하여 그 건축물의 완전한 원형原形을 보여주는 것과 같다.[1)]

현실세계에 존재하는 개개의 사물들은 본래적으로 존재해야만 하는 방식으로 존재하는 것에는 미치지 못하며, 이데아만이 완전한 탁월성卓越性을 갖는다. 따라서 현실 세계의 본질本質은 이데아 내에서 즉 이념적理念的인 것과 이상적理想的인 것 내에서 구해질 수밖에 없다.

한편 플라톤이 존재를 이데아로 파악했고 이데아들 중에 최고의 것인 아가톤(선善의 이데아)은 존재자에게 존재자이기 위한 능력과 가능성을 부여함으로써 존립케 한다. 원래 아가톤이라는 단어는 그리스적으로는 유능하게(쓸모있게) 만든다는 의미이다.

플라톤은 그의 '국가론'에서 아가톤에 대해

> '눈이 보는 능력을 구비하고 있다고 가정(假定)하고, 사물들에는 색(色)이 존재한다고 가정한다고 해도, 만약에 그것의 본질상 봄과 보여 질 수 있음을 동시에 가능케 하는 제 3의 것이 개입하지 않는다면, 보는 능력은 볼 수 없으며 색은 보여 질 수 없다. 이러한 제 3의 것은 빛이며, 빛의 원천 즉 태양이다.'라고 한다.

1 플라톤의 이데아 중 아가톤은 중국철학의 천명위지성(天命謂之性)의 성과 다를 바 없다. 그러나 형상(形象)으로서의 이데아는 동양철학에서는 찾아볼 수 없는 관념(觀念)이다.

이데아로서의 형상은 기하학에서의 삼각형 모형(模型)처럼 완전한 것이다. 그것은 관념론, 이원론 그리고 완전을 추구하는 따라서 단가적(單價的)인 서양철학의 경향성의 시원(始原)이다. 단가적이라 하는 이유는 두 개의 완전함은 모순이기 때문이다. 동양철학에서는 완전함이 아니라 조화를 추구한다.

즉 인식하는 자에게는 인식하는 능력을 그리고 인식된 것에게는 은폐되지 않은 것(자신을 드러내 보임)이라는 성격을 증여贈與하는 것, 이것이 선善의 이데아 즉 아가톤이라는 것이다.

아가톤(선善의 이데아)을 이데아 중의 이데아 즉 최고의 이데아라고 하는데 이는 그리스인들은 선은 위엄과 능력에 있어서 즉 지배력에 있어서 탁월할 뿐 아니라 존재를 초월해 있다고 해석, 이해하고 있었기 때문이다.

결론적으로 아가톤의 본질은 쓸모 있게 만드는 것 즉 존재자를 하나의 존재자로서 가능케 하며 그것이 현존케 하는 것이다.

3.4. 존재와 존재자성

형이상학의 역사는 형이상학의 근본개념들의 변천의 역사에 다름 아니다.

존재는 원래부터Apriori 그 자신으로부터 우리를 향하여 오는 것이라는 그것의 가장 고유한 본질상 그 자신으로부터 규정되어야 하며, 우리가 그것을 어떻게 파악하고 이해하느냐에 따라서 규정되어서는 안 된다. 따라서 우리가 존재에 대해 말하는 것은 존재 자체로부터가 아니라 인간이 인지認知·인식하는 관점에서 해석한 것이다.

서구 형이상학에서는 존재를 여러 철학자들에 의해 일상

적인 그리고 일반화된 시계視界와 양식樣式에 따라서 독자적으로 해석하여 왔다.

서구의 형이상학은 존재자 전체의 본질에 대한 규정을 통해 각 시대에 기초를 부여해 왔다.

플라톤의 이데아Idea 이후 아리스토텔레스의 엔텔레키아Entelecheia, 중세 신학에서의 창조자와 피조물, 데카르트의 주체와 대상, 라이프니츠의 단자Monade, 칸트의 선험적 객관성, 헤겔의 절대정신 그리고 최근에는 니체의 권력에의 의지, 마르크스의 생산력과 생산관계 등으로 변천하며 각 시대의 사유의 기초를 제공하여 왔다.

이들 서구 형이상학의 근본개념들이 갖는 공통점은 존재의 의미를 존재가 자기를 개현開現하면서 자신을 은닉隱匿하는 것으로서가 아니라, 눈앞에 드러나 있는 존재자 전체에 대한 이론적 파악把握 즉 존재자성存在者性으로 해석한 것이다.

그러나 존재와 존재자성은 다르다. 존재자성은 존재자 전체에 있어서의 일반적인 것, 보편적인 것을 말하지만 존재는 모든 존재자에게 각각의 본질 성격을 선사善事하는 따라서 존재는 존재자 전체를 품고 있는 존재자의 근거根據로서의 지위를 갖는다.

존재자성은 영속永續하는 현존성現存性으로 사물, 사태 안에 존재하지만 존재는 존재자에게 존재자성을 부여하기에 존재자로 보면 존재자를 초월해 있다.

서양철학은 존재자성存在者性 즉 현존성에 대한 파악에만 몰두함으로써 존재의 진리를 망각妄覺하여 갔다. 존재의 진리의 망각이란 유와 무(개현과 은닉, 생성과 소멸)를 포괄하고 있는 존재(자연)의 의미 중에서, 오직 유有(개현, 생성) 즉 현성하고 있는 것의 보편성(존재자성)으로만 사유하고 무無(은닉, 소멸)를 잊었다는 것이다.

달月(자연)은 보이는 면有과 감추어진 부분無을 갖고 있다. 그렇기 때문에 달이 현현과 은적 양면을 갖추고 있다고 해야만 달이라는 실체에 대한 올바른 이해가 된다.

존재는 현성有과 은적無의 양면성을 갖는다. 따라서 존재를 그 한 면인 자신을 '지속적으로 현성함'으로 이해한다고 하여 틀린 것은 아니다. 다만 전체를 올바로 보지 못한 것이다.

존재를 존재자성으로 해석하게 된 근원에는 플라톤의 이데아들 중에서 아가톤을 이데아 중의 이데아라 하여 이를 중시하는 경향에 그 원인이 있다.

무無를 사유하지 않는 파르메니데스 이래의 그리스철학 전통에 서있는 플라톤은 존재가 품고 있는 현성有과 은적無, 유/무의 양면성 중에 유有에 편향偏向되어, 존재를 아가톤 즉 '존재자에게 존재자이기 위한 능력을 부여함'으로 해석한 것이다. 이는 동양철학의 성性과 같은 의미로 성은 유有의 본성으로 존재자성存在者性과 통한다.

플라톤의 경우 이데아(존재)는 아직 존재와 존재자의 관계 안에 있다. 여기서 '존재와 존재자의 관계'란 자연성을 풀이한 표현이다. 존재와 존재자의 구별은 자연에 대한 이해를 위한 것으로 그 둘의 관계 맺음은 곧 자연성이다. 그러나 아리스토텔레스의 엔텔레키아Entelecheia 즉 완전 현실태(존재)는 표출表出된 것(존재자성)으로 이해되고 있다.

그러나 아리스토텔레스의 엔텔레키아는 감각기관으로부터 파악되어 지각知覺된 것임과 동시에 그 자체로부터 스스로 자신을 현시現示한 것, 즉 자연성自然性(존재와 존재자의 관계)으로서의 의미가 공존해 있었다. 이는 데카르트 이후 표출을 지각된 것으로만 이해하는 것과는 다르다.

존재와 존재자의 관계와 그 구별에 근거한 형이상학을 사유思惟함에 있어 다만 존재자란 무엇인가'라는 물음에만 머무를 경우, 그것은 이미 존재의 양면인 유/무 중에 무無에 대한 물음을 포기한 것이다.

'존재'가 아니라 '존재자란 무엇인가'라는 물음에 대해 철학적으로 궁극적인 동시에 최후의 것으로 제시할 수 있는 답은 이미 그것이 '어떤 종류의 것이어야만 하는가?'로 결정되어 있다. 그것은 그 각각의 존재자의 가장 일반적인 것, 즉 보편적인 것으로 이해되고 있는 존재자성存在者性이다.

4장. 아리스토텔레스 이후

플라톤과 아리스토텔레스 이후 그리스 철학에서는 '존재란 무엇인가?'에 대해서 더 이상 탐구되지 않았다. 아리스토텔레스 이후에는 '어떻게 사는 것이 좋은 삶인가?'가 관심의 대상이었다. 그 이유는 두 사람이 너무나 위대하고 완벽完璧했기 때문이기도 하지만 보다 현실적으로는 정치 상황狀況의 변화에 기인한 것이다.

알렉산더대왕에 의한 세계적 대제국의 건설이라는 변화 앞에서 도시국가를 근거로 한 그리스 지성知性은 종래의 가치체계에 안주할 수 없는 불안에 직면하게 되었다. 그러한 상황에서 각 개인은 내성적內省的 자립을 도모하기 위해 현상세계에서의 삶을 해석, 조정調整할 수 있는 철학적 신념을 수립코자 하였다.

다시 말해 도시국가라는 삶의 의지처依支處를 잃은 그들은 개인이 단독으로 살아가는 방법을 배워야 했다. 이제 그들 앞에 놓인 과제는 '어떻게 사는 것이 좋은 삶인가?'로 모아졌다.

4.1. 쾌락주의(Epicurean)와 금욕주의(Cynics)

에피쿠로스Epicurus(B.C. 342-271)는 진실을 추구하는 철인哲人의 목표는 개인 자아의 심신의 안락 본위本位에 있다고 하였다. 그는 외부 자극을 회피하고 모든 소란스러운 분규로부터 인연을 끊어 정신상의 안정, 즉 마음의 평정平

靜을 이상理想으로 하였다.

그는 도덕道德이란 이 평정을 위한 일종의 편리便利, 수단에 불과하다고 봤다. 절대적 정의正義란 원래 없다고 봤으며, 있다 해도 서로 교류하며 경험된 지식 그리고 이익이 되는 것을 찾다가 성립된 관습일 뿐이라고 봤다. 그리고 이에 근거하는 상대적 정의正義는 인정할 만하다고 했다.

그러나 에피쿠로스의 이념은 본질적으로는 윤리성에 바탕 한 것이다. 그가 안락을 추구하는 이유는 자기 내면세계에서 도덕선道德善의 자립을 이루는 데 있어 심신의 평정을 유지하는 것이 요구되기 때문이다.

디오게네스Diogenes를 대표로 하는 금욕주의Cynics는 에피쿠로스들이 마음의 평정을 혼란한 외부세계의 다양한 자극을 피하고 절제切除있는 내면의 조화에서 구한 것과는 다르게 그 평정을 엄격한 금욕생활에서 찾으려했다.

알렉산더대왕이 무엇이 필요하냐고 물었을 때 '햇빛을 가리니 좀 옆으로 비켜 달라.'고 한 일화逸話로 유명한 그는 어떠한 물건도 소유하지 않는 가난을 실천했다, 그러나 그 정신은 고립주의가 아니라 오히려 세계인Cosmopolitan으로 사는 것을 지향했다고 말할 수 있다.

이렇게 항의적抗議的이고 고고孤高한 정신에 따른 세계인世界人으로서의 이상理想은 로마시대에 강력한 영향력을 행사한

'위대한 정신'의 표징標徵인 스토아학파의 연원이 되었다.

4.2. 스토아학파(Stoicism)

스토아학파는 제논Zenon에 의해 창시되었으나 그들도 초기에는 현실세계에 초연超然한 태도에 동조하였다. 제논은 키니크Cynics학파인 크라테스의 제자였다.

초기 스토아학파에서는 인간의 도덕적 완성은 오직 이성理性의 사용으로 가능하며, 격정激情은 판단의 오류이거나 병적인 동요動搖로 보았다.

그러나 3대 파나이티오스Panaitios(B.C. 185-110)는 고대 그리스의 자연주의 정신으로 돌아가 금욕적으로 현실세계에 초연하기보다는 사해동포애四海同胞愛를 주장하였다. 그는 '인류의 결합과 인간의 평등을 실현하는 것에 국가의 정의正義가 있다. 남녀는 같은 가치를 갖고 처자妻子의 권리는 존중되어야 한다.'고 주장하기도 했다.

이렇게 변신한 스토아학파는 키케로Cicero(B.C. 106-43)를 비롯한 그리스문화를 동경하는 로마 공화정의 귀족사회에서 환영받았고 받아들여졌다.

사해동포애는 인류의 범주에서 평등애를 표방標榜한 것으로 팍스 로마나Pax Romana에 어울리는 이념이었다, 로마인의 견인堅靭한 현실적 성격에 도덕적으로 완화緩和된 스토아 사상이 이식移植되었던 것이다.

사실상 스토아주의는 키케로에서부터 로마시대에 마지막으로 호웅豪雄한 정치선政治善을 실천한 마르쿠스 아울레리우스Marcus Aurelius(A.D. 121-180)에 이르기까지 로마문명에 지대한 영향을 주었다.

로마문명은 그리스 고전古典문화를 벗어나 독자적으로 개척한 이념理念을 가진 것은 아니었다. 그들은 이론理論보다는 실제實際에서 더욱 위대하였다. 그리스인들이 사유思惟하는 인간이었다면 로마인들은 행동하는 인간이었다.

2부. 근대 서양철학

2부 근대 서양철학

1장. 근대의 성격

근대 서양문명은 완전히 성격이 다른 두 문명, 즉 헬레니즘과 헤브라이즘이 만나 서로 영향을 주고받으면서 형성되었다.

'마담 보바리'의 저자著者 플로베르Flaubert는

> '키케로에서 마르쿠스 아우렐리우스에 이르는 시기는 이교도(異教徒) 신들이 더 이상 존재하지 않았고 그리스도는 아직 나타나지 않아, 인간 홀로 존재했던 유일한 시대였다.'고 한다.

이를 두고 한 작가作家는 '마지막으로 자유로운 인간의 시기時期였다.'고 일컬었다.

물론 당시에도 종교라는 것이 존재했던 것은 사실이나, 그것은 다신교多神教의 형태로 사회를 구성하는 각기의 여러 집단들을 응집시키고 의식儀式을 통해 그들의 공동체적인 연대감連帶感을 결속結束케 하는 사회적 역할을 수행하는 것에 지나지 않았다.

마르쿠스 아우렐리우스 이후 로마제국帝國은 대내외적으로 부패, 혼란이 극심하게 가중되어 구원救援은 유태인들이나 하층시민뿐 아니라 귀족층에게도 주요한 문제가 되었고 기독교는 이에 부응副應하는 종교로 받아들여졌다.

기독교의 유일신唯一神은 다신多神과는 달리 통일적 힘을 가지고 있다. 기독교는 구원사상을 근거로 그 통일적 힘으로 로마제국의 광대한 정치권역을 빠르게 제패制覇하여갔다.

콘스탄티누스 황제에 의해 313년 기독교가 공인公認되었으나, 버트런드 러셀에 의하면 4세기의 유럽은 야만野蠻상태였다고 한다. 따라서 기독교의 입장에서 볼 때, 사제司祭나 신도信徒 모두가 국가사회를 주도主導하는 종교로서의 역할, 국가 종교의 중추적 역할을 할 준비가 되어 있지 않았다.

기독교가 영적靈的, 정신적 내용을 갖춰 국가사회를 이끌 수 있는 기능을 수행할 자신自信을 가질 때까지는 시간이 필요하였고, 그때가 이르렀음을 알리는 사건이 529년에 일어났다.

그 해에 플라톤이 설립한 아테네의 '아카데미아'가 기독교 이단異端의 본거지로 낙인 찍혀 유스티니아누스 법령에 의해 900년 전통을 마감, 폐쇄되었고 같은 해에 성聖 베네딕트에 의해 '베네딕트 수도원'이 로마 가도街道에 설립되었던 것이다.

이는 고대 그리스 인문주의 문명이 기독교에 의해 봉쇄, 억압되면서 중세가 시작되었다는 것을 알리는 상징적 사건이었다. 철학의 본산本山인 아카데미아가 폐쇄되고 베네딕트 수도원이 설립되었다는 역사적 사실은 신학神學의 본질이 철학의 무덤 위에 세워진 가공물架空物임을 가리키고 있다.

중세를 암흑시대暗黑時代라고 했을 때 그 의미는 이성理性이 신앙에 의해 완전히 억압된 상태로, 이는 곧 이성을 본질로 하는 철학哲學이 사장死藏된 시대라는 것이다.

서양철학사에서 중세는 제외된다. 중세를 이끈 신학神學을 종교철학이라고 하지만 신학은 철학이 아니다, 철학의 본질은 묻는 것에 있다. 그러나 신학은 묻지 않고 답答할 뿐이다. 철학은 모든 사유 가능한 것들에 대해 열려있지만 신학에는 그 문門이 닫혀있다.

철학적인 사유는 물음이 샘솟는 사유이다. 그러나 기독교 신학神學에는 분명한 답이 정해져 있고 그것을 진리로서 강요한다. 철학에서 틀린 것은 없다. 다만 사유思惟의 차원에서 깊음/얕음, 높음/낮음, 넓음/좁음의 정도의 차이가 있을 뿐이다.

기독교에서는 좋은 삶을 신神에 헌신獻身하는 신앙생활로 규정함으로써 중세 서양세계에서는 좋은 삶의 문제에 대해 그 어떤 다른 이견異見도 허용되지 않았을 뿐 아니라 죄악시罪惡視되었다.

따라서 심정적心情的으로는 기독교의 영향을 벗어나지 못한 상태에서 근대 철학이 개시開始되었을 때 그들에게 남겨진 과제는 좋은 삶의 문제가 아니라 '존재자란 무엇인가?'뿐이었다. 즉 존재자성만을 추구追究하게 되었다.

1.1. 인간과 자연의 관계

인간과 자연간의 관계에 대한 이해는 사유思惟의 성격을 규정한다. 중세가 끝났다고 하여 서양인들의 삶과 사유가 기독교의 영향으로부터 벗어난 것은 아니다. 천년을 이어온 신앙생활은 심성心性 깊은 곳에 자리하여 인간과 자연간의 관계에 대한 이해는 여전如前하였다.

기독교 구약舊約 창세기創世記에는

> 신의 세계 창조와 함께 '하나님이 이르시되 우리의 형상을 따라 사람을 만들고 그들로 하여금 바다의 물고기와 하늘의 새와 가축과 온 땅과 땅에 기는 모든 것을 다스리게 하자 하시고…(창세기 1장 26절)'라고 하여

신神과 인간 그리고 인간과 자연사물을 이중二重의 지배와 복종 관계로 규정하고 있다. 다시 말해 인간과 자연은 분리되고 인간은 자연을 지배하도록 규정되어 있다.[2)]

2 근본적 존재와 인간의 관계를 창조주와 피조물이라는 주종(主從)의 관계로 이해하는 문화는 헤브라이즘(Hebraism)뿐이다. 노예에게 주종은 모든 관계성의 성격을 규정짓는다. 그러나 주인의 관점에서 주종은 관계성의 일부일 뿐이다.

그러나 인도철학에서는 '그것이 바로 그대이다Tat tvam asi.' 라고 하여 절대Brahman는 자아Atman과 동일하다. 즉 자연과 인간의 본성이 동일하다고 봤다. 그리고 중국철학의 삼재三才사상에서 천지인天地人은 하나로서 인간은 천지와 함께 자연을 구성하는 일원一員일 뿐이다.

서양 근세는 이성에 대한 무한한 신뢰로부터 시작되었다. 그러나 이성작용으로서의 사유思惟는 기독교에서 규정規定한 자연과 인간과의 관계의 틀로부터 자유로울 수는 없었다.

1.2. 수학적 진리와 이성의 변천

서양세계가 중세中世를 벗어나 근대로 진입하는 여정旅程에는 르네상스와 지리적地理的 발견 그리고 종교개혁이라는 큰 산들이 있었고 이들을 넘어서야 근대세계의 지평地平에 이를 수 있었다.

르네상스에 의해 회복回復된 인간 이성의 일차적 관심은 자연현상에 집중되었고 이는 자연과학의 발흥勃興으로 나타났다. 그리고 그 자연과학의 근원에는 수학數學이 있다.

수학에서는 고대 그리스의 피타고라스 말했듯이 자연의 본질은 궁극적으로 수리數理이고 자연현상은 수의 배열로 이해한다. 따라서 수학은 자연과정을 이해하는 열쇠이다.

수학은 순수한 사유思惟이며 이러한 순수인식으로서의 수

학은 외부의 도움 없이 스스로 그 결론이 확실하다는 것 즉 진리임을 자증自證한다. 1+1=2라는 진리는 신神이라 해도 그것을 바꿀 수 없는 절대적인 것이다.

물리학物理學은 수학을 근거로 한다. 따라서 자연사물을 이해, 해석하는 물리학이 찾아내는 진리의 형태는 수학적, 즉 수리數理로서 표현된다. 그리고 그 수학적 진리는 이성理性에 의해 인식 가능한 즉 논증論證이 가능한 것이다. 그리고 이는 인간이성 본유本有의 능력이라 할 수 있다.

궁극적으로 자연의 본질이 수리數理라는 관점에서 보면, 인간은 이성에 의해 자연의 본질을 파악할 수 있고 이러한 자연의 본질을 파악할 수 있는 이성은 절대이성絶對理性 즉 제한이 철폐撤廢된 이성이다. 그리고 근대철학에서는 이 절대이성에 근거하여 인간을 다른 존재자를 객체로 하는 주체主體로 정립할 수 있었다.

고대 그리스철학에서 이성은 프로타고라스의 예例에서 봤듯 제한된 이성이었지만 근대철학에서는 이성으로부터 그러한 제한이 철폐撤廢된다. 그리고 그 철폐가 가능할 수 있었던 근거는 인간 이성理性이 진리, 자연의 본질을 파악하고 이해할 수 있는 능력이 있다는 데에 있다.

이성의 성격의 변천變遷은 이데아Idea의 본질에 대한 이해에서도 나타난다. 플라톤의 이데아는 현상의 본本모습, 참된 것을 의미하는 것으로 받아들여졌고 이후 서양철학에서 이데아Idea는 진리眞理의 척도尺度가 되었다.

플라톤에게 이데아는 초월적 존재이다. 그리고 중세中世에서는 이데아가 신神의 사유思惟 안에 자리하는 것으로 간주되었다. 그러나 근대철학에서는 physis(자연)에 대한 해석으로의 이데아가 인간의 이성작용에 의한 관념觀念의 한 형태로 간주看做되었다. 이제 이데아를 대신하여 인간 자신, 인간의 의식작용으로서의 표상이 진리의 척도가 되었다.

프로타고라스 역시 인간은 만물의 척도라고 하였다. 그러나 자신이 아는 범위 안에서 그렇다는 것이다. 그리고 그는 자신이 신神의 존재를 포함한 모든 것 즉 진리를 안다고 자만하지 않았다. 더불어 수학의 원조元朝라 할 수 있는 피타고라스는 신비주의자였다. 그러나 근대 인간은 자신의 이성으로 진리 즉 자연의 본질을 알 수 있다고 믿는, 절대 이성의 신봉자信奉者로 변모했다.

1.3. 가치와 이념

중세에는 삶의 중심이 종교, 신앙생활에 있었다. 그러나 근대는 지리적 발견에 의해 삶의 공간이, 르네상스에 의해 사유의 폭이 확대됨으로써 그 삶의 중심이 세간世間으로 옮겨지고 있었다. 이는 상대적으로 신앙생활의 심폭深幅이 축소되어 가고 있었음을 의미한다.

근대 이래로 사람들은 세상을 가치價値와 이념理念(정치, 문화, 사회적)으로 평가하게 되었다. 그러나 고대나 중세에는 이런 개념들이 존재하지 않았다. 그렇다고 하여 그것이 야만野蠻을 의미하는 것은 아니다.

다만 가치와 이념이 근대를 규정짓는 가장 중요한 개념으로 되었다는 것을 의미할 뿐이다. 그리고 이러한 개념들은 전혀 종교적이지 않다.

서양 근세는 이성理性에 대한 무한한 신뢰로부터 시작되었고, 데카르트는 이에 기반基盤하여 근대철학의 기초를 세웠다. 그러나 데카르트 이래 라이프니츠가 전제한 이성의 절대성은 칸트의 '순수이성비판'에 의해 그 한계가 드러났고 니체는 이성을 의지意志로 대체하는 새로운 그러나 마지막 형이상학을 수립하였다. 그리고 그 사이에 절대이성의 마지막 불꽃처럼 헤겔의 관념론觀念論이 펼쳐졌다.

2장. 데카르트 - 인간을 주체(主體)로 정립하다

2.1. 배경

서양철학에서는 존재(자연)의 본성을 플라톤의 이데아 같은 완전성完全性으로 이해하고 이를 추구하는 경향이 있었다. 이는 동양철학이 자연의 본성을 상대적인 것들 사이의 조화調和로 이해하는 것과는 차이가 있다.

이는 서양철학의 본질이 관념론이었음을 말해 준다. 왜냐하면 완전성은 관념이지 자연의 사실성이 아니다. 그리고 서양 근대철학에서는 중세中世의 신神의 완전성, 확실성을 대신하여 수학적數學的 진리관眞理觀에 근거한 인간의 이성 작용의 확실성을 택하였다. 사실 완전성과 확실성은 동전銅錢의 양면과 같다.

근대 철학자들은 이성의 절대성을 근거로 중세의 신앙에 근거한 신神의 존재를 이성에 의해 이를 입증하려 하였다. 데카르트 이후 헤겔에 이르기까지의 거의 모든 철학자들은 유신론자有神論者로 신의 존재증명을 주요한 과제로 생각하였다.

절대적이고 완전한 신神의 존재를 증명하려는 것은 이성의 관점에서 보면 이성 자신의 완전성을 인정하는 것과 같다. 이는 인간의 이성이 진리를 파악하는 능력을 본유本有하고 있다는 의미이기도 하다.

인간 이성에 의한 신神의 존재증명이 과제로 인식 되면서 이는 동시에 형이상학의 전통적, 주도적 물음인 '존재란 무엇인가?' 역시 인간 이성에 의해 해명되어야 할 증명과제로 바뀌게 되었다.

이성理性에 의해 해명되어야 할 존재(진리)증명이란 결국 '인간 자신에 의해서 그리고 인간에 대해서 하나의 확실하고 무조건적인 믿을 수 있는 것(진리)이 무엇인가?'라는 물음이고 이는 다시 그 진리의 본질이 확정되는 길, 방식에 대한 물음으로 전화轉化되었다.

즉 '존재란 무엇인가?'라는 진리의 본질에 대한 물음이, 인간이 진리의 무조건적인 부동不動의 근거를 어떤 방식으로 확정지을 수 있는가?로 전화되었다는 것이다. 그리고 이 전화轉化야 말로 하나의 새로운 사유思惟의 개시開始이며, 이를 통해 새로운 시대 즉 근대近代가 열린 것이다.

근대서양철학에서 인간은 자기존재의 확실성을 자기 자신으로부터 그리고 스스로의 힘 즉 인간의 인식認識과 행위를 통해 찾으려 했다. 그리고 이 인간인식과 행위에 대한 하나의 무조건적인 부동不動의 근거가 어떤 길을 통하여 확보할 수 있는가?를 묻게 되었다.

그런데 인간에게 있어 가장 확실한 것은 자신이 존재한다는 사실이다.

2.2. 데카르트의 명제(命題)가 갖는 의미

데카르트는 '나는 생각한다. 그러므로 나는 존재한다(ego cogito, ergo sum).'고 하였고

근대철학은 이 명제로부터 발단發端되었다고 할 수 있다.

이 명제에서의 '나-인간'는 자기 자신을 의식하고 있는 '나-인간'이고, '생각한다.'는 우리 자신 내에서 진행되고

있는, 우리가 함께 인식認識하는 모든 작용을 지칭한다. 그것은 인식뿐만 아니라 의지意志, 상상想像 같은 여러 작용 더 나아가 감각작용조차 포함된다.

하이데거는 데카르트의 이 명제를

> '나는 표상(表象)한다. 그리고 그(표상) 안에는 존재하는 자로서의 내가 포함되어있다.'는 의미로 해석한다.

이때 그가 말하는 표상에는 '표상작용'과 그것에 의해 '표상된 것'을 포함하고 있다.

표상vor-stellung의 원래적 의미는 현시現示된 사물(존재자)에 대해서 가지는 심상心象이라는 단순한 것이었으나 하이데거는 이를 철학적, 이성 작용의 관점에서 확대 해석하였다.

즉 그는 표상, 표상작용表象作用을 존재자를 인간의 눈앞에 세우고vor-stellen, 그것의 객관적인 성격과 작용을 파악하고자 하는 인식방법이라고 이해하였다. 그러한 인식방식은 자연, 존재자에 대한 모든 경외敬畏나 애정이 제거된 냉철한 파악把握방식에 다름없었다.

여기서 우리는 고대 그리스인들에게 자연은 경외의 대상이었음을 상기想起할 필요가 있다. 그것이 서양철학에 있어 고대와 근대의 근본적인 차이이기 때문이다.

표상에 대하여는 데카르트 이전에도 알고 있었지만 데카르트만의 결정적인 차이점은 표상하는 자者가 표상작용 안에서 일어나고 일어나야만 하는 사태事態에 대해서 척도의 역할을 인수引受한다는 것이다.

하이데거는 데카르트의 이 명제로부터 그 척도의 역할이 어떻게 가능한가를 설명하고 있다.

이 명제는 나는 표상하는 자로서 존재한다는 것과 함께 '나의 존재'는 본질적으로 이러한 표상작용을 통해 규정되어져 있다는 것이다. 이 점이 가장 중요하다. 왜냐하면 표상작용 안에는 '나의 존재'뿐 아니라 모든 존재자가 포함되어 있기 때문이다.

따라서 표상작용이 갖는 의미에는 '나'라는 존재뿐 아니라 '존재자의 존재 성격이 표상되어져 있음'으로 규정할 수 있게 된다.

'존재자의 존재성격(진리)을 표상되어져 있음'으로 규정하는 것은 이 명제의 핵심이다. 표상작용이 그렇게 해석되면 이는 (표상작용을 하는)인간의 의식意識이 그 표상작용 안에서 일어나고 일어나야만 하는 사태事態, 즉 존재자 전체의 존재상태에 대해서 척도尺度로서의 역할을 할 수 있다는 의미가 된다. 이것이 척도의 역할을 인수引受한다는 의미이다.

사실 데카르트 이후에 실재實在하는 것들의 실재성實在性은 표상表象하는 주체(인간)를 통하여 그리고 이것(주체)에 의해 표상되어짐이 되었다. 그리고 이 정의定義가 갖는 의미는 더 나아가 이제 모든 존재자는 '표상되어져 있음'으로써 자신의 존재의미를 갖는 것으로 이해되었다.

이는 인간을 포함한 모든 존재자는 인간의 인식함을 통해 존재자가 되고, 진리는 인간의 '인식의 확실성'으로서 정립한다는 두 가지 의미를 갖는다. 이렇게 하여 근대 형이상학에서 진리의 본질이 '인식과 대상의 일치一致'로서 확정되었다.

또한 이 정의定義는 인간자신의 관점에서는 인간이 스스로를 확신하면서 자신에게 스스로 법칙을 부여附與하는 존재자가 되었다는 것을 포함한다. 그것은 인간이 자유로운 존재임을 의미한다.

이는 중세 신神에 의한, 신 안에서의 자유가 아니라 인간이 자기 자신에게 법칙을 부여하고 그에 복종하는 것에서 오는 새로운 자유, 그 자유를 통해 인간을 해방하는 진리관眞理觀에 대한 근거가 되었다.

2.3. 인간 주체론(主體論) -인간 주체론은 절대 이성과 밀접하게 관계되어있다

데카르트는 인간 자아自我를 '모든 표상적 사고의 주체로서 객체를 사유思惟하는 실체이다.'라고 한다. 이 주객의 분리가 인간을 주체로서 정립하게 되는 발단發端이다.

서양 근대철학에서 인간이라는 존재, 인간은 존재자와 그것의 진리(존재자성)에 대한 모든 표상작용의 근저根底에 놓여있는 탁월한 근거이다. 따라서 모든 표상작용과 그것에 의해 표상된 것이 존립하려면 이러한 근거(인간)위에 세워지고 또 세워져 있어야만 한다. 이는 중세에는 신神의 역할, 지위地位이다.[3)]

즉 인간은 표상작용의 근거일 뿐 아니라 자연, 사물에 대한 근거라는 것이다. 인간은 이러한 의미에서 주체Subject이다. 인간이 아닌 존재자는 이러한 주체에 대한 객체이다.

이 모든 것은 절대 이성 즉 인간은 자신의 표상작용에 의해 모든 확실성의 부동不動의 근거인 진리를 확보할 수 있다는 해석에 근거하고 있다. 인간 이성이 그렇게 해석되면 인간은 무엇이 정립되고 존립하는 것으로서 간주될 수 있고 또 간주되어도 되는지의 여부與否를 처음부터 자기의식意識으로 결정할 수 있게 된다.

그것은 존재자 전체(존재, 진리)에 대한 의식意識이 인간의 자기의식에로 환원還元된다는 의미이다. 이제 진리는 인간의

3 구약(舊約) 창세기 3절에는 '너희가 그것(선악과)을 먹는 날에는 너희 눈이 밝아져 하나님과 같이 되어…'라는 구절이 있다. 근대 서양문명은 그 사탄의 예언을 현실화시켰다.

주관성主觀性 속에서 자신의 근거를 유지하고 있는 셈이다.

여기서 존재, 진리에 대한 의식은 본질적으로 그리고 그것의 근거에 있어 자기의식이라는 말은 인간의 '사유思惟규정은 사물의 본질규정일 수 있다.'는 것이다. 이 말은 데카르트 이후 절대이성의 표징처럼 사용되었다.

2.4. 수학적 진리

서양철학에서 존재, 진리의 이념은 플라톤의 '피시스Physis-자연'에 대한 해석으로서의 이데아를 통해 이미 예비豫備되어 있었으나 그 진리(이데아)는 초월적이었다. 그리고 아리스토텔레스에게 진리는 자연성自然性으로서의 의미와 함께 이성에 의해 인식될 수 있는 것 즉 이중적二重的으로 이해되었다. 그러나 근대에는 진리로부터 자연성으로서의 의미가 증발해 버린다.

그리고 이제 진리와 참된 것들은 오히려 인간의 이성 속에 타고난 것이며 그 결과 지성知性의 판단함이 진리와 거짓 그리고 그 구별의 근거가 된다. 이렇게 하여 진리는 인간 인식認識과 대상과의 일치가 된다.

하이데거는 진리를 인식과 존재자(대상)의 일치라고 하였을 때의 그 인식이 갖는 특성에 대하여 말한다.

> 그는 '이러한 인식의 특성은 그것이 표상작용을 통해서 주체에게 의심할 수없는 것으로서 노정

(露呈)되고, 그렇게 노정된 것이라도 언제라도 다시 수학적으로 계산될 수 있는 것만을 인식으로 허용한다는데 있다.'고 한다.

이 말은 인식될 수 있는 것의 본질 이해는 수학적이고 수학적이어야만 한다는 것이다. 그것은 진리가 수학적數學的인 내지 수학에 근거한 인식, 즉 수학적 진리라는 것이다. 이것이 데카르트 철학에서의 진리眞理의 성격이다.

데카르트가 이렇게 말할 때의 인간은 세계와의 관계가 차단遮斷된 순수純粹사유의 주체이다. 순수사유란 수학적 사유이다. 그리고 그 수학적 사유의 대상으로서의 일체 사물은 관계성 속에서 존재하는 것이 아니라 독립적 대상, 즉 사물이다.[4)]

데카르트의 확실성으로서의 진리는 곧 주체인 인간 의식의 진리고, 수학數學의 진리다. 이러한 진리에 따르면 인간을 제외한 모든 존재자는 수학의 적용대상으로 그것들은 수학적으로 양화量化 즉 계량화計量化되지 않으면 존재자로서의 자격을 잃는다.

4 칸트는 인간을 포함한 모든 존재자의 존재방식을 양(量), 질(質), 관계(關係) 그리고 양태(樣態)의 네 종류의 범주(範疇)로 분류함으로서 관계를 존재자의 근원적인 존재방식이라고 한다. 자연에서 독립적으로 존재하는 것은 아무 것도 없다. 수학적 사유의 대상은 대상으로부터 수학적 요소(양, 질)만을 걸러낸 추상적 존재다.

다시 말해 수학에 근거한 인식을 통해 파악되어지는 존재자만이 존재하는 것으로서 증명되고 확정될 수 있다. 그러기 위해서는 모든 존재자는 숫자화에 의한 획일성劃一性으로 통일되어야만 한다.

수학적 계산計算은 대상을 구석구석 지배하기 위해 즉 모든 영역을 확실하게 소유하기 위한 방법인 과학기술의 근거이다. 그리고 이는 현대사회에서 그대로 실현되고 있다.

근대 서양철학에서는 수학에 근거한 인식을 통해 파악되는 존재자만이 존재하는 것으로서 증명되고 확정될 수 있다. 이러한 사유는 모든 행위와 계획을 기계적으로 철저히 계산하는 새로운 인간 형태로 인간본질의 변화를 이끈다.

그리고 그러한 방식으로 인간의 본질이 변화됨으로써 계산計算될 수 없는 것, 이를테면 인간의 미덕美德, 겸손謙遜, 꿈과 낭만浪漫, 애련哀戀한 사랑은 의미를 잃는다.

2.5. 자유와 구원(救援)의 문제

인간의 의식意識행위로서의 진리의 추구追究는 결국 어떤 가상假像에도 구애拘碍받거나 휘둘리지 않는 진정眞正한 의미의 자유로운 삶을 지향한다. 그리고 기독교에서는 이를 구원이라고 한다. 구원과 자유는 깊은 내적관계를 맺고 있다.

기독교에서 그 구원의 길은 신神에 의해 열린다. 그러나 데카르트에게 구원救援의 길은 오직 인간이 자신의 모든 창조적인 능력의 자유로운 전개展開로서의 길을 의미한다.

그리하여 인간은 신에 의한 구원의 확실성 대신에 자신의 이성理性에 의한 새로운 확실성을 확립確立하고자 한다. 그 확립은 다시 그 확실성의 힘으로 인간은 자기 자신을 자립적 존재로 확신한다. 여기서 확실성은 완전성, 진리와 같은 의미이다. 그런 의미에서 이성理性에 의해 확립된 확실성(진리)은 그 어느 것으로부터도 방해妨害받지 않는 자유自由이다.

이제 자유自由는 신神 안에서가 아니라 인간이 자기 자신에게 법칙을 부여하고 그 법칙에 복종하는 것에 존재한다. 데카르트에 있어 자유는 본질적으로 인간이 자기 자신을 통해서 자신의 존재 규정規定과 과제課題(존재의 근거)를 확보할 수 있다는 확실성에 의한 해방이다.

2.6. 자연, 사물의 지배

데카르트는 스콜라철학에서 최고의 존재자인 신神은 창조자이고 일반 존재자는 피조물被造物이라는 분류방식, 관점에 따라 존재자를 사유思惟하는 사물(res cogitans-인간·영혼)과 연장延張을 갖는 사물(res extensae-단순히 공간을 점유占有하는)로 나눈다.

여기 자연을 '연장을 갖는 사물'로 정의한 것이야말로 자연을 지배하기 위해 그것을 획일적으로 재구성하려는 첫 걸음이다.

<데카르트 전집>에 수록된 다음의 글은 그의 철학적 관점과 목적을 분명하게 보여 준다.

> '나는 생각한다. 그러므로 존재한다.'에 의하여 인간은 객체인 자연존재에 대하여 주체가 된다.

이에 따른 자연의 본질에 대한 새로운 개념들(자연을 '연장을 갖는 사물'로 정의한 것 등등)은 삶에 매우 유용한 인식에 도달할 수 있다는 전망展望을 갖게 되었다.

즉 미리 주어진 진리를 단지 추후적追後的으로, 개념적으로 분석할 뿐인 저 강단철학講壇哲學 대신에 직접 존재자를 지향하고 그것에로 나아가면서 불과 물, 공기 별들과 천체天體 그리고 우리를 둘러싸고 있는 모든 물체들의 힘과 작용에 대한 인식에 도달하는 철학을 발견하는 것이 가능하다는 전망을 나에게 열었다.

그리고 (자연에 대한) 이러한 인식은 장인匠人들의 여러 활동들에 대한 우리의 인식과 마찬가지로 정확할 것이다. 따라서 우리는 이러한 인식들을 적합한 모든 목적을 위하여 사용할 수 있을 것이며 이러한 인식들(표상하는 새로운 방식들)을 통하여 우리는 자연의 지배자이자 소유자가 될 것이다.

이러한 진술陳述은 기독교 창세기創世記에 기록된 인간의 자연사물에 대한 지배에 대한 방법론적 해석이며 동시에 현대문명의 성격에 대한 선구적 이해이다.

그리하여 인간의 이성理性이 그러한 척도를 부여할 수 있는 능력이 있다는 것은, 단순히 척도를 부여하는데 그치지 않고 인간이 자연, 사물을 자신들의 목적을 위하여 마음대로 사용할 수 있는 자연의 지배자이자 소유자가 된다는 의미로 확장되었다.

근세철학에서 세계에 대한 이해理解는 데카르트의 해석 즉 세계를 인간이 모든 존재자를 대상화시켜 만든 표상가능성의 체계라고 규정한 것을 기저基底로 하고 있다. 그리고 이때 인간은 그 기저의 근거로서 존재한다. 우리는 인간이 모든 존재자의 존재 이유를 갖게 하는 시대에 살고 있다.

그런데 문제는 인간 자신 역시 그 모든 존재자를 대상화시켜 만든 표상가능성의 체계에 귀속歸屬된다는 데 있다. 이제 인간은 자신이 목적이 아니라 수단手段으로 취급될 길을 연 것이다.

3장. 데카르트에서 니체로 - 스피노자, 라이프니츠, 칸트, 헤겔 그리고 쇼펜하우어

데카르트는 자연·세계를 정신(사유)과 물체(연장)로 나눠 분명하게 구분한다. 그러나 그러한 철학의 문제점은 만일 정신과 물체가 각각 독립적으로 존재하는 영원한 실체實體라면 이는 자기 충족적이어서 상호작용이 불가능하게 된다.

아리스토텔레스는 인간의 삶을 스스로 조직하고 스스로를 유지하는 것으로 이해했고 이런 삶은 자신의 질료적質料的 구현체具顯體속에서만 작동할 수 있으며 따라서 삶은 그(물체)와 분리될 수 없다고 보았다.

어느 철학자도 몸에서 일어나는 일과 정신에서 일어나는 것 간의 상관관계를 의심하지 않는다. 오히려 육체(연장延張을 갖는 사물)와 정신(사유하는 사물)과의 상관관계는 모든 관계성의 첫 출발이다. 따라서 데카르트 이후의 철학의 문제는 이를 어떻게 이론적으로 해결하는가였다.

데카르트의 이원론을 극복하는 철학으로 스피노자는 범신론汎神論을 그리고 라이프니츠는 단자론單子論을 제시하였다. 스피노자가 일원론자一元論者라면 라이프니츠는 다원론자多元論者이다.

3.1. 스피노자(Spinoza 1632-1677)

스피노자의 성품에는 냉철한 합리주의合理主義와 열렬한 격정激情의 독특한 결합이 이루어져 있었다. 이러한 합리와 열정의 공존共存은 모순된 것이 아니라 자유주의자가 함께 갖추어야할 두 덕목德目이다. 진정한 자유는 합리와 열정간의 서로 견제하는 긴장된 관계에서만 가능하다.

합리주의자로서 스피노자는 기독교의 초월적, 초자연적인 인격신人格神을 부정하고 신은 자연에 내재內在되어있다는 범신론을 주장하였다.

이를 그는 '에티카Ethica-윤리학' 4부에서 '신, 즉 자연Deus, sive Natura'이라는 말로 압축해서 표현하였다. 이는 한편으로는 17세기 철학자들이 느꼈던, 갈릴레오의 '그래도 지구는 돈다.'라는 것과 관련된 신과 자연의 화해할 수없는 갈등에 대한 해결책이기도 하였다.

스피노자는 신을 자연의 본성, 본질로 이해함으로써 신은 우주자연의 원리로서 자연 안에 있다고 한다. 이러한 신神은 존재하는 모든 것의 원천源泉이다. 모든 것이 신에 의존한다면 분명 신과 관계없는 실체는 있을 수 없다.

신神과 자연은 하나이다. 신은 자연 안에 있고, 자연은 그의 안에 있다. 이때 그가 말하는 자연은 현상으로의 자연이 아니라, '빛의 자연' 혹은 '인간의 자연'에서처럼 본성을 말한다. 그런 의미에서 신은 세계의 본질, 즉 세계를 세계 그 자체로 만들어주는 것이다. 여기서 '만들어 준다.'는 창조를 의미하는 것이 아니다.

그는 '신은 사물의 내적 원인이지 타율적인 원인이 아니다.'라 하여 내재신內在神사상을 분명히 하였다. 자연의 만물은 신神이 가진 속성屬性의 양태modus에 지나지 않는다. 'modus'는 방식方式에 해당하는 라틴어로 '신의 양태'는 실체(자연, 신)가 자신의 영원한 본질을 드러내는 방식이라는 뜻이다.

스피노자는 마음이 다름 아닌 신체의 관념이라고 한다. 이것이 기본이해이다. 이에 따라 그는 세계는 사유思惟하면서도 연장延長하는 보편적 실체이고 사유와 연장은 신神이라는 단일한 독립적 실체의 속성이라 할 수 있었다. 이는 철학적으로는 데카르트의 정신精神과 물질, 인간과 자연을 단절시키는 이원론을 해소解消시킨 것이라 할 수 있다.

그는 '에티카Ethica-윤리학'에서 인간은 자연에 대해 종속적 위상位相을 갖지만 이성理性덕택에 신적神的인 것을 인식할 수 있고, 이로써 최고선最高善에 도달할 수 있다고 한다.

스피노자 철학의 요체要諦이자 자연의 특성은 자연이 원리상 지성知性에 의해 파악될 수 있다는 점이다.

> 그는 '나는 삼각형의 세 각(角)의 합이 두 직각(直角)과 같다는 것을 아는 것과 동일한 방법으로 그것(자연, 신)을)안다.'고 했다.

이는 이성에 대한 최고의 긍정으로 궁극적으로 불가사의不可思議한 것은 아무 것도 없다는 선언이다.

3.1.1. 선(善)과 행복

스피노자는 '우리가 이해하는 한 우리는 반드시 그래야만 하는 것(신, 본성) 말고는 아무 것도 욕구할 수 없으며 오로지 진리 안에서만 만족을 찾을 수 있다.'고 한다. 쾌락주의Epicurean와 금욕주의Cynics에서도 진리를 추구하는 이유는 마음의 안정安定같은 내적, 심리적 요구要求였다. 그러나 그들의 태도는 체념諦念이나 무관심 같은 것이었지만 스피노자는 욕구, 만족滿足같은 적극적인 것이었다.

스피노자에게 행복은 곧 자유이다. 그는 우리가 자신의 가장 깊은 본성에 따라 행위行爲할 때 자유로워진다. 그 첫 단계는 감정을 이성의 법정에 소환召喚하는 것이라고 한다. 이것이 그의 열정熱情을 이해하는 기본관점이다.

그는 '에티카(윤리학)'에서 모든 감정을 쾌락과 고통 그리고 코나투스conatus라는 세 개의 개념으로 분석한다. 코나투스는 본질적으로 자기 존재를 보존하고자 하는 충동衝動 혹은 욕구이다. 그리고 이를 증대增大하는 힘이나 상태가 쾌락이고 고통은 그 반대 즉 충동이 억제당하는 것이다.

코나투스는 니체의 '권력에의 의지'와 유사한 개념이다.

> 니체는 스피노자가 '생명 만물에 직면하여 평화와 행복을 찾기 위해 이것(코나투스)을 신격화(神格化)했다.'고 한다.

모든 감정의 토대가 이 코나투스이다. 즉 생존에의 욕구, 욕망이 인간의 본질이다. 그러나 욕망은 근본적으로 자기 중심적이다. 그리고 이러한 욕구, 감정을 이성의 법정에 소환召喚함으로써 자기중심으로부터 벗어나 본래적 의미의 코나투스의 발현이 된다.

우리들 대부분의 감정의 표현은 코나투스의 발현으로서가 아니라 사물을 부적절하게 개념화함에서 비롯된 것이다 그런 감정은 본래성에서 벗어난, 따라서 본래성의 관점에서 보면 수동적受動的이며 이를 정념情念-passion이라고 한다.

그리고 이러한 정념, 감정을 극복하는 유일한 길은 더 높은 차원, 더 강한 감정을 이용하는 방법뿐이다. 그것을 그는 덕德, virtue이라고 보았다.

덕에 대해서 그는 이성이 감정에 질서를 부여하고, 그렇게 하여 감정의 질서秩序가 잡힌 상태라고 말한다. 그리고 '덕德과 신神에 대한 숭배가 행복 그 자체이자 자유라는 사실'을 이해할 때 덕을 참되게 이해하는 것이라고 했다. 여기서 인간의 덕과 신을 동격화同格化하는 근거는 덕은 자연의 원리를 파악한 이성에 의해 질서 잡힌 것이고 신은 자연의 원리 자체이기 때문이다.

우리가 자기이익(코나투스의 발현)을 더 많이 추구할수록 더 많은 덕을 부여 받게 된다. 그럼에도 불구하고 그는 어떤 사람이 최선의 이익을 추구하는 것과 그것(덕)을 얻는 것은 별개 것임을 인정한다. 그것은 이성능력의 차이 때문이다.

인간은 자기에게 반反하는 외부의 힘 앞에서 한없이 약한 존재이다. 외부의 힘뿐 아니라 자기 안의 악마에 대해서도 마찬가지다. 그리고 이러한 때 사물의 내적인 필연성(신)을 이해할 수 있는 이성을 소환함으로써 그것들에 대한 통제력을 행사할 수 있는 능력을 갖게 된다.

따라서 윤리적 인간의 목표는 이 통제력을 증대시키는 것이다. 그러나 그 이성에 의한 통제력은 열정과 이성간의 균형이지 열정의 억압을 의미하는 것은 아니다.

스피노자는 코나투스의 극대화는 모든 선善의 원천이라 하여 쾌락을 긍정적으로 이해한다. 타인에 대한 사랑은 바깥에 있는 대상에 따른 쾌락이고 자기애自己愛는 자기만족의 활동력에 따른 쾌락이다. 그는 '오로지 험상궂은 암울한 미신迷信만이 향락을 금지한다.'(에티카)고 하였다.

스피노자 철학은 독일 문학文學에서 괴테와 실러에 의한 폭풍노도暴風怒濤-Stum und Drang운동에 영향을 주었다. 그 운동은 인간 열정에의 무한한 신뢰의 표현이었다.

3.2. 라이프니츠(Leibniz 1646-1716)의 단자론(單子論)

라이프니츠는 스피노자와는 달리 초월적인 신神의 존재를 인정한다. 그것이 대세大勢였다. 그는 자신의 저서著書인 형이상학 서설序說에서

'신은 모든 가능한 세계 가운데서 최선의 완벽한 세계를 선택한다.'고 한다.

여기서 '신의 선택'은 두 가지를 의미하는데 하나는 세계 안에서 고립적인, 우연이나 임의적任意的인 사건들은 존재하지 않는다는 것이며 다른 하나는 신은 사유하고 행동할 수 있는 능력이 있다는 것이다. 이는 신의 예정조화설豫定調和說을 의미하고 이것이 그의 철학의 전제前提이다.

라이프니츠는 자연·우주의 근본 즉 형이상학적 존재를 단자單子. Monad라고 한다. 근원적으로 단자론은 고대철학의 원자론原子論에서의 원자의 개념을 아리스토텔레스가 말한 엔텔레키아entelecheia 즉 완전 현실태를 지향하는 힘의 개념과 결합시킨 것이다. 이런 단자는 능력能力을 갖고 있다.

단자는 형이상학적 점占으로 그것은 물리적 점도, 수학적 점도 아니다. 이것들은 참된 점으로 하나의 시점視點을 가진 비시공적非時空的 실체이다. 그는 그런 비시공적 실체(단자)를 영혼靈魂에서 발견할 수 있다고 한다. 그리고 '전全우주에서 개개의 인간 영혼만큼 더 실재적이고, 더 영구적이며, 더 사랑받을 가치가 있는 것은 없다.'고 한다.

단자單子는 영혼과 물질, 능동성과 수동성 간의 분리가 불가능한 결합이다. 이런 의미에서 단자는 작은 세계, 소우주이다. 이는 데카르트의 이원론과는 반대로 물리적 영역과 심리적 영역의 연속성을 인정한 것이다.

단자單子에는 무엇이 들어올 수 있는 창窓이 없고 따라서 상호작용이 불가능하며 순전히 내적 원리에 따라 스스로 발전, 실현할 수 있는 능력이 있다. 이러한 단자들은 신의 예정조화설에 따라 각각의 원리, 법칙을 지키면서도 가장 낮은 것에서부터 가장 높은 것까지 등급적等級的으로 배열된 전진적前進的 계열을 형성, 전체적으로는 완전한 일체에 도달하도록 설계되었다. 그것이 자연세계이다.

그런데 그는 신神의 본질과 그의 창조 행위를 이성적理性的인 것으로 간주한다. 이런 근거에서 그는 자연세계는 이성만이 판독할 수 있는 논리적 질서체계라고 한다. 이때 그가 말하는 질서秩序는 수학적數學的 질서이다. 그는 뉴턴Newton과 겨루는 천재수학자이었다.

3.2.1. 참된 지(知)

영혼-단자는 외부적 원인으로부터 독립된 존재로서 무엇이 들어올 수 있는 창窓이 없기에 지식智識은 외부로부터 영혼-단자로 올 수 없고 영혼 안에서 발생해야 한다.

그리고 단자(영혼)는 외재外在하는 세계의 그림을 스스로 구성해 낼 수 있는 지각知覺능력과 이러한 지각과정 자체에 대한 지각을 기록하는 통각統覺능력을 지닌다. 즉 전체 우주를 지각하고 표상한다.

우리들의 감각은 외부 자연을 지각할 수 있는 기회를 제공하지만 지식을 산출하거나 창조하지 못한다. 다만 영혼,

정신에 내재되어 있던 지식이 경험에 의해 밖으로 끌어내어지고 정돈되고 명시적明示的이 된다.

라이프니츠는 참된 지知란 원리에 근거하고 경험에서는 도출되지 않는 보편적普遍的이며 필연적必然的인 진리의 체계라고 한다. 그리고 참된 지知(진리)에 대한 최종적 증명은 오직 이성理性의 능력에 의해 가능하며 이러한 이성능력(통각統覺능력)은 단자(영혼)가 보유한 것으로, 단자로서의 인간 본유(生得)의 것이다.

그는 경험적 진리는 보편성과 필연성이 결여되어 있기에 확실한 지식을 산출하지 못한다는 생각에서 경험론에 반대한다. 감각에 따른 지각은 사물들의 참된 실재성을 있는 그대로 보지 못한다는 것이다.

경험론자인 로크는 본유적 혹은 선험적 지식과 같은 것은 있을 수 없으며 미리 감각에 존재하지 않았던 것으로서 지성知性에 있는 것은 없다고 한다. 그러나 라이프니츠는 여기서 '지성知性 자체'는 제외된다고 주장한다.

그는 감각에 존재하지 않았던 선험적 지식, 지성이 있음을 확언確言한다.

하나는 감각의 증거에 의존하지 않는 수학적 진리이다. 다른 하나는 영혼靈魂(단자)으로 영혼은 존재, 실체, 통일성, 동일성, 원인, 통각능력 등을 그 자신 안에 갖고 있다. 이는 감각이 우리에게 줄 수없는 개념들이다. 그리고 그는 이러한 것들에 대한 지각知覺이 이성에 의해 가능하다고 한다.

> 라이프니츠는 '우리는 집정관(執政官)의 포고령(布告令)에서 읽듯이 이성(理性)의 영원한 법칙을 읽을 수는 없지만 감각이 우리에게 기회를 제공할 때 그 법칙들에 관심을 기울임으로써 우리 안에서 그 법칙들을 발견할 수 있다.'고 한다.

결과적으로 이성은 보편성과 필연성이 구비된 지식을 산출할 수 있다.

이때 영원한 법칙들을 발견할 수 있는 이성적 능력은 본유의 원리(생득의 원리)에 따른 것으로 칸트가 순수이상비판에서 비판하고자 한 것은 바로 이러한 영원한 법칙들을 발견할 수 있는 이성理性 본유의 능력이다.

3.3. 칸트(Immanuel Kant 1724-1804)

칸트는 자신의 저서著書인 순수이성비판을 통하여 형이상자로서의 신神의 존재증명이 이성의 한계 밖임을 밝혔는데, 이는 신의 존재를 부정하려는 것이 아니라 오히려 이성으로부터 신의 신성성神聖性을 보호하려 한 것이었다.

그는 유신론자였다. 따라서 실천이성비판에서는 신神의 존재는 이성이 아니라 도덕적 실천의식에 의해서만 증명된다고 하였다.

칸트철학의 특성은 신의 존재증명을 부정하는 순수이성의 영역領域과 그것을 증명하는 실천이성의 영역을 엄격히 구분하는데 있다. 이는 곧 이성의 단절斷絶을 의미한다. 이것이 불교철학과의 차이이다.[5)]

실천이성의 근거는 앎이 아니라 도덕적 요구이다.

> 실천이성은 '내 위에 빛나는 하늘과 내 안의 도덕법칙이 외경(畏敬)으로 마음을 채운다.', '너의 준칙(準則)이 보편적 법칙으로 될 그러한 준칙에 따라 행동하라.' 또는 '모든 사람의 인격 속에 존재하는 인간성을 결코 수단으로 대하지 말라' 등 논증을 필요로 하지 않는 정언명령(定言命令)을 근거로 한다.

칸트는 순수이성비판에서 신의 존재증명을 논리적으로 부정한다.[6)] 그러나 그는 인간의 '도덕생활이 가능키 위해서'라는 요청에 부합하는 의미에서 신의 존재를 요청·긍정한다. 신은 도덕적 준칙이 지켜지도록 상벌賞罰로 통제한다.

그는 현실세계에서 도덕법칙을 순수한 의무감으로 준수遵守하는 최상선이 실현되고 그것이 행복까지도 보장받는 것이 되기 위해서는 모든 개개인의 마음과 행동을 살피고 그에 합당한 상벌賞罰을 내릴 수 있는 신의 존재가 요청·긍정된다는 것이다. 그에게 신은 인식론이 아니라 도덕적 요청에 따른 필연적 존재이다.

3.3.1. 순수이성비판

칸트에게 있어 모든 것을 이성理性의 법정法廷에 세우는 것은 종교적 의무이다.

그의 순수이성비판은 나는 무엇을 알 수 있는가? 라는 선도적先導的 물음에 대한 응답이다. 그는 그 책에서 인간의 이성능력理性能力을 평가함으로써 인식認識의 원천源泉과 모든 인식의 가능하고 유용한 범위 그리고 이성의 한계限界를 규정하고자 하였다. 이 한계규정에 따르면 우리는 초감

5 칸트철학이나 불교철학은 각기 그 문화권에서 이성(理性)의 최고수준에 이른 것으로 볼 수 있는데 불교에서는 이성(지혜. 반야)에 의해 (神, 존재에 대한)깨달음, 해탈에 이를 수 있다는 확신을 갖고 있다. 그 지혜(직관)는 육바라밀이라는 수행(修行)을 요구한다. 서양문화에서는 이 수행에 대한 이해가 없다.

6 1. 데카르트의 신의 존재증명은 '신은 본질상 최고로 완전한 것이다. 그런데 완전성은 실존하지 않는다면 완전성이 결여(缺如)이다. 따라서 신은 실존한다.'로 요약된다. 이에 대해 칸트는 실존을 본질에 포함시키는 것은 범주 사용에 관한 착오에 기인한 오류로, 신이 본질상 완전한 것이라 하더라도 그 규정으로부터 신이 실제로 존재한다는 것이 논리적으로 귀결(歸結)되는 것은 아니라고 한다.

2. 라이프니츠의 존재증명은 '세계 안의 모든 것은 우연적인 것이요 자체적으로 있는 것은 아니다. 우연적인 것은 원인이 있을 것이고, 그 원인 역시 우연적인 것이라면 이 우연적인 원인의 원인 즉 제일 원인이 있어야 한다. 그리고 신은 그 궁극적 원인으로서 절대적 필연적인 존재자이다.'라고 한다. 이에 대해 칸트는 현상세계에만 적용되는 인과법칙의 필연성을 현상세계를 넘어서는 자기 원인(제일 원인)에까지 확대시키는 것은 부당하다고 한다.

3. 버클리는 세계의 다양성 속의 질서, 합목적성, 조화에 대한 경험으로부터 이 세계를 창조한 예지자(叡智者) 즉 신의 존재를 증명한다. 이 우주론적 증명은 신의 완전성에 기초한 것으로, 이는 데카르트의 존재론적 존재증명에 대한 오류지적과 같은 맥락에서 부정된다.

성적인 것(神, 존재)에 대한 지식은 가질 수 없다.

칸트는 선험적 종합인식이 가능하다고 하여 경험론을 넘어섰고 동시에 선험적 종합인식이 현상세계에 대해 한정된다고 하여, 종래의 이성의 절대성에 반대하였다.

흄은 진리로 간주될 수 있는 것의 토대는 지각知覺이기 때문에 지각되지 않은 보편성과 필연성은 정당화 될 수 없다고 한다. 반면에 라이프니츠는 그것이 이성에 의해 가능하며, 이성 본유의 능력이라고 보았다. 그러한 예로서 수학적 진리를 들었다.

라이프니츠는 사유思惟에 의한 규정들은 단순한 주관이 아닌 대상의 본질의 객관적 규정일 수 있다는 전제前提[이는 '진리는 표상하는 자(인간)에게 표상되어 있음'이라는 데카르트의 명제와 연관된 것이다.]에 따라 사물의 본질이 사유됨으로 즉자적卽自的으로 인식될 수 있다고 한다.

칸트는 우리가 수학에서처럼 선험적 인식을 가질 수 있는 점을 들어 회의론자懷疑論者인 흄을 반박하였으나 다른 한편 라이프니츠 등의 사물의 본성(본질)을 파악할 수 있는 이성의 본유능력을 인정하는 독단론자獨斷論者들에 반대하였다.

칸트는 라이프니츠와는 달리 사유규정思惟規定들이 대상 자체의 본질규정일 수 없다고 한다. 사유규정은 시간과 공간 그리고 인과성因果性이라는 인식형식認識形式의 속박을 받기 때문이다. 그러한 인식형식에 따른 사유로는 대상 자체의 본질物自體이 아니라 현상 밖에는 포착捕捉할 수 없다.

3.3.2. 선험적 종합인식

인간의 이성理性은 사물을 인식하는 능력을 가지고 있다. 이성작용은 시간과 공간 그리고 범주라는 형식, 틀의 도움에 의해 그 안에서 그리고 그에 의해 규정된다. 그 형식, 틀이 모든 인식의 가능하고 유용한 범위 그리고 그 한계를 규정한다.

그는 인식을

> '감관에 주어지는 현상(現象)하는 대상에 범주(範疇)를 적용하여 개념적으로 파악함이다.'라고 정의(定義)한다.

그리고 선험적 종합인식이란 '현상'에 '선험적 범주'를 종합하여 획득한 인식을 말한다. 칸트는 이러한 선험적 종합인식을 통해 경험적이면서도 필연적 보편타당성을 갖는 인식이 가능함을 밝히려하였다.

3.4. 현상과 범주

3.4.1. 현상

모든 현상現象은 시간과 공간의 질서 위에서만 가능하고 시·공의 틀 안에서만 현상일 수 있다. 시·공은 감관에 주어지는 현상하는 잡다한 대상에 대해 그것을 일정한 관계에서 즉 공간적으로는 '서로 곁하여' 그리고 시간적으로는 '서로 잇달아'의 방식으로 정리하는 틀 즉 형식으로 작용한다. 이렇게 하여 혼동混同-Chaos에서 벗어나 현상Cosmos이 된다.

감관感官이 이러한 형식에 따라 재료를 배열하는 것을 일람一覽작용이라고 하는데, 그렇게 하여 다음에 지성知性이 그것을 종합하고 하나Einheit로 생각할 수 있는 바탕을 마련한다.

이러한 시간과 공간은 이성에 의해 주조鑄造된 개념이 아니라 순수한 선험적 직관이다. 다른 면에서 보면 시·공은 직관된 것이다. 그렇지만 시·공은 어떤 대상에 의해 인간의 직관력이 촉발된 것이 아니라 선험적으로 우리 자신의 주관에 의해 현존現存하는 것처럼 그려진 것이다.

대상의 현전現前없이도 그것을 직관하는 능력을 상상력想像力이라고 한다면, 시·공은 상상적 존재이다. 여기서 '상상적 존재'가 의미하는 것은 시·공은 그것이 무엇을 표상한다기보다는 마치 하나의 대상(존재)인 것처럼 표상된다는 것이다.

그래서 우리는 일상에서 시간과 공간을 대상 즉 따로 존재하는 어떤 것으로 오해誤解한다. 그러나 시·공은 우리의 주관을 벗어나서는 그 자체로는 아무 것도 아니다. 시간과 공간개념은 마음 밖에 있는 것이 아니라 오히려 안에 있다.

3.4.2. 범주

범주는 대상에 대해 추상적抽象的 일반화를 통해 얻어진 추상적 개념들로서 이는 순수지성개념 즉 선험적으로 주어진 개념이다. 사물을 인식함에 있어 순수지성개념인 범주範疇는 형식의 역할役割을 함으로써 경험대상(현상)들을 인식가능하게 하는 조건들이 된다. 그것 없이는 경험 즉 대상에 대한 인식이 불가능하다.

즉 시·공(선험적 직관)은 잡다한 대상을 배열配列된 현상으로 그리고 선험적 법주는 그 현상에 대한 인식을 가능케 한다. 이를 칸트는 선험적 종합인식이라고 한다.

범주라는 추상적 개념은 인간 이성理性의 추성抽象능력에 따른 것이다. 그런 이성의 추상능력은 인간에 내재內在된 선천적 능력이다. 추상적 개념은 선험적이라는 뜻에서는 라이프니츠의 이성의 본유능력과 동일하다. 그러나 그것은 다만 사고思考의 형식을 형성하는 능력일 뿐이지 라이프니츠의 경우境遇처럼 그것 자체로서 사물의 본성을 알 수 있는 능력은 아니다.

모든 인식은 재료(대상)와 이 재료를 정리, 정돈하는 형식(범주)을 요소로 해서 이루어진다. 이성理性은 범주들 없이는 세계를 인식·경험할 수 없다. 그런데 범주는 개별적 존재자로부터 감각적 요소를 추상抽象, 배제한 것이기에 경험의 일반성一般性, 보편성을 입증立證가능하게 하는 조건들일 수 있다. 즉 범주에 의해 필연적 보편타당성을 갖는 인식이 가능하다.

경험은 우리에게 어떤 것이 그러한 상태에 있다는 것을 가르쳐주지만 그것의 필연성을 가르쳐주지는 못한다. 그리고 칸트는 어떤 인식이 보편적 필연적 확실성을 지니기 위해서는 경험적 확실성이 아니라 반드시 추상적 범주에 근거해야 한다고 한다. 왜냐하면 범주는 경험의 일반성一般性을 가능하게 하는 조건들이기 때문에 그에 따른 인식의 보편성과 그 필연성의 증명을 가능케 한다.

칸트는 범주範疇를 양量, 질質, 관계關係 그리고 양태樣態의 네 종류로 분류하고 양과 질(물리적 세계)은 분량分量과 도량度量으로 나타낼 수 있기에 수학적 논리의 대상이지만 관계와 양태는 다른 것들과의 결합이기에 이를 역학적力學的인 것이라고 한다.

관계에는 실체의 우유성偶有性, 인과성, 상호작용의 셋 그리고 양태는 가능성, 현실성, 필연성의 셋으로 구분된다. '관계'와 '양태'는 '양'이나 '질' 같은 대상의 객관적 실재성이 아니다. 따라서 이들은 데카르트식의 수학적 진리로 다룰 수 있는 영역이 아니다.

양·질은 수학적 진리의 대상으로 즉자적卽自的으로 정의定義되지만 관계의 진리는 지각知覺들로부터 경험의 통일이 생겨나도록 하는 유추類推에 의존한다.

관계는 세 가지 원칙을 갖는데 그 첫째는 현상들은 전변轉變하지만 실체(물성, 물자체)는 고정적이라는 실체 지속성의 법칙, 둘째는 모든 변화들은 원인과 결과의 결합에 따라 일어난다는 인과성의 법칙 그리고 셋째는 모든 실체들은 일관된 상호작용 속에 있다는 상호작용의 법칙이 그것이다.

그리고 이러한 '관계' 범주는 모든 존재자들 간의 관계를 근거지음으로써 경험세계의 통일을 이룬다. 이에 따라 현상들의 총체로서의 자연은 다양한 현상들이 인과성의 법칙과 상호작용의 법칙에 따라 서로가 모두 연결되어있는 통일체(단일체-Einheit)로 파악된다.[7)] 이제 자연세계의 통일은 더 이상 신神이 아니라 자기의식의 통일에 근거한다.

현상세계를 양, 질, 관계 그리고 양태의 네 종류로 분류하는 범주론이 갖는 의미에는 수학적 진리의 한계를 드러냄과 동시에 그에 근거한 절대 이성을 부정하는 뜻이 담겨있다.

선험적 종합인식은 현상세계에 국한될 뿐이다. 그러나 사유思惟는 인식과는 달리 감각대상뿐 아니라 신, 영혼의 영원성 같은 무한정한 들판을 갖는다. 즉 이성은 현상세계로부터 자유로운 초감성적인 세계를 사유할 수 있다.

7 '모두 서로 연결되어있다.'는 세계에 대한 이해는 불교의 연기론(緣起論)과 유사하다. 그러나 칸트는 '관계'를 인식론적으로 이해한 반면에 불교의 연기론은 존재론으로 연기(緣起)는 존재의 근거이다.

그러나 이들은 감각의 대상이 아니기에 시·공에 의한 현상으로 인식되지 않고, 대상對象으로부터 추상적 일반화를 통해 얻어지는 범주 역시 무용無用하다. 따라서 인식이 불가능하다.

불교철학자인 다마르키르티는

> '사유는 가능하지만 인식할 수 없는 것은 무(無)' 라고 한다.

3.4.3. 물자체(物自體) - 물성(物性), 존재자성(存在者性)

사물事物은 그것이 우리에게 촉발하는 것을 계기로 우리 안에 생기는 감각을 매개로하여서만 현상現象한다. 그러나 현상만으로는(감각을 통해서는) 사물의 본성을 알 수 없다.

시·공(선험적 직관)은 현상의 재료가 되는 잡다한 것을 일정한 관계로서 정리하는 틀이다. 그러나 시공은 형식일 뿐 그것으로 사물 자체의 성질이나 존재조건을 알 수는 없다.

선험적 종합인식은 감각感覺이 제공한 재료를 시·공이라는 형식에 따라 배열하고 개념(범주)에 의해 인식된 것을 지성知性이 자신의 본성에 의해 그것을 종합하고 하나Einheit로 만들어 필연적인 것이 되도록 한다. 우리는 그것을 지식知識이라고 한다. 그러나 그 지식은 물자체의 질서가 아니라 현상계의 질서에 대한 인식일 뿐이다.

물리학, 수학의 진리는 오직 현상계에 상응하여 나타나는 현상세계의 형식과 배열에만 적용된다. 따라서 이는 존재, 자연의 본성이 속하는 예지계睿智界와는 무관하다.

예지계는 지적知的 직관直觀에 의해만 도달가능하다. 그러나 칸트에 있어 이성은 논증적이지 결코 직관적이지 않다.

그러나 그는 물자체(사물의 본성)는 존재한다고 강력하게 주장한다. 회의론자인 흄은 대상의 본성을 그냥 의심하는 것이 아니라 '겉보기만의 (따라서 존재)불가능한 것'으로 본다. 그러나 칸트는 물자체는 존재해야 한다고 한다. 아니면 감각은 설명될 수 없다는 것이다.

다시 말해 나타나는 현상계에 상응하는 그 무엇, 정신 바깥의 그 무엇, 우리의 감관을 촉발하고 의식의 재료를 제공케 하는 그 무엇은 있어야 한다는 것이다.

우리는 물자체는 감각에 의해 인식될 수 없는 그 무엇이라는 부정적 관점으로 이해하기보다는 그것은 지적知的 직관에 의해서 인식될 수 있는 그 무엇으로서, 그것에 대한 인식認識은 불가능하지만 사유는 가능한 것으로 보아야 한다.

순수이성비판의 목적은 재래在來 형이상학의 주제인 초월적 가상假想의 체계 즉 영혼의 불사성不死性, 자유의 근거인 자기 원인自己原因이라는 개념이 한날 이성 자신의 환영幻影

임을 밝히는 것이었다.

그는 여러 철학자들에 의해 주장된 신의 존재증명을 논리적 오류를 들어 반박한다. 신의 존재증명이 불가능하다는 것은 곧 인간 이성의 능력이 제한된 것임을 뜻한다.

기독교 신神은 형이상학에서의 존재에 대한 형상화形象化, 인격화人格化로서 철학적으로는 존재자성 즉 사물의 본성과 동일한 의미이다. 따라서 신의 존재가 증명될 수 없다는 것은 물자체物自體를 모른다는 것과 같다.

칸트의 철학에서는 현상 배후의 물자체는 이성理性으로는 해결되지 않는 그리고 해결할 수 없는 문제로 남는다. 그리고 이 '물자체'는 칸트 이후의 철학자들이 운명적으로 떠안게 되는 과제가 되었다.

3.5. 헤겔(Hegel. 1770-1831)

서구 근세 정신사精神史의 사조思潮는 계몽주의에 이어 낭만주의浪漫主義로 이어졌다.

계몽주의의 발단發端은 인간 이성에 대한 자신감에 의해 주어졌지만 그것은 곧 인간성人間性 전체에 대한 자신감으로 고양高揚되었다. 그것은 이성으로서는 헤겔의 절대정신 그리고 감성感性 면에서는 낭만주의의 열정熱情으로 나타났다. 프랑스 대혁명은 이성에 의해 촉발觸發되었으나 열정에 의해 완성할 수 있었다.

헤겔은 이성을 극대화極大化한 절대정신絶對精神, 관념론을 주창主唱하였다.

관념론은 인간 이성이 세계를 장악掌握하기 위해, 다시 말해 세계를 의식意識의 지배하에 두려는 목표를 갖고 주관(이성)에 의해 객관세계를 정립한다.

헤겔은 이성理性의 자유로운 독립성의 원칙에 따라 이성은 그 자체로서 절대적 독자성을 가지며 이는 철학의 보편적 원리로 되어야 한다고 주장한다. 이렇게 말할 수 있었던 것은 헤겔에게 이성은 인식과 의지의 통일로서의 이성 곧 정신精神이지 한갓 오성悟性의 의미가 아니기 때문이다.

그는 전통 형이상학에서 주장하는 사물의 본질(물자체)은 사유됨으로써 즉자적卽自的으로 인식될 수 있다는 전제에서, 사유규정들은 단순한 주관만이 아닌 대상의 본질에 대한 객관적 규정일 수 있다는데 동의한다.

그러나 전통 형이상학은 사유가 사물 자체를 인식할 수 있다는 올바른 통찰을 했음에도 불구하고 본래의 형이상학은 될 수 없었다고 한다. 그 이유는 사유思惟란 자신 속에서 자신에 대립對立한다는 사유의 본질을 깨닫지 못했기 때문이다.

사유의 본질이 대립이라면 그 대립의 공존은 모순矛盾이고 모순의 극복은 반성反省을 요구한다. 그는 전통 형이상학은 이성적 사유를 추상抽象하는 능력으로만 이해할 뿐, 반성反省하는 사유를 이해 못했다고 본다. 이 반성하는 사유는 변증법의 요체要諦이다.

이를 두고 셸링은 헤겔의 '논리학'은 칸트의 비판철학 이전의 전통적 존재론의 반복이며 그 차이는 우연적으로 나열羅列된 범주들을 변증법적인 방법에 의해 체계화한데 있다고 한다.

3.5.1. 칸트의 선험철학과 헤겔

헤겔은 칸트의 선험철학은 경험經驗을 근거 짓는 인식의 체계로, 참된 인식의 한계를 경험 내에 묶으려하였다고 한다. 그는 칸트가 경험론의 원리에서 조금도 이탈하지 않았다고 본다.

헤겔에 의하면 칸트는 자유로운 이성에 대한 신념에 따라 지각知覺과 지각에 대하여 반성하는 이성의 세계에 다다를 수 있었지만 그는 거기에 머무르고 있다고 한다. 이는 칸트가 선험철학의 전제인 개념, 범주範疇를 선험적인 것으로만 이해하였지 그것 즉 개념, 범주의 본질에 대해 사유하지 않았다는 것이다. 따라서 헤겔의 '논리학'은 범주, 개념 자체를 다루고 있다.

3.5.2. 정신현상학(精神現象學)

정신현상학에 따르면 현상은 정신 자신의 형체이며, 정신·이념理念은 시간과 공간 속에서 자기를 실현시킴으로써 자연이 된다. 따라서 사유思惟의 운동은 곧 사상事象의 운동이라는 것이다.

이처럼 '현상現象은 정신精神 자신의 형체'라고 한 것은 데카르트의 '나는 생각한다. 그러므로 나는 존재한다.'라는 명제로부터 도출된 '사유思惟규정은 사물事物의 본질규정일 수 있다.'를 변형變形, 비약飛躍시킨 모습이라 할 수 있다.

정신현상학에서 자연세계는 이념理念의 외면성의 영역으로, 결과적으로 자연세계는 '실현된 이념' 자체이다. 이러한 정신현상학의 바탕에는 신이 자신의 의사意思에 따라 세계를 창조하였다는 기독교 창조론의 영향이 깔려 있다. 그가 현상現象을 정신精神 자신의 형체라 하였을 때 그 정신과 신의 의사는 동격同格이다.

이성작용으로서의 이념理念이 이처럼 자신의 외연外延 즉 존재存在를 획득하게 되면 급기야 이념은 존재를 완전히 자신 속으로 흡수해 버린다. 그러면 이념(사유)과 존재가 동일한 것이 된다.

그런데 이념은 주체로서의 인간 이성理性에 의해 정립되기에, 자연세계는 곧 자아自我의 자기 창조능력의 객관화와 다르지 않다. 이러한 철학이 곧 관념론觀念論이다.

정신현상학에서 의식意識은 대상對象에 대한 일상적인 이해로부터 벗어나, 의식과 대상에 대한 구별을 지양止揚하고 그 둘이 더 이상 차이가 없는 순수지純粹知[8]의 형태에 도달한다. 따라서 순수지는 의식과 대상을 통합하고 아우르는 것으로 순수존재와 동일하다.[9] 이는 선험적 지평地平에서 파악되는 개념이다.

3.5.3. 논리학과 변증법

3.5.3.1. 논리학

헤겔의 논리학은 그것 자체에 존재론(순수존재)과 인식론(순수지)을 포함하고 있다. 따라서 헤겔은 자신의 논리학을 '논리학의 학學'이라고 한다. 그리고 순수지, 순수존재는 헤겔 논리학의 기점起點이다.

그의 '논리학'은 대상적 존재자에 대한 구성이 아니라 종합적 인식의 선험적 원리인 범주, 개념에 대한 재구성이

8 순수지(純粹知)는 불교 유식학에서 '외경(外境-사물)이 존재하는 것이 아니라 심(心)에 의지하여 생긴 지(知)의 성질만이 존재한다.'고 주장하는 유심론(唯心論)과 형식상 일치한다. 그러나 유심론의 근원은 마음이지 의식이 아니다. 마음은 의식의 원천이다.

같은 예(例)는 헤겔의 '현실적인 것은 이성적이고 이성적인 것은 현실적이다.'와 불교의 '색즉시공 공즉시색'에서도 볼 수 있다. 이는 형식상 동일하다. 그러나 불교에서 말하는 뜻은 유/무 세계를 아우른 것이지만 헤겔은 유의 세계에 국한 것이다.

9 순수존재란 대상과 지(知)의 차이를 지양하는 선험적 차원의 순수사유이다. 이에 대한 선례(先例)는 파르메니데스의 '사유(to know)와 존재(that which is known)는 같다.'는 것에서 볼 수 있지만 그 내용에서는 전혀 다르다. 파르메니데스는 다만 사유 범주에 대해서 말한 것으로 이는 무는 인식할 수 없다는 뜻을 포함하고 있다.

다. 이는 어떤 대상에 대한 개념(범주)을 탐구하는 것이 아니라 개념 자체를 탐구하는 것이다.

이전의 철학에서는 단순히 감각적 요소의 배제와 추상을 통하여 얻어지는 범주, '개념概念'은 인식의 형식으로 작용하지만 정신현상학에 근거한 헤겔 철학에서 개념은 현실의 근저根底에 있는 활동적인 원리原理, 그것(현실)을 그것으로 만드는 원리이다.

즉 개념은 이 개념에 상응하는 현실을 개념 자체로부터 전개하는 그런 것이다. 왜냐하면 개념은 우리의 정신 안에 있는 내용일 뿐 아니라 현실의 근저에 놓여 있는 원리이기 때문이다. 이러한 개념은 그 안에 차이差異(대립)를 간직하고 있는 보편자 즉 존재이다.

개념 자체를 탐구하는 논리학이 성립하려면 먼저 그 출발점으로서 순수지純粹知가 상정想定되어야 한다. 왜냐하면 순수지는 곧 순수존재이며, 존재는 본래적으로 개념적概念的으로 구조화構造化되어있기 때문이다.

그의 철학에서 원리, 범주, 개념, 이성적인 것, 순수지, 순수존재는 거의 같은 의미로 이해된다. 그리고 이들은 사유의 산물思惟인 동시에 사유와 동일하다.

> 헤겔은 '사유(思惟)란 자신 속에서 자신에 대립한다.'고 정의한다.

이렇게 정의하는 근거는 사물은 대립되는 것, 대립을 통해서만 이해 될 수 있다는 인식의 속성屬性과 연결되어 있다. 그러한 사유의 성격은 부정否定이다. 왜냐하면 대/소로 대립된 것 중에 대는 소의 부정으로 성립되고 그 역(逆)도 마찬가지이다.[10]

헤겔에 있어 사유知와 존재는 동일하다. 따라서 존재자체는 대립·모순을 본질로 하고 있다. 그에게 물자체物性는 자기 모순적인 개념의 구성물 외에 다른 것이 아니다. 이렇게 하여 헤겔은 '물자체는 모른다.'라는 문제를 너머섰다.

헤겔 철학에서 대립 혹은 모순은 근본 원리이다. 순수존재에서는 대립(모순)이 배타적이지 않은 상태로 공존한다. 여기서 대립은 참된 것과 가상, 동일성과 차이 등 여러 가지로 해석된다.

그리고 변증법은 반성적 사유를 통해 순수존재에서의 대립된 것들 중에서 하나를 배제함으로서 존재의 본질을 드러내는 사유과정이다.

9 이는 서양철학의 완전한 하나를 추구하는 단가적(單價的) 성격이 그 주요한 원인이다. 스피노자 역시 사유의 본질이 부정이라고 하였다. 이와는 반대로 동양철학에서는 이를 대대(待對)의 관계라 하여 긍정적으로 이해한다. 대는 소가 있기에 소일 수 있다는 것이다 즉 대는 소의 대이다. 더 나아가 차연(差延-대대의 하이데거식 표현)은 서로 돕는 관계로 이해한다.

3.5.3.2. 변증법(辨證法)

헤겔 철학에 있어 변증법은 이중二重의 의미를 갖는다. 그것은 정신精神의 과정이며 또한 자연의 과정이다. 따라서 그는 변증법으로 모든 자연현상뿐 아니라 역사의 전개과정 역시 해석할 수 있었다.

헤겔의 논리학은 범주, 개념들의 변증법辨證法이다. 정반합正反合을 논증하는 변증법은 계몽주의啓蒙主義의 세계는 진보進步할 것이라는 믿음을 전제, 배경으로 하고 있다.

변증법은 자신 속에서 자신에 대립하는 사유의 본성에 대한 의식意識 없이(반성反省없이), 다만 숙고熟考함을 통하여 진리를 인식할 수 있다는 생각을 부정否定하는데서 시작된다.

이런 변증법은 모순율矛盾律과 깊은 관련을 갖는다. 전통 철학에서 모순율矛盾律은 인식과정에서 따라야 할 첫 번째 준칙이다. 칸트는 모순율을 어긴다는 것은 곧 인식자체를 부정하는 것이라고 보았다.

그런데 이러한 모순율이 정당하게 적용되려면 그 전제조건으로 대립적인 대상들이 동일한 차원에 귀속歸屬되어 있어야 한다.

헤겔에 따르면 모순율에 따른 부정否定은 실재성實在性에 대한 부정(비실재성)이 아니라 '달리 있음'에 대한 부정이다.

즉 현상에 대한 부정否定이다. 그런데 모순율이 현상에만 적용된다면 현상이 아닌 개념(본질)을 사유하는 세계에는 모순율이 적용되지 않는다.

즉 실재성과 모순율은 양립할 수 있다. 다시 말해 개념(순수존재)에 대해서는 모순율이 적용되지 않는다. 오히려 모순은 사유(존재)의 본질적 요소이다.

모순은 필연적으로 반성反省을 요구하고 이런 반성하는 사유는 변증법의 요체要諦이다. 반성하는 사유의 성격은 지양止揚이다. 지양은 부정으로부터 시작되지만 그 부정은 고양高揚을 지향하는 부정이다.

헤겔의 변증법은 개념(참된 것과 가상, 동일성과 차이 등이 공존하는)인 바 그것이 자신을 드러나는 과정으로 이는 개념의 발생, 개념의 현시顯示를 거쳐 '개념으로서의 개념'의 확립을 목표로 한다.

변증법을 이끄는 것은 모순을 해쳐나가는 반성적反省的 사유이다. 그 반성에는 외적 반성과 정립定立하는 반성 둘이 있다.

외적 반성은 사물의 본질(진실)을 이해하기 위하여 외적 실제(현상)를 단순한 가상假想, 비본질적인 것으로 보아 그로부터 감각적 요소를 추상抽象. 배제하여 개념, 범주를 추출抽出 한다. 칸트철학의 선험적 종합인식은 외적 반성을 통해 추상된 범주를 근거로 한다. 이때 범주는 인식의 형식적 조건이 된다.

그러나 정립하는 반성은 대상對象에서 감각적인 요소를 단순히 추상抽象해 버리는 것(부정)이 아니라, 사유思惟의 필연적인 운동을 통해 그 대상의 대상성對象性을 정립한다. 이것이 변증법에서의 지양止揚이 갖는 의미이다.

여기서 사유思惟의 필연적인 운동이라 함은 대·소가 공존하고 있는 개념 중에 하나를 부정함을 의미한다. 그렇게 하여 즉 소를 부정함으로써 대의 본질(대상성)이 정립된다.

중요한 것은 이 대상성(사물의 본성)이 감각적인 것들 즉 사물자체로부터 도출된 것이 아니라 사유思惟의 필연적인 운동이라는 순수純粹 논리적으로 구성된다는 것이다.

변증법의 과정은 즉자적卽自的 개념으로부터 대자적對自的 개념 그리고 이들의 통합으로서 즉자대자적卽自對自的 개념 즉 절대개념으로 진행된다.

여기서 즉자적 개념은 전혀 규정성을 갖지 않는 즉 대립이 배타적이지 않은 상태로 공존하는 순수존재이고, 대자적 개념은 반성적 사유思惟에 의해 정립된 대상성(본질)이다. 그리고 이 둘 즉 순수존재와 대상성은 '개념으로서의 개념' 즉 절대 개념(절대정신)속에서 통일된다.

절대개념은 자각自覺된 개념이다. 자각되지 않은 자유는 자유라는 이름을 가질 수 없듯이 개념 역시 자각되어야만 개념의 완성(절대)일 수 있다.[11)]

절대개념(존재·정신)은 존재(사물)의 제 규정들을 자신 속에 포괄하는 토대土臺로서의 존재, 실체實體이다. 그러나 헤겔은 스스로를 정립하면서 동시에 정립된 규정들의 토대인 개념 즉 절대 개념, 자각된 개념을 더 이상 실체라 부르지 않고 이를 주체라고 한다.

그리고 개념이 단순한 실체(존재)가 아니라 주체로서 이해된다는 것은 존재론의 관점에서 보면 세계가 인간의 주관성主觀性 속에서 새롭게 구성됨을 의미한다. 이것이 관념론觀念論의 본질적 특성이다.

3.5.4. 헤겔 철학에 대한 부정적 견해

변증법론자들은 어떤 이론에 대해 모순을 지적하고 제거함으로서 지적知的 발전을 이룬다고 본다.[12)] 그러나 러셀

11 호모사피엔스로서의 인간은 그 오랜 생존(生存)에서 최근 몇 천 년(千年) 전에야 비로소 자신을 인간으로 자각(自覺)하는 삶을 살게 되었고 우리는 이를 문명(文明)사회라고 부른다. 자각은 곧 존재 이해로 타존재에서 발견할 수 없는 인간의 특질이다. 자각은 존재를 존재케 한다. 자각하지 못하면 존재하지만 그 존재는 자신의 의미를 갖지 못한다.

12 단순한 반성을 통해서 사유가 더 높은 차원으로 상승한다는 것은 잘못이다. 동양철학에서는 사유가 새롭게 상향되기 위해서는 수양(修養), 수행(修行)이 절대적으로 요구된다고 한다. 불교의 육바라밀 그리고 유가(儒家) 대학(大學)에서의 팔조목(八條目)이 그런 것이다.

Bertrand Russel은 이성의 전개展開는 현상세계에서의 연관성이 상이相異하더라도 절대로 새로운 진술, 미지未知의 진리나 또는 보다 높은 차원의 진리의 발견은 이끌어 낼 수 없다(직관直觀만이 그럴 수 있다). 이성은 일단 개념 속에 포착된 관계(인과성)의 범주 속에서만 움직일 수 있다고 하여 그 부당함을 지적하고 있다.

헤겔은 '정신 현상학' 서문에서 식물植物의 봉오리로부터 꽃으로 그리고 열매로의 발전단계를 일종의 변증법적 고양高揚이라고 하였다. 이에 대해 괴테는

> '이보다 더 기형적(畸形的)인 말은 없을 것이다. 자연의 영구한 현실을 저질적(低質的)이고 궤변적(詭辯的)인 농담으로 파괴하려는 것은 이성적인 사람으로서는 할 짓이 못된다.'고 맹비난하였다.(헤겔에서 하이데거로 아르투르 휩셔)

헤겔은 '철학사 강의講義' 서문序文에서 기독교 교리의 정당성을 주장하면서, 신神에 대한 인식이 불가능하다는 것은 하나의 편견에 불과하며 동시에 인식의 가능성과 함께 인식의 의무義務가 주어진다는 점을 강조한다.

니체는 헤겔이 무신론無神論을 오랫동안 연기延期했다고 한다.

3.5.5. 쇼펜하우어(Schopenhauer 1788-1860)

쇼펜하우어는 자신의 저서著書 '의지意志와 표상表象으로서의 세계'의 첫머리를

> '세계는 나의 표상이다.'(Die Welt ist meine Vorstellung)라는 말로 시작한다.

그는 모든 객관은 언제나 영원히 하나의 주관을 전제하고 있어서 객관과 표상을 구별하는 것은 불가능하다고 한다. 그러므로 객관으로서의 세계는 주관인 '나'의 표상이라 할 수 있다.

> 그는 '모든 객관은 표상이다. 그러나 의지(意志)만은 물자체(物自體)이다.'라고 하였는데

그는 이 객관을 육체로도 표현한다. 따라서 이 말의 뜻은 인간의 육체는 객관으로 표상되지만 그 육체에 내재한 인간존재의 본질인 의지는 물자체라는 것이다.

쇼펜하우어의 철학은 육체를 중심으로 풀어간다. 이때 육체는 의지이자 표상이다. 그는 이를 다음과 같이 설명한다.

> '육체를 공간을 채우고 공간 안에서 작용하는 단순한 표상이라는 관점에서 보면 육체는 다른 객관과 다르지 않은 표상이다. 이러한 단순한 표상

은 실질(實質)이 없기에 환상(幻相)과 같다. 그러나 인식하는 개체(인간)의 육체는 세계 안에서 단 하나의 현실적인 개체이며 주관의 오직 하나뿐인 직접 객관이다. 즉 육체만이 진실한 것이다.'

이어서 그는 '육체는 우리의 표상이라는 것을 제외하면 의지(意志) 외에는 아무 것도 만나는 것이 없다.'고 한다.

이때 의지란 자기의 육체가 갖는 이해할 수 없는 내적 본질을 힘, 성질, 성격인데 이는 표상될 수 없는 것이다. 그는 말한다.

'우리가 자신 안에서 의지(意志)라고 경험하는 것은 그 내부적 본질이다.'

3.5.5.1. 의지

쇼펜하우어는 '오직 의지만이 탐구자(探究者)에게 자신의 현상을 푸는 열쇠를 주고, 의미를 계시(啓示)하고, 그의 본질, 행위, 운동의 내적 동기를 보여 준다.'

그리고 '우리들 내부의 근원적인 정신 즉 의지가 경험세계를 우리 자신을 통해 조형(造形)한다.'고 한다.

여기서 '열쇠'가 갖는 의미는 인간의 의지가 '세계존재를 해명할 유일한 통일적 기본원칙'이라는 것이고 '의지가 경험세계를 조형造形한다.'는 인간의 의지가 세계의 최종근거라는 것이다.

그는 세계의 최종근거이자 현상의 내부적 본질로서의 의지에 대해 이는 '자연의 힘'이며 이런 의지가 표현하는 힘은 '자연 속에 있는 모든 힘'이라고 한다. 그런데 중요한 것은 그가 자연의 근본적 동향動向을 보편적인 갈등葛藤으로 본다는 것이다.

갈등이 근본적, 보편적이라는 것은 그것이 일시적, 부분적 현상이 아니라 자연자체가 파토스Pathos라는 것이다. 그리고 파토스 상태에서의 힘은 충동적衝動的이다.

이에 대해 그는 인간의 의지는 내부적인, 살아남으려는 충동이다. 모든 육체 자체도 또한 그 육체를 성립하게 하는 과정도 이 '살아남으려는 충동'인 의지가 나타나는 것에 지나지 않으며 따라서 육체는 의지가 가시적可視的으로 나타난 것 즉 '의지의 객관화'에 지나지 않는다고 한다. 이는 사실 헤겔의 '정신 현상학'의 정신을 의지로 바꾸어 놓은 것이라 할 수 있다.

그는 생리학이 생명체의 자연적 생활기능(생명)을 아무리 설명해도 그것 때문에 육체(객관세계 전체)가 '의지'의 나타남이라고 하는 진리는 사라지지 않는다고 한다.

3.5.5.1.1. 의지의 인식(직관)

쇼펜하우어 철학의 근본은 존재론적으로는 의지意志이고 인식론적으로는 직관直觀이라 할 수 있다. 그는 의지를 플라톤의 이데아와 긴밀하게 동일시同一視하였다. 이는 하이데거의 존재와의 동일시이기도 하다. 왜냐하면 그에게 의지는 존재자의 본성, 본질 즉 즉 물자체이기 때문에 당연한 것이다.

물자체는 객관이 아니다. 모든 객관은 물자체의 현상이다. 그 현상으로부터 물자체를 인식하기 위해서는 가장 명확하고 발전된 것에 의해 조명照明되지 않으면 안 된다. 그것은 플라톤이 이데아를 시선視線이라고 한 것과 같다.

> 그는 '의지는 이성의 지도(指導) 아래 나타나는 그런 것이 아니다.'라고 한다.

이런 의지는 어떤 미지수未知數도, 추리推理에 의해 얻어지는 것이 아니라 철저하게 직접直接 인식되는 것이다. 내 의지에 대해 내가 갖는 인식은 직접적인 인식이다. 즉 의지와 육체가 하나라고 파악하는 것은 직접적인 인식 직관直觀이다.

의지意志에서는 인식하는 것과 인식되는 것이 일치한다. 주관과 객관이라는 형식 없이도 인식한다. 오히려 의지는 객관과 주관이 대립되는 표상의 형식을 취하면 나타나지 않고, 주관과 객관이 분명히 구별되지 않는 직접적인 방식 즉 직관에 의해서만 파악이 가능하다.

3.5.5.2. 헤겔과 쇼펜하우어

헤겔이 '현상現象은 정신精神 자신의 형체'라고 한 정신 현상학과 '세계는 나의 표상이다.'라고 한 쇼펜하우어의 '의지意志의 표상으로서의 세계'는 헤겔의 이성을 의지로 바꿔 놓은 것이라 할 수 있다.

헤겔에게 물자체物性는 자기 모순적인 개념(사유)의 구성물 외에 다른 것이 아니다. 그리고 쇼펜하우어에게 있어 의지는 물자체와 동격이다.[13)] 사실 그는 '의지意志와 표상表象으로서의 세계'에서 의지는 물자체라고 반복해서 말하고 있다.

칸트는 '물자체는 알 수 없다.' 함으로써 이성의 능력으로는 자연세계의 본성(존재)을 이해할 수 없음을 시사示唆하였다. 그리고 쇼펜하우어는 이성이 아닌 직관에서 그 가능성을 찾았다.

의지론을 주장하는 쇼펜하우어의 철학적 사유는 존재·삶의 해석에 있어 주제나 방법 면에서 이성理性으로부터 무

13 한 철학에서 남겨진 문제에 대한 답은 같은 영역이나 차원에서는 얻어지지 않는다. 왜냐하면 그것은 이미 충분한 사유를 거치고 남은 것이기 때문이다. 그 답은 그 문제가 전혀 문제가 되지 않는 다른 영역으로의 이행을 통해 가능하지만 그 답은 실상 그 남겨진 문제에 대한 답은 아니다. 헤겔의 관념론 그리고 쇼펜하우어의 의지의 철학이 그런 예이다.

의식과 비합리적인 힘으로 옮겨 왔다. 그는 전통적인 로고스Logos적 세계관을 부정하고 파토스Pathos가 근원임을 주장한다. 이는 전통 서양철학으로부터의 코페르니쿠스적 전향轉向이라 할 수 있다.

그러나 쇼펜하우어의 철학에는 두 가지 약점이 있었는데

그 하나는 세계의 본질이 신神과 같은 고귀한 존재가 아니라 인간의 삶에 대한 맹목적인 의지意志라는 해석은 필연적으로 삶을 무상無常과 고통으로 보게 하였고, 이는 염세적厭世的인 인생관을 유발하였다.

> 그는 '수천(數千) 년을 가득 채워온 고통에 대해 그 어떤 영광스러운 정당화도 존재하지 않는다.' 고 한다.

그는 인도 철학의 우파니샤드 그리고 불교의 영향을 받았으나 그들이 갖는 심오深奧함에는 미치지 못하였다.

다른 하나는 인간에 내재하는 의지는 단일적單一的이어서 현상의 다양성을 설명할 수 없다. 학문은 공리公理(증명의 원리)로 간주되는 자명한 앎으로부터 논리적으로 증명된 지知의 체계이다. 그러나 공리를 파악把握하는 직관만으로는 학문이 성립할 수 없다.

반면에 헤겔의 논리학은 학문성의 근거이며 이에 근거하

여 모든 경험적 인식분야에 있어서의 엄청난 지식의 결합이 이루어졌다. 헤겔의 관찰 방식(변증법)은 마르크스 이후의 여러 가지 정치, 사회적 수정修正에도 불구하고 현실세계의 질서 및 해석의 수단이 되었다.

쇼펜하우어의 철학은 대중에 광범위하고 영향을 주면서 일상적인 생활정서情緖로 파급되었다. 그러나 그의 세계와 인간존재에 대한 가차假借 없는 환멸은 흔히 반문화적, 마비적痲痺的인 염세관으로 과장되었다.

그는 로고스Logos적 세계관의 부정을 통해 파토스Pathos가 근원임을 밝혔으나, 파토스에 가능성으로 잠재되어있는 새로운 세계관을 제시하지는 못하였다. 그것을 제시한 것은 니체이다.

이제 생에 대하여 초감성적, 불멸적인 것에 의미를 부여하고 그에 의존하는 인간 대신에, 더 이상 억압적인 종교나 도덕에 의하여 유혹, 굴복되지 않고 오직 자신의 지각知覺과 통찰을 근거로 하는 자유로운 정신, 자유로운 인간이 나타난다. 그것이 니체철학이다.

4장. 니체(Friedrich Wilhelm Nietzsche 1844-1900)

서양철학사에서 니체의 위치는 그가 마지막 형이상학자

임과 동시에 생生철학을 개시開始하였다는 그곳에 있다. 여기서 '동시'가 의미하는 것은 형이상학 이후에 생철학이 이루어진 것이 아니라는 것이다. 니체는 그의 형이상학의 중심에 있는 권력에의 의지를 철저하게 생리학적生理學的 관점에서 이해, 해석하였다.

니체철학의 근저根底에서 작용하고 있는 것은 형이상학이었는데 형이상학은 모든 우주존재를 가장 심도深度있게 사유하고 해석하는 학문이다.

형이상학은 존재와 존재자의 구별을 그 전제로 한다. 플라톤은 존재를 이데아로 그리고 기독교시대에는 창조신創造神이 자신의 피조물被造物인 존재자와 구별되는 존재의 자리를 이어갔다. 그리고 니체는 존재(존재자 전체)를 '권력에의 의지意志'로 규명하였다.

니체가 '존재'를 권력에의 의지意志라 하였을 때 그것은 생명의 유지, 고양高揚에의 지향 외의 것이 아니다. 그의 철학에서는 존재가 생명이고 생명이 생성이며 존재자가 하나의 생성자生成者이다. 그 '존재'는 이데아나 절대정신과 같은 이성, 관념이 아니라 생명 자체이다.

> 니체철학은 '신은 죽었다.'는 선언(宣言) 즉 신(神)의 존재를 부정하는 것에 근거하고 있다.

신의 죽음은 니체철학에서 두 가지 주제를 낳았다. 그 하나는 니힐리즘虛無主義-nihilism[14]이고 다른 하나는 생生철학이다.

니힐리즘은 신神에 의해 주어졌던 존재자 전체의 의미 즉 최고의 가치들이 무가치하게 될 때 드러나는 현상으로 이는 삶의 근거를 잃었다는 것을 의미한다. 이러한 우주론적 가치들의 붕괴 즉 최고의 가치들의 상실에 따라 허무감虛無感이 대두된다.

또한 신神의 죽음에 따른 초감성적인 참된 세계의 몰락은 생성生成의 세계를 유일唯一한 현실 즉 본래적이고 하나뿐인 것으로 드러나게 하였다. 이를 근거로 그는 존재가 생명이고, 생명이 생성이며, 존재자가 하나의 생성자라고 보는 생生의 철학을 효시嚆矢하였다.

이 모든 해석은 그의 철학에서의 핵심 개념인 '권력權力에의 의지意志'에 담겨있다. 권력에의 의지는 그것이 존재자 전체를 규정하는 것이기에 형이상학이었고, 또한 생명의 본질이기에 생철학으로 해석될 수 있었다.

니체의 철학은 정통적正統的인 아폴로Apolo적인 철학세계로부터 디오니소스Dionysos적인 것으로 전회轉回한다. 그 전회

14 니힐리즘이라는 말은 러시아의 문호(文豪) 투르게네프(Ivan Turgenev 1818-1883)에 의해서 널리 유행되었다. 니힐(nihil)은 무(無, nichts)의 라틴어로 그는 니힐리즘을 감각적으로 지각될 수 있는 존재자 즉 직접적으로 경험될 수 있는 존재자만이 존재하며 그 이외의 것은 존재하지 않는다는 견해를 가리키는 말로 사용하였다.

의 계기는 쇼펜하우어의 의지意志의 철학이었다.

니체에 앞서 쇼펜하우어는 '의지와 표상으로서의 세계'에서 세계는 객관적으로는 인간의 현실성을 포함한 자연이지만 주관적으로는 '의식意識하는 의지'의 자기표현이라고 하여 의지를 근본적인 존재원리로 설계한 바 있다.

그러나 니체는 의지意志 이외의 것에 대해서는 그를 무시하였다. 심지어 그는 쇼펜하우어를 '영원성을 꿈꿔서 삶을 증오한 멍청이'라고까지 하였다.

니체는 존재와 존재자의 구별이라는 이분법적二分法的 관점에서 존재자의 근본성격 즉 존재를 권력에의 의지라고 정의하였기에 그는 전통적인 형이상학자이다.

그러나 그는 그 권력에의 의지를 존재도 아니고, 변화도 아니며, 변화나 작용이 비로소 생겨나게 되는 가장 기본적인 사태로서 파토스pathos라고 말한다. 이는 자신의 '권력에의 의지'가 로고스logos가 아님을 분명히 한 것으로 그렇게 하여 그는 전통철학에서 벗어났다.

그는 헤겔 이후, 더 나아가 소크라테스와 플라톤 이래의 전통 철학으로부터의 단호한 전회轉回를 그의 과업으로 설정, 과거와의 모든 교량橋梁을 파괴한다.

그는 절대적인 진리 즉 존재를 이데아, 절대정신 같은 이성적인 해석으로부터 권력에의 의지로 바꾸었고, 존재자 전체의 근거를 초감성적인 세계로부터 생성의 세계로 이행移行시킴으로서 이제까지의 가치를 부정하는 새로운 가치사상價値思想을 기도하였다.

종래의 가치는 이성적 주체나 윤리적 주체에 의해서 필연적인 것으로 인정, 요구되는 타당한 그 무엇이었다. 그러나 니체는 이를 보다 근원적인 것으로 파악한다.

즉 니체는 니힐리즘을 극복하는 전제前提로서 권력에의 의지를 설립하였는데 가치정립價値定立은 이 권력에의 의지의 필연적인 구성요소로, 권력에의 의지는 가치정립定立에 의해 구체적 의미를 갖게 된다. 역으로 모든 종류의 가치정립은 권력에의 의지에 관련되지 않으면 안 된다.

> 니체는 가치를 '생성(生成) 내에서 상대적으로 지속(持續)하는 생(生)의 복합적인 여러 현상의 유지(維持)와 고양(高揚)을 위한 조건(條件)'이라고 정의(定義)한다.

다시 말해 가치는 생명의 요구에 부응하는 것이어야 한다.

그러나 여기서 주목해야할 것은 가치價値란 그것의 본질상 '조건' 즉 상대적이라는 것이다.

가치는 권력에의 의지와는 달리 존재자 전체의 성격을 규명하는 존재론적 개념이 아니다. 그것은 재화財貨같은 것에 통용되는 존재자적 개념이다. 따라서 그것은 가변적이고 수단으로서의 성격을 갖는다.

권력에의 의지는 존재를 규정하는 것으로 존재자 전체全體를 아우른다. 그러나 가치는 인간人間의 주관적 판단이 개입된 인간세계에만 한정된 개념으로, 그가 '존재'(권력에의 의지)와 연계시켜 가치를 사유思惟한 것은 근본적으로 그가 '존재'를 인간학의 관점에서 이해한 것임을 시사示唆한다.

> 니체는 '권력에의 의지는 그때그때마다의 관점(觀點)들이 갖는, 그때그때마다의 역할(役割)은 권력의 필요에 따라 결정된다.'고 하였다.

이는 권력에의 의지에 목표를 제공하는 가치는 '그때그때마다' 즉 상대적인 것, 가변적인 것이라는 의미로 통한다. 이를 동양철학으로 말하면 권력에의 의지는 상도常道, 가치는 비상도非常道라 할 수 있다.

그러한 가치가 무조건적인 것으로 이해될 경우 그것은 절대성을 갖는 존재(진리)의 본질을 왜곡한 것이다. 우리는 20세기 전반에 전 세계를 휩쓴 이데올로기Ideology간의 투쟁, 전쟁을 통해 이를 실감할 수 있다.

이데올로기는 인간이 좋은 삶을 추구하는 가치로서 존재

한다. 그러나 그 가치를 절대적으로 옳은 것이라고 주장함으로서 이데올로기는 삶의 근거, 진리로 오해되었다.

가치는 생명의 유지와 고양을 위한 권력에의 의지가 계산에 넣어야만 하는 조건일 뿐이다.

4.1. 니체의 형이상학과 그 구조

니체의 형이상학에 있어 니힐리즘과 함께 모든 가치들의 전환, 권력에의 의지, 동일한 것의 영원회귀 그리고 초인超人 이 다섯 가지의 개념들은 존재자 전체에 대한 관점觀點에서 서로 깊이 연관되어 있다.

4.1.1. 니힐리즘(nihilism)

우리는 지금 존재를 '권력에의 의지'로 해석하는 니체의 형이상학의 영향 아래 살고 있다.

니체는 '신神은 죽었다.'고 선언宣言함으로써 서구 철학사의 새로운 장場을 연 것으로 평가 된다. 그러나 이 선언은 신으로부터 인간의 해방이라는 환희에 찬 선언이 아니었다.

> 그는 '니힐리즘이 문 앞에 서 있다. 모든 방문객들 중에서 가장 불길한 이 방문객은 어디에서 왔는가?(권력에의 의지 서언(序言))'라고 하여 어두운 그림자를 예감하고 있었다.

니체의 '신神은 죽었다.'는 선언宣言은 니체 개인의 사유思惟

의 소산所産만이 아니라 이미 소멸한 별의 빛이 우리에게 아직도 빛나듯, 데카르트 이후 존재자 전체에 대한 진리가 본질적으로 변화되어 온 장기간에 걸쳐서 일어난 사건이다.

사실 데카르트나 라이프니츠 등에 의해 시도試圖된 신神의 존재증명은 신의 신성神聖에 대한 모독이고, 칸트가 이를 부정한 것도 그 이유에서였다.

서구 역사에서 기독교 신神은 초감각적인 것 일반으로서의 이상理想과 규범 그리고 원리와 제반 가치의 목적으로서 존재자 전체의 의미를 부여해주는 절대자絶對者였다. 그런 신神이 부정됨으로써 허무주의虛無主義-(nihilism의 도래到來는 필연적이라 할 수 있다.

니힐리즘이란 최고의 가치들이 무가치하게 되는 것으로 이는 목표가 결여되는 것, 즉 '왜?'라는 물음에 답이 결여된다는 것, 근거를 잃었다는 것을 의미한다. 이러한 우주론적 가치들의 붕괴崩壞로 인해 허무감虛無感이 대두된다.

기독교 신은 초감성적超感性的인 것, 일반과 이에 대한 해석들을 대표하는 존재다.

즉 기독교 신은 존재자 전체 위에 내걸려지면서 존재자 전체에게 목적과 질서, 요컨대 의미를 부여하는 이상理想과 규범, 원칙과 규칙, 목표와 가치를 대표하는 명칭이다. 이때 초감성적인 것은 감성적인 지상地上의 세계에 대해서 척도를 부여하는 참된 세계로 나타난다.

그러나 인간의 이성理性(知性)이 초월적이고 피안적彼岸的인 참된 세계라는 것이 단지 심리적 제 욕구로부터 구축構築된 즉 한낱 소망所望의 대상임을 그리고 그것을 참된 세계로 격상시켰음을 꿰뚫어 볼 때 그러한 초감성적인 참된 세계는 몰락한다. 그리고 이로부터 니힐리즘은 불가피한 결과로 등장한다.

그리고 초감성적인 참된 세계가 몰락한 그때 생성生成의 세계는 오히려 유일한 현실 즉 본래적이고 하나뿐인 참된 세계로 드러난다.

니체는 '우리가 우리의 가치를 순전히 허구적인 세계, 신神에 관계하는 범주들을 척도로 하여 측정하여 왔다.'는 역사적 현상에 대한 부정적 자각自覺에서 다음과 같이 주장한다.

> '우리가 실재하는 사물과 공상(空想)의 사물에 대여(貸與)했던 모든 아름다움과 고상(高尙)함을 나는 인간의 소유와 산물(産物)로서, 즉 인간에 대한 가장 아름다운 변명으로서 반환을 요구한다. 시인, 사상가, 신, 사랑 그리고 권력으로서의 인간, 오! 왕과 같은 관대함으로 사물을 풍요롭게 하고, 자신은 빈곤하게 되고 비참함을 느끼게 된 인간. 그가 경탄하고 기도하면서, 그 자신이야 말로 그가 경탄하는 바로 그것을 창조한 자라는 사실을

자신에게 숨길 줄 알았던 것은 그에게 사심(邪心)이 전혀 없었기 때문이다.'

이러한 존재하는 모든 것과 그것들의 존재하는 방식을 인간의 소유所有와 소산所産이라고 설說하는 니체의 교설敎說은 결국 '모든 진리는 인간 주체의 자기 확실성에로 환원된다.'는 데카르트의 교설을 극한에 까지 전개한 것이다.

결국 니힐리즘은 이성理性에 대한 신앙이 원인이다. 허무주의虛無主義-nihilism는 우리가 모든 것에서 하나의 의미를 찾았으나 그 의미가 그 안에 존재하지 않을 경우 모든 행위, 태도 그리고 사건의 이유와 근거인 목적을 찾을 수 없을 때 그 기회가 주어진다.

그러나 니체가 이해하는 허무주의는 염세주의厭世主義나 퇴폐주의頹廢主義와는 전혀 다르다. 퇴폐주의는 권력에의 의지에 반反하는 행위로서 염세주의와 함께 니체가 가장 경멸하였던 것들이다. 그가 쇼펜하우어를 '삶을 증오한 멍청이'라고 한 것도 이 때문이었다.

니체에게 니힐리즘은 오히려 이제까지의 모든 가치들로부터의 해방이고 모든 가치들의 전환轉換을 위한 해방이다.

니체는 염세주의厭世主義를 니힐리즘에 선행先行하는 형태로 보았고 이를 부정. 혐오하였다. 그가 생각하는 니힐리즘은 오히려 이러한 염세주의를 극복하려는, '왜 살지?'에 대한 답을 요구하는 그런 것이다.

그는 기독교적인 이상, 사회주의, 바그너의 음악 등을 불완전한 니힐리즘이라고 하며 '그러나 우리는 그 가운데 살고 있다.'고 했다. 그리고 그에 대해 이제까지의 가치들을 전환轉換하지 않고서 니힐리즘을 벗어나려는 시도들은 정반대의 결과를 초래하며 문제를 첨예화한다고 경고한다.

그는 니힐리즘을 수동적 니힐리즘과 능동적 니힐리즘으로 나누는데 전자는 정신의 힘이 쇠미衰微하고 후퇴한 상태 그리고 후자는 정신의 고양된 징표徵標로서의 니힐리즘을 말한다.

수동적 니힐리즘은 자체로서의 진리는 존재하지 않는다는 사실에 머물고 능동적 니힐리즘은 진리를 그 본질에서 새롭게 규정하려는 것으로, 그 결과가 권력에의 의지이다.

니체철학은 니힐리즘 즉 최고의 가치들이 무가치하게 되어 인간이 삶의 목표를 상실하게 된 그때 이를 강력한 긍정으로 극복하려는 동기動機에서 출발하였고 그때 나타난 것이 권력에의 의지이고 가치사상이다.

4.1.2. 가치(價値)

4.1.2.1. 가치사상의 근원

우리는 지금 존재자 전체에 대한 진리를 가치와 이념이라는 관점에서 보고 있다. 즉 세상을 가치와 이념으로 평가

한다는 것이다.

플라톤은 존재를 이데아로 표상했고 '이데아 중의 이데아'인 아가톤은 유능하게(쓸모있게) 만든다는 의미를 갖고 있었다. 이것이 '인간에게 얼마만큼 좋은 것이냐'하는 것 즉 실용적實用的 가치로 해석 되었고 이렇게 하여 가치·의미가 근대인의 삶의 척도로서 자리하게 되는 길을 열었다. 즉 존재자 전체에 대한 진리(이데아)를 가치와 이념이라는 관점에서 보게 되었다.

하이데거는 '가치사상이 명확한 형태로 자명적自明的이고, 지배적인 지위를 갖게 된 것은 19세기 후반 이후였다. 고대와 중세에는 인간의 삶의 근본방식들로서의 정신이나 문화 그리고 이러한 태도를 위해 정립되는 척도로서의 가치 같은 개념은 존재하지 않았다. 그러나 그것이 야만野蠻을 의미하는 것은 아니다.'라고 한다.

가치는 존재자 전체의 성격을 규명하는 존재론적 개념이 아니라 재화財貨같은 것에 통용되는 존재자적 개념이다. 존재자 전체에 대한 진리를 재화財貨같은 가치의 관점에서 보고 평가하게 된 원인은 서구 형이상학의 역사가 존재가 아니라 존재자성存在者性의 탐구에만 몰두한 결과이다. 하이데거는 이를 존재 망각存在妄覺의 역사라고 한다.

4.1.2.2. 가치란 무엇인가?

가치價値란 우리가 중요한 것으로 평가하는 것, 긴요한 것,

궁극적으로 문제가 되는 것을 의미意味하고 이때 가치-목표-근거는 깊은 내적관계로 연계되어있다. 니체는 가치와 의미를 같은 것으로 생각한다. 즉 가치 있는 것이 곧 의미 있는 것이다.

우리는 인간이 무엇 때문에 의미를 찾는지, 왜 이 경우에 있을 수 있는 환멸幻滅을 대수롭지 않게 받아들일 수 없고 그러한 환멸을 통해 자신의 존립에 충격을 받고 위태로워지며 동요動搖되기 조차하는지 등을 묻게 된다.

그 물음에 대한 답은 인간의 심리적 요인 즉 의지意志의 상실喪失에서 오는 공허空虛에 대한 공포심이다. 그리고 이러한 공포심을 조장하는 공허감에 대처對處로서 인간의 의지意志는 하나의 목표目標를 필요로 한다. 이때 목표·목적이란 모든 행위, 태도 그리고 사건의 이유와 근거를 말한다.

인간의 의지意志는 그것이 무엇이든 하나의 목표目標를 필요로 한다. 의미·목표는 의지에게 의지일 것을 허용하고 가능케 한다. 왜냐하면 의미·목표는 곧 가치이기 때문이다. 즉 가치가 있기 때문에 의미가 있고 따라서 그것이 목표로서 설정된다.

인간이 두려워하는 것은 무無가 아니라 의지하지 않음이고 이는 자신의 본질인 '의지하고자 함'의 가능성이 파괴되는 것이다. 의지의 상실은 곧 인간자신의 본질 가능성의 파괴이고, 그에 대해 공포심이 우러나오는 것은 당연하다.

가치는 그 의지가 필요로 하는 목표를 제공한다.

가치가 있기 때문에 의미가 있고 따라서 그것이 삶의 목표로서 설정된다. 이것이 니체가 가치를 '존재자가 존재자가 되기 위해서 근거하는 조건'이라고 한 이유이다.

4.1.2.3. 가치사상의 전환

초감성적인 세계에 대한 부정否定은 거기에 존재하던 가치 그리고 그것들을 향한 욕구를 근절시켰고, 이로서 가치의 본질에 대한 새로운 평가를 요구하게 되었다.

근대는 인간이 존재자 전체의 척도와 중심이 되는 시대다. 따라서 가치정립 역시 인간에 의해 수행되어야 하는 과제이다.

초감성적인 세계가 몰락한 그때 감성의 세계(현실)는 본래적이고 하나뿐인 참된 세계로 드러난다. 그러한 이유에서 근본가치는 존재자(현실세계) 자체로부터 획득되어져야만 하고 그것도 존재자의 근본성격을 통하여 그리고 이러한 근본성격으로서 규정되어져야만 한다.

이때 근본성격이란 존재자가 되기 위해서 요구되는 근거를 말하며 데카르트가 그 요구(근거)를 충족시키는 조건을 표상작용表象作用이라고 한데 비해 니체는 이를 가치라고 한 것이다. 왜냐하면 가치 있는 것이 곧 의미 있는 것이고 의미는 목표를 제공하는 삶의 근거이기 때문이다.

니체는 종래의 근본가치로서 추구하던 목적, 통일, 진리라는 세 범주範疇를 부정한다.

인간은 역사적으로 또한 보편적으로 삶의 목표目標로서 윤리적인 세계 질서, 최고의 윤리적 기준의 실현 그리고 모든 존재자들의 상호관계에 있어서 사랑과 조화의 증대 또는 보편적인 행복에의 접근 등을 설정한다.

그러나 목표, 목적으로서의 윤리적 가치는 경험적인 사실로서 존재하는 것이 아니면서 우리에게 필연적인 인정 즉 인간의 삶에 반드시 있어야만 하는 사실로 인정할 것을 요구한다. 이런 윤리적 가치는 사실적으로 존재하는 것이 아니다. 다만 판단의 주체나 윤리적 행위의 주체에 의해서 당위當爲로서의 요구이다. 즉 자연적 사실성이 아니라 인간 주체의 판단에 따른 요구일 뿐이다.

또한 인간은 세계가 최고의 가치를 갖는 하나의 장場으로 통일統一을 이루기를 바란다. 왜냐하면 그러한 통일에 잠길 경우에 인간자신도 가치를 갖는다고 믿게 되기 때문에 그러한 믿음을 제공하는 전체성과 통일을 정립하려고 한다.

그 통일은 인간 혼魂의 만족을 담보하는 모든 것의 근저根底에 하나의 전체성, 체계화, 조직화 그리고 거기에 개체가 완전히 의존할 수 있는 그런 것이어야 한다. 그러나 그러한 통일은 생성하는 현실세계에는 실재하지 않는 관념적 허구虛構일 뿐이다.

사실 그런 혼魂의 만족을 담보하는 통일은 신神의 뜻으로로의 진리眞理에 의해 참된 세계를 정립하는 것과 동일同一하다. 그러나 그 신神의 뜻으로로의 진리는 초감성적인 관념적 허구虛構이며 따라서 기만적欺瞞的인 것으로 결과적으로 생성生成의 세계를 단죄斷罪하고 부정否定하는 그런 진리이다.

니체는 한 단편短篇에서 다음과 같이 말한다.

> '-근본적으로 어떤 사태가 일어났는가? 목적의 개념으로도 통일이란 개념으로도 진리라는 개념으로도 현실의 총체적 성격이 해석되어서는 안 된다는 사실을 깨달았을 때 가치 상실감(喪失感)이 대두된다. 현실을 통해서 어떠한 목적도 달성되거나 도달되지 않으며 사건들의 다양성(多樣性) 안에는 어떠한 포괄적인 통일도 존재하지 않고 현실은 참된 것이 아니라 거짓된 것이라고 하는… 사람들은 그런 참된 세계를 신봉할 어떠한 근거도 전혀 갖지 못한다…
>
> 단적으로 말해서 우리가 세계를 하나의 가치를 투입하기 위해 사용한 목적, 통일, 존재(진리)라는 범주들은 우리에게서 박탈(剝奪)되는 것이며, 이제 세계는 무가치하게 나타난다.'

이는 우주론적 가치들의 붕괴를 말한 것이다. 이러한 결론에 이르게 된 근거는, 존재자 전체 밖에서는 이 전체를 위한 조건일 수 있는 것은 더 이상 존재하지 않는다는 것이다. 이는 가치가 그 자체로서 존재자 전체 위에 존재하면서 이 존재자 전체에 대해서 적용되는 어떤 것이라는 믿음을 첨예尖銳하게 거부한 것이다. 즉 신의 존재를 거부한 것이다.

사실 니체가 말한 본래적이고 유일한 생성의 세계, 생성자체는 어떠한 가치도 갖지 않는다.

이제까지 신봉信奉되어 왔던 과학, 예술, 국가, 종교, 문화는 이들을 통해서 유일하게 현실적으로 존재하는 것의 생성生成에 질서를 부여하는 조건일 뿐이고, 따라서 그것들은 질서에 필요한 것을 제공하는 조건인 한에서만 가치로 간주된다.

니힐리즘이 가져온 무가치화無價値化는 목표가 상실되고 세계에 대한 어떠한 근거도 발견될 수 없다는 사실을 의미한다. 그러나 니체에게 있어 이제까지의 가치들의 폐기廢棄는 필연적으로 이미 새로운 가치들의 정립을 향하는 도상途上에 있음을 뜻한다.

그에게 붕괴崩壞는 한갓 괴멸이 아니라 해방과 아울러 새로운 것의 개시로서의 폐기廢棄이다. 그리고 그가 제시한 새로운 가치가 권력權力에의 의지意志, 그것의 실현이다.

니체가 가치를 존재자가 되기 위해서 근거하는 조건이라

했을 때 그것은 이미 모든 가치價値들은 권력에의 의지의 유지維持와 고양高揚을 위해 유용한가? 아닌가?를 기준으로 결정되어야 한다고 예정된 것이다.

4.1.3. 권력에의 의지

니체는 존재자의 근본성격 즉 존재자성을 권력에의 의지라고 정의한다.

니힐리즘의 출현으로 삶의 근거根據에 대한 결정적이고 가장 본질적인 새로운 이해가 이루어진다. 그것은 초감성적인 세계로부터 생성의 세계로의 이행移行이다.

니체는 자연세계의 생성과 소멸의 전체영역을 추상적인 진리眞理라는 개념으로 해석되어서는 안 된다고 한다. '진리眞理라는 개념'에서의 개념은 정의定義된 것, 즉 사물을 앞에 세워놓고 고정시킨다. 자연세계는 그렇게 고정된 것이 아니다.

데카르트 이후 진리는 수학적 진리이고 진리에의 의지는 수학에서의 공식公式처럼 고정화固定化의 의지이다. 그러나 생성의 세계는 고정화를 거부한다. 따라서 그는 종래從來의 철학에서 이어온 진리에의 의지를 권력權力에의 의지로 변형시킨다. 즉 진리의 의지가 권력(생성)에의 의지로 변형된다.

이를 다르게 말하면 데카르트의 철학이 '나는 생각한다.'

로 자기의식意識의 확실성(진리)을 말하였다면 니체의 철학은 '나는 원願한다.'의 자기의지意志의 확실성으로 표현된다.

4.1.3.1. 권력에의 의지에서의 '권력'이 의미하는 것

니체가 말하는 권력權力의 의미를 이해하기 위해서는 먼저 그리고 결단코 정치권력 같은 타자他者를 지배하는 권력이라는 이미지부터 버려야 한다. 그 권력은 나무와 풀, 독수리와 황소, 뱀과 매미가 각각 그들의 형태를 두드러지게 하면서 그들의 본성 그대로를 드러내는 힘이다.

니체는 존재가 생명이고, 생명이 생성이며, 존재자가 하나의 생성자라고 본다. 따라서 이 지상에서 어떤 존재자이든 그것이 존재자로서 존재하는 한 그것은 생성하는 자로서 권력權力을 추구한다. 그 권력은 윤리적이나 정치적 의미가 아니다.

이는 유가儒家 '중용中庸'의 자연이 하는 일을 성이라고 한다 天命之謂性에서의 성性의 뜻과 그리 멀리 있지 않다. 성性은 만물에 내재하면서 그 만물을 존재케 하는 능력으로 항상 자신을 밖으로 나타내려는 경향성을 갖는다. 사실 니체는 권력을 어떤 작용을 일으키는 힘이라고 말하기도 한다.

권력에의 의지에서 의지와 권력은 동전銅錢의 양면의 관계이다. 그에게 의지는 권력에의 의지로서 권력에의 권력, 의지에의 의지 그리고 상위上位에 존재하여 명령할 수 있는 능력에의 의지이다. 이때 의지意志는 사유思惟행위로서 언제나 자유로운 의지이다.

여기서 '상위'는 타자에 대한 지배를 위한 지위 같은 외적外的인 것이 아니라 의지(권력)가 행위를 기도企圖함에 있어 어떤 다른 요인 말하자면 이성이나 감성보다도 우선한다는 것을 의미할 뿐이다.

이런 의지意志는 명령 즉 권력(생성)에게 자신의 본질에 충실하게 스스로를 강화해야 한다는 명령으로, 이는 본질적으로 자기 초극超克에의 의지이다.

니체의 권력은 타자他者를 지배하는 권력이 아니기에 권력의 자기강화는 자신을 통제할 수 있고 자기가 자신의 주인이 되는 자기극복克服 즉 극기克己하는 힘의 강화이다.[15)]

바꿔 말하면 권력의 본질은 자신의 초극超克을 위한 자기강화强化이다. 그런 자기강화를 위해서는 중단中斷없는 끊임없이 자신을 넘어서야 한다. 권력에의 의지의 중단中斷은 곧 권력이 자신의 본질을 잃는 것이기 때문이다. 정체停滯된 권력은 이미 권력이 아니다.

15 극기는 자신의 본성, 생성을 장애하는 것들로부터의 해방이다. 그것은 개인적 욕망, 아집(我執)뿐 아니라 자기 안에 고착된 억압적인 윤리적 관념 등 여러 관념으로부터 벗어나는 자유를 지향한다. 생명체로서의 인간에게 극기는 한 번에 끝나는 것이 아니다. 니체는 '차라투스트라는 말했다'에서 '보라, 나는 몇 번이고 나 스스로를 초극하는 자이다. 이렇게 생명은 말했다.'라 하고 있다.

자기강화는 끊임없는 생성生成 자체이다. 권력의 관점에서 보았을 때 존재자는 생성하는 한에서만 존재한다. 그런 의미에서 존재, 권력, 생성은 하나이다.

근대 이성주의理性主義에 의해 삶을 지탱해 주던 최고가치로서의 신의 존재가 의심스러워지면서 니체에 이르러 이 허무한 세계에 도전挑戰하기 위해 남은 유일한 대안代案이 권력에의 의지이고 니체는 그것 이외의 가치 창출은 불가능하다고 한다.

권력에의 의지는 니힐리즘의 세계에서 등장한 새로운 가치정립의 원리이다. 모든 것을 가치의 관점에서 평가하는 세상에서 권력에의 의지는 종래의 목적, 통일, 진리로는 이룰 수 없는 유일한 근본가치이다.

그러나 권력은 그 본질에 있어서 무목적적無目的的이다. 문화의 진보進步와 같은 것이 겉으로 보면 자신의 목적을 갖는 것처럼 보이지만 이들은 모두 항상 권력의 수단일 뿐이다.

권력은 자기 강화라는 오직 하나의 평가기준을 갖기 때문에 각각의 권력은 어떤 명분을 내걸건 그것이 권력의 자기 강화라는 본질실현本質實現인 한에서 무조건 정당성을 갖는다.

서양 정신사精神史에서 이러한 니체의 '권력에의 의지'와 서로 붙들어 주며 함께 할 수 있는 것은 로마의 정신과 마키아벨리Niccolo Machiavelli 1460-1527의 '군주론君主論'뿐이다.

20세기의 이데올로기Ideology 투쟁은 니체가 각각의 권력은 각기各其의 정당성을 갖는다고 하였을 때 이미 예견豫見된 것이다. 인간이 자신의 본질을 권력에의 의지로 이해하는 한 그들은 자신의 본질 수호守護를 위해 목숨을 걸고 싸울 수밖에 없다. 그 싸움은 단순히 살아남기 위한 것 이상의 것 즉 자신의 본질 수호라는 내밀內密한 의미를 갖고 있다.

4.1.3.2. 권력에의 의지에서의 진리와 예술

다윈harles Darwin은 단순한 생존을 위한 투쟁을 말하지만 니체는 단순한 생존이 아니라 자기 고양高揚을 말한다. 이는 권력이 단순한 생존에 머무는 한 그것은 정체이고 권력의 상실이기 때문이다.

권력權力은 그때그때에 따라서 자신을 초월하고 자신을 고양高揚시킴으로써 그것을 본질에 있어서 실현하는 것만이 가치를 가지며 또 존재한다.

과학科學과 예술은 삶의 주요한 두 가치價値이다.

과학은 인간에게 하나의 안전한 세계를 확보하여 거주케 하는 기술을 창출한다는 의미에서 가치이다. 그러나 삶의 공간 확보는 목표가 아니며 삶의 고양高揚을 위한 수단일 뿐이다.

그리고 예술은 삶의 고양을 가능케 하는 권력, 생성의 조건이다. 따라서 니체는 '예술, 오로지 예술만을, 우리는 진리를 조금도 죽일 수 없는 예술만을 가지고 있다.'고 한다.

예술은 인간의 삶에 새로운 가능성을 열고 이제까지의 현실을 넘어서 새로운 가능성에로 추동推動하고 이에 생生이 자신을 고양高揚하도록 자극刺戟함으로써 생은 더욱 강력하게 된다. 단순한 생존에 머무는 것이 권력의 정체, 상실을 의미한다는 관점에서 보면 예술은 필수이다.

그러나 권력에의 의지라는 관점에서 보면 과학기술뿐만 아니라 예술도 삶의 존립과 유지를 위한 담보 조건이다. 왜냐하면 삶이 자신의 활력을 유지시키거나 상승시키지 않으면, 그 삶은 곧 하강을 의미하기 때문이다. 따라서 예술까지도 그 목적은 권력에의 의지에 복속服屬된다.

같은 관점에서 국가, 종교, 문화는 이들이 이들을 통해서 유일하게 현실적으로 존재하는 것의 생성生成에 질서를 부여하는 조건인 한에서만 가치로 간주된다.

4.1.4. 영원회귀(永遠回歸)

권력이 자신의 본질을 실현하기 위해서는 그 권력이 지속적인 생성이어야만 하고. 그러나 이러한 생성은 결코 자신에서 이탈離脫하여 자신 밖에 어떠한 목적을 향해 나아갈 수 없다.

왜냐하면 권력에의 의지는 권력을 향한 권력이며, 권력의 무조건적인 강화로서, 무목적성無目的性이기 때문이다. 그러나 니체철학에서 목적이 없다는 것은 결함이 아니라 오히려 자유롭고 용기에 찬 목적정립이 가능토록 하는 탁월한 것으로 등장한다.

권력(생성)은 자신에서 이탈離脫함이 없이 항상 귀환할 뿐이므로, 항상 거듭해서 스스로 회귀回歸하기 때문에 그것은 동일한 것을 재현再現하게 된다. 동일同一한 것의 영원회귀는 권력이 자기 강화 이외의 어떤 것도 가치로서 허락하지 않는다는 이해에 따른 필연적인 결론이다.

이러한 회귀回歸는 도덕적 명령으로서는 모든 순간 '내가 지금 하고 있는 이것이 내가 수없이 반복하기를 원할만한 그것인가?'를 묻고 또한 그에 대한 예리銳利한 결단을 요구한다. 그에 따라 동일한 것의 회귀는 침체沈滯된 것이 아닌 자기 창조創造의 의미를 갖게 된다.

동일한 것의 영원 회귀라는 의미에서 보면 존재자의 모든 생성은 회귀하는 권력의 자기초월 운동이다. 그리고 니체는 자신을 초월하면서 스스로 창조하며, 자기 자신自身이 자신의 척도尺度로서 존재하는 인간을 초인超人이라고 부른다.

영원회귀는 곧 무한이다. 니체는 영원회귀를 통하여 무한無限을 사유한다. 그는 사변적 사유를 중단하고 단숨에 자신의 사상을 직관적 원천으로 환원한다. 이는 깨달음의 영역이다.

4.1.5. 초인(超人)

초인超人은 권력에의 의지에서 유일唯一한 최고의 가치형태이다.

> 그는 '인류(人類)가 아니라 초인이 목표이다.'라고 선언한다.

> 이제까지의 인간은 자신 위에 있는 이상(理想)과 소망할만한 것들을 필요로 했고, 그것들을 자신의 위와 피안(彼岸)에서 찾았던 인간이다. '그대들은 그대들이 무릎을 꿇을 수 있는 세계를 창조하려 한다.'(차라투스트라는 이렇게 말했다 中)

그러나 권력의 본질인 자기초극超克을 완성한 인간 즉 초인超人은 인간의 위, 피안을 더 이상 필요로 하지 않는다. 또한 차안此岸에서의 관습적 도덕, 윤리도 초극되어야 할 것으로 부정된다.

윤리, 도덕적으로 선善한 인간은 자신을 목적으로서 정립定立할 수가 없고, 자신을 명령하는 자로서 정립하려는 것을 포기抛棄한 인간이다. 이는 권력의 포기, 삶의 의지로부터 등을 돌리는 것으로 이러한 인간은 스스로 도덕에 헌신獻身한다. 그것도 본능적으로 그의 영리함, 그의 경험, 그의 허영심, 이 모든 것이 그로 하여금 그러한 도덕을 신봉하도록 설득한다. 그렇게 하여 세상과 영합迎合한다.

니체에게 관습적 윤리, 도덕을 거부할 때 붙여지는 비도덕적非道德的이란 선악의 피안彼岸에 서는 것을 의미한다. 이는 단지 법과 질서의 밖에 서는 것을 의미하는 것이 아니라, 반대로 관습에 대항對抗하여 질서를 새롭게 정립하는 필연성 안에 서는 것을 의미한다.

니힐리즘을 완성하는 가치정립은 권력의 본질인 자기초극超克을 완성함으로써 이루어진다. 그러한 가치정립을 이루어낸 인간의 전형典型이 초인이다.

이제 인간은 자신이 권력을 집행하는 주인으로서의 인간, 즉 입법자立法者가 되고자한다.

> 이를 니체는 '니힐리즘을 완성하는 가치정립은 인간을 그 입법자로서 원한다.'고 말한다.

여기서 입법은 자신의 존재 규정規定과 과제課題를 스스로 정립, 확보한다는 의미이다.

헤겔 역시 인간 스스로가 입법자가 되기를 희망하였지만 그때의 입법자의 의미는 관념론에 따른 즉 이성에 의한 것이다. 그러나 니체가 말하는 입법자는 권력에의 의지 즉 생명의 자기초극을 완성한 자유로운 인간에게 주어진 이름이다. 그것은 공자孔子 칠십七十의 경지, 불교의 해탈과도 상통한다.

4.2. 니체의 생(生)철학

니체는 자신의 철학개념의 중심에 있는 권력에의 의지를 철저하게 생리학적生理學的 관점에서 사유함으로서, 존재가 생명이고, 생명이 생성이며, 존재자가 하나의 생성자라고 보았는데 이는 생철학의 근거이다.

니체 철학의 근원에는 그리스 문명 특히 디오니소스적Dionysos 경향이 강하였다. 그는 삶의 근거를 표상작용이라는 의식意識의 영역으로부터 생성이라는 충동衝動의 영역으로 옮기면서 생철학을 개시 하였다.

니체는 권력(생성)에의 의지는 존재도 아니고, 변화도 아니며, 변화나 작용이 비로소 생겨나게 되는 가장 기본적인 사태로서 파토스pathos라고 말한다. 이때 파토스는 아폴로적인 질서秩序 이전의 디오니소스적인 충동衝動의 영역이다.

고대 그리스 문헌文獻의 연구가였던 니체는 이에 대한 근거를 헤시오도스Hesiodos의 '신통기神統記-Theogonia'에 쓰여 있는

> '카오스(Chaos)는 가이아(Gaia)와 에로스(Eros)에 앞서 가장 먼저 스스로 생겨난 존재의 어머니다.'라고 한데서 찾았다.

이는 동양철학에서의 태허太虛와 유사하다.

그리스어 카오스의 어원語源은 열려진 빈터 또는 펼쳐진

공허空虛라는 의미이다. 이 열려진 빈터는 곧 뒤에 생겨날 만물이나 우주가 들어갈 공간으로 '변화나 작용이 비로소 생겨나게 되는 가장 기본적인 사태'이다.

우주론적으로 볼 때 카오스Chaos는 만물을 생기生起게 하는 텅 빈 공간이자 가능성可能性으로 열린 공간이다. 여기서 '가능성'은 본성을 품수稟受하고 있다는 의미이다.

우주 만물은 가능성으로 존재한다. 니체가 말하는 생성生成이란 곧 가능성으로부터 자기실현을 향한 끊임없는 힘의 자기표현, 존재자로서의 발현發現이다.

니체는 이러한 생성의 세계가 의식意識의 소산所産인 추상적 진리로 해석되어서는 안 된다는 생각이었다. 그는 데카르트가 인간존재를 사유하는 의식으로 해석한 것을 거부한다.

데카르트에게 인간은 표상하는 자아自我라는 의미의 주체이다. 그러나 니체에게 인간은 궁극적 사실事實로서 존재하는 현존재(인간)로서, 충동과 열정 즉 육체적 존재라는 의미의 주체이다. 이런 믿음이 자신의 생철학生哲學에 지대한 영향을 주었다.

니체는 생철학을 자신이 철학하는 이유이자 임무로 받아들였다.

니체는 자기 철학의 임무를 첫째는 초감성적인 세계 즉 신神이 주관하는 세계로부터 인간을 탈취奪取하여 인간 중심의 세계, 인간이 주관하는 세계를 정립하는 것이고 둘째는 헤겔의 관념론이 갖는 머리가 하늘에 걸려 거꾸로 서 있는 상태로부터, 인간을 대지大地에 발을 딛고 서도록 하는 것이다. 다시 말해 인간을 관념론으로부터 해방시켜 온전한 육체적 존재가 되게 하는 것이다.

> 첫째 임무에 대해서 그는 '나의 임무 먼저 자연을 탈신격화(脫神格化)사키고, 그다음 인간이 순수한 자연의 의미를 깨닫게 되면, (그것이 바로)인간을 자연화시키는 것이다. 완전히 탈신격화된 자연을 누리게 될 때가 언제일까! 순수하고 새로이 발견되고 새로이 구원(救援)된 자연에 의해 우리가 인간을 자연화하기 시작할 수 있을 때가 언제인가!'라고 말하고 있다.

이러한 '인간을 자연화시킨다.'는 표현은 니체 철학이 고대 그리스철학의 자연성自然性으로서의 진리에 접근해 있는가를 보여 준다. 이는 또한 도가道家철학의 목표인 무위자연無爲自然을 상기想起시킬 만하다.

둘째 헤겔의 관념론에 대해서는 그 답答을 권력에의 의지에서 찾았다. 권력에의 의지가 자리하고 있는 곳은 관념觀念의 세계가 아니라 생성生成의 세계로 결코 이성적理性的이지 않다. 권력에의 의지는 관념론에 대한 거부拒否로 볼 수 있다. 그리고 생성의 세계에서 인간은 육체로 존재한다.

그는 이에 대해 자신의 유고遺稿에서 다음과 같이 말하고 있다.

> '사유(思惟)하는 자아(自我)가 아니라 육체이다. 육체는 보다 풍부하며, 보다 뚜렷하며, 파악하기 쉬운 현상이며, 이에 그것의 궁극적 의미에 대해서 어떤 결정을 내리지 않고서도 방법적으로 우선(優先)할만 한 것이다. 육체에 대한 믿음은 영혼에 대한 믿음보다 근본적이다. 본질적인 것은 육체로부터 출발하고 그것을 실마리로 이용하는 것이다.'라 하고 있다.

여기서 '방법적으로 우선한다.'는 진리의 확실성을 담보하는 방법에서의 우선을 말한다.

기독교에서의 진리는 성서聖書와 교회의 교의敎義의 계시啓示된 진리로 그 진리의 확실성은 곧 신神의 존재자체이다. 그리고 데카르트에게 그 확실성은 '나는 생각한다. 그러므로 존재한다.'는 사유하는 자아에 의해 확보된다.

이제 니체는 '육체에 대한 믿음'에 따라 그 확실성은 '사유하는 이성'이 아니라 육체를 통한 '직관적 이성理性'에 의해서 확보된다고 말한다. 베르그송은 직관直觀을 몸을 통과하는 이성이라 했다.

니체는 차라투스트라에서 몸은 하나의 큰 이성이고 몸이라는 주체는 자아自我-das Ich가 아니라, 인간의 이성을 넘어서 있으며 이를 움직이는 자기自己-das Selbst라고 한다.

그는 이러한 육체를 경이로운 시선으로 바라본다.

> 그는 '더욱 놀라운 것은 오히려 몸이다. 우리는 인간의 몸이 어떻게 기능하게 되었는지 한없이 놀라워 할 수 있다. 살아있는 생명체들이 그렇게 놀라운 통합이 어떻게 가능하였는지! 이 각각의 생명체가 독립적이면서 동시에 예속(隸屬)되어 있고, 그러면서도 어떤 의미에서는 다시 명령하고 자신의 의지에 따라 행위(行爲)하면서 전체로서 살고, 성장하고 한 순간 동안 존립할 수 있는지! 이런 일은 분명히 의식(意識)을 통해서는 일어날 수 없다.'라 하고 있다.

그의 생철학은 이런 육체에 대한 이해와 깊이 연관되어 있다.

4.3. 니체의 철학의 평가

니체는 존재를 권력에의 의지로 해석하는 자신의 형이상학을 수립하였으나 생철학을 효시嚆矢함으로써 형이상학의 종말을 가져온 마지막 형이상학자이다.

니체의 철학사상에는 형이상학과 생生철학이 혼융混融되어

있다. 그러나 그것이 니체의 사유가 지리멸렬支離滅裂하거나 모순적矛盾的이라는 의미는 아니다. 오히려 그것은 니체사상의 심오함을 보여준다. 니체의 심오한 사유는 그러한 모순적 양태樣態를 해체시켜 서양철학사의 과거와 미래를 연결시켜준다.

니체에 의한 형이상학의 종말 그리고 그가 주장하는 관념론의 폐기廢棄는 한갓 괴멸壞滅이 아니라 생生철학이라는 새로운 것의 개시로서의 의미를 갖는다.

그는 서양철학에서의 사유思惟의 큰 흐름을 바꾸어 놓았다. 그러나 근대 서양철학이 인간을 주체로서 정립하였다는 관점에서 보면 니체철학은 그에 기여寄與하고 있다는 의미에서 같은 흐름에 놓여 있다.

4.3.1. 형이상학의 종말이 갖는 의미

근대 형이상학의 역사는 데카르트로부터 개시되어 니체에 와서 그 종말終末을 고告하였다.

형이상학은 그 근본성격에 있어 관념론이다. 플라톤의 이데아에 해당하는 피타고라스의 모형模型으로서의 완전한 삼각형은 관념이다.

그러나 니체는 존재자의 근본성격을 권력에의 의지라고 정의하였고 그 권력에의 의지를 생리학적生理學的 관점으로부터 사유하면서, 그렇게 하여 더 이상 관념이기를 거부함으로서 형이상학은 종말을 고告하였다. 그리고 권력에의 의지를 가치 사상으로부터 사유함으로써 형이상학은 인간학으로 대체되었다.

그렇게 하여 형이상학은 종말을 고한다. 형이상학이 끝났다는 것은 학문으로서 자연과 인간을 그 근원에서 사유하기를 멈췄다는 의미이다.

형이상학이 사라지면서 철학은 그 무게감을 잃었다. 전통철학은 생철학, 현상학, 실존주의 등으로 다기화多岐化되었고, '존재자자가 무엇인가.'라는 물음에 대해서는 물리학이 그리고 '어떤 삶이 좋은 삶인가'는 심리학의 몫이 되었다. 그러나 심리학은 삶과 죽음을 본질에서 사유하지 않기에 '좋은 삶'에 대해서는 답을 줄 수 있는 지위地位에 있지 않다.

니체는 생철학을 통하여 서양철학의 아폴로Apolo(理性)적인 전통에서 벗어났다. 생철학은 이성理性에 의해 진리 즉 세계존재를 해명할 수 있는 통일적 원칙을 세울 수 있다는 믿음을 붕괴시켰다. 그러나 진리를 추구하는 철학을 사유할 수 있는 것은 이성뿐이다.[16)]

우리는 진리를 포기할 수 없다. 근대 서양철학에서의 진리

16 니체는 존재자의 근본성격을 권력에의 의지라고 정의하였으나 그렇게 정의할 수 있었던 것은 그의 이성능력이다. 니체가 부정한 것은 이성능력이 아니라 '사유규정이 사물 본질의 규정'이라는 절대 이성 또는 자연세계는 '실현된 이념(이성)' 자체라고 하는 헤겔의 관념론이다.

는 '인식과 사물의 일치로서의 진리' 즉 진리의 근거가 자연의 사실성이 아니라 인간 이성, 의식이다. 따라서 다음의 철학은 진리의 근거가 이성, 의식이 아니라 자연의 사실성이어야 할 뿐 아니라 또한 그것을 올바르게 이해하는 것이어야 한다.

이제까지의 서양 철학에서는 존재(진리)를 존재자성으로 이해, 그에 대한 해석을 추구推究하는 것으로 일관되었다. 니체의 생철학은 '인식과 사물의 일치로서의 진리'는 부정하였으나 존재(자연)를 존재자성으로 이해한 것으로부터 벗어난 것은 아니다.

존재(자연)를 존재자성으로 이해하였다는 것은 존재(자연)를 현성現成(有)과 은적隱迹(無)의 양면성으로 이해하지 않았다는 의미이다. 존재자성이란 현성된 것의 본성을 말한다.

하이데거는 존재를 양면성으로 이해하는 새로운, 그러나 고대 그리스의 헤라클레이토스에 의해 이미 천명闡明된 철학, 진리관眞理觀을 역설力說한다. 사실 존재를 양면성으로 이해하는 존재론은 동양철학에서는 일반화된 것이기도 하다.

일반적으로 서양 근대철학사에서 니체를 마지막 형이상학자라고 하지만, 하이데거야 말로 철학이 자연과 인간을 그 근원에서 사유한다는 의미에서는 마지막 철학자이고, 존재와 존재자성을 구별하였다는 의미에서 마지막 형이상학자라 할 수 있다.

5장. 하이데거(Martin Heidegger 1889-1976)

5.1. 하이데거의 존재론

하이데거는 서양철학사에서 존재를 유/무로 이해한 최초의 그리고 유일한 철학자이다.[17] 그는 유有를 존재의 빛Liechtung des Seins 그리고 무無를 존재의 감추어진 상태Schlier des Seins로 이해한다.[18]

하이데거의 1929년 프라이부르크 대학 취임 강의講義 '형이상학이란 무엇인가?'에서 라이프니츠가 제시한 '도대체 무엇 때문에 존재자는 있고, 오히려 무無는 없는가?'를 테제로 삼았다. 그리고 그 테제에 답하면서 자신의 철학이 무를 존재론적으로 해석하고 있음을 보여주었다.[19]

라이프니츠가 제시한 이 물음은 그의 근거율과 관련된 것으로 모든 사물의 제일원인causa prima 즉 존재자가 존재하는 원인, 이유를 밝히려는 것이었다. 그러나 존재자가 존재하는 데는 이유理由같은 것은 없다. 존재자는 '…하는 동안의 존속存續'이 그 존재자의 본질이며, 그 본질이 바로 존재자의 근거이다. 형이상학은 존재자의 존재 이유가 아니

17 그러나 사실은 고대 그리스철학자인 헤라클레이토스 역시 '존재는 스스로 숨기를 좋아한다.'라거나 '자기 은적은 나타남의 운동의 가장 깊숙한 본질이다.'라고 하여 존재를 현성과 은적으로 이해하고 있었다.

18 하이데거는 무(無)를 사유함으로써 동양사상과 서양철학을 접목(椄木)시켰다는 면에서 가장 탁월한 철학자이다. 그는 이런 관점으로 서양 형이상학의 역사를 재조명(再照明), 비판하였다.

라 존재 근거를 밝히는 것이다.

하이데거는 그 강의에서 종전從前의 형이상학은 그 대상對象을 적중하지 못했다고 비판한다. 왜냐하면 종래의 형이상학은 존재자의 근거가 아니라 존재 이유를 묻는데 그쳤을 뿐 아니라 존재자의 근거인 존재가 현성現成(有)과 은적隱迹(無)의 이중성임에도 불구하고 이를 현성만으로 즉 존재자성으로 이해함으로서 그 대상을 잘못 겨냥하였다는 것이다.

진리는 존재의 서술敍述로서 진리와 존재는 등가적等價的이다. 이는 항상 기억해야 한다.

그는 진리Aletheia를 은적隱迹된 상태로부터의 본질현현本質顯現-Unverborgenheit 즉 개시성開示性이라고 한다. 이러한 진리에는 은적無과 현성有이 함께한다.

19 칸트도 무(無)를 사유하였으나 그 이해는 인식론적인 것이었다. 그는 무를

1. 대상없는 개념으로서 그 본체에 해당하는 개념들
2. 대상의 결핍에 대한 개념으로서 실재성에 대립되는 부정
3. 대상의 단순한 형식적인 조건으로서 시간과 공간
4. 둥근 사각형과 같이 스스로 모순되는 것은 존재할 수 없다. 등으로 정의한다. 그러나 이러한 무(無)는 시간과 공간 이외에는 다만 부정성(否定性)일 뿐이다.

칸트는 기독교 신자(信者)이기에 무를 존재자의 근거라고 사유할 수 없었으나 대상에 대한 인식의 근거라고는 하였다. 시·공(무)은 감관에 주어지는 잡다한 대상을 일정한 관계로 정리하여 인식 가능한 현상이 되게 한다. 즉 인식의 근거이다.

즉 진리는 존재함의 근본 동향動向으로서 밝히면서 감추는 것Lichtendes Bergen이고 동시에 자기를 은폐하고 있는 나타냄das Sichverbergende Entbergung이다.

모든 나타냄Enterbergen(감춤을 풀어줌)은 존재자를 은폐성에서 끄집어낸다. 나타냄은 은폐성을 필요로 한다. 진리는 은폐 안에서 편안한데, 거기에서 꺼내지고, 그로써 은폐된 것을 눈앞에 갖다 놓는다vor-legen, 로고스Logos는 그 자체에 있어서 나타냄enterbergen이며 동시에 은폐함verborgenheit이다. 그것이 진리라는 것이다. 비은폐성Unverborgenheit은 은폐성을 그 배경으로서 필요로 한다.('강연 논문집'-1936)

그는 은폐(감춤)와 같은 의미를 가진 물러섬Entzug이라는 단어로 존재와 존재자의 관계를 해명한다. 그는 '존재는 자기를 존재자 속으로 드러내면서 자기는 뒤로 빠진다entzieht sich.'고 한다. 김형효 교수는 이를 황금사자黃金獅子의 경우 사자를 강조하면 황금의 의미가 뒤로 물러난다고 설명한다. 그러나 그는 '자기를 뒤로 빼는 것은 아무 것도 아닌 것이 아니다. 물러섬은 본연적인 것(Ereignis)이다.'라고 한다.

이를 헤라클레이토스는 '존재는 숨기를 좋아한다.'라고 하였다. 이 모두는 '비은폐성(현성)은 은폐성을 그 배경으로 한다.'와 통한다. 이를 동양철학 식으로 말하면 '유는 무를 그 배경으로 한다.'이다.

존재의 현성인 현상現象은 우리가 감각적으로 인지認知되는 대상이지만 무無(은적)는 불가해한 비밀로 가득 찬 실재이다. 전통적으로 서양철학에서는 무는 사유할 수 없다고 한다. 무는 인식될 수 없다. 그러나 인식될 수 없다는 것이 곧 사유할 수 없다는 것은 아니다.

하이데거철학에서 무는 '있다', '없다'의 '없다'가 아니다. 무는 존재자로서 경험되는 것이 아니고 기분과 행동양식에서 경험된다. 이를 그는 '무는 실존론적으로 경험된다.' 고 한다. 무심無心은 마음이 초탈超脫한 상태이고, 무위無爲는 행위하지 않음이 아니라 의식함이 없는 행위이다. 무는 '초탈'이나 '의식함이 없음'이다.

5.1.1. 무와 죽음

인간에게 은적은 죽음이다. 하이데거가 무를 사유했다는 것은 죽음을 사유한 것이다. 기독교에서는 죽음을 부정한다. 인간의 영혼은 불멸不滅하며 현생에서 영원한 지옥地獄이나 천국天國에로 옮겨 갈 뿐이다.

하이데거에 있어 인간은 죽음에로의 존재이다. 그러나 그는 죽음을 부정적으로 보지 않는다. 죽음은 인간이 자신 실존의 유한성有限性을 직면直面할 수 있게 함으로서, 삶을 총체적總體的으로 이해하게 한다.

> 하이데거는 '시간은 모든 존재이해의 가능적 지평(地平)으로, 시간의 유한성은 무한(영원성)에서

는 떠오르지 않는 그것이 바로 보일 수 있도록 되어 있다.'라고 한다.

이 말의 인식론적 의미는 시간의 유한성이 인식작용을 가능케 한다는 뜻이다. 무한은 현상(시간) 이전의 선후, 앞뒤가 없는 카오스상태로 인식작용은 불가능하다. 칸트는 시·공이 인식을 가능케 하는 조건이라고 한 바 있다.

그러나 이는 또한 '삶의 유한성을 이해하고 받아들이면 삶을 영원불멸하는 어떤 것(무한)으로 이해했을 때는 떠오르지 않는 그것이 바로 보일 수 있다.'로 해석, 이해할 수 있다.

실존, 삶의 유한성有限性을 자각한 인간에게 죽음은 삶을 본래적으로 이해하여 진정한 목표를 가질 수 있도록 해준다. 그리고 그 진정한 목표는 안일하고 편리하고 (본래적인 자기로부터의)기피적忌避的 생활의 가능성을 박차고 그의 운명의 소박함으로 이끈다. 그리고 그 이해, 자각의 심도深度가 그 일탈逸脫의 범위, 정도를 결정해 준다.

그런 인간은 단호하게 그의 유한한 존재로서의 운명을 수락受諾하며 탐욕에 이끌린 조그만 자아自我-das Ich가 아니라 본래적인 자기自己-das Selbst에게 충실하면서 세상에서의 자기의 역할을 수행한다. 그리하여 그는 죽음을 평안平安함의 예감으로서 맞이한다.

5.2. 하이데거의 인식론

하이데거의 존재에 대한 존재론적 이해는 인식론에도 그대로 반영되었다. 사실 존재론이 먼저인지 인식론이 먼저인지는 확실하게 규정하기 어렵다.

그는 존재를 유/무의 이중적二重的인 것으로 이해했는데 이는 곧 이중 긍정肯定이다. 그 이중성二重性은 동일성과 차이성의 관계 맺음으로 하이데거는 이러한 상관적 관계를 차연差延이라는 단어로 표현한다.

차연은 이중 긍정으로 진리는 배타적인 하나單價的라는 서양전통의 진리관眞理觀를 해체시킨다. 그래서 하이데거의 '존재와 시간Sein & Zeit'이 출간되자(1927년) 서양철학자들은 이를 충격으로 받아들였다.

서양철학의 형식논리는 근본적으로 하나의 진리定義를 논증하려는 목적을 갖는다. 그러나 하이데거가 수용한 진리는 둘 간의 차연(이중 긍정)에 있으며, 이는 근본적으로 논리규칙인 모순율矛盾律이나 배중율排中律에 어긋난 것이다. 논리규칙은 서양철학의 인식론의 근간이다.

서양철학의 인식론에서 사유의 본질은 부정否定이다. 즉 대립되는 것들 중에 하나를 부정함으로써 남은 하나가 그 본질로서 확정된다. 그러나 중국철학의 대대적待對的관계에서는 대大는 소小가 있어야 대일 수 있고 소 역시 그러하다. 그런 의미에서 대는 소의 대이고 소는 대의 소이다. 그것은 상대에 대한 긍정이다.

하이데거는 대립을 양립할 수없는 모순관계로서가 아니라 차연差延의 관계로 이해한다. 차연은 단순한 대립관계의 융합이 아니라 오히려 각각의 존재자를 성립시키며 춤추게 하는 힘이다. 차연은 밭의 두둑과 고랑을 함께 이르는 이랑과 같다. 이랑은 작물作物을 키우는 힘이다.

근원적인 유·무라는 차연의 관계에서 보면 밤하늘(허공)에 별들이 자유롭게 유영遊泳하듯 무는 유를 자유롭게 하고 유는 실질, 내용이 없는 무를 공허空虛의 나락奈落에서 구한다.

하이데거는 차연差延을 근거로 서양 형이상학의 역사 전체를 반성적으로 조명照明하였다. 그리고 서구 형이상학의 역사를 존재자성(유)만을 추구한 존재 망각妄覺의 역사로 규정한다. 여기서 존재 망각은 곧 유/무 가운데 무를 사유하지 않았다는 것이다.

그는 무를 배제한 유(존재자)는 소유에로 미끄러지고 만다고 보았다. 이는 무(에 대한 사유)가 유를 (소유욕으로부터) 자유롭게(초탈케) 한다는 의미라 볼 수 있다.

하이데거와 사르트르는 다 같이 실존철학자이지만 그들 철학에는 분명한 차이가 있다. 그것은 대립하는 현상을 이해함에 있어서의 차이이다. 하이데거는 이를 차연의 관계 즉 긍정적으로 수용한다.

그러나 사르트르는 자신의 철학이나 문학작품을 통해서 하나의 상태 안에서 옳음과 그름이 정리整理되지 못하고 대립한 상태를 부조리不條理라고 하였다. 그것은 삶의 관점에서는 매우 불안정한, 부정적인 상태이다.

이는 단가적單價的 사유에서 비롯된 것이다. 거기서는 세계를 하나의 분명한 진리로 정리함으로써 그 통일적 체계 안에서 자신의 존재가 정당화된다. 이러한 단가적 진리관은 기독교의 유일신唯一神사상과 연관되어 있다.

단가적 사유는 필연적으로 투쟁을 유발한다. 반면에 이중二重 긍정은 화해적和解的이다. 그러나 이중 긍정에서의 표면적 문제는 뜻이 분명 또는 명료明瞭하지 못하다는 것이다.

만일 동양적 사유를 이중 긍정 그리고 서양의 그것을 단가적이라고 가정假定하면, 일상적 삶에서 대체로 동양인은 스스로를 자각自覺하지 못한 채 멍한 상태에서 일상을 보낸다. 이에 비해 서양인은 깨어 있으나 항상 불안한 상태, 부조리를 껴안고 자기 삶과도 화해和解하지 못하고 갈등한다.[20]

20 티베트인들은 우리들 마음에는 선과 악이 공존하며, 악의 세력을 달래어 마음의 한 공간에 그것을 허락하고 필요한 부분으로 인정하는 것이 오히려 그들의 지배(支配)를 벗어나는 길이라고 믿는다. 그리하여 그들은 선과 악 사이의 갈등(葛藤)을 넘어 마음의 평안을 얻고 밝은 삶을 살아간다.

5.3. 하이데거철학의 성격

하이데거의 철학은 헤겔의 관념론으로부터 벗어나, 현상을 통하여 사물의 본질로의 이행이 가능하다고 주장하는 현상학現象學을 추종하며 시작하였지만. 그러나 그는 현상을 묘사하고 해석함으로서 해명코자하는 것이 아니라, 현상을 존재의 현성現成으로 이해, 현성과 은폐隱蔽의 이중적인 존재의 본래성을 포착하고자 하였다. 즉 현상학을 통로通路로 하여 형이상학으로 나아갔다.

많은 사람들이 하이데거의 철학은 난해難解하고 마치 비밀을 알고 있는 자에게만 공개될 수 있는 지혜의 심연深淵에서 나온 것 같다고 한다. 이는 그의 철학이 무無에 대한 사유, 그리고 상관론적 사유의 길을 가기 때문이다. 상관론적 사유는 이중 긍정으로 그 뜻이 애매하다.

이러한 난해는 하이데거철학의 성격자체에서 비롯된 것이다. 그러나 정작 그 난해성은 서술방식과 어휘語彙에 있다. 그는 '존재와 시간'에서 존재, 그 정의될 수 없는 명제를 칸트식의 정밀성을 가지고 분석적으로 추구함으로서 난해할 수밖에 없었다.

그의 차연의 개념은 근본적으로 모순율을 범犯하게 되어있다. 그런데 형식논리의 규칙인 모순율이나 배중율을 포용할 수 있는 것은 마음뿐이다.

김형효 교수는 하이데거의 철학은 의식意識의 철학이 아니라 마음의 철학이라고 한다. 마음은 무의식을 회임懷妊하고 있기에 의식의 근원이다. 의식은 무의식이라는 빙산氷山의 일각一角일 뿐이다. 무의식의 세계에는 형식논리 같은 것은 기댈 곳이 없다.

마음의 철학에서는 주관과 객관사이의 분별이 모호해 진다. 의식적 차원에서는 주체와 객체, 옳음과 그름이 분명하게 나누어지고 대립하지만 마음 안에는 이 둘이 나뉘지만 그렇다고 하여 서로가 독립적으로 분리되어있지 않다.

하이데거는 인간 존재에 대한 심리학적 접근을 거부한다. 심리학에 의한 인간존재의 이해는 불교의 유심론唯心論과 유사하지만, 심리학은 그 본질이 마음이 아니라 의식意識이다.

심리학은 색채色彩를 진동 폭의 수치로 해부하듯이 인간의 감성을 분석, 해체함으로써 오히려 마음을 메마르게 한다. 이러한 심리학은 인간을 그 본질에서 사유하지 않기에 그 이해는 얕을 수밖에 없다.

5.4. 하이데거와 실존주의(實存主義)

실존實存이라는 개념은 인간이 대상이기를 거부, 대항對抗하는 의미에서 사용되었다. 그러나 사르트르를 위시한 다른 실존주의자들은 실존을 그 본질에서 사유하지 않았다. 하이데거는 실존을 존재론으로부터 이해하고 있다.

그는 인간을 현존재現存在-Dasein라 부른다. Dasein은 존재Seyn가 자신을 드러내는 곳, 존재를 이해하는 결정적인 장場 즉 Da이다. 존재를 이해하는 능력은 오직 인간에게만 있다. 이러한 현존재는 각자성各自性으로서 현존現存하는 능력이다.

현존재는 던져진 존재이지만 동시에 자신의 삶을 선택기투-企投할 수 있는 가능可能존재이기도 하다. 그리고 그러한 현존재의 본질을 실존實存이라 하였다.

실존은 어둠에 갇히어 있기를 거부하며 자신을 벗어나 밖과 관계를 맺으려는 것이기에 탈존脫存이다. 탈존의 자기 펼침은 곧 자기 가능성의 실현으로 이는 선택에 의해 이루어진다. 탈존의 자기 펼침에는 끊임없는 선택이 요구되고 그 선택에 의해 실존의 방향성이 설정된다.

그리고 그 끊임없이 요구되는 많은 선택들 중에도 가장 근본적인 것은 인간으로서의 본래성本來性의 존재양식을 택할 것인가, 혹은 모든 결정과 책임으로부터 해방된(도피한) 대중속의 한 존재로서 평준화平準化된 세상사람, 비본래적非本來的(日常的)인 존재양식을 택할 것인가이다. 그리고 인간은 이를 결정할 수 있는 가능존재이다. 이것이 실존의 의미이다.

탈존脫存이 우리의 세상살이의 근원이다. 따라서 하이데거는 일상적 삶을 살아가는 인간의 모습을 관심觀心-Sorge의 관점에서 조명하였고 또한 '기술의 전향'을 통해 세상살이가 요구하는 기술의 본질을 탐구하였다.

5.5. 하이데거와 선(禪)

하이데거 인식론의 주요 개념인 차연은 불교의 불일이불이不一而不二와 다르지 않다. 차연이나 불일이불이는 이중 긍정으로 모두 세상을 바라보는 관점이다. 그의 철학은 선禪과 친근성을 갖는다.[21] 그는 일본 스즈키 선사禪師와도 공감共感하며 대담을 나눈 바 있다.

그는 그 전반기에는 존재자의 관점으로부터 존재存在를 그리고 소위 전회轉回를 거친 후에는 존재存在로부터 존재자를 사유하고 해석한다. 이를 불교식으로 말하면 법성法性의 관점에서 세상을 바라보고 해석하는 화엄사상華嚴思想이다. 따라서 후반기에는 '있다ist'가 '주어졌다Es givt'로 표현된다.

5.6. '존재의 지킴이'로서의 인간

그는 인간이야말로 (존재를 이해한다는 의미에서)존재와 연관을 맺고 있는 유일한 존재자라고 한다. 그런 뜻에서 그는 인간은 존재(본성)의 본질을 보살피고 돌보는 존재의 지킴이가 되어야 한다고 강조한다. 여기 '존재의 지킴

21 이에 대해서는 한스 헴펠(Hans Hempel)이 쓴 '하이데거와 선(禪)' 그리고 김형효의 '하이데거와 화엄(華嚴)의 사유'에서 충분히 설명되어 있다. 대승불교의 화엄사상은 법성의 관점에서 세상을 보았다는 점에서 선(禪)과 그 내용에서는 일치한다. 그의 철학은 불교 특히 직관을 요구하는 선(禪)을 이성, 논리의 지평(地平)에서 이해하는 데 큰 도움이 되고 있다.

이'에서의 존재는 인간 본성뿐 아니라 자연 만물의 본성을 아우른다.

'존재의 지킴이'는 자연이 자기 본성을 펼침에 있어 그것을 인간의 작위적인 훼손毁損으로부터 지켜주어야 한다는 의미를 포함하고 있다. 이는 현대 과학기술에 대한 경고警告이다.

3부. 현대문명

3부 현대문명

현대문명은 과학적 기술주의와 정신의 지능화知能化로 규정될 수 있다.[22)]

서구 역사에서 세계 일차대전一次大戰이라는 인류적 참사慘事는 인간성에 대한 회의, 자신감을 잃게 하였고 인류의 삶이 무한히 발전하리라는 계몽주의와 함께 낭만주의 역시 종말을 고告하였다. 그리고 등장한 것이 과학 기술주의이다.

니체는 '신神은 죽었다.'고 함으로써 그 신에 근거한 일체의 가치의 무가치화無價値化를 선언하였고 그에 따른 허무주의nihilism를 그 시대의 특성으로 천명闡明케 하였다. 그리고 하이데거는 허무주의와 기술주의 이 둘을 불가분리적 상관관계를 맺고 있는 서구 형이상학의 쌍생아雙生兒라고 한다. 기술주의는 인간이 자신의 행위능력을 강화하여 허무주의를 극복하려는 지향성이다.

근원적으로 과학기술주의는 데카르트의 자연에 대한 수학적 인식에 근거한다. 즉 과학기술주의는 수학적 진리라는 이념이 있어 가능했다.

근대 서구문명은 신앙에 의해 무덤에 묻혀있던 이성理性이 깨어남으로서 시작되어 계몽주의와 낭만주의 시대에 꽃을 피웠다. 그 이성은 현상現象과 정신精神을 아우르는 사유思惟하는 능력이었다.

인간 정신의 사전적辭典的 의미는 지능知能, 정감情感 그리고 의지意志의 복합체이다.

그러나 현대 문명에서는 정신이 지능과 동격화同格化되어 가고 있다. 현대를 규정하는 과학기술주의에서 기술은 지능의 외연화外延化에 다름 아니다.

기술의 발전은 지능知能에 의존한다. 세계 1·2차 대전大戰이라는 정치적 위기는 자신들의 전쟁능력을 강화하기 위해 폭발적爆發的인 기술의 발전을 요구하였고, 이는 정신을 지능이라는 외곬으로 몰아가 정신과 지능의 동격화同格化를 촉발시켰다.

중세가 신앙의 시대이고, 근대가 이성의 시대라면 현대는 지능의 시대이다.

22 기술주의란 기술을 삶의 중요한 가치로 인정하며 이를 목표로 한다는 의미이다. 가치와 목표는 동전의 양면이다. 또한 정신의 지능화는 삶에서 정감(情感)의 영역이 극히 축소, 무시된다는 것으로 그것은 인간의 마음에서 자연과 인간 그리고 다른 존재자애 대한 친밀감(親密感)이 엷어져가고 있다는 의미이다.

1장. 기술주의(技術主義)

1.1. 기술의 본질

하이데거는 일상적 의미의 기술은 그 기술의 본질과 같은 것이 아니라고 한다.

통념상 기술은 목적을 위한 수단으로서 인간 행동에 대한 하나의 지침指針이다. 이를 야스퍼스jaspers는

> '어떻든 분명한 것은 기술이란 수단일 뿐이지 그 자체로는 선(善)도 악(惡)도 아니다. 중요한 것은 기술이 인간에게 어떻게 봉사하고 인간이 기술을 어떤 조건 아래 놓는가이다.'라 한다.

기술은 목적을 위한 수단이며 인간 행동의 하나의 지침이라고 한 것은 옳은 말이다. 그러나 옳은 것만으로는 참된 것이 될 수 없다. '시詩는 단어들의 집합이다.'라고 하면 이는 옳은 말이지만 시의 고유한 본질을 알려주지는 못한다.

하이데거에 따르면 우리가 알고 있는 기술의 영어英語 Technic의 어원語源인 그리스어 테크네는 '밖으로 끌어내어 놓음'으로 이는 수공적手工的인 행위능력 뿐 아니라 예술 행위도 지칭하였다.

목수木手가 나무로 책상을 만드는 것은 기술이고 예술가가 그것으로 불상佛像을 만드는 것은 예술이다. 이 둘은 다 같

이 나무라는 원목으로부터 하나의 형상을 '끌어내어 놓음(탈은폐)'이다.

기술은 탈은폐脫隱蔽라는 의미에서 그저 하나의 수단이 아니라 존재를 규정하는 진리의 영역에 속한다. 이를 하이데거는

> '기술은 현실구성에 참여하고 있으며, 그 시대를 탈은폐시키며(드러내 보이며), 사물들의 존재를 규정하고 있다. 따라서 그때마다의 기술은 그때마다의 지배적인 현실에 대한 존재(자연)에 대한 해명(解明)일 수 있다.'고 한다.

인간은 그 시대의 존재(자연)에 대한 이해에 상응相應하는 방식으로서의 기술을 매개로하여 존재자와 관계를 맺는다. 도구나 기술은 그 시대의 자연에 대한 이해理解를 반영한다.

뉴멕시코의 타오스 인디언들은 쇠로 된 쟁기를 거부하는데 이는 그 쟁기가 어머니인 대지大地의 가슴에 상처를 낸다고 생각하기 때문이다. 그들은 초봄에 말에서 쇠로 된 발굽을 떼어내는데 이는 '임신姙娠한 대지大地'를 다치지 않게 함이다.('기술과 전향' 해설 이기상)

그들에게 대지는 '어머니 대지'로서 그리고 생명력 있는 존재로서, 인간에게 다양한 선물을 선사善事하는 스스로 존재

하는 삶의 근원지이다. 그러나 현대 기술에 있어 대지는 한낱 에너지의 저장고로서, 기능적 존재로 환원되어 버린다.

하이데거는 현대에 있어 기술技術은 인간의 자연과 세계와의 관계를 규정하는데 있어 종교나 철학적 사유를 거부한 채로 남은 유일한 근거라고 한다. 이 말은 기술이 니체의 권력에의 의지처럼 존재를 규정한다는 것이다. 즉 현대는 기술시대라는 것이다.

하이데거는 현대에 와서 비로소 기술의 본질이 '존재'의 역사적 운명歷運-Geschick[23)]으로 전개되기 시작하였다고 함으로서 기술을 수단의 차원을 넘어 존재자를 규정하는 존재로 격상시켰다.

이런 기술을 인간이 통제할 수 있다고 생각하는 것은 착각이다. 그것은 우리가 보고 싶은 것만을 보려고 하는 인간의 속성에 따른 오해誤解이다.

1.2. 현대의 과학기술

데카르트는 자연을 냉철하게 그 진행방법을 파악할 수 있는 양화量化가능한 에네르기의 연관체계로 보았다. 이렇게

23 하이데거는 역운에 대해 이는 강제적인 숙명이 아니라고 한다. 오히려 인간이 역운의 영역에 속하여 그 역운을 듣는 자가 될 때 비로소 그는 자유로워진다는 것이다. 자유는 밝혀져 있는 것, 진리와 밀접한 관계에 놓여 있다.

이러한 역운에 대한 이해는 그의 철학적 전회(轉回) 이후 존재(存在-법성)로부터 존재자(세상)를 사유하는데서 비롯된 것이다.

하여 인간이 자연(사물)의 객관적인 인과법칙因果法則에 대한 인식(파악)을 통하여 자신의 뜻대로 자연을 통제하고 처리할 수 있게 된다. 이것이 현대 과학기술의 철학적 근거이다.

현대 과학기술의 기반基盤은 수학과 물리학物理學이다. 물리학은 자연을 미리 계산해 낼 수 있는 힘의 연관체계로 이해하고 그 이용가능성을 수학적으로 실험한다. 이러한 수학적 물리학을 이용한 현대의 기술은 이전의 도구적道具的 기술과는 그 성격이 전혀 다르다.

하이데거는 현대기술의 본질을 도발적挑發的 요청에 의한 닦아 세움인 '닦달'로 요약한다, 그리고 그 특성은 사물의 본성을 엇바꾸어 놓으며 드러낸다는데 있다고 한다.

1.2.1. 도발적 요청

하이데거가 말하는 도발적 요청要請은 그냥 요청하는 것이 아니라, 자신의 의사를 관철시켜 나가며 모든 것을 자신의 명령권 아래 놓아 대상을 강압하고 착취하며 계산 가능하고 지배 가능한 상태로 고정시켜 놓음을 의미한다.

이러한 도발적 요청은 과학기술이 자신의 본질을 드러내는 한 방식이다. 그 요청은 사물, 대상이 기술의 전개과정에서 자신 또는 다른 요청에 대비對備하기 위해 어디에서나 즉시, 가까이, 지정指定된 자리에 놓여 있어야 할 것을 요구한다.

하이데거는 그렇게 요청된 상태의 것을 부품部品이라고 부른다. 이는 사물이 오직 다음 것을 위한 대비對備로서만 그 존재의미를 갖는다면 그것은 더 이상 독자적인 대상對象으로의 지위를 갖지 못하기 때문이다. 이렇게 해서 도발적 요청은 사물, 대상을 기술의 전개展開에서 그것의 구성 요소의 하나(부품)로 축소시킨다.

대상이 오직 부품으로서만 이해되면, 인간은 그저 부품의 주문자로서 존재하게 된다. 인간이 기술의 전개과정에서 어떤 것을 하라고 요청(주문)을 받고 있다면(그가 알건 모르건)그 역시 부품이다. 그렇게 하여 인간은 기술의 전개展開에서 그 자신마저도 한낱 부품으로 전락轉落할 수밖에 없게 된다. 여기서는 인간을 포함한 모든 대상은 부품에로 사라진다.

1.2.2. 닦아 세움

도발적 요청이 관계성關係性을 전제한다면 닦아 세움의 관점은 대상 자체이다.

하이데거가 말하는 '닦아 세움'은 자연과 세계에 내재한 힘들의 연관을 계산計算하여 이용가능성으로 바꾸기 위해 자연과 세계를 대상으로 고정固定시켜놓는 것을 의미한다.

도발적 요청이 그러하듯 닦아 세움 역시 단순히 고정시키는 것이 아니라 이용가능성으로 바꾸기 위해 사물의 본성을 왜곡시킨다. 현대의 기술은 근본적으로 사물의 본성을 훼손시킨다.

원자原子는 사물을 구성하는 가장 작은 단위의 입자粒子로서 아직 본성을 가진 자연적 존재이다. 그런데 원자력原子力은 자연적 존재인 우라늄의 핵核을 분열시켜 즉 그 본성을 파괴시킴으로서 동력動力을 얻어낸다.

광학光學에서는 색채色彩를 진동폭振動幅 수치로 해부한다. 그러나 그것은 색채의 본성을 파괴하는 것이다. 색채는 아름답게 빛나고 또 빛나기를 원한다. 그것이 색채의 본성이다.

현대 기술은 '밖으로 끌어내어 놓음'이지만 본성을 훼손시키는, 참된 것이 사라져버린 현성現成이기에 하이데거는 이를 '엇바꾸어 놓음', 위장僞裝이라는 단어로 표현한다.

그는 '현대 기술은 비은폐성의 사건, 진리의 사건이 일어나고 있는 바로 그 장場에서 근원적인 본래성마저도 엇바꾸어 놓아 은닉함으로써 고유한 본성을 망각妄覺하여 뒤에 덮어 놓고 있다. 닦달로서의 기술은 본성의 자기현성도 더 이상 들어나지 못하게 한다.'라 하고 있다.

하이데거는 이에 대해 '인간은 어느 곳에서든 더 이상 자기(대상) 자신을, 다시 말해 자신(대상)의 본질을 대면하지 못하고 있다.'고 말한다.

그러나 하이데거는 주문 요청, 닦달하는 현대 기술은 단순한 인간 행위가 아니라고 한다. 즉 기술시대의 도래到來는 자신의 본질을 숨기면서 자신을 우리에게 보내주는 존재의 역운歷運으로 인간은 기술이라는 탈은폐의 한 방식에 의해 말 건네받고 그에 응답하는 것일 뿐이라는 것이다.

1.3. 기술과 자본

기술주의技術主義가 갖는 의미는 그것이 현대 인간에게 있어 유일하게 가능한 삶의 형식이라는데 있다. 그리고 자본주의資本主義는 그에 가장 잘 부응하는 사회 형태이다.

인간의 삶에서 자본資本은 늘 존재해 왔지만 자본주의는 합리성을 그 운영運營의 지침指針으로 한다는 점에서 다르다. 합리성合理性은 기술주의와 자본주의를 묶어주는 공통분모共通分母이다. 그런데 합리성은 정신 중에 지능이 담당하는 몫이다.

자본과 기술은 동일한 목표를 가지고 공생共生한다. 기술주의의 전개과정에서의 두드러진 특성은 객관적인 인과법칙에 대한 인식을 통해 얻은 획일성과 동질성을 기초로 하여 대량생산大量生産에의 길을 연데 있다. 그것은 자본資本의 요구, 목표와 일치한다.

대량생산과 대량소비는 자본주의 발전의 근거이자 목표이다. 소비消費가 미덕美德이라는 슬로건Slogan은 그것이 인간의 소비행위의 확대를 유도함으로서 대량생산의 근거를 마련하고자 하는 자본주의 기업의 비책秘策임을 숨기고 있다.

그런데 자본주의 발전의 근거인 대량생산은 인간이 삶의 안정을 추구하는데 유용할 뿐 아니라, 생산과 소비의 대량적 획일성劃一性은 국가의 성공을 보장해 주는 징표로 등장했다. 그렇게 하여 기술, 자본주의는 찬양된다.

자본과 기술은 권력權力의 한 형태이다. 자본의 생리生理가 자기 확장에 있듯이 기술 역시 자기발전發展을 생리로 한다. 그것은 니체철학에서의 권력에의 의지처럼 자기 정체停滯는 곧 소멸, 실패이기 때문이다.

그 발전의 생리는 배타적排他的인 합리성 즉 자신의 증대, 발전 이외의 어떠한 가치, 감성적 요인도 거부한다는 특성을 갖는다. 인간은 그 동기를 부여하지만 자본과 기술은 자기발전發展이라는 스스로의 목적과 생리生理를 갖기에 우리는 그 방향 즉 종착역을 모른다. 즉 우리는 그것들을 통제할 수 없다.

자본주의는 그 발전의 요구에 따라 자연 속에 숨어있는 것을 채굴採掘하고, 채굴된 것을 원료로 하여 상품의 형태로 변형시키고, 변형된 것을 저장하고, 나누고, 그것을 화폐로 전환시킨다. 이제 자연은 기술의 요구에 응해야 하고 자산資産으로 전환되는 것이 확실해야 하는 대상일 뿐이다.

기술과 자본은 자연의 본성을 훼손시키면서 성장하였다.

하이데거 식으로 말하면 본성의 위장僞裝을 통해 이루어진 것이다.

현대사회에서 인간은 상품商品같은 이용 가능한 대상만을 추구하며, 그렇게 하는 것을 세상살이의 척도로 받아들인다. 그것이 현대사회의 모습이다. 그리고 인간은 그런 상황의 주위를 어떤 결단決斷없이 배회徘徊하고 있다.

인간, 세상 사람은 배회할 뿐 다른 삶의 방식과 그 가능성에 대해 묻고 사유하기를 멈춘다. 그렇게 하여 다른 가능성은 문이 닫힌다.

2장. 인공지능(人工知能-Artificial Intelligence)의 시대를 열다.

2.1. 인공지능과 기술

기술의 요체要諦는 인간의 지능知能이다. 그동안의 꾸준한 기술의 확대, 발전은 마침내 기술의 근거인 인간지능의 자기복제複製라고 보이는 인공지능을 창출創出하기에 이르렀다.

종래의 기술에서의 지능은 대상對象을 중심으로 하는 외향적外向的, 수동적임에 반해 인공지능은 지능자체를 중심으로 하는 내향적內向的, 능동적이다. 인공지능의 표징標徵인 Computer는 자신에 오류가 발생했을 때 스스로 그 원인을 찾아내어 이를 정상화시킬 능력을 갖고 있다. 즉 상황에 대해 수동적이 아니라 능동적, 주체적으로 대처對處한다.[24)]

이는 기술의 질적인 변화를 가져왔다. 마르크스의 말대로 양적量的변화가 질적質的변화를 가져온 것이다.

인공지능은 우주물리학, 양자역학, 생물학, 의학醫學, 사회과학 등 모든 분야에 이용되어 그 발전에 주도적 역할을 하고 있다. 그렇게 기술을 비약적으로 발전시켜 나간다.

이와 함께 모든 과학적, 사회적 현상을 재료화材料化하고 그것을 digital 정보情報로 바꾸어 한 곳에 취합聚合하고, 이를 근거로 각 분야를 연계連繫시켜 이제까지는 예상조차 할 수 없었던 세상살이에 대한 새로운 처리방안, 기술들을 제공하고 있다.

이제 우리는 은행銀行이나 정부기관을 직접 찾아가지도 않아도 컴퓨터를 통해 거의 다 처리할 수 있다. 세상살이가 너무 편해졌다.

24 우리는 이 예를 이세돌과 알파 고의 바둑대결에서 이미 보았다. 인공지능 앞에서 지식(知識) 자랑은 웃음거리이다. 인공지능은 단순한 지적 영역뿐 아니라 예술 활동까지도 가능하게 되었다. Digital Art는 미술의 한 분야(分野)가 되었다. Digital Art에서 작가의 역할은 Thema를 제시할 뿐 실제로 Image를 구성하고 표현하는 작업은 인공지능의 몫이다.

이제는 인공지능이 무엇을 할 수 있는가가 아니라 무엇을 할 수 없는가를 묻게 된다. 우리는 인공지능이 어떻게, 어디로, 얼마나 발전할지는 예상 조차 할 수 없다. 다만 인공지능이 인류를 적(敵)을 삼지 않기를 바랄뿐이다.

2.1.1. Cyber세계의 구성

인공지능은 Social Network를 통해 주고받은 지식과 정보를 취합聚合하여 Cyber세계라는 하나의 가상假想세계를 설립한다. Cyber세계는 인간이 자연세계를 토대로 세상을 설립하였듯, 세상을 근거로 한 것이다.

태초太初, 자연세계의 Chaos상태가 인간의 선험적 직관인 시간과 공간개념에 의해 질서秩序 잡힌 그래서 인식 가능한 현상現象으로 되고 거기에 근거하여 인간의 관심이 세상을 세운다. 시간과 공간은 세상의 근거이다.

Cyber세계는 이 시간과 공간을 하나의 점點으로 응축凝縮시켰다. 기하학幾何學에서의 점은 위치하나 존재하지 않는다. Cyber세계 역시 위치하나 존재하지 않는다. 위치하기에 우리는 조그만 단말기端末機 하나로 그에 다가가지만, 그 세계는 어디에도 존재하지 않는 가상假想의 세계이다.

Cyber세계에서는 세상의 모든 것이 시공時空의 제약을 벗어나 하나의 점에 담겨 있어 조그만 단말기를 통해 그 모든 것과 즉각적으로 만나고 거래할 수 있다. 세상살이에 필요한 거의 모든 것을 그렇게 처리할 수 있다. 그 효율성, 편리便利함은 참으로 경탄敬歎스러움 그 자체이다. 더욱 고마운 것은 그 안에 세상 모든 음악音樂이 담겨있다는 것이다.

2.1.2. Cyber세계의 성격

인공지능 시대에는 개인의 특별히 뛰어난 능력은 의미가

없다. 전문지식을 요구하는 의사醫師나 변호사 등은 직업을 잃을 수도 있다. 소위 챗GPT라는 인공지능은 세상의 모든 지식을 담고 있어 우리는 언제고 그것들을 손쉽게 제공받을 수 있다.

Cyber세계 안에서는 모두가 평등平等하다. 인권人權의 관점에서의 그 평등은 사회적으로는 인간이 평준平準, 평균화平均化됨을 의미한다. 그렇게 하여 사회는 획일화된다.

그러한 Cyber세계는 도덕적으로는 무중력無重力상태이다. 인공지능에는 자기를 희생할 수 있는 도덕적 의지意志가 개입될 여지餘地가 없다.

Cyber세계의 주요한 관계맺음은 Internet을 통한 Social Media이다. 그것은 사람들의 뜻을 모으는데, 그리고 그 뜻을 관철시키는 데 있어 가공할 힘을 갖는다. 그러나 도덕적으로 무중력無重力상태에서 그 힘, 날카로운 칼은 좋은 일뿐 아니라 나쁜 일을 하는데도 똑같이 이용될 수 있다.

Cyber세계 안에서의 인간관계는 Digital화된 정보情報에 의해서 이루어진다. 그러나 그 관계는 정보의 진위眞僞, 진실의 무게가 어느 만큼인지는 모르는 상태에서 이루어진 것이기에 Game의 성격이 짙다.

그 Game에는 기쁘면 웃고 슬프면 우는 뛰는 심장心臟을 가진 본래의 인간은 뒤에 가려져 있다. 그리하여 인간의 잔인성이 여과濾過되지 않은 채 상대를 할퀴면서도 별로 양심에 꺼리는 바가 없다. Game이니까.

그러나 사실 Cyber세계 자체는 어떤 문제도 없다. 그것보단 우리가 그것에 과하게 익숙해지면서 몸을 부대끼고 생생하게 살아가는 현실세계가 패싱passing당하는게 문제다.

Cyber 공간에는 육체가 없다. 그러나 인간은 몸으로 존재한다. 감동感動을 느끼는 것은 생명체의 특권이다. 그런 감동이 태어나서 완결되는 것도 몸의 접촉 가운데서이다. 가장 아름다운 관계들도 정다운 시선視線, 수줍은 미소微笑같은 몸의 신호信號를 통해 이루진다. 타인에게 말없이 보내는 따듯한 미소가 상대를 충족감에 들게 한다.

Cyber 세계에서의 소통은 정보情報교환이지만 현실세계에서는 몸으로 소통하며 교감交感하고 공감한다. 장난치면서 심지어 미워하면서 서로의 정情을 나눈다.[25)]

우리는 지금 현실공간과 Cyber 공간의 혼재混在 속에서 이 두 공간을 오가며 생활한다. 아니 Cyber 공간이 우선優先하면서 자연과 인간, 인간과 인간 사이의 관계를 차단遮斷시킨다.

인간이 인간을 회피回避한다. 소위 비대면非對面이라는 생활방식이 일상화되고 전화도 음성音聲통화 대신에 문자文字로 주고받는 것이 대세大勢다. 연애戀愛도 문자로 한다.

수업을 끝마친 고등학생들 넷이 버스를 기다리며 정류장 의자에 나란히 앉아있다. 넷 모두 머리를 숙여 스마트폰을 들여다보고 있다. 그들은 지금 무엇을 얻고 무엇을 잃고 있는가?

2.2. 과학기술과 인간

현대 인간은 과학기술을 무기武器로 자연의 지배자가 되어 폭군의 전제성專制性을 유감없이 발휘하며 자연을 무참無慘히 파괴하고 있다. 인간이 이렇게 하는, 할 수 있는 철학적 연원淵源은 데카르트가 자연을 사유하는 사물(res cogitans-영혼을 가진 인간)과 연장延張을 갖는 사물(res extensae)로 구분한 것에 있다.

이는 인간이 자연(연장을 갖는 사물)을 지배할 수 있다는 것을 암묵적으로 아니 그것을 주장하기 위해 구별한 것이다. 이렇게 하여 자연은 소유所有의 대상이 되었다.[26)]

25 이를 박경리 선생은 토지에서 '정(情)이란 생명의 응어리로 천지만물, 생명의 움직이는 근본이요 생명을 이루게 하는 힘이다.'라고 한다. 불교에서는 인간을 포함한 모든 생명체를 유정(有情)이라고 한다. 정(情)은 생명체에 있어 원초적이고 근원적인 것이다.

26 그러나 한 인디안 추장은 이렇게 말한다. '부드러운 공기와 재잘거리는 시냇물을 우리가 어떻게 소유할 수 있으며 또한 소유하지 않은 것을 어떻게 사고팔 수 있단 말인가? 햇살 속에 반짝이는 소나무들, 모래사장, 검은 숲에 걸린 안개, 눈길 닿는 모든 곳, 잉잉대는 꿀벌 한 마리까지도 우리의 기억과 가슴 속에는 모두가 신성한 것들이다. 우리는 대지의 일부분이며 대지는 우리의 일부분이다.'('나는 왜 너가 아니고 나인가' 시애틀 추장 외 유시화 엮음)

인간은 자연의 지배자가 되어 힘을 뽐내지만 막상 인간은 무시無視당하고 나약懦弱해지고 있다. 현대 생물학에서는 마음을 뇌신경 세포의 작용으로, 인간의 생명현상은 DNA의 배열로 해석한다. 이제 인간은 후대後代에게 물려주기 위해 DNA를 나르는 운반책일 뿐이다. 거기서는 인간의 의지意志는 무시당한다.

인간의 의지에는 그가 속한 공동체나 자신의 삶을 위협하는 것들에 저항抵抗하고, 그에 따른 희생과 고통을 감수甘受할 수 있는 힘이 있다.

현대인에게는 그 의지의 힘이 점점 약해지고 있다. 우리는 TV와 스마트폰 외에도 생활의 편리함을 제공하는 것들에 의해 길들여지고 있다. 길들여지게 되면 그에 반대되는 것들에 대한 가능성의 문을 닫고 순응하는, 삶은 피동적이 된다.

현대의 인간에게 물리적 위험보다 근원적인 것은 인간의 정신精神이 균형을 잃고 추락하는데 있다. 인간을 인간답게 하는 인간의 정체성正體性이 무너지고 있다.

인간의 정신은 지능知能, 정감情感, 의지意志의 복합체이다. 그 정신이 마음으로 읽힐 때 그 안에서는 만물이 생동하고, 영혼으로 읽히면 그 불꽃으로 자신을 태워 삶을 승화昇華시킨다. 현대는 그런 정신이 지능과 동격화同格化, 전락轉落하고 있다.

정신이 지능으로만 기능技能하기에 거기에서는 정감情感이 배제된다. 그러나 정은 인간이라는 생명체의 본질이다. 인간이 외로움, 그리움을 느끼는 것도 정 때문이다. 살아있는 모든 것들은 정에 부대끼며 산다. 인간은 공동존재이고 정情은 인간을 공동존재로 묶어주는 인력引力이다.

삶은 선택하고, 행동하고 느끼는 것이다. 현대 인간은 이 모두에서 점점 피동적被動的이 되어가고 있다. 인간이 점점 왜소하고 나약해지고 있지만 우리는 온갖 편의성便宜性에 마비되어 그런 사태의 위험성에 대해 사유하려 하지 않는다.

우리는 고통苦痛을 스스로 선택하지는 않지만 비온 후 비포장도로의 물웅덩이처럼 곳곳에서 우리를 기다리고 있다. 행복은 서로 비슷하지만 고통은 각각이 특별하다. 그러나 우리는 그 고통을 통해 성숙成熟해 진다.

정호승 시인詩人은 자신의 시詩 '내 등의 짐'에서 말한다.

> 내 등에 짐이 없었다면
> 나는 세상을 바로 살지 못했을 것입니다,
> 이제 보니 내 등의 짐은 나를 바르게 살도록 한 귀한 선물이었습니다…
>
> 내 등의 무게로 남의 고통을 느꼈고
> 이를 통해 사랑과 용서도 알았습니다…

물살이 센 냇물을 건널 때는
등에 짐이 있어야 물에 휩쓸리지 않고
화물차가 언덕을 오를 때는
짐을 실어야 헛바퀴가 돌지 않듯이
내 등의 짐이 나를 불의(不義)와 안일의 물결에
휩쓸리지 않게 하였습니다…

내 등에 짐이 없었더라면
나는 아직도 미숙하게 살고 있을 것입니다.
내 등에 있는 짐의 무게가 내 삶의 무게가 되어
그것을 감당하게 하였습니다…

2.3. 과학기술과 자연

문명이 더 나아갈수록 자연은 더 물러나야 했다.
-'인디안 연설문집'에서

근원적으로 사물을 질質과 양量만으로 대하는 과학기술은 자연을 수치화數値化함으로써 자연의 본성을 왜곡시킨다.

과학에서는 색채色彩를 진동폭振動幅의 수치로 해부한다. 그러나 그것은 색채의 본성을 파괴하는 것이다. 색채는 아름답게 빛나고 또 빛나기를 원한다. 그것이 색채의 본성이다.

인간은 과학기술을 이용해서 자연을 무참히 학대. 훼손시키고 있다. 이제 자연에는 산짐승들이 숨어서 쉬어볼 만한 곳도 마땅치 않고, 식물들은 목숨을 부지扶持하기 조차 어렵다, 멸종되어 떠나버린 생명들, 바위를 타고 흐르던 생명수는 썩어가고 있다. 도대체 과학기술이 무슨 짓을 한 것인가?

인간은 자연존재이다. 자연은 본원本源이고 산, 강, 나무, 인간은 지류支流이기에 인간의 본성은 자연의 본성이기도 하다. 그래서 인간은 자연 안에서 평안平安을 느낀다.[27]

하이데거는 자연 스스로가 자신을 지켜나가는 자연의 '숨은 법칙法則'에 대해 말한다.[28]

자연의 숨은 법칙은 각 사물이 모두 따르고 있지만 어떤 사물도 자기에게 배당配當된 가능성의 범위를 모른 채, 모든 사물들의 등장과 소멸의 분수分受지키기를 보호한다. 이 숨은 법칙은 동양철학에서의 도道와 같다.

27 하이데거는 '넓은 들길로 걸어감으로써 우리는 자연이 제공하는 전원(田園)의 아름다움과 탁 트인 빈 공간이 주는 자유의 해탈, 그런 해탈의 의미를 보여주는 자연의 너그러움과 함께 우리는 이 세상의 번뇌와 고통을 이 세상이 마지막으로 간직하고 있는 시골들길의 청아(淸雅)함 속으로 비약시킨다.'고 한다.

28 숨은 법칙에서의 '숨은'은 헤라클레이토스의 '존재는 숨기를 좋아 한다'라든가 하이데거 자신이 말한 '모든 나타냄은 존재자를 은폐성에서 끄집어낸다. 나타냄은 은폐성을 필요로 한다.' '물러섬은 본연적인 것이다.'와 연관된 의미이다. '숨은 법칙'은 존재(자연의 사실성, 진실)의 원리(법칙) 즉 진리(眞理)이다.

자연은 각개의 존재자에게 그에 맞는 그 본질의 최고의 품위를 지키게 해주는 몫을 배정해 준다. 소나무나 솔개는 자기의 몫 이상을 바라지도 행하지도 않는다.[29] 오직 인간만이 자연의 숨은 법칙을 무시하고 자연을 인위적으로 피로하게 만들고 소모시키면서 흔들어 놓는다. 그리고 과학기술은 그 일을 가장 능률적으로 수행한다.

숨은 법칙은 곧 연생緣生의 법칙이다. 꿀벌이 사라지면 열매도 사라진다. 인간이 자연에 대해 폭군의 전제성專制性을 발휘하면 연생의 고리가 끊어진다. 연생의 한 고리가 끊어지면 나머지도 무너진다. 그 나머지에는 인간 자신도 포함된다.

먹이 사슬로 이어진 생명체들은 서로 잡아먹기도 하고 공존하기도 하는 화쟁和爭을 유지하고 있다. 화쟁 역시 자연의 숨은 법칙이다. 순록과 늑대는 동거한다. 늑대가 없는 순록은 약해져서 결국 죽게 되고, 늑대도 먹이가 없어 죽게 된다.

29 헤르만 헤세는 나무를 예찬하는 한 글에서 다음과 같이 말한다.

'강하고 아름다운 나무보다 더 거룩하고 모범이 되는 것은 없다. 나무는 우리 보다 더 지혜롭다. 우리가 나무의 말을 듣고 법을 배우고 나면, 우리 사유의 짧음과 빠름과 아이 같은 서두름에서는 얻을 수 없는 기쁨을 터득하게 된다. 하지만 나무의 말에 귀를 기울이는 법을 배운 사람은 더는 나무가 되기를 갈망하지 않는다. 그는 자기 자신 말고 다른 무엇이 되기를 갈망하지 않는다. 그것이 바로 고향이다. 그것이 행복이다.'

그런데 이기려고만 하는 과학기술은 자연의 숨은 법칙을 정면으로 거부하며 자연으로 하여금 자신의 가능성을 벗어나도록 강요. 혼동混同으로 몰아간다. 그렇게 하여 우리는 자연을 잃어 간다.

인간에게서 생명의 근원根源인 대지, 자연에 대한 경애敬愛와 친숙親熟함이 사라지고 있다. 거기가 출발점이다.

맺는 말

하이데거는 말한다.

> '서양철학사의 본질은 신비(神秘)를 점진적으로 추방하는 역사이다. 근·현대는 신비의 미소(微笑)가 소멸한 시대다. 성스러운 제신(諸神)이 숨어버려서 이 지상(地上)은 천박한 욕망들의 골짜기로 변하였다. 제신(諸神)을 상실한 인간들은 자유스러워지기는커녕 더 속물적인 것들의 노예로 변했다.
>
> 모든 생명을 키우고 인간이 뿌리내리고 사는 대지(大地)는 본래 모습 그대로 현현하지만, 인간의 뻔뻔스러운 계산적(計算的)인 개방(開放)노력 앞에서 신비(神秘)의 보고(寶庫)로서의 모습이 사라진다.'

근대는 인간이 스스로 자신들의 이성理性에 대한 제한制限을 철폐한데서부터 비롯되었다. 그리고 신神을 대신한 수학적數學的 진리라는 개념은 그 철폐에 직접적인 원인을 제공하였다.

근대성의 특징인 제한 없는 이성理性에 근거한 주체로서의 인간 그리고 그에 따른 인간중심의 문화가 인간을 거슬리고 오히려 인간성을 파괴하는 문명으로 흘러가고 있다. 지상地上은 인간이 거주하는 곳이 아니라, 인공지능이 대중사회의 획일성을 통제하는 곳이 되고 있다.

이제 인간에게는 위대한 정신, 온 몸을 바쳐 자신을 희생하는 아름다운 사랑도 없다. 세계라는 극장의 무대장치는 한동안 옛날 그대로일지 모르지만 거기서 행해지는 연극演劇은 이미 다른 것이다.

이 모든 것으로부터의 구원救援은 우리가 외관상 항상 가깝고 유일하게 절박한 것으로 보이는 물음인 '무엇을 해야 하는가?'에 앞서 '어떻게 사유해야 하는가?'를 생각할 때에만 가능하다.

구원은 인간의 본성이 본래적으로 나타나도록 하는데 있다. 그런 구원은 '존재存在'를 사유하고 '존재의 지킴이'가 되는 것 이외의 것이 아니다.

5편. 어떻게 살아야하나?

꾸라(cura)의 신화

어느 날 관심(關心)의 신(神) 꾸라가 강을 건널 즈음에 진흙을 보고서 가만있지 못하고 무엇을 손가락 끝에서 주물럭거리면서 만들기 시작하였다. 물론 그것은 사람의 모습이었다. 꾸라는 마침 그곳을 지나가던 주피터(jupiter)신에게 그 형체에 영혼을 불어넣어 달라고 부탁하였다. 주피터는 기꺼이 수락하였다.

이에 꾸라가 그 형체에 자기 이름을 붙이려 하는데 주피터가 이의를 제기하고 자기 이름을 붙여야한다고 주장한다. 꾸라와 주피터가 실랑이를 하는 사이에, 진흙을 제공해 준 대지(大地)의 신인 텔루스(Tellus)가 또 개입하여 그 형체에 육신을 주었기 때문에 자기 이름을 붙여야 한다고 한다. 그래서 이들은 시간의 판관인 사투르누스(Saturnus)에게 중재를 요청하였다.

사투르누스가 드디어 판결을 내린다. 주피터는 영혼을 불어넣어 주었기에 그 형체가 죽으면 영혼을 도로 가져가고 텔루스는 육신을 회수해 가고 그 형체가 살아있는 동안에는 꾸라가 지배하도록 하였다. 그리고 이 형체의 이름에 대해서는 진흙의 뜻인 라틴어 후무스(humus)에서 나온 명사인 호모(homo)를 사용하도록 판결하였다. 이 호모가 곧 사람이다.

1부. 일상적 삶의 모습

1부 일상적 삶의 모습

1장. 관심(關心)과 삶의 선택 그리고 시간

1.1. 관심(Sorgen) - 관심은 탈존(脫存)의 다른 이름

인간의 마음은 어둠에 갇혀있기를 거부하고 끊임없이 밖과 관계를 맺으려한다. 그것이 관심이다. 인간이 태어나서부터 죽을 때까지, 인간의 마음을 지배하는 것은 관심이다. 관심은 인간 그 자체라 할만하다.

여기서의 '관심'은 이론理論이나 실천實踐 이전에 인간 내면에 존재하는 선천적인 가능성이기 때문에 거기에 의식적이고 의지적意志的인 뉘앙스가 개재되어서는 안 된다. 오히려 관심은 무의식적 욕망慾望으로 이해해야 한다.

한 인간의 욕망의 표현은 그 인간을 이해하는 열쇠이다. 욕망은 인간 존재의 실상實象의 가장 탁월한 징표徵表이다. 우리들 각자는 자신의 욕망에 의해 그 본모습이 드러난다.

관심 자체는 무기적無記的으로 선악善惡의 나뉨이 없다.

인간이 타인에 대해 갖는 관심에는 배려配慮와 보살핌, 공동존재 양식에 요구되는 모든 종류의 사랑과 헌신獻身이 있는가 하면 유행에의 민감한 반응, 남들의 행동 거취去取에 대한 모방심리, 타인을 무시하는 방자放恣한 태도 등도 있다. 이 모두가 관심의 표현이다.

인간이 관심 그 자체이고 그 관심이 무기적이라는 것은 관심의 향방向方에 따라 인간이 무엇과 어느 방향에서, 어떻게 행동하며 살아갈 것인가가 결정된다는 의미이다.

관심의 표현으로 나타나는 인간의 욕망은 존재론적인 것과 소유론적인 것 둘을 모두 포함하고 있다. 전자는 타자지향적指向的인 존재의 상호연기성緣起性을 그리고 후자는 타존재자를 자기 것으로 지배하려는 욕심으로 나타난다.

모든 존재자의 존재방식은 본래적으로 상호연기성相互緣起性이기에 존재론적인 욕망은 본래적 삶과 관계를 갖는 반면에 타존재자를 소유하고 지배하려는 소유론적인 욕망은 그 상호연기성을 해害치는 비본래적, 일상적 삶을 이끈다.

1.2. 본래적 삶과 일상적 삶

마음의 선천적 성격으로서의 관심關心은 갇혀진 마음이 아니라 자신을 밖으로 내보내 다른 존재자와 인연을 맺고자 하는 탈자적脫自的인 존재방식을 갖는다. 그래서 실존實存은 곧 탈존脫存이다.

세상의 관점에서 보면 자신으로부터 탈출하려 함을 초월超越이라 하고, 그 초월이 향하는 곳이 일상적 생활이라면 그것은 수평적水平的 초월로 볼 수 있다.

그러나 인간의 다른 마음은 일상성을 초극超克하여 세상살이의 소용돌이 속으로 이끄는陷溺 강력한 인력引力으로부터 이탈離脫하려는 즉 일상성으로부터 벗어나 본래성을 향한 결단決斷을 실행하기도 한다. 그러면 그것은 수직적垂直的 초월이라 할 수 있다.

1.2.1. 몸(육체)

인간 존재는 존재론적으로 몸과 불가분의 관계에 있기에 인간은 '육화적肉化的 존재'라 할 수 있다. 이를 가브리엘 마르셀Gabriel Marcel은 '나는 나의 몸으로 존재한다.'고 했다. 나는 몸으로 존재하면서 동시에 나의 몸을 소유하고 있다.

마음은 무의식적으로 몸으로부터 지대至大한 영향을 받는다. 따라서 나의 몸의 만족을 찾고 괴로움을 싫어하는 호好/불호不好는 모든 관심의 향방을 결정하는 기준이 된다. 마르셀은 몸이 소유의 원형原形 즉 근원이라고 한다. 몸의 만족을 위해 소유욕이 발동한다는 것이다.

그런데 이 몸이 개인으로서의 각자성各自性의 본질이다. 즉 각개의 인간은 각각의 몸을 소유하고 그로부터 각자성이라는 개념이 성립된다. 그리고 이 각자성이 자각하는 자성自性의 범위가 인간의 행위를 다르게 결정한다.

일상적 삶은 자아自我-Ego에 이끌리어 자기 몸만을 호好/불호不好의 영역으로 여기는 심정心情에서 시작된다. 반면에 본래적 삶은 자기와 타인의 몸, 일체 생명을 하나로 여기는 동체대비同體大悲의 마음에서 비롯한다. 이는 인간 각자의 보편성인 자기성Selbstsein에 근거한 것이다.

그러나 본래성과 일상성은 서로 별개의 독립적인 존재양식이 아니라, 인간의 삶 안에 공존하고 있는 이중적二重的인 존재방식이다. 본래적인 삶은 일상성日常性 위에서 따로 배회徘徊하고 있는 그 무엇이 아니다. 단지 이 일상성의 수정修正된 파악把握일 뿐이다.

1.3. 일상적 삶과 시간

현대인은 항상 시간에 쫓기며 산다. 시간이 우리를 지배하고 시간은 금金이다. 그렇게 중요한 시간에 대해 우리는 시계나 달력에서 보는 것 외에는 별로 아는 것이 없다. 칸트는 시간과 공간은 선험적 직관으로, 감각에 의해 수용된 재료를 배열配列한다고 하였다.

시간이 선험적이라는 것에는 시간 자체는 직접적인 경험의 대상이 아니며, 다만 인간의 의식이나 외부세계의 변화를 통해서 자신을 드러낸다는 의미를 포함하고 있다.

즉 시간은 내·외부의 변화를 통해서만 의식된다. 우리는 시계 초침秒針의 변화, 움직임을 통해 시간을 본다. 그런데 이런 시계를 통해 아는 시간은 동질성同質性을 전제로 한 평준화된 공식적인 시간이다.

그러나 시간의 본래성은 의식이나 외부세계의 변화를 시간으로 바꾸는 것이기에, 이를 바꾸는 인간의 주관성主觀性이다.[1)] 시간은 우리 마음 안에 있지 밖에 있는 대상이 아니다. 따라서 우리 마음의 변화에 따라 그 질質, 내용은 바뀔 수 있다. 다시 말해 시간의 본래성은 주관성이기에 지루한, 무겁고 긴 시간도 있고 가볍고 짧은, 빨리 가버리는 시간도 있다.

시간을 중심으로 그러니까 시간의 관점에서 보면 인간의 관심은 시간 속에서 자신을 전개시켜 나간다. 미래未來라는 시간개념은 관심이 자신을 앞으로 내보내는 그런 존재양식을 갖고 있기 때문에 성립한다.

> 하이데거는 '시간성은 과거, 현재 순간, 미래가 각각 제한적 시간이 아니라 과거에서 미래로 또 미래에서 과거로 돌면서 연계되는 결합체다. 그런데 결합체라고 해서 세 가지로 나누어 이름붙이는 계기(契機)가 소멸되는 것은 결코 아니다.
>
> 만약 '통일이 전부(全部)라면 시간은 없고 영원함만이 존재하게 되며, 분리만이라면 시간이 성립되지 않고 서로간의 혼란으로 모두 암흑의 심연으로 빠지게 된다.'고 한다.

카오스Chaos는 시간 이전의 인식이 불가능한 혼란스러운 상태이다. 시공時空은 인식의 근거이다.

일상적 세상, 우리와 친숙한 세상에서 현재現在라는 시간은 자신의 일상적 관심의 지속持續을 의미한다. 일상적 관심의 관점에서 보면 현재는 자신이 인지認知하고 있는 '지금'이고, 과거는 이미 지나간 현재이고, 미래는 아직 오지 않은 현재일 뿐이다. 즉 현재는 동일한 것의 반복反復이자 지속이다.

과거와 현재 그리고 미래가 동일한 것의 반복, 이것이 의미하는 것은 우리의 일상생활은 동일한 것의 순환循環이라는 것이고 거기에 매달리는 것이 우리의 일상적 삶의 모습이다. 집착執着이란 이 동일한 것에 매달리는 것이다.

그리고 우리가 이처럼 시간을 동일한, 동질적同質的인 현재의 연속으로만 생각하기 때문에 현재의 사건事件이 사라질 때 시간 역시 사라져버리는 것으로 생각한다. 그래서 우리는 시간을 대상으로, 따라서 양量으로 계산될 수 있는 것으로 이해한다.

1 주관성은 '존재를 이해하는 마음'을 바꿔 한 말이다. 마음은 시간의 근거이다.

시간과 공간은 우주자연의 틀이다. 형이상학적 관점에서 보면 존재(자연의 본성)가 존재자라는 물질성(物質性)을 근거로 한 즉 공간적이라면, 시간은 비물질성 즉 존재를 이해하는 마음과 상통한다.

공간과 시간, 존재와 (존재를 이해하는)마음은 같은 것은 아니지만 하나가 없으면 다른 하나도 성립할 수 없는 상관관계를 갖는다. 존재는 존재를 이해하는 마음이 있기에, 마음 안에서 그 의미(존재)를 갖는다. 하이데거가 '존재와 시간'이라는 제목(題目)의 책을 쓴 것도 그런 이유에서다.

존재 이해는 인간의 특성으로 다른 생명체에게는 생멸(生滅)이 있을 뿐 시간은 없다. 생멸을 시간상의 문제로 이해하는 것은 존재 이해 능력, 마음을 가진 인간뿐이다.

그리고 이를 근거로 시계의 시간 즉 평준화된 공식적인 시간이 성립된다. 그런 시간은 모두에게 속하지만, 아무에게도 속하지 않는다. 그러나 시간이 평준화, 공식화 되어야만 사회공동체에서의 일상생활이 유지된다. 그런 시간이 우리의 일상적 삶을 지배한다.

2장. 일상적 삶에서 세상은 어떻게 만들어지고 있는가?

2.1. 일상적 삶의 성격

인간들은 먼저 그리고 대부분 보이지 않는 마음보다 자신의 마음에 비춰진 세상에서 펼쳐지는 드라마에 집착한다. 우리들은 세상을 그렇게 살아간다. 하이데거는 이를 '세상사람'이라고 부른다.

일상적 관심은 세상 안에서 자신에게 친숙親熟한 것에 넋을 빼앗긴다. 달리 말하면 세상 사람들은 항상 자신의 일상성日常性을 가깝고 유일하고 절박한 것으로 느끼고 그에 몰입한다.

세상 사람의 일상적 관심은 이용가능성만을 주요主要하게 여기기 때문에 존재存在가 아니라 소유所有의 문제에 집중한다. 일상적 관심의 본질은 바로 소유를 겨냥한 욕심이다. 여기서 욕심의 대상은 주로 재산財産이나 명성名聲이고, 세상 사람은 그것들을 추구하며 산다.

이러한 세상이라는 드라마가 펼쳐지는 일상성 안에서는 마음이 여러 유혹誘惑에 이끌려 분산分散되고 그런 상태에서는 마음의 본래성은 모습을 감춘다.

또한 공동사회 구성원으로서의 세상 사람은 당연히 자신의 존재存在가 타인의 관심에 의해 확인되기를 바란다. 그러나 그에 그치지 않고 그가 속한 세상에서 자신의 존재를 확대 포장하여 과시誇示하고 싶은 욕심에 전전긍긍戰戰兢兢하며 산다.

이는 자기 존재의 근거를 여여如如하게 보려하지 않기 때문이다. '여여如如하게 본다.'는 것은 자신이 가깝고 유일하고 절박한 것으로 느끼는 그 세상의 실상實象이 일상적 '관심의 현상화現象化'에 지나지 않는다는 사실을 본다는 것이다.

불교식으로 말하면 관심의 현상화 즉 세상은 관심이라는 견분見分의 상분相分인데 세상 사람은 그 둘을 다르게 보는 분별적 사고방식에 고착되어 있다.

2.2. 세상과 관심의 관계

세상에 존재한다는 것은 자기의 관심關心을 표현한다는 것이다. 인간이 관심에 이끌려 향하고 있는 곳을 세상이라 하는데, 역으로 세상은 인간의 다양한 관심의 표현을 가능케 하는 곳이다. 그러므로 세상은 인간의 관심으로 보아서는 그가 향하고 있는 곳이고 동시에 근원根源이다.

하이데거는 전체성으로서의 세상으로부터 분리하여, 일상적 관심이 사방으로 인연을 맺으며 형성된 일상적 관심에 의해 제한制限된 세계를 주위세계周圍世界라고 불렀다. 이 주위세계는 그냥 우리가 일상적으로 생각하는 세상이다.

2.3. 세상의 구성(構成)

인간의 마음과 객관적 세계는 각각이 독립된 주객主客이 아니라 하나가 없으면 다른 하나도 성립할 수 없는 상관관계를 갖는다. 세계에서는 모든 존재자는 나와 별개로 독립된 실체이지만, 세상에서는 그것들은 나와의 관계성 안에서 존재한다.

세상은 일상적 관심이 존재자들에 의미를 부여함으로서 성립·존재한다. 따라서 세계에는 의미 없는 것이 존재하지만, 세상에서 의미 없는 것은 존재하지 않는다.[2] 세상에서는 의미가 곧 존재이다. 이때의 의미는 선악善惡, 미추美醜를 판단하기 이전의 존재자 자체가 갖는 원론적原論的인 것이다.

들판의 핀 이름 모르는 꽃도 인간이 그것에 눈길(관심)을 주어 세상 안에 들어옴으로써 존재하게 된다. 'You are nobody until somebody loves you' 그리고 이 너you에는 인간만이 아니라 모든 존재자가 포함된다.

2 여기서의 '의미'는 차라리 관심의 대상으로 의식에 떠오른 것 정도이다. 우리의 오감(五感)에는 세계가 모두 나타나지만 의식세계에 와 닿는 것은 그 일부이다. 관심이 그것이 와 닿게 한다.

우리는 세계가 아니라 세상에 살고 있다. 세계는 의식意識의 대상이지만, 세상은 의식의 본원인 마음의 소산所産으로 보다 근원적이다. 그런 세상은 세계에 선행先行한다. 우리는 우리가 그 안에 살고 있는 세계를 의식하여 개념적으로 파악하기 이전에도 우리는 이미 세상에 살고 있다.

세상을 설립하는 것은 마음이다. 그러나 마음과 세상은 주객의 관계도 아니고 별개의 것도 아니다. 마음과 세상은 하나이다. 그래서 'One lives one's inner-mind'이다.

세상은 어떻게 구성되는가? 세상(주위 세계)은 객관적으로 존재하는 물리적 세계世界가 아니라 인간의 관심關心 그중에도 일상적 관심이 만들어 낸 세상世上이다.

일상적 관심은 이지理智의 측면과 감성적 측면 둘로 나눌 수 있다. 근원적으로 이지理智는 세상을 분별하고 이해하여 의미를 부여附與하는 능력을 갖고 있고, 감성은 타인을 포함한 모든 존재자들과 가까이 사귀려는 성향을 갖는다. 세상은 이 둘이 만들어 나간다.

2.4. 이지의 능력

우리는 사물들을 서로 연계시켜 거기에 어떤 의미를 만들어내고 현시現示하고자 한다. 이를 언어言語의 관점에서 보면 먼저 우리는 모든 유·무형의 사물에 대해 이름을 붙여命名 그것들을 의미로 현시한다. 사과나무는 '사과나무'라는 이름으로 자기존재의 의미를 현시한다.

그리고 그 이름에 근거하여 개개의 단어單語(이름)들을 연계시켜, '사과나무에 사과가 열려있다.'처럼 구체적 내용과 의미를 현시한다. 이를 불교에서는 명언종자名言種子 그리고 현대 의학에서는 언어중추言語中樞-speech center가 담당한다고 한다.

그리고 현상적現象的으로는 인간은 현상에 임의任意로 형자形姿를 만들어 어떤 의미를 부여한다. 밤하늘의 흩어져 있는 별들에서 몇 개의 별들을 연계시켜 북두칠성北斗七星이나 오리온 좌座같은 이름을 붙여 의미를 갖게 한다.

이는 넓은 의미에서 개념화槪念化인데, 이는 전적으로(지금은 폐기廢棄된 뇌腦기능에 대한 분류방식어이지만) 좌뇌左腦의 역할이다. 좌뇌의 기능에는 현실을 추상화하여 개념화하거나 그 개념을 현실과 연관시켜 이해하는 능력, 예를 들면 지도地圖를 만들거나 그 지도를 읽어내는 능력 같은 것들이다. 이지理智의 능력은 개념들을 연계시켜 세상을 만든다.

개념화는 범주화와 일치한다. 개념은 존재하는 것들로부터 개별성을 배제시킨 공통적 성격을 추상시킨 것이지만 역逆으로는 존재하는 것들 중에 같은 의미(성격)를 갖는 것들을 모아놓은 것이기도 하다. 즉 범주이다. 세상은 이 범주들의 총집합이다.

일상적 관심은 사물들(세계)을 이해하고 거기에 어떤 의미를 부여함으로써 세상을 만들어 간다. 그것은 자신(각자)의 마음이 타존재자他存在者와의 관계 맺음 중에서 의미있다고 생각하는 것들을 모아서 결국 하나의 세상을 설립한다는 것이다. 그래서 '내 세상'과 '네 세상'이 다르다. 세계는 하나이지만 세상은 무수히 많다.

그런데 세상과 마음은 하나이기에 세상을 세우는 것은 곧 자기를 형성해 나가는 것이기도 하다.

> 하이데거는 이를 '자신의 가능성을 기도(企圖)한다.'라고 표현한다.

이런 세상을 사는 데는 기구器具가 절대적으로 필요하다.

2.5. 기구(器具)

인간은 일하면서 산다. 그것을 우리는 세상을 산다고 한다. 그리고 그 일에 동반同伴하는 모든 종류의 기물器物과 도구道具와 그 수단을 합친 것을 기구라고 한다. 기구는 본질적으로 일을 하기 위한 어떤 것이다.

기구는 일상적 관심의 반영이다. 세상에서는 독립적으로 존재하는 객관적 대상, 사물 자체가 중요한 것이 아니라 기구器具가 중요하다.

기구는 본질적으로 '-을 하기 위한 어떤 것'이다. 따라서 기구는 '이용 가능한 사물과 수단'으로 정의定意될 수 있다.

바이올리니스트에게는 바이올린이 기구지만 다른 사람들에게는 그냥 사물이다. 더 넓혀보면 정치인에게는 세론世論을 알려주는 신문新聞이 기구이다. 그러므로 기구라는 개념은 객관적 대상에 인간의 관심이 더해진 것이다.

그리고 이지적 능력에 의해 이런 기구가 다른 기구들과의 유기적인 연결조직을 갖게 되고 그것은 기구의 전체성으로 이어진다. 엄밀한 의미에서 하나의 기구는 결코 존재하지 않는다. 언제나 한 뭉치의 기구 전체에 귀속되어 있다. 이 기구가 무엇을 할 수 있는가는 그런 한 뭉치의 기구 전체 속에서 결정된다. 따라서 기구가 의미를 가지려면 연계되어 있어야 한다.

예컨대 자동차가 기구로써 존립, 의미를 갖기 위해서는 많은 부속품들이라는 다른 기구들을 조립해야 하고 자동차기 다닐 수 있는 도로道路, 석유산업과의 연계성 안에서만 그 기구로써의 의미를 갖게 된다. 이처럼 자동차라는 하나의 기구는 많은 다른 기구들과 연루되어 한 뭉치의 기구라는 기구 전체성을 구성한다.

세상은 한 뭉치의 기구 전체가 또 다른 한 뭉치의 기구 전체와 서로간의 연계에 의해 형성된 기구들의 완전한 전체성이라고 이해될 수 있다.

하나의 기구는 자신을 지시指示하는 기호記號(이름)로서 자신의 의미 그리고 타자와의차이를 현시現示한다. 다시 말해 기구는 각각의 의미意味를 기호의 차이로서 현시한다. 그런데 그 기호는 도로표시판이 타인에게 방향을 알려주듯, 근본적으로 타자 지향적이다. 이것이 연계성의 본질이다.

기구의 기본양식은 이용가능성이다. 그런데 이용가능성으로서의 기구가 언제인가부터는 그 연계성을 떠나 독립적 존재로 자신을 과시誇示하게 된다.

신발은 그것이 걷는데 필요한 것이라는 즉 이용가능성의 수단이자 기구이다. 그러나 그 신발이 상품商品이 되면 그 신발의 근원인 이용가능성의 수단으로서의 의미를 뒤로 밀어내고 자신이 전면에 나서면서 대상으로 독립하게 된다. 그 독립은 기구의 일차적 기본양식인 연계성을 버리는 것이다.

그러나 상품 역시 다른 것과 연계되어 있어야만 의미를 갖는다. 그것이 귀속歸屬하는 연계망網은 사회 특히 자본주의 시장市場이 만들어 낸 이차적二次的인 연계이다.

근원적으로 이용가능성은 인간의 주관적인 실천적 동기動機에 근거한다. 그런데 상품으로의 독립은 그 동기 자체를 변질시킨다.

상품 이전의 실천적 동기는 인간이 생활을 영위營爲하기 위한 필요에 응하는 자연성에 근거한 일차적인 것이다. 그러나 상품의 생산 동기는 자본資本의 요구에 따른 것으로

부차적副次的이다. 부富는 자연적, 개인적이지만 자본은 사회적 개념이다.[3)]

2.6. 감성

일상생활에서의 감성은 인간이 세상에 접근, 친근해지려는 성향이다. 그 성향은 상대와 어떤 방향에서 어떻게 거리를 좁혀갈 것인가 하는 방식을 선택한다.

감성은 우선 세상과 가까워지려는 마음의 자기표현으로 나타난다. 그 가까워짐은 이 물건을 저 물건 곁에 두는 그런 물리적 병립竝立의 현상이 아니라 세상과 친숙親熟해지는 것이다.

인간은 일상적 관심 속에서 항상 기구의 기능적機能的 가치를 증가시키려 노력하고 몰입한다. 그 일환一環으로 인간은 거리를 좁혀서 자신의 세상을 증대增大시키고자 한다.

인류문화는 상대와의 거리를 좁히고자 하는 역사歷史로 보아도 큰 무리가 없다. 전화, 라디오, TV, 비행기 그리고 광

3 사회라는 개념은 자연에 대해 부차적(副次的)이다. 자연성으로서의 '일 함'에는 생산 개념이 우선 한다. 그러나 사회생활에서의 일은 관리(管理)를 포함하고 있다. 그 관리는 협의(狹義)로는 생산과정을 관리하는 것이지만 광의(廣義)로는 정치·행정(行政-administration)까지를 포함한다.

생산을 위한 기물(器物)과 도구(道具)를 기구(器具)라고 한다면, 관리를 위해서는 기구(機構)가 필요하다. 자본은 그것을 관리하는 기구(機構)가 필요하고 그것이 기업(企業) 형태로 나타난다.

속화光速化된 E-mail, Internet 등은 거리를 좁히려는 인간의 일상적 관심이 낳은 결과이다.

그런데 기구에 의해 거리가 좁혀진 것을 마음의 거리가 좁혀진 것이라고 착각해서는 안 된다.

스마트폰(Mobile)은 현대사회에서 대표적인 거리 좁힘의 예이다. 우리는 어디에서나 쉽게 상대에게 전화할 수 있다. 그렇다고 하여 상대와의 마음이 가까워졌다고 할 수는 없다.

이제는 '바람맞는 일'은 없다. 그러나 그것이 꼭 좋은 것만은 아니다. 스마트폰이 없던 시절, 연인戀人과 만날 약속 시간이 지났을 때 만나기로 한 버스정류장과 공중전화 사이를 뛰다시피 오가며 혹시 못 만날까 마음 졸일 때 상대를 보다 가깝게 느낀다.

우리는 전철電鐵안의 거의 모든 승객이 스마트폰에 빠져있는 모습을 본다. 그러나 그 길고 잦은 통화는 대부분 수다의 범위를 넘지 못한다. 수다는 상대와의 가까워짐 보다는 자기 공허감의 표출에 가깝다. 더구나 Mobile속의 Game에 빠졌을 경우 그것은 세상과는 차단된, 스스로를 차단시키려는 모습이다.

전체적, 결론적으로는 이지의 능력은 의미, 가치를 중심으로 세상을 엮지만 세상을 구성하는 보다 근원적인 것은 감성 즉 사랑, 정情이다. 세상을 구성한다는 것은 한편으로는 사회공동체를 형성한다는 의미이다. 정情은 개별적 인간들을 공동체로 묶어주는 끈이다.

3장. 우리는 일상적 삶을 어떤 마음으로 살고 있는가?

우리는 대부분의 시간을 먹고살기 위한 노동, 이익과 성공을 위한 욕심, 매혹적인 향락享樂, 오락娛樂에 자신의 관심을 쏟고 있다. 우리는 축구 경기를 보면서 열광熱狂한다. 마치 그것이 삶의 모두인 양……. 그것이 우리들 삶의 현주소이고, 이를 일상적인 삶이라고 부른다. 하이데거식式으로 말하면 세상에 존재함이다.

세상 사람의 일상적 관심은 이용가능성만을 주요主要하게 여기기 때문에 존재存在가 아니라 소유所有의 문제에 집중한다. 일상적 관심의 본질은 소유를 겨냥한 욕심이다.

하이데거는 이러한 세상 사람이 생각하며 살아가는 모습을 세론世論, 호기심好奇心과 애매모호성曖昧模糊性 그리고 함닉陷溺으로 설명한다. 세상 사람은 세론에 따라 생각하며 그들 생각의 동기는 호기심이고 따라서 그가 알고 있는 지식은 애매모호하다. 세론과 애매모호한 지식이 사회적 가치들을 결정하고 세상 사람은 거기에 함닉陷溺된 존재이다.

3.1. 세론(世論)

세상 사람은 자신의 존재存在가 타인의 관심에 의해 확인된다고 생각하기 때문에 무엇보다 먼저 그리고 대부분 타인에 대해 주의注意 즉, 그 타인이 어떻게 행동하며 대꾸하는가를 주의 깊게 본다. 이것이 세론이 갖는 힘의 원천이다.

세상 사람들은 세론에 의해 지배된다. 세론은 대체로 여론輿論의 범위와 일치하지만 그 뿌리는 관습慣習에까지 닿아 있다. 따라서 일상적 삶에서 세론의 영향으로부터 완전히 자유로워진다는 것은 거의 불가능하다.

특히 인터넷internet을 통한 세론은 그 전파傳播의 속도가 빠를 뿐 아니라 그 범위 역시 가공可恐할 만큼 광대하기에 그 영향력은 그 이전 세대와는 비교할 수 없을 만큼 막강하다.

세론의 본질은 진실에 근거하지 않음에 있다. 따라서 자연의 사실성(진실, 존재)에 근거하여 존재자를 파악하는 존재론적 통찰洞察에는 관심이 없다. 세상 사람의 관심은 진실眞實이 아니라 널리 공인公認된 틀에 박힌 사회의 가치평가, 그 흐름에만 국한돼 있다.

세론은 잡담과 소문의 성격을 띠고 있어서, 세상 사람은 막상 세론의 대상對象 자체에 대해서는 대충 그리고 피상적皮相的으로만 알고 있다. 세론은 같은 내용을 똑같은 평균적 수준에서 이해하고 있다. 그런데 세론에게 그 평균적 동일성은 부정적으로 작용하기 보다는 오히려 힘이 된다. 그것이 세론의 특성이고 힘이다.

세론은 정확히 아는 그런 방식의 지식知識이 아니고 막연한 소문이나 뒤에서 쑥덕대는 그런 스타일에 익숙해 있다. 그런 식으로 말하여진 것이 넓은 영역에로 확장되면, 그 확장된 범위만큼 그것은 권위적인 성격을 얻게 된다. 그리고 그것이 활자화活字化되거나 TV를 통해 방송되면 그 세론은 믿을 만한 것, 신뢰信賴의 무게를 갖는 것처럼 보인다.

세론, 소문所聞의 주체로서의 인간은 자신이 한 말이 많은 사람들에 의해 지지支持를 받고 있음을 자랑스럽게 여기어 우쭐대고 대중적 인기에 연연戀戀한다. 따라서 그는 그런 소문의 전파傳播에 더욱 집착한다.

세론은 공개적이고, 시끄럽게 떠들어 대며 그것이 공식적公式的인 것이 되기를 희망한다. 그러나 세론은 세상 사람들의 지지支持를 생명으로 하기에, 세상 사람들의 관심의 추세趨勢에 따라 부단히 자신의 방향을 바꾼다. 이러한 세론은 책임감도, 믿을 수도 없다.

세론은 어느 것에 대해서나 또 어디에서나 나서서 떠들지만 세론의 존재방식은 익명성匿名性이기에 그것의 특성은 무책임성無責任性이다.

세론의 익명성匿名性은 인간의 잔인성殘忍性을 집요執拗하고 적나라赤裸裸하게 표출할 기회를 주며 이를 부추긴다. 그 잔인성의 내적 동기에는 시기猜忌와 질투嫉妬 외에도 자극적이고 엽기적獵奇的인 소문(그것들은 전파속도가 빠르기에)을 통해 자신이 유명해지려는 욕구가 있다.

대중적 인기를 생명으로 하는 연예인이나 정치인들은 이 세론의 최대 수혜자受惠者인 동시에 그만큼의 피해자로서 자신의 목숨까지도 걸게 한다. 이들에게 세론은 자신들 존재 가능성 자체이기 때문이다.

여론輿論이 주로 공공公共의 Issue에 관심을 갖는다면, 세론은 우리의 일상적 관심의 영역 전체에 직접적으로 작용함으로써 우리가 세상을 어떻게 보고 행동해야 하는가를 결정한다. 그렇게 하여 우리들은 세론이 세상을 이해하는 방식, 가치관에 따르는 삶을 살게 된다. 즉 세론은 우리를 일상성에 묶어두게 하는 역할을 한다. 이를 두고 하이데거는

> '세론의 힘은 인간을 그 본래성으로부터 두절(杜絶)시키는 은폐성(隱蔽性)의 상징과 같다.'고 한다.

3.2. 호기심(好奇心)과 애매모호성(曖昧模糊性)

인간에게는 본질적으로 보려는 관심이 있다. 그것이 세상사람에게는 호기심을 발동시키는 계기가 된다. 호기심은 이 가상假像에서 저 가상으로 옮기면서, 다만 겉으로 나타난 것에 만족하는 성향을 갖는다. 그것은 관심의 본래성이 갖

는 자연의 경이로움을 향한 마음과는 아무런 관계가 없다.

호기심의 본질은 새로운 것을 위해 새로운 것을 취取하는 심심풀이이다. 그런 호기심은 항상 더 강렬한 것을 바라기 때문에 그만큼 찰나적이 된다. 왜냐하면 호기심의 생리生理는 지속성이 짧을수록 그 강도가 강해지기 때문이다. 따라서 또다시 다른 새로운 것을 따라 분주하게 옮겨 다니며 끊임없이 외연外延을 확장하려 한다.

하이데거는 호기심의 성격을 존재의 분산分散이고, 머물지 않음이며, 거주상실居住喪失이라고 본다. 그것은 어디든지 돌아다니지만 어디에도 있어본 적이 없다.

호기심은 인간에게 생생한 활력을 주는 것 같지만 그 활력은 일시적인 흥분제 이상이 아니다. 그리고 마약痲藥에서 보듯 그런 활력에 감염되면 점차로 더 강한 흥분제를 찾게 되어 마침내는 활력이 마비痲痺된 상태에 이른다. 그렇게 감성이 고갈枯渴되면 복잡한 흥분, 쾌락의 장치를 찾게 된다.

호기심이 자기 주위에 흩뿌리는 부산浮散함은 삶에 대한 깊은 성찰을 어렵게 하여 손쉽게 와 닿는 이용가능성, 소유만을 생각게 한다.

호기심에 의해 취득된 '아는 것'의 특징은 애매모호성曖昧模糊性이다. 애매모호성은 세상에 모르는 것이 없다고 흥분하여 떠들지만 막상 세상에 대해 정확히 아는 것은 하나도 없다. 따라서 자신自信이 없기에 엉거주춤한 상태에서 남을 모방하는 모습으로 나타난다.

모든 것에 대해 잡담을 하고 흥미를 느끼지만 진실로 아는 것은 아무 것도 없다. 다만 아는 체 떠들 뿐이다. 그래서 세상 사람이 모인 곳에는 늘 시끄러운 소음이 난무亂舞한다.

애매모호성이 갖는 불확실성은 세상, 타인과의 관계에도 적용된다.

인간은 세상 사람으로서 존재하면서 다른 사람들과 만나 자기를 선전宣傳하며 자신의 세속적 지위地位를 과장한다. 그러나 그런 만남의 이면裏面에는 서로 위한다는 가면假面 아래에 적대감敵對感을 숨기고 있다. 이러한 모습은 사교적社交的 모임의 일반적 현상이다. 이는 애매모호하면서도 긴장된 관계이다.

또한 대부분의 사람들은 내가 세상 사람에게 널리 인정되어 많은 사람들이 나를 공식적으로 알아보기를 원하면서도 다른 한편으로는 남들이 나를 꿰뚫어 보지 못하도록 숨기는 애매모호한 이중성을 품고 있다.

3.3. 함닉(陷溺)

세상에서는 일에의 관심이 대종大宗을 이루는데 그 일에서의 성공成功이 일상日常을 실천해가는 생활에서 가장 큰 동기가 된다. 그 동기가 우리를 함닉으로 이끈다.

함닉은 세론과 호기심과 애매모호성으로 점철點綴된 사회 속으로의 몰입沒入을 의미한다. 여기서 함닉은 도덕적 타락을 의미하는 것은 아니라 다만 본래성의 부재不在를 말할 뿐이다.

본래성은 실존론적으로 일상성의 수정修正된 파악把握일 뿐 별도로 존재하는 것이 아니다. 따라서 일상성으로의 함닉을 본래성의 부재不在라는 관점에서 보아 이를 삶에 대한 소극적 태도로 이해해서는 안 된다.

인간은 무엇보다 먼저 그리고 대부분 일상화된 세상에 거주하고 있다. 그런 세상에로의 몰입, 함닉은 인간이 본래적인 자기 가능성으로부터 벗어나, 세상의 틀에 박힌 방식(公式性) 속으로 빠져 들어감을 의미할 뿐이다.

함닉은 인간이 세상의 틀에 박힌 삶을 유지하기 위해 세상에로 몰입하고 그러면서 자신의 존재를 상실喪失해 가는 그런 존재방식이다.

인간이 일상적인 사회생활에서 공식화된 모습을 세상 사람이라고 한다. 그런 세상 사람이 세론, 호기심, 애매모호성으로 꽉 채워지는 모습을 함닉이라 하고 이런 함닉을 하이데거는 비본래성非本來性이라고 불렀다.

그런데 세상 사람은 본래성으로부터 벗어나는 이런 세상으로의 함닉을 결코 싫어하지 않고, 오히려 피하기 어려운 유혹誘惑으로 여긴다. 불교에서는 이런 세상을 '정리正理에 의해 고찰考察되지 않는 한 매혹적魅惑的인 세속'이라고 한다.

하이데거는 이 함닉의 특성을 네 가지로 설명한다. 함닉은

1. 대단히 유혹적(誘惑的)이다.
2. 우리를 매우 안심시켜준다.
3. 자기 자신을 소외(疏外)시킨다.
4. 자기를 속박(束縛)한다.

3.3.1. 유혹

인간에게 일상적 세상은 모든 기쁨과 행복이 영위되는 곳으로 매우 매혹적이다. 거기에서는 삶의 기쁨과 행복의 의미가 부富와 명성名聲으로 상징된다. 그리고 세상 사람은 그 부와 명성을 성취하기 위해 일상성에 함닉陷溺하는 것을 성공의 길인 것으로 인정하고 권장勸奬한다.

세상이, 세론이 그런 일상성에의 함닉을 성공을 보장하는 삶의 길이라고 선전宣傳하기에, 그 길은 매우 유혹적이어서 사람들은 그런 삶을 모방하고 뒤쫓으려는 충동을 받는다.

우리는 세상살이에서 그런 유혹을 이겨내고 일상성으로부터 벗어난 것처럼 보이는 두 가지 유형을 볼 수 있다.

그 하나는 일상에서의 틀(공식성)에 잡힌 것을 싫어하여 남들이 안 입는 옷을 입고 다르게 행동한다. 그렇지만 이

는 다만 주류主流인 공식성에 대한 비주류적인 선택을 뜻할 것일 뿐 본래성을 의미하는 것은 결코 아니다.

다른 하나의 유형은 냉담冷淡한 태도이다. 일상적인 삶에서의 인간의 관심은 바쁜 일, 자극적인 활동성, 이해관계 그리고 쾌락 등에 갇히어 이를 열정적으로 추구한다. 그리고 냉담한 마음은 이런 맹목적이고 열정적인 생활의 추구를 비웃는다.

그러나 냉담함은 스스로를 외부세계와 차단시키는 것일 뿐, 그런 마음의 내면은 공허空虛하다. 공허함은 사랑의 부재不在이고 이것이 세상에 대한 냉담한 태도로 나타난다. 냉담함은 일상성으로부터 해방된 마음의 평정平靜이 아니다. 평정심平靜心은 본래성이 주는 초탈적인 평화인 것이다.

3.3.2. 안심(安心)

세상 사람은 세상에 대중적으로 통용되는 공식성公式性에 따르는 것을 통해 자신이 외톨이가 아니라는 것을 확인하며 안심安心하게 된다. 그리고 그것을 따르는 것이 행복이고 좋은 것이라고 믿는다. 안심은 곧 일상성과의 동화同化이다. 이것이 함닉의 두 번째 특성이다.

그런데 일상성과의 동화同化로서의 안심은 우리를 정체停滯와 무기력 속으로 밀어 넣는 것이 아니라 그 동화된 세상 안에서 자신을 유지, 성공하기 위해 억제하기 힘든 일에의 충동을 받는다. 대중적으로 통용되는 성공을 위한 부추김

이 그에게 강박관념이 되어 조금도 쉴 여유를 주지 않는다. 하이데거는 이를

> '세상에 함닉된 존재는 지금 어쨌든 휴식에로 이르지 않는다. 유혹적인 안심시키기는 함닉을 부채질한다.'고 말한다.

세상 사람이 공식성에 젖게 되면 그 공식성이 자기의 존재를 완전히 담보해 주는 준거準據의 틀이라고 여겨 안심하지만 그것은 자기존재의 본래성을 망각妄覺하는 것이다.

3.3.3. 소외(疏外)

소외는 근본적으로 자기가 자신의 삶에서 주동자가主動者 못 된다는 자각에서 비롯된다.

소외의 일차적, 본래적 의미는 생산과 연관된 것이다. 장인丈人이 한 물건을 처음부터 끝까지 완성시키는 경우, 그 완성품은 그의 노동勞動과 분리되지 않는다. 이때 장인은 자기 완성품의 주인이다. 즉 자기 생산물에 주동자이다.

그러나 분업分業이 이루어지면서 노동자의 노동은 그 완성품. 생산물과 분리되고 다만 화폐가치貨幣價値로 평가된다.[4)]

4 마르셀은 인간은 육화적(肉化的) 존재 즉 '나는 나의 몸으로 존재한다.'고 한다. 자신의 몸을 움직여 일하는 행위 즉 노동(勞動)은 인간존재의 근본 양식이다. 그러므로 한 인간이 자신에게서 노동의 의미를 빼앗기는 것은 곧 그 자신을 잃는 것이다. 이는 자신이 자신으로부터 소외되는 것을 의미한다.

이때 노동자는 소외감을 느낀다.

그러나 여기서 말하고자 하는 소외는 그런 의미가 아니라 세상, 사회와 연관된 소외이다. 거기에는 사회 환경에서 오는 것과 자기존재의 붕괴崩壞에서 오는 것 둘로 나누어 볼 수 있다.

현대사회에서 인간은 자기 삶의 주동적 지위를 갖지 못한다. 세상을 이끄는 것은 세론世論이고 자신의 일상생활은 TV를 비롯한 첨단과학제품에 길들여지고 자기 자신은 사회의 한 부분, 톱니바퀴로서 전락한다. 이때 느끼는 것이 사회적 의미에서 소외疏外이다.

다른 한편으로 현대사회는 전문가專門家를 요구하고 그에 적합한 인간이 되려면 인간은 자기 자신을 적성適性의 기능으로 정밀하게 세분화細分化시켜야만 한다. 이렇게 하여 인간은 자기의 본성을 망각妄覺, 상실喪失하는 비인간적인 상태에 놓이게 됨으로써 자기소외自己疏外에 이르게 된다.

3.3.4. 속박(束縛)

세상 사람은 늘 자신이 매우 중요한 어떤 것이기를 소망한다. 그래서 그것을 보여주기 위해 아등바등하며 산다. 그러나 내가 현실적으로 '어떤 것'What이 아닐 때에만 나는 전혀 속박되어 있거나 제한되어 있지 않는 해방이다.

함닉은 중요한 어떤 것이 되기 위해 바쁜 생활 일정日程에 쫓기게 한다. 또한 끊임없이 세론에 눈치를 보아야하고 그에 적합하도록 자신을 몰아간다. 이때 속박은 바쁜 일정과 세론에 의한 것이다.

존재론적으로는 인간은 그 어떤 것이 되기 위하여 자신을 기능적으로 세분한다. 그러나 세분하면 할수록 자기 안에서는 자신의 본성을 더욱 옭아매는 것이 되어 마음이 유희遊戲할 공간을 잃는다. 속박은 그런 것이다.

소외와 속박은 함닉에 의해 자신의 본성을 잃은 비본래적인 상태에 대한 서로 다른 느낌이다. 소외는 자기 자신의 존재가 세상으로부터 밖으로 밀려났다는 느낌이고 반면에 속박은 본성이 자유롭게 자신을 펼치지 못하고 묶여있다고 느낀다.

하이데거는 이 네 가지의 함닉성을 일상적 삶의 '소용돌이'라고 한다. 일상적인 소용돌이에 휘말리면 인간은 자기 존재의 추락墜落을 경험하게 된다. 그러나 이런 추락은 본래성의 관점에서이며 세상에서는 이러한 추락이 오히려 상승上昇이나 구체적 삶으로 추켜세워진다. 결과적으로 이러한 함닉이 갖는 문제성은 그러한 상태에 대해 반성, 비판하기를 고사固辭, 오히려 부추기는데 있다.

세상 사람은 사회의 구성원으로서의 역할役割과 가면假面을 벗고 나면 지루함, 텅 비어있음空虛에 빠져들게 된다. 이를 회피하려고 자신을 중단中斷없는 활동에 붙들어 맨다. 그것이 함닉의 근원적 동기이다.

그러나 함닉성 역시 자신을 세상에 존재케 하면서 기도企圖하는 행위이다. 함닉은 그것이 비록 비본래적인 삶의 양식樣式에 속한다하여도 세상에 존재함이다.

인간은 일상적(비본래적)인 삶이 궁극적으로 가져오는 공허감, 자기소외와 속박으로부터의 탈출을 희망한다. 그것은 일상성으로부터의 초탈超脫이고 본래성의 회복이다. 본래성의 회복은 본디 여여如如하게 있어 온 마음자리에로 되돌아감이다.[5)]

4장. 본래적 삶

본래성은 자연의 사실성(본성. 법성)이고 진실·진리이다. 불교에서 본래本來는 여래如來이고, 여래성如來性은 시작이 없는 시작부터 이미 '마음에 있어 온 빛'이라고 한다. 본래성은 윤리 의식에 근거한 성선性善같은 좁은 의미가 아니다. 우리는 의식이 아니라 마음으로 산다.

5 플라톤의 국가론에 나오는 동굴의 비유는 일상적 삶과 본래적 삶의 모습과 그 차이를 보여주고 있다. 동굴의 비유는 대부분의 사람이 동굴 속에서 족쇄에 묶여 그림자만 보고 있다가 그중 한 사람이 족쇄를 풀고 밖으로 나가 빛의 세계, 실상의 세계를 보고 와서 그 묶여 있는 사람들에게 그들이 보고 있는 것은 그림자에 불과하다고 설명하는 우화(寓話)이다. 여기서 족쇄는 일상성(日常性), 일상적 삶이다. 그리고 바깥, 빛의 세상은 본래성이다.

본래성은 법성法性의 깨어있음이고, 일상성은 그 본래성(마음에 있어 온 빛)이 가리어진 상태이다. 본래적 삶은 그 일상성으로부터 초탈超脫한 삶이다.

본래적 삶은 인간의 본성을 깨달아 앎으로써 사랑이 충만하고 마음이 평정平靜에 이른 삶이다. 그것은 본래성이 갖는 '마음에 있어 온 빛' 안에 사는 삶이다.

본래적 삶은 인간의 본질을 분명히 이해함에서 시작된다. 그러나 대부분의 사람은 반은 깨어있고 반은 꿈꾸고 있다.

우리가 보는 현실세계의 모습은 사회의 암시적暗示的인 힘이 만든 것으로 참으로 현실적인 것과는 다르다. 우리는 우리가 참되고 자명自明하다고 믿는 것의 대부분이 사회의 암시적인 힘이 만들어 놓은 환상幻想임을 모르고 있다.

본래성의 회복回復은 그 환상을 깨트림으로써, 그로부터 깨어나는 것에서 시작된다.

인간은 통상 프리즘처럼 현실을 분석하는 지성知性이라는 망판용網版用 스크린을 통해서 존재하는 모든 것을 본다. 그러나 지성知性의 시야視野가 어느 곳을 바라보던 그 시야는 이미 지성에 의해 앞서 기획企劃된 것이다.

존재(자연)는 결코 지성知性에 의해 앞질러 정의定義된 그런 것이 아니다. 그것은 열려있으며, 확정 불가능하고 표상表

象 불가능한 것이다. 지성知性이 존재를 정의하고 장악하려고 하면 할수록 존재(진리·본래성)는 모래알처럼 우리 손으로부터 빠져나간다.

인간이 본래성을 현시하려는 마음은 근원적인 현상이다. 그래서 비본래적(일상적)인 일상생활에서 지루함, 공허감을 느끼는 것은 실존Dasein의 결핍缺乏에 따른 현상이다. 이 느낌(공허감)은 자신의 본래성(여래성)인 '마음에 있어 온 빛'으로부터 반사反射된 것이다.

일상적인 삶에서 이 결핍감은 우리를 불안하게 하고 그것으로부터 벗어나기 위해 온갖 자극적刺戟的인 것들을 추구하지만 그것은 파멸에 이르기까지 더 강도强度높은 자극을 요구하게 될 뿐이다.

4.1. 본래성의 회복

본래성으로 되돌아가기 위해서는 자아自我 그리고 외부세계에 집착된 마음을 탈취奪取하여 일상적이고 공식적이며 비본래적인 생활양식으로부터 과감하게 회심回心하는 어떤 결단을 요要한다. 하이데거는 이를 선구적先驅的 결단이라고 한다.[6)]

선구적 결단은 인간에게 일상성 속에 함닉陷溺된 자기존재가 소외·상실감喪失感에서 벗어나 자기 자신이 되는 가능성 앞에 서게 한다. 그것은 인성人性 깊숙이 내재內在하는 인간의 본래성인 자기성Selbstsein으로부터 그렇게 할 수 있다.

그 결단은 실존론적 선택이다.

선구적 결단에의 가능성은 불안不安, 공허空虛같은 결핍된 실존Dasein으로서의 느낌 곁에 열려있다. 사업에 실패하여 가족과 직원들을 지켜주지 못한데서 오는 자괴감自愧感, 아무런 이유 없이 찾아오는 감당할 수없는 불행한 일들, 사랑하는 사람의 죽음, 그런 상황들이 자신을 불안과 공허감 안에 가두게 한다.

그렇게 하여 마침내 자기 자신을 죽음 앞에 세우고[7] 그것을 실존론적으로 사유하게 한다. 그리고 실존론적으로 사유함으로써 우리는 죽음을 범주론적 사실, 평균화된 것으로 간주看做하고 받아들이기를 거부하게 된다. 이는 죽음의 실체를 이해하게 된다는 의미이기도 하다.

6 선구적 결단은 불교에서의 초발심(初發心)에 해당한다. 발심은 수행과정에서 결코 한순간도 놓아서는 안 되는 귀중한 마음가짐이다. 그 결단은 어떤 계기로부터 갑자기 생긴다. 그러나 그 결단이 지향(指向)하는 의미는 항상 죽음을 껴안고 사유하는 과정에서 서서히 다져지기도 한다. 그것은 결단은 아니지만 그 효과에서는 다를 바 없다. 이는 마치 돈오(頓悟)와 점오(漸悟)의 차이 같은 것이라 할 수 있다.

7 죽음이라는 절대 앞에 자신을 세움으로써 그 불안의 실체를 상대적인 것으로 이해, 이미 문제가 아닌 것이 된다.

꼭 맞는 비유는 아니지만 '옛날에 유명한 도사(道士)가 있었는데 임금은 그의 명성을 시기(猜忌)하여 어려운 문제를 주고 이를 풀지 못하면 그를 벌(罰)할 것이라 하였다. 어느 날 그의 신하가 사찰 벽에 먹으로 죽 선을 긋고 그것에 손대지 않고 그 선을 가늘게 하라고 하였다. 도사의 추종자들은 전전긍긍하며 근심에 빠졌다. 그러나 며칠 후 도사는 빗자루만 한 붓으로 그 위에 따로 굵은 선을 그었다. 그리고 모든 사람이 놀랐다. 그 신하가 그은 선은 '가는 것'이 되었다.(혼불 최명희)

죽음은 어떤 의지와도 무관한 불가능성 자체로서 인간 존재의 본래성에 귀속歸屬된다. 죽음은 존재의 은적隱迹인 무無를 현시하고 있다. 인간은 죽음의 가능성을 통해 자기의 본래성을 무無로서 이해하게 된다.

인간 각자各自는 무無의 심연深淵 위에 고독하게 단절되어 있다. 각자로서 자신을 이해하는 단독화單獨化는 선구적 결단에 앞선 기도企圖이다. 석가모니는 천상천하天上天下 유아독존唯我獨尊을 외치며 수행의 길을 갔다.

인간이 죽음에 대한 사유를 통해 자신의 삶을 유한성으로 이해하고 확인하게 되면, 그것은 일상적 삶으로부터 제공되는 쾌적함, 경박함, 책임 회피 등 자신에게 가까운 여러 가능성들의 무한한 다양성多樣性들로부터 스스로를 낚아채어서 삶의 단순성單純性, 무소유無所有의 세상으로 데려간다. 그것은 세상을 넘어선 것이다.

이 세상에 제대로 존재하려면 세상을 넘어서야 한다. 장자莊子는 소요유逍遙遊의 초현실적 자유를 이해하는 자者만이 세상을 편파적이지 않고 차이와 평등의 양가성兩價性에 의해 세상을 관리할 수 있다齊物論고 한다.

마음이 자유로워야 세상에 의해 지배받지 않고 세상을 넘어선다. 마음의 자유가 곧 본래성이고 진리다.

2부. 무소유와 예술

본래의 삶을 살려면 수도승修道僧이 되어야만 하나? 모든 사람들이 수행승이 될 수는 없다. 그러한 삶은 고귀高貴하지만 그것은 그들의 몫이고 우리는 우리를 에워싸고, 기쁘게 해주고, 안심시켜주는 매혹적인 세속의 삶을 포기할 수 없고, 또 그래야만 하는 것도 아니다. 그리고 무엇보다도 그것은 현실적으로 별로 가당可當치 않다.

스님이 되어 본들 깨달음에 이르는 분은 몇 되지 않고 대부분은 부질없이 공空만 쫓다 매혹적인 삶을 노치고 만다.

> 부처님도 '허무주의자의 공견(空見)을 갖느니보다 수미산(須彌山)과 같은 엄청난 아견(我見)을 즐기는 것이 더 낫느니라.'하셨다.

일상적 삶과 본래적 삶은 하나이다. 세속의 삶이 있기에 승의勝義(참 진리)도 말할 수 있다. 침묵도 언어활동이 있어야 그 의미가 인정된다. 그러니 우리는 우리의 일상적 삶을 아껴야 한다.

일상적 삶은 일하는 삶이다. 일을 함에 있어 효율성效率性은 경쟁에서 살아남는 유일한 길이다. 누구는 '세상 뭐 싸우러나왔냐?'지만 소유를 본질로 하는 일상적 세상에서 경쟁은 필연적인 것이다. 그리고 거기에서 낙오落伍되지 않고, 생활을 유지하려면 효율적이어야 하고 따라서 합리적 사고思考에 따라야 한다. 합리성은 효율성의 필수 요건이다.

그러나 합리성合理性은 세상살이를 윤택潤澤하게 해주는 감성感性을 배제함으로써 비정非情한 세상을 만든다. 꿈, 낭만浪漫과 함께 인간의 향기香氣가 사라져버린다.

우리는 '일'과 '삶'을 철저하게 구별하는 이중인격자二重人格者가 되어야 한다. 물론 말 그대의 뜻은 아니지만 우리는 어느 것 하나도 버릴 수 없다. 따라서 일을 함에는 합리성을 따라야하고, 삶을 사는 데는 그것을 버려야 한다.

> 우리 마음이 철저하게 둘로 갈려야 한다. 그리고 하루 중에서도 일하는 시간과 삶의 시간에 따라 이중(二重)의 마음가짐이 자유롭게 오갈 수 있어야 한다. 그런데 그게 가능할까? 가능하다. '정말로 자신의 마음과 대면할 필요를 느낀다면 언제 어디서나 자신의 내면으로 도망쳐 들어갈 수 있다.'(마르쿠스 아우렐리우스 명상록)

세상은 어차피 합리성이라는 강强한 힘에 이끌려 갈 것이고 그런 세상에 별 희망은 보이지 않는다. 이세돌과 인공지능의 바둑 대결의 결과는 그것을 보여주었다. 바둑은 단순한 경기競技가 아니라 바둑판에는 거기에 천변만화千變萬

化하는 세상살이가 거기에 들어있다.

이 대결이 시사示唆하고 예견케 하는 것은 세상은 앞으로 인공지능이, 인공지능적 사고방식이 지배하게 될 것이라는 점이다. 그리고 인공지능이 지배하는 세상은 인간이 인간답게 살 수 있는 곳이 못된다.

그러나 세상이 그렇게 되어가는 것은 'out of my control'이다. 그래도 우리 자신은 철저하게 이중인격자가 됨으로써 세상 사람으로 살면서도 자신의 본래성을 잃지 않고 사람다운 삶을 살 수 있다.

'One lives one's inner-mind'이다. 다른 것 다 말고 이 말, 이 생각 하나만이라도 꽉 붙들고 살면 외부세계는 훨씬 덜 중요한 것이 되어 그로부터 자유로운 삶의 문이 열린다.

무소유無所有와 예술은 그런 삶을 향한 우리에게 열려진 가능한 공간이다. 그 공간은 일상적인 삶과 본래적인 삶 사이에 있다. 마치 불교에서 말하는 삶과 죽음 사이에 중음中陰처럼.

무소유와 예술은 우리가 세속에 뿌리내리고 살면서 마음의 초탈超脫을 지향할 수 있게 한다는 점에서 공통성을 갖는다. 무소유는 소유욕으로부터의 초탈이고, 예술은 항상 쓸모 있는 것만을 추구하는 일상성으로부터의 초탈이다. 초탈이 주는 선물膳物은 자유다.

1장. 무소유

무소유는 결코 소유하지 않음을 의미하지 않는다. 그것은 소유욕所有慾이 없음이고 여기서는 다만 단순하고 간이簡易한 삶을 의미, 요구 할 뿐이다. 인간은 살아가기 위해 어떤 수단을 소유해야만 하고 그것이 생명을 유지하는 소유라고 한다면 그러한 소유는 당연히 인정되어야만 한다. 그러나 소유욕은 그와는 다르다.

1.1. 금욕(禁慾)과 무소유

모든 종교는 환상으로부터 깨어난 참된 삶을 지향한다. 그리고 검약儉約은 이들에 공통된 생활신조信條이다. 기독교는 금욕주의禁慾主義를 그리고 불교는 무소유를 표방한다. 무소유는 보살菩薩의 삶에서 여섯 바라밀 중에 첫 바라밀인 보시普施의 첫 단계이다.

1.1.1. 기독교의 금욕주의

천로역정天路歷程-Pilgrim's Progress에서는

> '자신이 타락(墮落)의 도시에 살고 있다는 각성(覺醒)을 하고 하늘의 도시로 지체 없이 순례를 떠나라'고 한다. 이는 환상으로부터 깨어나 참된 삶을 지향하라는 의미이다.

기독교에서 종교적 신앙과 그 실천을 위한 윤리적 행위는 내세來世사상과 밀접히 관계되어 있다. 신도信徒들 행위의

일차적 목적은 구원을 통한 영생永生을 얻기 위해 신을 기쁘게 하는데 있다. 그리고 금욕은 신을 기쁘게 하여 만족시키려는 인간의 노력이다.

막스 베버Max Weber는

> '금욕주의는 신(神)이 배당해준 운명에 만족하는 것이 아니라 스스로 신을 만족시키는 방법을 찾으려는 것으로 이는 인간의 창조력이다.'라고 한다.

기독교에서 금욕주의는 일시적 감정에 의해서가 아닌 인간에게 구원을 향한 동기動機를 유지하고 관철시킬 수 있게 해주는 작용을 했다. 수도원修道院의 역할은 금욕을 통해 수도승을 신神의 왕국王國에 봉사하는 노동자로 교육시키고 수도승 자신에게 그의 구원을 확신시키고자 하는 것이다.

금욕주의는 인간의 육체적, 감성적 요소에 대한 부정적 이해에 근거하고 있다. 따라서 금욕이 한 개인을 강하게 사로잡으면 잡을수록 그는 더욱더 일상적 생활에서 멀어져갔다. 왜냐하면 성聖스러운 삶은 바로 육체에 근거한 세속적 윤리를 극복하는 것에 있기 때문이다.

프로테스탄트Protestant들이 카톨릭Catholic에 반대한 것은 신앙의 타락이었다. 그 타락으로부터 순수한 신앙을 회복하는 길은 성서聖書의 가르침을 순수한 형태로 복원시키는 것이었다. 그것은 타락의 주체인 사제계급司祭階級의 전횡專

橫으로부터 벗어나는 일과 병행되었다.

그리고 이 두 목적을 아울러 해결하는 효과적인 방법이 일반 신도信徒들이 성서聖書의 가르침을 직접 읽고 이해할 수 있도록 성서를 로마 라틴어語로부터 자국어自國語로의 번역하는 일이었다.

프로테스탄티즘Protestantism은 카톨릭보다 오히려 더 종교적이었다. 그들은 기독교의 세속화가 아니라 세속에서의 삶을 종교적으로 승화시키려하였다. 특히 칼뱅주의Calvinism에서는 이 점이 두드러졌다. 프로테스탄티즘의 윤리는 세속적 윤리를 기피忌避할 대상이 아니라 금욕주의를 통해 그 세속성을 극복함으로써 성스러운 것으로 만들려 하였다.

신도信徒의 삶의 목적은 구원을 향해 있으며 오직 지상에서 신의 영광을 더하는 데 있다. 금욕은 신을 만족시키려는 인간의 노력이다. 그리고 그들의 주장에 따르면 일반 신도들에게 있어 직업노동職業勞動에 몰두함은 최고의 금욕의 수단이다.

이는 신이 노동의 결과를 통해 신도에게 축복을 준다는 믿음에 근거한 것이다. 노동은 신이 지정指定한 삶의 목적이다.

> '일하지 않는 자는 먹지도 말라'는 바울의 명제는 무조건적으로 그리고 만인(萬人)에 적용된다.

노동 의욕의 결핍은 그것이 곧 구원받지 못함의 징표이다.

이러한 근거에서 프로테스탄트들에게 사제계급이 주도主導하는 수도승적修道僧的 금욕은 비성서적非聖書的이고 위선적僞善的이라 하여 배척되었다.

그들에게 금욕적 생활방식은 자신의 전존재全存在를 신의 뜻에 맞추어 합리적合理的으로 형성하는 것을 뜻했다. 따라서 합리성은 구원을 확신하고자 하는 모든 이에게 요구되는 행위지침이었다. 그리고 종교적으로 요구된 신도의 특별한 활동으로서의 금욕은 더 이상 세속 밖의 수도원에서만이 아니라 세속과 그 질서 안에서 행해졌다.

금욕주의는 닫아버린 수도원의 문을 뒤로 하고 삶의 시장市場으로 걸어 나와 일상 속에서(그러나 세속을 위해서가 아니라) 자신의 삶을 합리적 생활방식으로 변형시키기 시작했다. 그것이 신神의 뜻이라는 것이다.

초기 프로테스탄트들에게 도덕적 비난의 실질적 대상은 재산을 갖고 휴식하는 것, 부富를 향락하여 태만怠慢하는 것 특히 거룩한 삶에 대한 추구에서 이탈離脫하는 것이다.

신도의 영원한 안식安息은 내세에 있는 것이기 때문에 현세에서는 낮 동안에는 '자신을 보내신 이'의 일을 행해야 한다. 따라서 시간 낭비는 모든 죄罪 중에서 최고의 중죄重罪이다. 명상冥想은 직업노동을 통해 신의 뜻을 능동적으로

행하는 것보다 신에게 덜 만족스럽다. 왜냐하면 명상을 위해서는 안식일安息日이 있기 때문이다.

직업의 효용성과 그에 대응하는 신神의 만족은 먼저 도덕적 척도에 따라 그리고 다음에는 거기서 생산된 재화가 공동체 전체全體에 대해 갖는 중요성의 척도에 따라 평가된다. 그렇지만 실질적으로 보다 중요한 것은 사경제私經濟의 수익성이며, 그에 따라 신의 만족이 평가된다.

왜냐하면 신이 그의 신도들 각각에게 하나의 이윤利潤의 기회를 준다면 그것은 신神 나름대로의 의도가 있기 때문이다. 따라서 기독교 신도는 그 기회를 사용하여 그러한 부르심에 따라야만 한다.

> '만일 신이 너에게 너의 영혼이나 타인의 영혼에 해(害)를 주지 않고 다른 방법보다 많은 이익을 거둘 수 있는 (합리적)방법을 제시하는데도 네가 이를 마다하고 보다 적은 이익을 추구하는 방법을 따른다면 너는 네 소명(召命-calling)에 역행하는 것이다. 이는 신의 대리인이 될 것을 거부하는 것이며, 신의 선물을 받아 신이 요구할 때 그 선물을 그를 위해 사용할 수 있는 기회를 거부하는 것이다.
>
> 당연히 육욕(肉慾)과 죄를 위해서가 아니라 진정 신을 위해서라면 부자(富者)가 되기 위해 노동해

도 괜찮다.'(막스 베버의 '프로테스탄티즘의 윤리와 자본주의 정신' 중에 나오는 웨스트민스터의 신앙고백)

이러한 이윤利潤 기회에 대한 해석은 기업가를 신성神性하게 만들었다.

이렇게 하여 금욕주의는 기업가의 이윤추구를 윤리적으로 정당화시키는 근거가 되었다. 금욕적인 생활은 부富의 낭비를 막아 그것이 축적되어 자본의 증대增大를 가져왔고 그리고 그 운영의 합리적 방식을 근거로 자본주의로 이어졌다. 이제 금욕주의에 내재한 그 합리성이 탐욕貪慾의 효과적인 수단으로 되었다.

이러한 결과는 금욕禁慾이 그 자체로 의미가 있는 것이 아니라 구원을 위한 수단이었다는데 그 원인이 있다. 수단은 목적에 복속服屬된다. 근래에는 종교적 생활을 통한 구원이 세속화된 세상살이에서는 이차적二次的인 목적이 되면서 금욕주의는 합리적 생활방식만 남기었다.

1.1.2. 무소유

무소유는 이타행利他行, 보살菩薩로서의 삶의 근거인 자비慈悲와 통한다. 그러나 무소유는 불교에만 국한 된 것이 아니라 공자孔子의 수제자首弟子인 안연顔淵의 삶인 일단사一簞食 일표음一瓢飮(한 소쿠리의 밥과 한 바가지의 물)에서 볼 수 있듯이 깨달음을 지향하는 사람들 생활의 단면斷面이다.

우리는 모두 자유롭기를 바란다. 그런데 깨달음은 소유욕으로부터 벗어난 마음의 자유 곁에 있다. 우리는 진정한 의미의 깨달음에 이르지는 못하여도 무소유를 통해 그것을 지향할 수는 있다. 용수龍樹는 대지도론에서 도道를 얻지 못한 일반 중생들에게도 보시의 길이 열려있음을 강조한다. 무소유는 보시, 이타행의 소극적 모습이다.

무소유는 소유욕 자체를 희석稀釋시키고자 한다. 그것은 소유욕을 그대로 유지한 채로 신神을 만족시키려는 목적을 위해 그것의 표출表出을 억압하는 기독교의 금욕주의와는 다르다. 무소유는 궁극적으로는 소유욕으로부터의 초탈이다.

세상 사람은 대상적 세계와 자기 자신을 동일시하는 경향이 있다. 그 대상적 세계에의 집착이 소유욕으로 나타나난다. 그리고 소유의 확대를 곧 자아自我의 상승上昇으로 믿는다.

그러나 소유욕에의 유혹에 빠지면 정직正直해지기 어렵고 그렇게 되면 마음이 떳떳하지 못해 초라한 어둠에 묻히게 된다. 소유욕(일)에 함닉되지 않으면 그렇게 하여 마음을 비우고 가난하게 만들면 삶은 투명해 진다. 소유욕은 그것이 줄어드는 그만큼 존재(본성)가 나타난다.

존재자 전체는 공생共生관계에 있는 연기적 존재이다. 연기적 존재에서 나눔은 필요가 아니라 근원 즉 본성이다. 무소유는 인간의 본성에 거슬리는 것이 아니라 오히려 적극적으로 실행하는 것이다. 그것이 거슬리는 것은 소유욕에 이끌리는 일상적 생활행태이다.

공동존재의 관점에서 보면 무소유는 내 몫을 줄여 남의 몫을 더 하는 것이 되어 보시普施와 같은 효과를 가져 온다. 스스로 보시普施하는 자는 폭포를 거스르고 오른 물고기처럼 생명력을 새롭게 갖추어, 자신의 목숨과 세상을 풍요롭게 한다.

> '이때에 백성들이 부귀영화(富貴榮華)를 일컬어 서로 말하기를, 옛날에 사람들이 이것으로 말미암아 서로 상(傷)하게 하고 해롭게 하며 가두고 때리어 무수한 고통이 있었는데 이제는 부귀가 쓸모없는 돌조각 같아서 아끼는 사람이 없게 되었다 하더라.'(장길산 황석영)

소유욕의 본질은 갈증渴症에 따른 구속이다. 그러나 무소유는 인간을 자유에로 해방시킨다.

인간은 행복을 추구한다. 그러나 자유 없는 행복은 진정한 행복이 아니다. 무소유無所有의 깨어있는 마음과 자발적인 이타행은 우리를 자유에로 이끈다.

무소유는 한 물건도 바라지 않음으로서 인간을 세상에 의해 지배받지 않는 자유에로 해방시킨다. 자유는 소유욕이 지배하는 세상으로부터의 초탈이 주는 선물膳物이다.

무소유는 소유하지 않음이 아니다. 무위無爲가 함爲이 없는 것이 아니라 초탈超脫한 마음으로 '함'이듯이, 무소유는 소유하지 않는 것이 아니라 소유욕으로부터 초탈한 마음으로 소유하는 것이다.

그리고 여기서 말하고자 하는 무소유는 다만 누구나 할 수 있는 간이簡易한 생활을 요구할 뿐이다. 중생에게는 그것이 도道닦는 길이다.

2장. 예술(藝術)

> '예술, 오로지 예술만을, 우리는 진리를 조금도 죽일 수 없는 예술만을 가지고 있다.' - 니체

아름다움은 우리에게 소유하지 않고 사랑하는 법을 가르친다.

2.1. 예술에 대한 이해

니체는 과학科學과 예술은 삶의 주요한 두 가치價値라고 한다. 과학은 인간에게 하나의 안전한 세계를 확보하여 거주케 하는 기술을 창조한다는 의미에서 가치이다. 그러나 삶의 공간 확보는 목표가 아니며 삶의 고양高揚을 위한 수단일 뿐이다. 그리고 예술은 삶의 고양을 가능케 하는 권력, 생성의 조건이다.

예술은 인간의 삶에 새로운 가능성을 열고 이제까지의 현실을 넘어서 새로운 가능성에로 추동推動하고 이에 생生이 자신을 고양高揚하도록 자극刺戟함으로써 생은 더욱 강력하게 된다. 이것이 니체의 예술에 대한 이해이다.

단순한 생존에 머무는 것이 삶의 정체, 의미의 상실이라는 관점에서 보면 예술은 필수이다.

예술의 본질은 아름다움, 아름다움의 추구이다. 칸트는 아름다움에 대한 판단은 첫째 관념觀念없이, 둘째 이해관계없이, 셋째 합목적성合目的性없이 이루어져야 한다고 한다. 그것이 의미하는 것은 오성悟性에 의한 아름다움에 대한 해석解釋의 거부이다.

칸트는 자연의 아름다움은 예술의 아름다움보다 우월하다고 하였다.

> 그는 '천재(天才)는 자연이 여러 법칙을 예술에 부여(附與)하는 타고난 재능이다.'라고 했는데

이는 자연이 천재를 통해 자신의 본모습 즉 진실을 예술에 부여한다는 의미로 읽힐 수 있다.

그러나 헤겔은 예술미가 자연미보다 우월하다고 주장한다. 그 까닭은 예술미는 정신Geist으로부터 태어난 미美이기 때문이다. 그는 정신과 정신의 산물이 자연과 자연의 현상

들보다 우월하다고 봤다. 거기에는 인간의 영혼에서 벌어지는 모든 것이 더 풍부하게 들어있다고 한다.

그러나 자연과 예술작품을 비교比較하는 미학美學의 관점은 오성悟性의 영역으로 아름다움 자체와는 무관하다. 아름다움은 판단하는 것이 아니라 느끼는 것이다.

2.2. 예술과 진리(존재)

서구의 형이상학에서는 전통적으로 논리학은 진리에 관한 학문이지만 예술작품은 아름다움에 대한 학문美學의 대상이기에 진리의 세계와 다른 것이라고 규정해 왔다.

그러나 하이데거는 이런 통념과는 반대로 예술작품은 존재자의 존재(진리)를 계시啓示하는 것으로 존재와 직결되어야 한다고 한다. 이를 그리스 시대를 예를 들어 말한다.

그리스 시대에 예술은 문화 창조의 부산물이 아니었고 예술작품들이 심미적으로 음미吟味된 것도 아니었다. 그리스 시대에 예술은 '테크네'라는 소박한 이름을 지니고 있었다. 테크네는 '밖으로 끌어내어 놓음'으로 기술만이 아니라 예술도 포함되었다. 예술로서의 테크네는 참된 것을 아름다운 모습으로 끄집어내어 앞에 내어 놓는 것이다. 그것은 진리의 표현이다.

하이데거는 예술작품의 본질을 존재자의 진리가 스스로 작품 속으로 착석着席함이라고 규정한다. 진정한 예술가는 존재자의 진리를 예술작품을 통하여 어떻게 계시啓示할 수 있는가에 대한, 따라서 먼저 진리의 생기生起를 깨닫는 태도가 선행되어야 한다고 한다.

존재자의 진리란 인간에게 다가오고, 말을 걸며, 헤아릴 수 없는 비밀과 은닉의 차원으로부터 자신을 현시顯示하는 존재자의 본래성이다. 예술작품은 대상의 본래성을 찾아내어 표현한다.

하이데거는 반 고흐Van Gogh가 여러 번 그렸던 농부의 신발에 대해 다음과 같이 묘사한다.

> '그 신발의 푹 파인 안쪽이 희미하게 어둡게 보이는데 거기에 일한 자의 걸음걸이와 피곤함이 묻어있다. 난폭한 바람이 마주 불어오는 들판의 밭에 널리 뻗어있는 이랑들을 지나서 터벅터벅 느리게 걷는 걸음걸이의 강인(强忍)함이 그 신발의 튼튼한 무게에 쌓여있다.
>
> 이 신발을 통하여 빵의 안전한 확보를 위하여 울지 않는 두려움, 가난에서 다시 살아남은 말할 수 없는 기쁨, 탄생의 도래(到來)가 주는 떨림과 죽음의 위협 속에서의 전율(戰慄)이 지나가고 있다.'

여기서 하이데거는 신발을 단순히 도구道具로서 그 유용성을 말하는 것도 아니고, 본(型)과 질료의 두 가지 원리로서 해명하고자 하는 것도 아니다.

그는 고흐가 그림을 통해 도구道具인 신발을 신발로서 나타냄과 그 신발의 본래성 즉 사실성으로서의 진리眞理가 예술작품 속에서 어떻게 생기生起하는가를 보여주기 위해 그 그림을 그렸다는 것이다.

하이데거가 말하는 진리는 데카르트 철학에서 말하는 인식과 사물의 일치 같은 그런 것이 아니라 자연의 사실성으로서의 진실이다. 그 진실은 우리에게 아름다움을 선사한다. 우리는 무언가가 진실眞實하기에 그것이 아름답다고 느낀다. 아름다움은 진실의 광채光彩이다.

이러한 하이데거의 예술관은 중국의 예술정신과도 통한다. 중국문화에서 예술정신은 그 표현하고자 한 것이 개인의 단순한 정감情感이나 개성이 아니라, 천지天地와 더 불어 함께 조화를 이룰 수 있는 보편적인 정감情感이 되게 하려 하였다.

중국예술은 심미審美주체인 예술가의 정신을 중시하는 심경心境 혹은 의경意境의 예술로 진정한 예술가는 자기와 세계의 근원적인 진리 즉 도를 체득한 철학자여야만 했다.

2.2.1. 예술과 직관

예술은 영감靈感이라는 직관을 통하여 진실과 만난다. 아름다움은 직관直觀으로서 우리에게 다가온다. 이런 직관의 특성은 순간적이라는데 있다.

직관은 그것이 감성만도, 오성만도 아니다. 이를 두고 베르그송은 '직관을 몸을 통과하는 이성'이라 했다. 직관은 이성理性이 눈뜨는 계기契機로서 사물의 본성과 직접 접촉하는 순간이다. 요컨대 진실의 반향反響이다.

미적美的 감동은 감성感性이 정신에게 감각을 따르라고 강요하는 현상에서 생겨난다. 순수한 아름다움을 경험하는 미적美的 감동은 순간적이다. 플라톤은 아름다움은 진실의 섬광閃光이라고 했다. 그것은 차라리 은총恩寵의 순간이다.

아름다움을 느끼는 직관은 주관적이지만 보편성을 갖는다.

> 이에 대해 바르셀로나를 빛낸 위대한 건축가 안토니 가우디(Antoni Gaudi)는 '아름다움은 진실의 광채(光彩)이다. 따라서 예술은 보편성을 갖는다.'고 하였다. 아름다움은 진실하고 진실은 아름답다.

아름다움은 단순히 우리를 기쁘게 하는 것이 아니다. 아름다움은 진실하고 희귀하고 심오한 어떤 것 즉 존재의 숨겨진 비밀, 신비神秘이다. 그 신비는 모든 생면체가 공유하고 있는 오묘한 생명의 본질이고 거기는 몸을 타고 흐르는 이성인 직관直觀만이 닿을 수 있는 곳이다.

공작孔雀의 수컷이 암컷을 부르는 활짝 펼친 꽁지깃털의 아름다움은 우리를 매혹시킨다.

장미는 나비와 벌을 유혹하기 위해 한껏 아름다워지려 하고, 그 아름다움을 꽃으로 현시顯示한다. 그 꽃의 아름다움은 나비와 벌뿐 아니라 인간 역시 매혹시킨다. 그리고 우리는 나비와 벌들과 함께 장미꽃의 아름다움을 공감하고 공유한다. 그 미감美感의 원초적原初的 깊이는 생명의 본질, 신비神秘이다.

2.2.2. 예술과 유희(遊戱)

니체는 아름다움이라는 미적 감동感動은 인간 능력들의 자유롭고 조화로운 놀이이며 예술가적 삶은 유희하는 삶이라고 한다.

그는 인간은 목적의식과 도덕감道德感이 주는 심오함 때문에 오히려 천박淺薄해 졌고 아름다움은 그릇된 목적의식과 도덕감이 유발誘發한 죄책감의 구속에서 벗어나게 하는 것이기에 가벼울 수 있다고 한다.[8)]

불교 중관학파를 창시創始한 용수龍樹는 대지도론에서

8 니체는 '차라투스트라는 이렇게 말하였다'에서

'내가 신을 믿는다면, 춤출 줄 아는 신만을 믿는다. 내가 나의 악마를 보았을 때 그의 모습은 엄숙하고 철저하며 깊이가 있고 장엄하였다. 그것은 무거운 중압(重壓)의 정신이었다. 이 정신에 의해 모든 사물은 추락하는 것이다.'라 하였다.

> '유희(遊戱)라 함은 자유롭게 머무름(自在)이라는 뜻이다. 마치 사자가 사슴 사이에서 두려움이 없는 것과 같다'고 한다.

그는 유희에서 깨달은 마음의 자유로운 모습을 본 것이다.

일상日常이란 생활의 유용한 것만을 찾는 일하는 삶이다. 거기에는 놀이의 마음이 퇴색退色된다. 따라서 본래의 삶은 놀이라는 형태에서 볼 수 있을지도 모른다.

어린이의 놀이는 시원적始原的이기에 본래성이다. 꽃이 핀다. 왜냐하면 꽃이 피기 때문이다. 어린이가 놀이를 한다. 왜냐하면 놀고 싶기 때문이다. 어린아이뿐 아니라 강아지, 어린 짐승들 모두가 장난치며 논다. 어린 것들의 놀이는 생명의 가장 깊은 근본·본래성이다.

베네수엘라 국립 소년 오케스트라Venezuela national children's orchestra가 말러Mahler의 교향곡 1번 거인Titan을 연주한다. 지휘는 이미 세계적 명장의 반열에 오른 사이먼 래틀Simon Rattle.

오케스트라는 10살부터 15살 정도의 어린이들로 구성되어 있다. 더블 베이스만 해도 20대 가까이 되는 150명을 훨씬 넘는 어린 연주자들이 합창단석 자리까지도 꽉 매우고 있다. 자기 악기보다 키가 작은 첼로 연주자, 실로폰 연주자는 자기 악기樂器에 어깨가 겨우 닿을 정도다.

이런 크고 작은 어린이들이 자신들 악기를 안고 촘촘하게 앉아있다. 슬프도록 순수하고 맑은 눈동자들이 초롱초롱 빛난다. 한 아이, 한 아이가 모두 예쁘다. 그들 목에 두르고 있는 메달을 건 베네수엘라 국기國旗의 노랑, 빨강, 파랑색의 화려한 목도리가 분위기를 띄운다.

자신들이 소화하기에는 벅찬 말러의 대곡大曲을 연주하는 어린이들. 그 꼬마들을 향해 온 몸과 마음을 쏟아내는 사이먼 래틀, 이들이 함께 어울리는 모습은 감동이다.[9)]

한 시간을 꽉 채운 대곡의 마지막 악장樂章, 거인의 발걸음 같은 행진곡 풍의 리듬에 이은 고요한 음율 그리고 마침내 축포祝砲를 터트리는 피날레finale. 연주를 끝낸 아이들의 표정에는 자신들이 무언가를 해냈다는 성취감에 들떠 밝게 웃는다. 객석에 관객들도 모두 일어서서 웃고 울면서 박수를 친다. 그중에 우는 사람들은 오히려 남자들이다.

제1 바이올린 여자 아이가 자기 목도리를 지휘자 래틀에게 걸어주는 것을 시작으로 아이들이 줄을 서서 차례로 목도리를 선사한다. 꼬마 첼리스트 차례가 되어 래틀이 몸을 숙여도 닿지 않자 아이를 덥석 안아 올린다. 공연장은 환호로 그득하다.

9 래틀은 그 공연 이전인지 이후인지는 모르지만 자신의 대선배 클라우디오 아바도(Claudio Abbado)가 지휘하는 말러 교향곡 1번 연주장에 관객으로 왔고, 그 모습을 카메라가 비쳐주었다. 그는 베네수엘라 아이들과의 공연을 많이 아꼈던 것 같다.

그런 분위기에서 다음 곡은 레너드 번스타인Leonard Bernstein의 맘보mambo다.

그들은 연주를 한다. 그 곡曲의 리듬이 이 남미 아이들 특유의 몸짓과 어울려 더 할 수 없는 기쁨을 자아낸다. 더블베이스들은 자신의 악기를 돌리며 자신들도 따라 돈다. 모든 연주자들이 앉았다 섰다하며 파도타기를 하고 온 연주장이 들썩거린다. 연주가 끝나자 악기들을 높이 치켜들고 기쁨을 외친다.

그것은 한판의 놀이였다. 그들에게서는 어떤 도덕의 무게감도, 원죄原罪의 그림자도 보이지 않는다.

2.2.3. 예술과 해학(諧謔)

아름다움은 진실이기 때문에 어떠한 언어言語에 의해서도 제약되기를 거부한다. 그것이 무엇이라고, 어떤 의미라고 규정되는 순간 스스로 모습을 감춘다. 진실은 공식화公式化되기를 거부한다.

랭보의 '지옥에서 보낸 한 철' 도입부導入部에는 '어느 날 저녁 나는 아름다움을 무릎에 앉혔다. 나는 그것이 못마땅하다는 것을 깨달았다, 그래서 욕설을 퍼부었다.' 여기서 랭보가 욕설을 퍼부은 아름다움은 하나의 의미意味로 환원還元된 공식화된 아름다움이다.

그런 점에서 파격破格은 아름다움이 주는 또 하나의 맛이다. 파격은 초탈과도 통한다.

모란꽃잎으로 테두리를 한 조그만 도자기 받침대, 가지런히 세워진 꽃잎들 중에 하나가 눕듯이 옆으로 기울어져있다. 그 여유와 파격이 슬그머니 미소 짓게 한다.

부다페스트Budapest 오케스트라가 브람스의 교향곡 1번을 점잖게 연주한다. 연주가 끝나고 지휘자 이반 피셔Fischer가 다음 곡을 소개한다. 역시 브람스의 작품인 헝가리 무곡舞曲 5번이다. 지휘자가 지휘봉으로 시작을 알리자 기대와는 달리 모든 연주자들이 그 곡을 합창合唱한다. 제1 바이올린도, 트럼펫 연주자도, 첼리스트들도 모두 합창단원이 된 듯.

관객석에서 웃음이 폭발하는 것은 물론이고 연주자들 모두 티 없이 즐겁게 웃으며 노래하며 연주한다. 그 파격은 여유餘裕이고 자유였다. 품격品格은 아름다움이 갖추어야 할 미덕美德이지만, 파격은 그 아름다움에 해학의 멋을 더해준다.

2.3. 예술의 기능

헤겔과 니체는 그리스 예술과 문화를 높이 평가한다. 그러나 예술에 대한 이해는 다르다.

헤겔은 예술이 진리인식의 능력이 있고, 예술이 진리인식에 더 이상 유효하지 않게 되는 순간 예술은 종말을 고告한다고 본다.

그러나 니체는 예술이 추상적 진리보다 삶과 세계에 더 깊이 뿌리내리고 있으며, 예술의 종말終末은 예술이 삶과의 밀착密着에 실패하여 삶의 근본조건인 권력(생명)에의 의지가 약화弱化될 때 대두된다고 한다.

아리스토텔레스는 예술의 진정한 기능은 카타르시스Catharsis에 있다고 했는데 이 단어는 배설排泄로도 정화淨化로도 번역될 수 있다. 그는 우리 안에 반反사회적 폭력성이 있다고 가정하면서, 더 나은 삶을 위해서 그것을 흘려보내야만 하는데 그것을 예술의 기능으로 보았다.

그러나 예술적 아름다움은 단순히 머리를 비우기 위해서도 아니며, 잉여분剩餘分의 열정을 배출하기 위해서도 아니다. 예술적 아름다움은 우리 안의 생명력을 다른 방식으로 경험하고, 더 충만하게 수용할 수 있도록 한다.

니체는 예술은 인간 삶에 새로운 가능성을 열고 그 가능성에로 추동推動시킴으로써 생生이 자신을 고양高揚하도록 자극하는바 그러한 고양을 통해 생은 더 강력하게 된다고 한다. 그는 예술이 삶을 위한 보호와 치료제 역할을 할 것을 기대했다. 예술은 사치奢侈이기를 그친 삶의 의지처依支處, 구원의 한 방식이다.

우리는 '삶의 본성은 무엇인가?'라는 질문에 맞닥뜨리지 않으면 인간다운 삶을 살아갈 수 없다. 아름다움에 대한 목마름은 우리가 진실(본성)에서 한참 떨어져 있음을 자각自覺하게 함으로써 그것에 대해 묻게 한다.

그런데 난해難解한 관념들을 진정으로 이해하는 최상의 방법 역시 이성이 아니라 아름다움이라는 직관이다. 아름다움은 우리가 추상적 관념과 맺을 수 있는 최상의 관계이다.

2.3.1. 예술의 표현 - 상징

아름다움은 우리에게 무언가를 보여주지만 실제로는 다른 것을 말한다. 수평선의 은빛 반짝거림이 기쁨에 대해, 작은 연못에 핀 꽃이 행복에 대해 말해준다.

우리에게 아름다움을 선사하는 예술의 형태는 상징象徵이라는 특성을 갖는다.

헤겔은 그의 '미학美學'의 서문에서 상징象徵은 그것이 전달하는 의미의 일부를 그 물질성物質性 자체에 포함시키지만 그것은 일부에 지나지 않으며 이 물질 너머에 존재하는 다른 것을 가리킨다고 한다.

우리는 화폭畵幅에 형태와 색으로 나타난 것만을 보면서도 화폭에 보이지 않는 것, 그 너머에 있는 것에 대해서 동의同意한다. 이때 보이는 것과 보이지 않는 것을 연결하는 것이 상징이다. 상징은 언제나 부재不在의 현존現存이다.

예술은 상징으로 작용한다. 보고 듣는 것은 단순히 감각적인 것만의 기능이 아니라 초감각적인 것의 의미를 현전現前시키는 통로이기도 하다. 음악을 들으면서 우리는 소리만 듣는 것이 아니라 그 소리를 통하여 어떤 정신적인 것, 아름다움을 함께 느낀다. 추상적인 소리, 음악이 아름다움이라는 구체적 감정을 불러일으킨다.

아름다움의 본성은 수수께끼고 더 나아가 신비이다. 그래서 상징으로 밖에는 표현할 수 없다. 그리고 상징이라는 말에는 추상抽象이라는 의미가 포함된다.

음악은 대상을 별도로 가지지 않기에 추상적抽象的이다.

음악의 고유성固有性은 그것이 무엇에 대한 표현이 아니고 음악적 형식자체가 그 표현을 이룬다는데 있다. 음악의 음音은 말할 때의 소리와 소리라는 점에서는 같지만, 말의 소리는 그것이 하나의 기호記號이며 수단이다. 그러나 음악에서 소리는 그 음音 자체가 목적이다.

음악에서의 음은 목적이기는 하지만 추상적이다. 그 추상적인 음이 상징으로 작용하여 구체적인 감정을 불러일으킨다.

미술美術에서도 인상주의印象主義 이래 딱딱하게 굳은 형태가 무너지고 색色(빛)과 선線의 형태로 자연을 환원還元시켜 특별한 아름다움을 선사善事한다.

마티스Matisse는 '군무群舞'에서 색과 형태를 극히 단순화시켰고 초현실주의자 달리Dali의 그림에서는 계산되는 시간을 비웃듯 책상 위의 시계가 녹아 흘러내린다. 샤갈Chagall은 동화童話가 있는 꿈을 환상적으로 표현하였고 몬드리안Mondrian은 직선直線으로 나뉜 공간들에 노랑, 파랑 빨강 등의 색을 채우고 적당히 배치하여 추상의 세계를 열었다. 그런데 우리는 이들 그림에서 아름다움을 느낀다.

현대예술에서는 진실과는 무관無關하게 인간이 창안創案한 기묘하고 엽기적獵奇的인 꾀를 예술적인 천재성과 혼동混同하는 경우가 비일비재非一非再하다. 그런 혼동으로부터 벗어나는 유일한 기준은 그 작품을 통해 진실과 아름다움을 느낄 수 있는가의 여부與否뿐이다.

2.3.2. 아름다움이 우리에게 불러일으키는 '어떤 것'

아름다움을 느낄 때 우리는 더는 바랄 것이 없는 충족감을 함께 한다. 바다는 찬란히 반짝이고 빛이 모든 소리를 집어삼킨 듯하다. 갈매기들마저 소리 없이 날아간다. 이 아름다움이, 그리고 이 순간이 존재하는 것만도 이미 엄청난 일이다.

아름다움은 생명을 만끽하는 법을 우리에게 가르쳐준다. 그렇게 하여 존재하는 것들의 아름다움을 경이驚異로서 대하도록 우리를 일깨운다. 아름다움은 곳곳에서 나타나 우리를 사로잡고, 냉소冷笑하지 말고, 경탄하라고 부추긴다.

아름다움은 소유물이 될 수 없다. 아름다움은 우리에게 소유하지 않고 사랑하는 법을 가르친다. 우리에게 속하지 않은 것, 우리에게서 달아나는 것, 수수께끼와 미지未知를 간직한 것을 사랑하는 것이야말로 참된 사랑이다.

아름다움은 우리에게 내밀內密하게 말을 걸지만 그렇다고 해서 우리 자신이 그 아름다움을 소유한 주인이라고 느끼는 것은 아니다. 아름다움은 우리를 지식인知識人이나 소유주로서 행동하지 않게 하고 소유욕과 편협한 합리주의의 강박관념에서 우리를 해방한다.

아름다움은 우리에게 그토록 많이 주고 조금밖에 바라지 않는다. 그저 눈을 뜨고 바라봐주기 만을 바란다.

2.3.3. 아름다움과 일상(日常)

아름다움은 삶의 수단이 아니다. 그러나 바쁘게 살아가는 우리의 일상을 멈추게 하는 힘이 있다. 아름다움의 힘은 이성理性의 제방堤防을 허물며 더불어 아름다움은 마음속으로 밀려오는 현상으로서 우리 삶을 멈추게 한다.

아름다움은 아무 것도 해결하지 못한다. 그런데도 아름다움에는 보이지 않는 힘이 있다. 아름다움이 주는 일상성으로부터의 초탈超脫은 해맑은 힘으로 공포를 무력하게 한다.

영화 쇼생크 탈출에서 주인공 앤디(팀 로빈스)는 방송실로 들어가 안에서 문을 잠근다. 그리고 음반音盤을 올려놓고 확성기의 볼륨을 높인다. 음반은 모차르트 피가로의 결혼의 편지의 이중창二重唱 '저녁 산들바람은 부드럽게'이다. 알토와 소프라노가 절묘한 조화를 이루며 부르는 높고 아름다운 노래가 교도소 전체에 울려 퍼진다.

문밖에서는 교도관이 문을 두드리고 큰 소리로 위협한다. 자신의 앞에는 모진 폭행과 견디기 힘든 독방獨房이 기다리고 있지만, 교도관들이 문을 부수고 들어와 그를 강제로 끌고 낼 때까지 그는 여유로운 미소를 지으며 노래를 만끽滿喫한다. 그 노래의 아름다움은 현실의 어떤 고통도 두렵지 않게 한다. 아름다움이 그를 다른 세상으로 이끌었다.

재소자들도 알토와 소프라노의 오묘奧妙한 화음和音에 자신들의 마음을 연다. 그것은 자유였다. 그 짧은 시간, 자신들 마음이 산들바람에 실려 교도소의 높은 담 너머로 멀리 날아감을 느낀다. 음악이 교도소 담을 무화無化시킨다. 마음 안에 응어리진 것들이 물보라처럼 흩어져 버린다. 그들은 무심히 하늘을 쳐다본다.

영화 'Out of Africa' (로버트 레드포드 & 메릴 스트립 주연) 아프리카의 넓은 평원이 펼쳐지고 그 위로 모차르트의 선율이 흐른다. 클라리넷 협주곡의 느린 2악장. 맑고 고아高雅한 음색의 솔로 클라리넷의 단조로운 그러나 더할 수없이 아름다운 멜로디가 한 줄기 빛이 되어 여명黎明을 열면, 이어 오케스트라의 부드러우면서도 웅장雄壯한 화음和音이 대지大地에 널리 울려 퍼진다.

그 아름다움이 넓은 평원을 무의미無意味로부터 깨어나 한없이 평화로운 충만함으로 채운다. 그리고 거기에서 사랑이 익어 간다.

그러나 아름다움, 미적 감동은 직관이기에 결코 오래 지속持續되지 않는다. 그래서 플라톤은 아름다움은 진실의 섬광閃光이라고 했다. 아름다움은 하이데거의 '존재'처럼 숨음을 오히려 본질로 하고 있다. 그러나 그 숨음이 그것을 고귀高貴한 것으로 남게 한다.

아름다움의 본질이 숨음이기에 우리가 같은 작품, 같은 자연을 접하더라도 매번 그 본래의 모습을 보여주지는 않는다. 미적 감동의 시간은 지나가 버린다. 그러나 우리 마음에 마치 상흔傷痕처럼 남아 세상을 다르게 보도록 만든다. 우리 마음을 천천히 비워 맑게 해준다.

지금 우리는 손가락 하나의 터치touch로 최고 수준의 음악을 들을 수 있다. 최고의 음악을 최고의 연주자들이 우리 앞에 나와서 연주하도록 할 수 있다. 역대 어느 제왕帝王이 이런 호사를 누릴 수 있었겠는가?

그러나 일상에서 그렇게 음악을 들으면서 우리가 느끼는 것은 미적 감동이라기보다는 그저 '기분 좋음'이다. 그렇지만 그 기분 좋음 역시 매우 소중하다. 그것은 이미 일상을 가득 메우고 우리를 압박하고 있는 공허空虛와 지루함으로부터 벗어난 상태이다.

공허空虛와 지루함은 해맑은 자유의 이면裏面에 도사리고 있는 어둠이다.

인간은 주어진 목적 없이 세상에 던져진 존재로서 한없는 자유를 누릴 수 있다. 그러나 그러한 본질적 자유는 깨달은 분에게는 평온平穩함과 사랑의 비추임을 동반하는 축복이지만 그 목적 없음은 세상 사람에게는 어쩔 수 없이 마주해야하는 벽壁같다.

그 벽에 막히어 출구를 못 찾은 마음은 공허와 지루함이라는 어둠에 빠진다. 그리고 자유의 그림자인 그 어둠으로부터 도피하기 위해 일에 과도過度하게 매달리거나 광신狂信, 엽기적 자극의 유혹에 빠져든다.

다다이즘Dadaism으로부터 시작되는 초현실주의, 추상주의, 부조리不條理, Absurdism 등 서구의 현대예술은 그 배경에 현대의 혼란, 고립, 절망으로 점철된 정신 상태가 깔려 있다.

음악의 아름다운 선율旋律이 공허空虛 안으로 천천히 스며들며 우리를 기분 좋음으로 이끈다. 기분 좋음은 그것이 진정한 자유는 아니지만 어둠만큼은 흩트린 상태로 일에 몸과 마음이 묶여 있는 일상성으로부터 해방일 수 있다.

야외 공연장, 관객觀客들이 오케스트라의 연주演奏를 들으려고 넓은 공연장의 객석을 꽉 메운다. 공연무대와 객석 사이에 펼쳐진 잔디밭에는 아이들을 데리고 온 가족이나 연인戀人들의 모습, 한 백인 엄마가 검은 피부의 아이를 앞에 안고 있다. 아이들은 장난치고 어른들은 반쯤 눕거나 앉아서 음악을 듣는 모습이 마냥 편안하다.

그것은 갈등이 해소된 평온함으로의 초대이다. 음악은 일상에 묻은 때를 씻겨낸다.

2.3.4. 죽음의 미학(美學)

빅토르 위고는 이렇게 썼다.

> '죽음과 아름다움은 두 가지 심오한 것
> 그토록 깊은 어둠과 그토록 푸른 하늘빛을
> 간직하니…'

이에 대해 누군가는 '아름다움과 죽음, 쾌락과 무상함, 이들이 서로를 얼마나 요구하고, 제약하는지는 경이롭다.'고 말한다. 죽음은 우리 모두가 두려워하지만 동시에 그것 없이는 삶의 아름다움도 없다. 유한성有限性은 아름다움이 갖춰야 할 첫 번째 덕목이다.

우리가 꽃을 아름다움답다고 느끼는 것은 꽃의 한시성限時性, 꽃이 곧 지기 때문이다. 명화名花의 첫 번째 조건은 스스로 낙화洛花하는 것이다. 일본 소설가 미시마 유키오는 할복割腹이라는 Performance를 통해 자신의 죽음을 아름다운 것으로 승화시키려했다.

자연적인 생명의 모든 움직임은 무상하고 또한 그래서 아름답다. 우리는 꽃과 황금黃金을 사랑한다. 꽃이 무상無常하고 다양多樣하다면 황금은 항상恒常하고 한결같다. 아름답게 살기 위해서는 황금이 아니라 꽃이 되어야 한다.

우리들 대부분은 죽음을 두려움으로 받아들인다. 그러나 인간의 존엄성에 대한 신념을 위해 헌신獻身하는 정정당당한 삶을 살아온 사람에게 죽음은 평안의 예감으로 다가온다. 그런 죽음은 아름답고 장엄하다.

일출日出의 날카로운 햇살은 생명을 일깨우지만 일몰日沒의 장엄莊嚴한 아름다움은 죽음의 평안, 고요가 무엇인가를 보여준다.

인간은 태어난 순간에 이미 죽어간다. 태어남은 지나간 것이 아니고 죽음도 아직 현실화되지는 않았지만 그렇다고 받아야 할 미수금未收金처럼 기다리고 있는 그런 굳은 존재양식樣式이 아니다. 삶처럼 죽음도 자연의 사실성으로 생생하다.

죽음은 매번마다 인간이 스스로 감수해야 하는 것이다. 죽음은 언제나 본질적으로 나의 것이다. 타인을 위해 희생할 수는 있지만 아무도 타인의 죽음을 그 타인으로부터 제거시켜 줄 수 없다. 그런 의미에서 죽음은 절대이다.

수미산에서 알리로 가는 산길에서 마주 한
거대한 히말라야의 검은 산줄기
기암절벽? 그런 자연의 기교가 부끄러워
자취를 감춘…

한 붓쟁이가 임종을 앞두고
큰 묵지(墨紙)에 빗자루만한 붓으로
남은 기백(氣魄)을 다하여
한일자(一字)를 쭉 긋고 혼절(魂絶)했다는
짙은 먹물, 검은 산이라기보다는 구릉
그러나 구릉이기에는 너무 높은…

망망한 대해의 수평선이 주는 해방감(解放感).
그것이 초탈(超脫)이라면
그마저도 거부(拒否)하는…

그것은 절대적 존재
죽음의 평온(平穩),
아니 생명이라 해야 할까?
그 구분을 의미 없게 하는 존재 자체
태초를 탄생시키려는
포효(咆哮)를 껴안고 있는
심연(深淵)의 응축된 침묵

그 숨 막히는 절대 앞에서는
오직 스님의 갈(喝)!
그러나 속인인 내게는 '어이 X할'

이제 죽음을 가슴에 안고 사는 내게
그곳은 가서 그냥 묻히고 싶은…

주요 참고서적

하이데거와 마음의 철학	김형효
하이데거와 화엄사상	김형효
불교의 중심철학	무르띠 / 김성철 옮김
신 유식학	유식사상 연구회
까마라씰라의 수습차제연구	중암
티베트 불교철학	마츠모토 시로 / 이태승 외 옮김
깨달음에 이르는 길	총카파 / 청전 옮김
<도차제론> - 티베트어	총카파
아비달마구사론	권오민 역주
중론	용수 / 김성철 옮김
중론 - 티베트어	용수
대지도론	용수 / 김성구 옮김
니체와 니힐리즘	하이데거 / 박찬국 옮김
헤겔에서 하이데거로	아르투르 휩셔 / 김용수 옮김
스피노자는 왜 라이프니츠를 몰래 만났나?	매튜 스튜어트 / 석기용 옮김
순수이성비판	칸트
하이데거와 선(禪)	한스 페더 헴펠
중국의 과학과 문명	조셉 니담
사유하는 도덕경	김형효
기술의 전향	하이데거 / 이기상 옮김